U0728349

《市南人文历史资料丛书·逐浪时代》编委会

主　编：　管寿果

副主编：　刘树国　李　明

编　委：　王　栋　刘逸忱　吴　坚

金　鹏　张　萍　侍　锦　臧　杰

（按姓氏笔画排序）

市南人文历史资料丛书

# 逐浪时代

1898—1948

## 青岛新城的商人、商帮与商会

李明 / 著

中国海洋大学出版社
·青岛·

# 目录

## 第八章 运气



## 第九章 和气



## 第十章 意气

## 第十一章 瘴气



## 第十二章 时气



## 尾声

# 序篇

## 千年之变

回头看青岛，一个商人社会不过百年的进行式，履历表上有惊无险的踉跄旋即在地覆天翻中瓦解冰消。后来者看见的过程与结果都不真实。胶州湾畔，一座日见丰满的青岛新城通向平滑之门的钥匙，一直不在操着不同口音的商人手上，也不为庙堂之中如过江之鲫般穿梭的衣冠楚楚者掌控。那么，半个世纪间气喘吁吁的喧闹与疼痛根源何在？

> 丙申二月二十日胡存约《海云堂随记》：今本口与女姑、仓口计三百七十余船，阴岛百二十余，鱼只青鱼、乌鱼、丁鱼、白鱼、带鱼而已。

丙申二月二十日是1896年4月2日。34岁的青岛口商人胡存约似乎没有改变作息的理由。他像往常一样起床、更衣、吃饭、喝茶，并处理着生意上的事情。不到春耕季节，青岛口贫瘠的田地上看不到人，远处海上有零星的木船在进行捕捞作业。胡存约的大部分邻居，正聚集在村头的场院上全神贯注地赌博。依稀的鱼腥味在磨盘下面横七竖八的秸秆里蹿来蹿去。去往青岛口的路上，零星分布的旅店、车马店、药铺、皮货铺的生意似乎并不兴旺。各家门口商号的松木门板上蒙着一层薄薄的灰尘。天气依然寒冷，风从西北方向的胶州湾海面刮过来，裹挟着湿气，打在棉袄上，潮乎乎，凉飕飕。

胡存约的这一天和昨天没什么两样。他的日常行踪，他和青岛口的联系，他在街肆捕捉到的些许世风变化，被他间或记录在一本叫《海云堂随记》的簿册中。海云堂，隐约透露出胡家的一丝豪气。类似这样道德传家的堂号，是胶东一带富庶人家的雅好。对胡存约一族来说，胶州湾畔的海云之间，波光粼粼，天地开阔。

长久以来，不论自然地理还是商业地理，作为胡存约生存之地的青岛与胶州湾一直是两个密不可分的孪生体。作为连接太平洋的黄海水体的一部分，胶州湾千万年的自然存在让之后商业与人文意义上的青岛成为可能。但这一切在1896年的早春尚无任何征兆。胡存约不觉得会有变化，胡存约也不觉得应该有变化，他甚至还很满足于这些无拘无束，仿佛人、海、土地、空气是一个完美无缺的统一体，日复一日，无休无止。

在猝不及防的改变出现之前，如同胡存约和他的祖辈所熟悉的，胶州湾沿岸传统的商业贸易多以人口集中的海口为落脚点，逐渐形成被描述为“旅客商人云集”的集镇。板桥镇、塔埠头之外，东岸的女姑口、沧口、青岛口、金家口、沙子口都在其中。几百年中，一些口岸曾相继出现过店肆栉比的繁盛景象，行商、盐帮、船帮、货栈成为这些海口集镇的标识。

毋庸置疑的是，尽管有相对活泼的原发性冲动，但就整体而言，各口所有的商业活动都处在地方政府的控制之下，其中海关设置的税收机构亦是实施监管的重要手段。晚清青岛诸口的税关由设置在芝罘的东海关管辖，并有专人负责。关税收益的激励和远离经济中心，使得行政对部分海口微观贸易行为的约束相对弱化。在华夏民族的正统地理视野中，海洋素来是外域之地，贸易固然可存，但陆地疆域的安全无疑更重要。

进入19世纪晚期，胶州湾诸口中，本属偏远之地的青岛口的影响力开始扩大，商业贸易活动明显增多。从清朝的地方权力中心即墨县城到仁化乡青岛口，翻山越岭的路途风尘仆仆。偏离中心的大陆边缘，天高皇帝远，青岛口的贸易就容易自由生长，日久天长，日出日落，阴阳盈亏习以为常。没有人关心变化，也没有人预见变化，更没有人恐惧变化。渔船归来，门板闭合，吵嚷的现实图像就消失了，一壶高粱烧酒的力量足以抗拒黑夜所有妖魔鬼怪的诱惑。炊烟袅袅之中，南来北往的商民安居乐业，沉浸在一阵阵海风吹拂的摇曳里，潮起潮落，枕着朝阳唤醒的沉醉，以富有韧性的迟钝开启新的一天，其乐融融。

商贩多了，一条土路南北连接的上下青岛村开始变得愈加重要。肉、鱼、盐

○ 千年之变发生前的胶州湾村庄

铺、磨坊之外，旅店、当铺、酒馆相继出现。这就让胡存约这代本土商人获得了脱颖而出的机会，并将视线拓展到胶州湾之外。伴随着商人聚留与商事渐繁，在公共事务中扮演调停角色的商会也应运而生。

但最终起决定作用的还是军队驻防的出现。青岛本土商会的雏形出现在1891年清政府决定在胶州湾军事布防之后，伴随着登州总兵章高元在青岛口建立总兵衙门，吸引到青岛口的商号日益增多，商众遂立公所于前海天后宫，推举瑞茂酒馆胡增瑞为会首。面貌模糊的瑞茂酒馆与胡增瑞，由是成为青岛口商事自治组织的起始。

章高元有备而来的证据是青岛口西边前海的一座栈桥码头逐渐成形。码头有了，船靠上来，营建岸上炮台的物资和士兵吃吃喝喝的柴米油盐就源源不断地堆积出一个军事防区的雏形。包括胡增瑞和胡存约在内的青岛口商人，没理由不欢迎清朝军队的到来。因为靠山吃山，靠水吃水，靠军队吃军饷，千年不变。总人数远远超过青岛口本地居民的章高元的军队，似乎是口挖不尽的财富深井，里面花花绿绿的物资千奇百怪。

历史上，靠山吃山，靠水吃水，是胶州湾原始贸易的典型形态。关于青岛口依山傍水的贸易情形，胡存约在《海云堂随记》中的零星叙述像一条晾晒渔网的麻绳，去除上面斑驳的污渍，相互缠绕的肌理依稀可辨。

第一项，是崂山水晶的贩运以及价值提升："吾邑崂山盛产水晶，有色白晶透者，有色暗而微紫者。往昔南船多来口采置。同治九年，顺兴、义兴集金共垦，远销至沪广，大者约银五十余两，中廿余，小者、次者十余两不等。甲午春，总镇购巨晶镂雕精制为桌屏，嵌金饰翠，光彩晶莹，价称千金。四月，北洋来口阅嵩武、广武各营操，赞为绝顶佳晶。"同治九年为1870年，甲午年则是1894年，崂山水晶石从贩运至沪广的小玩意，到总兵章高元把玩的"绝顶佳晶"，显露出清军布防之后商品交换价值的颠覆性变化。追逐利益的商人没有理由不欢迎章高元这样的买家。

第二项，是对1897年前后萧条的海产品捕捞业的担忧："今本口与女姑、仓口计三百七十余船，阴岛百二十余，鱼只青鱼、乌鱼、丁鱼、白鱼、带鱼而已，余则有花鱼或蛤蛎蟹之属，仙家寨陈氏，去春佣工网捕，以利薄而止。"渔业销售的不景气，给青岛诸海口商民的实际影响无疑更大。

○ 青岛口明朝后陆续修建的天后宫

○ 章高元的总兵衙门

而就青岛口自治商会以及口内商业活动的观察，《海云堂随记》亦有记录：“丁酉三月十四日。商董首事集议本口察县商铺数目。除新近由即墨、平度、金口、海阳来此赁屋暂营者六家外，计车马、旅店七，烘炉一，成衣、估衣三，油坊、磨坊、染坊六，杂货、竹席、瓷器店铺五，药铺二，当铺一，织网、麻草、油篓、木材八，肉、鱼、盐铺行六，鞋帽、皮货各一，纱布绸店、广洋杂货店三，酒馆、饭铺九，酱园、豆腐坊各一，糕点、茶室三，计六十五家，航载写船多由广洋杂货木材诸店号兼业。”丁酉三月十四日是1897年4月15日。这一天，青岛口商董盘点的口岸商业地图大致勾勒出一幅诸业兴旺的集镇图画。在这其中，伴随着潮湿的鱼腥味，胡增瑞、胡存约们影影绰绰的活动影像几乎是回溯起点仅有的凭证。

在历史被突然改变走向之前，胡存约和定居在青岛、女姑口、沧口、沙子口和大鲍岛的一些商人“与中国沿海其他口岸进行商品买卖”，出口煤、花生、核桃、豆饼、豆油、瓜子、粉丝、咸猪肉、可药用的山楂果、苹果、梨和其他水果。进口商品主要来自上海和宁波，居首位的是原棉和几种棉制品，宁波的纸与竹器，另外还有南方的糖、建筑用的木材则多来自朝鲜。截至1897年，青岛各口商品的交换范围并不大。除了“棉制品和火柴外，欧制商品尚不为公众所熟知。

到达胶州湾的帆船除了运有其常用货物外，也运来一些小商品”[1]。

1897年11月巨野教案发生，两个德国传教士被杀。德国借机占领胶州湾，次年3月与清政府签订《胶澳租借条约》，开辟租借地，青岛口经年形成的商业秩序随之被打破。胶州湾事件的出现以及后来的事态演变实质上恰恰验证了清王朝多年来对海口防御的顾虑。章高元的移兵布阵不过就是证明皇权界限的摆设。1898年为夏历戊戌，一场深刻影响清朝政治走向的变革很快就在紫禁城上演。而在胶州湾东岸，伴随着迅速展开的新城开发，一个新的商业贸易现场猝然出现。来自德国、中国南方以及山东诸县的商业移民陆续进入青岛，很快就冲垮了自然形态特征明显的传统商业。胡存约这些土著商人的占比陡然减少，市场迅速被外人瓜分，而之前闻所未闻的新型贸易形式与交易规则也开始大行其道。

胶州湾商业的千年之变就此拉开帷幕。

此后几年，以前海栈桥入口新设置的胶海关办公楼为标志，新的贸易和服务业中心从青岛口向西边的青岛新城与大鲍岛中国城两个核心区域转移，逐步确立新兴贸易的市场格局。在同步建设的胶济铁路与新港口的推动下，一个连接欧洲、美国与日本的贸易中转站与商业消费城市的基本框架得以形成。

○ 章高元总兵衙门的照壁

[1] 青岛市档案馆．青岛开埠十七年：《胶澳发展备忘录》全译［M］．北京：中国档案出版社，2007:19.

○ 胶州湾东岸村庄里的殷实人家

对吸引包括胡存约在内的华商参与青岛新城的经济活动，租借地当局抱有积极且乐观的态度，并将之视为一种策略。德国总督府十分清楚，贸易持续活跃的关键点是新移入华商的资本规模与从业者的经验。1899年10月的一份政府报告中说："不出所料，参与内地进口贸易的绝大部分人是中国人。将优秀的中国商人吸引到这里，似乎是繁荣青岛经济的一个很重要的前提条件。正像所有其他沿海口岸充分证明的那样，如果没有中国商人，贸易的持续繁荣是不可想象的；把他们吸引到我们这个年轻的贸易口岸来并使他们长期待下去，也是符合德国商人利益的。"[1]

胶州湾东岸的青岛新城就此改头换面。随着风尘仆仆的战先五、刘子山、傅炳昭、朱子兴、周宝山、丁敬臣、古成章等人的到来，一批由洋行买办、土产贸易投资人、银钱商、盐商、烟商、酿造技工、厨师、铺伙构成的华商移民群体和

[1] 青岛市档案馆．青岛开埠十七年：《胶澳发展备忘录》全译[M].北京：中国档案出版社，2007:36.

○ 清军总兵衙门和青岛新城

由年轻侍役转化的城市创业者，一同踏上了前途未卜的个人创业之路。在20世纪伊始，没有人确切知道，他们就此开创的华商繁衍史会经历怎样的沟沟坎坎，会结出怎样的果实。但不可否认的是，大部分野心勃勃的移入者都对青岛新城的未来充满期待。

# 第一章
# 湿气

# 逆转

1898年10月《胶澳发展备忘录》第三章司法："除华人外，保护区的所有居民，不分国籍，在司法权方面一律平等。"

1898年10月3日可以视为青岛新城开发的序曲。这一天，胶州湾东岸第一次依照法规进行土地拍卖。在湿热异常的天气中，一台对胡存约来说情节迥异的商业戏剧拉开了帷幕。稀稀落落的买家，在一片陌生的海滩坡地上不事声张地创下了不凡的拍卖纪录。原始数据显示，前五天德国总督府共销售了10.539万平方米的土地，每平方米土地的平均卖价为一块银元。值得注意的是，规划用于库房建设的地皮卖价最高，而低价售出的地块极少。这极其强烈地预示着资本对青岛新城开发以及商业兴旺的信心。

之前一个月，胶州湾这块德国租借地被宣布为自由港，向各国开放贸易。自由港的范围包括规划中的青岛新城欧洲区与大鲍岛区、台西镇、台东镇、沧口、李村、阴岛、薛家岛等整个德国租借地区。青岛新城是德国租借地的核心区，除了欧洲区与大鲍岛区中国城，还包括港口区和维多利亚海湾附近的休闲区。从欧洲区与大鲍岛区中国城通向崂山和乡区中心的道路，也被纳入了新城规划范畴。

随着自由港的开放，新移入的欧洲各代理公司期望德国总督府能首先处理好土地销售事宜，从而尽快选定明确的办事处地址。同时，商人关注的还有与清朝内地关税往来的衔接。当局很快就意识到，"对商人而言，当然只有在为他们的商品提供通过中国边境的优惠关税时，向这块小小的德国租借地免税输入商品才具有重大意义。对于胶澳地区的出口贸易来说，情况亦然”[1]。

土地销售的准备工作在1897年冬天已经开始进行，这包括从华人地主手上收购土地和一部土地法规文本的制定。从上海德国领事馆调来青岛的翻译官单维廉负责处理这些事情，因为曾在北京学习过汉语，并能够使用口语交流。接到外交部电令前往青岛的单维廉和他的上司上海总领事司徒白，1897年11月27日启程，12月1日抵达青岛。这时，离11月14日德国海军占领胶州湾不过半个月。

1898年10月3日青岛新城首次土地拍卖的实现，表明单维廉从事的一系列复杂的准备工作已经大致完成。这涉及德国和欧洲商人业务的开展和生活环境的建立。另一方面，在突然降临的市场机会面前，商人还未等到关税政策尘埃落定，就着急忙慌地上路了。

作为德国租借地，德国工商业在青岛新城以及山东腹地的市场影响力，很快就导致了贸易形态的逆转。仅1898年火柴销售一项，就显示出了这种符号性改变的力度：“光绪二十四年，德国火柴由青岛输入，日见其多。本地居民遂全用德国之火柴矣。”[2]完成这一商品转移输送的，包括最早进入青岛的德国禅臣、顺和、嘉卑世、捷成、太古、礼和、大丰、源通、德远、维林洋行和其后陆续抵达的哈利、瑞记洋行等欧洲知名贸易商。而着眼于本地需要的各种新商业体，如建筑商祥福洋行、啤酒酿造商兰德曼与凯尔组合、建筑材料生产商卡普勒砖瓦厂，也在依次搭建中。

对一些熟悉胶州湾周边气候的欧洲人来说，1898年中国新年到来时的冬天异常暖和，白天气温很少低于零下三摄氏度。但夹杂着大量内陆沙尘的强劲西北风使人感到寒冷刺骨。

对这份时断时续的寒意，习以为常的土著居民胡存约并不觉得难以忍受。他一下子不能接受的，是身份的陡然改变。

同为德国租借地的居民，华人原住民、欧洲移民、华人移民的法律地位并不相同。尽管1898年的《胶澳租借条约》中有“租地界内华民,如能安分并不犯法,仍可随意居住,德国自应一体保护”的规定，并且因为1901年“中国商人和手工业

[1] 青岛市档案馆．青岛开埠十七年：《胶澳发展备忘录》全译[M].北京：中国档案出版社,2007:11.

[2] 国民政府工商部工商访问局．山东全省火柴业调查[J].工商半月刊,1931.

者涌入的势头尤为踊跃”，导致德国当局重申“坚持迄今遵循的有保留的原则，只在公共秩序和安全要求方面对华人和欧人有所限制，在其他方面则使之享有充分的活动自由”[1]，但这也恰好证明了青岛的欧洲商人与华商作为两个不同的族群，从一开始就不在同一条起跑线上。

在整个20世纪00年代，这是一个人所共知的事实。

鉴于德国青岛租借地早期“华洋分治”种群等级规则的限制，欧美商人与华商形成两个相对独立的群体，前者以居住在青岛区的建筑商希姆森和祥福洋行为代表，后者则以活动在大鲍岛区的杂货商傅炳昭和祥泰号为标志。青岛区和大鲍岛区之间最初以一条不易通行的自然冲沟为界限。一些洋行的买办，如丁敬臣、隋石卿，在青岛区办公，却只能在大鲍岛区居住，直到十多年后德国总督府才以法律的形式撤销限制。

起初，德国租借地当局所有涉及华人的事务都由从上海临时调来的翻译官单维廉负责处理，因为通晓汉语并能够使用口语交流，这让他和当地人建立起初步的信任。1898年4月15日首任青岛总督罗绅达到任时，单维廉曾因突出的工作业绩，获得了前期临时负责官员的称赞：“余对承办购地工作之单维廉博士之特殊劳绩，郑重推荐并予赞扬，除购地一切有关事务交涉外，有关华人之纷争请愿、控诉案件亦均由其一手处理，别无他人。今后此类事件势必与日俱增，租售地今后华人事务更多，非精通华语及熟悉中国特殊的产权、购买与租赁关系以及法律观念等事项之专人，势必困难重重，因此郑重推荐继续借重单君”。[2]但因为随后发生的违规购买土地的丑闻，单维廉并没有在华人事务专员这个特殊职位上工作多久，就被解除了职位并返回德国。单维廉遗留下的华人事务专员一职长时间空缺。这对后一阶段华人群体与政府的有效沟通造成了一些障碍。

看上去，单维廉的桥梁作用似乎可有可无。因为在德国主流观念中，青岛租借地快速发展的依托并不是华人与华商。早在1898年10月第一个财政年度结束后，当局对商业兴旺的着眼点就完全放在了德国投资者身上，并抱有一种不无虚无色彩的乐观：“展现在德国商人和实业者眼前的是一片辽阔、肥美和几乎尚未

[1] 青岛市档案馆．青岛开埠十七年：《胶澳发展备忘录》全译[M]．北京：中国档案出版社，2007:130.

[2] 马维立．单维廉与青岛土地法[M]．金山，译．青岛：青岛出版社，2010:12.

〇青岛的村庄

开垦过的活动领域。这一殖民地的发展最终将取决于他们的首创精神和深思熟虑。”[1]

在对奢侈的电力消费的接受程度上，也显示出两个独立群体不可同日而语的差距。1903年，青岛的商业发电厂除了供应总督府的照明，已拥有351家用户，而其中申请使用的华商只有五家。[2]这个悬殊的比例，大致对应了欧美商人与华商在经济地位上的差异。

欧洲商人与华商的社会交往形式也不尽相同。早期抵达青岛的欧洲商人设有独立的商会团体以及另外一些相关的社团组织，联系渠道相对畅通，且符合租借地的法律规范。初期进入青岛的华商却只能以籍贯聚成不同的群体进行松散的交往，由是生成商帮雏形，并快速繁殖串联，形成一些若隐若现的地方势力。随后组建的一个中华商务公所，开始尝试以公议的方式解决华商的内部摩擦。但就总体而言，其作用极其有限，所能施展作为的空间异常狭窄。因为在德国总督府

[1] 青岛市档案馆．青岛开埠十七年：《胶澳发展备忘录》全译 [M]．北京：中国档案出版社，2007:18.

[2] 青岛市档案馆．青岛开埠十七年：《胶澳发展备忘录》全译 [M]．北京：中国档案出版社，2007:224.

的制度设计上，青岛华商在租借地的政治地位是从属性的，经济地位则是辅助性的。

1899年3月，德国总督府颁布《公举参议督署董事章程》，吸纳华商参与，并依托中华商务公所，处理华商的日常事务。这两者的关系被描述为在举行督署会议的时候，“总督亦可招集他人协同参议，即如中华商务公所各董”。其意思就是，讨论华商相关事务的时候，可以叫你来，可以让你发表意见，其他就没你什么事了。即便华商发表了意见，采纳与否，如何实施，华商依然没有制约的权力。

族群的等级划分与实质上的割裂，是缺乏信任的明显表现。总督府在1899年10月编制的年度《胶澳发展备忘录》中的表述就更露骨:“业已吸收部分华人参加一些合适的行政管理工作，这样做自然要小心谨慎。”[1]谨慎做法所隐含的防御性警惕不言而喻。

但对初来乍到的华商来说，好消息还是有的，比如在1900年7月7日创刊的《青岛官报》第一版上，《拟定德属之境分内外两界详细章程》就是以德文与中文两种文字并列刊登的。总督府方面当局相信，这将“有助于中国民众进一步接近德国当局”[2]。

在青岛新城开发的前两年，租借地的土地销售表现良好，这出乎大部分人的意料。到1899年9月中旬为止，青岛总督府总共出售了面积为189920.8万平方米的土地，约20.8公顷，总收入16.1921万银元。一年后，新增加的土地销售面积为9.0959万平方米，价值8.0809万银元。

两年算下来，德国青岛总督府出售的土地已经远远超过了英国在香港岛8000万平方米的开发面积。尽管在实际开发规模与繁荣程度上，两者还不可同日而语。

至少在1899年的夏天，大鲍岛的生活环境依旧十分恶劣。当年5月在经历了一场疾病的袭击之后，德国传教士福柏向同善会报告说，这里的居住条件非常糟糕，“我设法布置所租的房间，并租下阁楼，以便在睡觉时得到比较新鲜的空

[1] 青岛市档案馆.青岛开埠十七年:《胶澳发展备忘录》全译[M].北京:中国档案出版社,2007:32.

[2] 青岛市档案馆.青岛开埠十七年:《胶澳发展备忘录》全译[M].北京:中国档案出版社,2007:74.

○ 单威廉

○ 福柏

○ 卫礼贤

气。直到第一次下雨前一切还好，这场雨使两个房屋都漏满了雨水”。也就是在这个夏天，福柏将他的一些书籍和手稿送到了年轻的同事卫礼贤那里，以便得到更好的保护。四个月后，正进行胶州湾区域植物调查的福柏在青岛去世，终年60岁。他是1897年德国进入青岛之后，最早将生命终止在这里的德国人之一。政府翻译官单维廉和传教士福柏都是倾向于与华人进行全面合作的有识之士。

但对正被青岛新城的无数商机吸引着的华商来说，单维廉的离任和福柏的死亡都不是值得关心的事情。

# 消失的村庄

1898年8月单维廉制定的《青岛土地法》中规定：商民拍得土地经过登记后即可自由买卖。在转卖时必须将卖价呈报，如果卖价超过买时的价格，所获纯利的1/3作为土地增值税上缴政府。

新与旧的交替，以不可抑制的方式陆续出现在胶州湾东岸。

从1898年春天开始，德国林业专家在青岛新城周边的山上栽植了大约10公顷的阔叶树，种类包括栗树、国槐、日本和山东橡树，以及一些针叶树、日本柳杉、柏和松。为了尽快能用自培树苗取代价值昂贵的日本树苗，以应对严重妨碍新城道路与房屋建设的水土流失状况，当局还在新命名的伊尔梯斯山下建了一座树种园和苗圃，以便进行小规模的树木试种。在引入的树种中，洋槐和法国梧桐得地利之势，繁衍最快，最终在青岛获得大量种植，并形成特色。

树种园之前是一个叫会前的村庄，距离西南方向的青岛口不过一千米。村庄被迁移后，从伊尔梯斯山下到海边已经没有了炊烟袅袅的居民村落。冬天的时候，开阔的海滩上白雪皑皑，一览无余。

从会前村西北的青岛山望过去，青岛口一带稀疏的松树大多低矮且枝丫不整。西面两个山丘延伸到胶州湾岸边，南北两个方向分别是大鲍岛村和小泥洼村。蜿蜒小路上下颠簸，一路荒芜的山岗上，遗迹一般存活的松树同样颓废。从柏林抵达的林业专家发现，这些松树常被劈开烧火，再生周期完全没有规律。这导致了松树退化，只能长到两三米高。那些树龄超过20年的树木，因为产柴量小，最后都被连根刨掉了。矮树林间的枯草也被用尖齿耙子拢起来烧火了。在专家看来，这种盛行的拢草方式极其有害，严重破坏了有利于水土保持

○ 浮山南部海边的浮山所村

○ 水土流失是青岛新城开发初期遇到的最大难题

的密根植被。同时，用有弹力的耙子松土，也加剧了水土流失。间或，人们会看到几只獾、狐狸和貂在荒芜的山坡中出没。

孑然而立的高大树木，只能在坟地、寺庙、村庄的路旁和庭院里才能看到。但它们的命运也不可预知，一些成了稀缺的建筑木料，被用来制作砖石房屋的房梁和门窗。

租借地政府第一任林务官托马斯急于进行种植实验的理由显然是充分的，据1898年度政府备忘录记载，由于缺乏能够阻挡泥水从高处流失的树木，形成了许多深陷的山谷和山涧荒滩。城市建设专家认为，要合理地填堵山涧荒滩，才能使上游的沙石不致流失并淤积胶州湾。除此以外，租借地政府还计划在高处造林，希望可以解决几年后对木材需求显著增加的问题。

1899年夏天胶州湾少雨，7月1日至9月30日这段时间，胶州湾降雨量只有269毫米多一点，比同期的591毫米减少了很多。空气湿度也减小了，潮湿日子的减少，便利了青岛新城开发的实施。

尽管树木凋零的状况不断持续，可到了秋天的季风期，胶州湾的丘陵地带依然还会出现大量的布谷鸟、鹌鹑、野鸽、野鸭、白鹭、鹤，以及一群群一望无际的大雁。这些大雁会在这里停留数周，扑棱棱飞来飞去，给青岛口胡存约等人索然无味的日子增添一些生机。

1899年10月，胡存约居住的上青岛村的全部土地，被当局“出于卫生考虑”征购，地上的建筑物也被平毁了。胡存约之前全部的生活凭证一夜之间消失殆尽。胡存约在上青岛村的大部分乡亲，被迁移到了离规划中的青岛新城很远的地方。而最终能够落脚在华人新聚居区台东镇的家庭寥寥无几。台东镇设在青岛新城通往沧口的崎岖道路的东面，靠近杨家村。政府在那里建造了一些整齐排列的集中居住平房，并设置了宽敞的通风空地和道路，以避免火灾和传染病的传播。

出于同一原因，青岛口西北的大鲍岛村也开始拆除，并随即在这个村庄的所在地规划了住房的建筑施工计划。从1898年完成的规划图上看，大鲍岛街道的布局像台东镇一样横平竖直，中间不同地块被逐一标注了街区数字，以供购买者识别。被拆除了旧房子的大鲍岛土地，很快就有了第一批买主。接下来，华人的响应开始出人意料地攀升。

包括大鲍岛在内的青岛新城土地拍卖，被由华人事务官员单维廉参与制定的一项土地法规严格限制了投机性。“商民拍得土地经过登记后即可自由买卖。在转卖时商民必须将卖价呈报市政厅，如果卖价超过买时的价格，所获纯利的1/3作为土地增值税上缴政府。如果土地购买者将土地投资改良后再卖出，政府准许将所投资金并每年加6%的利息从卖价中扣除后，再收取余额的1/3作为增值税。如果卖者申报不实，故意隐瞒卖价，政府有权按照卖者所报价格优先购买。对于没有使用目的，只想坐等地价上涨后再倒卖赚钱的人，规定凡拍卖土地时必须先说明购买该地块的目的。买得地皮之后，必须在三年内完成建筑。如果到时候完不成，政府将按照超限的长短每年增课以9%~24%的土地税。”当局如此费尽心机的目的，就是想让买地者不敢长时间预留地皮，以防造成荒芜，阻碍市面繁荣。

进入到20世纪00年代之后，城市化的扩散效能很快显现，南北华人投资移民被吸引到租借地，大鲍岛华人区的人口获得了爆发式增长，有限的土地很快售罄，建筑数量与日俱增。

据1900年10月到1901年10月的年度统计，建筑管理部门批准了青岛区和大鲍岛区的367幢楼房建筑计划，其中有234幢两层的商住两用房属于华人业主。也就是说，在这个财政年度中，青岛新城核心区有接近64%的房屋是华人出资建造的。这些房屋中的绝大部分都建在了大鲍岛中国城。

近乎疯狂的房屋建造需求，推动了营造业的大发展。除德国建筑商希姆森公司之外，公和兴工程局、兴顺德工程局、全盛工程局、天泰兴工程局等华商公司相继破土而生，以具开放性的本土化姿态出没在大鲍岛的里里外外。[1]宫世云、辛成善、杨可全、宫育生等营造业华商移民抓住机遇，边学边干，与大鲍岛同步拓展，迅速崛起。其中杨可全者，为即墨人杨玉廷。

最早进入大鲍岛经营土特产商号的投资移民似乎是掖县人战先五。一份出口商号历史沿革清册显示，其贩运生果、生米、生油的合和栈的成立时间为光绪二十三年，也就是1897年。[2]是年11月胶州湾事件才发生，租借地的法律地

[1] 班鹏志．接收青岛纪念写真：附录广告[M]．北京：商务印书馆，1924．

[2] 青岛档案馆馆藏档案[A]．207(1)．

○ 青岛新城第一代移民华商将大鲍岛视为福地

位尚未确定，掖县战氏不太可能在其后两个月就抵达青岛，并立刻开展贸易活动。这从时间、市场与港口条件上看，都不允许。掖县战氏的合和栈出现在德国占领之前的可能性也不大，因为和青岛比较，掖县离芝罘也不远，那里的港口贸易条件要比青岛口和大鲍岛好许多，舍近求远且事倍功半的选择并不合常理。至于是不是中间出现了记录错误，就不得而知了。但可以肯定的是，包括战先五在内的掖县战氏家族很快就联手在大鲍岛着手进行了商业投资，如属于战庆云的高密街玉春号。

战先五之后，经营羊毛、牛皮出口的源生泰在1901年成立。同年，经营生果、生米、生油的永和成开业。主营盐牛肠、干牛皮、杂皮的悦来公司则在1902年完成组建。

几年间，围绕着大鲍岛中国城，烟台泰生东，诸城县天祥永投资的天丰永，掖县人徐秩卿开办的恒升和，胡琴堂持有的义源永，广东新会人黄尧山和黄鲲予开设的广合兴，以及协昌福、瑞记、福聚栈、恒祥号、通聚成、景昌隆、广有隆、同顺昌、永春茂、永升馆等华人商号一一设立，在数量上快速超过了青岛区内的欧美洋行，并逐渐提升两个经济体之间的联系紧密度，形成了初始意义上的融合。

洋行与华商之间的诉讼随之出现。在1903年6月古成章控告大鲍岛永春茂商号的张泽珂、张春欠款逃逸之后三个月，罗达利洋行也起诉了李村商人张泽珂，要求其支付1055.55银元的货款，另加6%的利息。计算时间自1903年1月19日开始。青岛的德国皇家审判厅要求被告人在1903年10月1日星期四上午八点出庭，如不遵从，即使本人不到场，判决依然进行。同一时间，华商包工人乔令秀控告德商色瓦改欠洋银2535.5元，也准备上法庭讨还。[1]

德国建筑商希姆森在晚年回忆，德国总督叶什克与特鲁泊都曾致力于青岛平民社会的发展，而伴随着青岛新城建设的不断完善，德国人与华人之间的关系也不断得到改善。双方对彼此的了解不断加深，德国洋行在德文名称的下面写上中文行号，许多中国商店也开始挂出德语标牌。

但在20世纪00年代的早期，融合更像是一种懵懵懂懂的对话尝试，而不是彼此认同的趋势。比如在大鲍岛标志性的地段——海泊街与山东街拐角，1902年秋天开设的雷曼餐厅的招牌上没有中文。这家被摄影师多次拍摄并频繁出现在明信片上的德国餐厅，象征了一个逐浪时代的现实幻影。现实中大鲍岛的华商古成章、张泽珂、徐秩卿、胡琴堂、黄尧山和黄鲲予都在幻影的外面。

一辆人力车快速跑过，短衣车夫的喘息声阻挡了雷曼餐厅里面烤肘子的灼热，却让门口烤红薯的画面变得惟妙惟肖。稀薄的咖啡气味与烤红薯的浓香奇异地飘散在大鲍岛上空长久不散。而这一切对奔跑着的洋车夫来说，不过是些转瞬即逝的背景。坐在车上的希姆森或者战先五，各自惦记着不同的目的地，表情或淡漠，或愉悦，各不相同。

遥远的地方，隐约响起了几下教堂的钟声。

幽幽的钟声中，胡存约记忆中飘荡着鱼腥味的老青岛荡然无存。这一切仿佛一场白日梦。

1903年1月5日的青岛，发生了两件不相干的事。一件事是，德国户籍官冈特宣布23岁的屠宰场车间管理员舒茨和21岁的玛塔结婚。另一件事是，青岛总督签署了一份文件，宣布从1903年1月15日起，整个德国租借地开始使用东经

---

[1] 青岛市市南区档案馆.青岛官报[M].南京:东南大学出版社,2021:160.

120度的格林尼治时间。与之相应，每天中午升起的报时球比1月15日之前执行的时间要晚1分13秒。

舒茨出生在普莱特诺夫，父亲是柏林的泥瓦匠；玛塔出生在亨利腾霍夫，父亲是农场主。这些陌生的地方，没有一个大鲍岛的中国人去过。即便他们其中的一些人，已经早早地与外面的世界建立起了广泛的联系。对大鲍岛几乎所有的华商来说，新的格林尼治时间与旧的格林尼治时间的区别远远不及一碗小米稀饭来得实在。

# 脱颖而出者

1902年8月23日《青岛官报》报道："兹据经理房租人邓剑铭呈控娄顺福欠伊房租洋银四拾捌元一案。查被告前在大鲍岛高密街开设永升馆，现今无踪无迹，无地可传，是以登此传票宣传。"

1899年10月制作完成的年度《胶州备忘录》记载，山东铁路公司被明确的任务是，将该铁路在五年的期限内修好并付诸营运，以"将山东北部最重要的煤炭产地与青岛和济南府之间最重要的城镇都紧密连接起来"。

1899年9月23日，一条从青岛新城出发通向济南府的铁路开始动工修建。德国海因里希亲王在栈桥西边的一块空地上主持了铁路的开工典礼。三个月前，德国14家银行共同出资5400万马克组建了一个投资联合体，掌控新成立的山东铁路公司的建设。

1899年大港火车站首先建造完成。1900年春天之后，作为始发站的青岛火车站的主体建筑逐渐出现在胶州湾的东岸，象征着青岛新城的崛起。从火车站工地的施工脚手架上向东北方向眺望，新城市的营建现场清晰可见。

1901年 4 月，从栈桥西边始发的蒸汽机车通至胶州。当年秋后寒冷日近的时候，青岛火车站竣工。

1900年的12月1日，《青岛官报》第一年第22号第一版上，大德管理地亩局用中文刊登了一则土地拍卖告示，云："1900年11月29日朱子兴禀称拟买大鲍岛西、铁路东南、工部局西南第r号第五块地，共计5472米打（德占时期的土地计量单位），价洋4377.6元。兹定于12月14日在局拍卖，如有亦欲买者，限于12月7日

〇 胶济铁路青岛火车站成为青岛的城市象征

到局投禀，届时同赴本局面议可也。”[1]朱子兴志在必得的地块是华人区与欧洲区临近区域，距离胶济铁路青岛火车站不远。周边后来陆续修建了山西街、直隶街、河南街等道路。

朱子兴购买土地的这个财政年度，也就是1900年10月1日至1901年9月30日，胶澳地亩局总共卖出了17.9196万平方米的土地，价值18.1706万银元。华人市区大鲍岛的求购者最为踊跃。政府报告说，那里大部分用于建筑的地皮均已售罄。中国商人“积极参与购置土地的情况尤其引人注目”。

这一年，青岛新城土地的买主有42名欧洲人和83名华人，比例关系约是一比二。朱子兴仅仅是这83名华人购买者中的一个，而同期活跃在大鲍岛的华商人数要远远超过同一年度华人土地买主人数数倍。他们中间操着不同口音的一些人即将脱颖而出。

20世纪的黎明，在一片尘土飞扬的工地上，这像是一次不期而遇的邂逅，置身其中的大部分人，不论彼此亲疏远近，不论来自天南地北，就此开始了无休无止的纠缠。起初，华商以贩卖为主的生意看似波澜不惊，却并不单纯。除了草

[1] 青岛市市南区档案馆．青岛官报[M]．南京：东南大学出版社，2021.

○ 大鲍岛的华商

缏、猪鬃、皮子、大蒜这些土特产，高利润的鸦片销售也在合法交易的范畴内。1902年3月底租借地政府制定《进口洋土各药及售卖烟膏各章程》，几天后一家叫三晋春行的商号就获得了“在德境内承卖装成锡盒之烟膏”的特许权，并通过官报“仰诸色人等悉遵”[1]。但这家三晋春行的底细却无从查访。无形之中，这也增加了这个争议行业的神秘感。

另一方面，青岛新城华商聚集，经济往来频繁，纠纷也就随之而来。1902年8月23日《青岛官报》刊登的副臬署传票即是一例：“兹据经理房租人邓剑铭呈控娄顺福欠伊房租洋银四拾捌元一案。查被告前在大鲍岛高密街开设永升馆，现今无踪无迹，无地可传，是以登此传票宣传。”与此同时，大鲍岛华商纪玉堂控告杨鸿盛亏欠荷兰水货款洋银75余元的官司也因为人去楼空，无从下手。

以大鲍岛为地理中心，当各地的移民商人达到足够大的规模时，成立自治组织的需要逐步显现出来。华商开始尝试在传统商帮的基础上，依照移入地域成立同乡会馆，组成更紧密的区域利益联盟。

以山东商人群体为肇始，齐燕会馆、三江会馆和广东会馆相继建立，通称三

[1] 青岛市市南区档案馆．青岛官报[M].南京：东南大学出版社，2021:41.

帮会馆。租借地方面对这些有利于促进商业发达的社团并不加以干涉，甚至乐观其成。而1901年齐燕会馆甫一成立，即开办“与鲁东方面的银行业务”，则使行政当局更感欣慰。[1]1907年5月，德国总督和山东巡抚杨士骧出席了“造型辉煌”的三江会馆的落成典礼，这被视为青岛“中国商界意义日增的重要标志”。[2]

对于不同籍贯背景的旅青华商来说，三帮会馆的成立搭建了一个租借地官商之间、欧洲商人与华商之间、不同商帮之间的沟通平台，也加固了各个商帮的凝聚力。作为民间同乡会组织，会馆在城市开发早期商业、文化、教育、慈善上的贡献显著，成为移民的情感和经济联系纽带。三帮会馆的应运而生，凸显了青岛商业移民的广泛性。这在新城文化元素的构成上意义重大。差异性与陌生化使得南北交融成为必须。

作为财富繁衍的早期获益者，各个会馆的发起人借机脱颖而出，扮演起商帮利益代言人的角色。毫无疑问，这是一个意味深长的转变，也是一次新的势力划分。出现在青岛新城之后，这些离乡背井的移民创业者第一次在他乡打开了“落叶归根”的通道。

从山东会馆演变出来的齐燕会馆，主要发起人是傅炳昭与朱子兴。两个人，一个来自山东黄县，一个来自直隶天津。但傅炳昭少年时代的人生经验积累，一多半似也与天津有关。

傅炳昭1864年出生于山东黄县，其童年与家乡的联系缺乏足够的文献支持。传言其早年失去双亲，抵达青岛新城之前，似有一段天津码头的漂泊经历，其对德语的熟悉则来源于同一时期与德国船员的接触。

青岛新城初建，傅炳昭35岁上下，资本、经验、阅历、精力恰逢旺盛期。但因为对傅氏之前过往经历记述的严重匮乏，人们并不确切知道其资本积累过程的细节，也不确定其与朱子兴建立商业合作关系的起始。这在傅炳昭一代青岛新城的关键性投资移民群体中间并非孤例。有道是“英雄不问出处”，对20世纪00年代大鲍岛第一批脱颖而出的华商来说，天上掉馅饼的故事并不是天方夜谭。

作为最早一批进入大鲍岛试水的华商，傅氏是最早持有大鲍岛房产的华人投

[1] 青岛市档案馆．青岛开埠十七年：《胶澳发展备忘录》全译[M]．北京：中国档案出版社，2007:130.

[2] 青岛市档案馆．青岛开埠十七年：《胶澳发展备忘录》全译[M]．北京：中国档案出版社，2007:536.

资者，其经营的祥泰号洋广杂货行开设在山东街的主要街面。从1900年开始，连通欧洲区的山东街是大鲍岛最重要的商业街道，第一批移民华商的落脚点大多也在此。傅炳昭的祥泰号宛若一盏照耀着中国城的信号灯，引领着新近到达的华商掸去一路尘土，在陌生的城域建立起创业信心。

不论是不是有意为之，傅炳昭与朱子兴在相当意义上都可以说是大鲍岛兴旺的奠基者。从开发伊始，傅炳昭就相继购买了几块土地，用以建筑房屋。1901年5月24日，其申请在大鲍岛古大成已购地块的南面购买一块1794米打的地皮[1]；1901年6月6日，其又申请在大鲍岛山东路西边购买一块1324米打的地皮[2]；20天之后，他再次申请购买大鲍岛沂州街的一块地皮[3]。傅炳昭的下一次购地，发生在当年7月，地点同样是大鲍岛。[4]不到两个月的时间，傅炳昭连续参加了四次土地拍卖，购买土地面积超过4000米打，购买力不可谓不强，对大鲍岛发达的预期不可谓不大。这些华人参与的土地拍卖消息，都以中文告示的形式刊登在每周出版的《青岛官报》上。

朱子兴直隶天津籍，经营成通号木煤行，设址在大鲍岛山西街。朱子兴同样是抢先参与大鲍岛土地拍卖的华商，所获地块被作为随后参与竞拍地块的坐标。在傅炳昭1901年6月6日申请购买山东路西边的地皮一周后，刘绍章申请购买的地块，即以“大包岛山东路西朱子兴地南第九号第一百八十八块地”来界定的。[5]早在1900年的12月，朱子兴就购买了大鲍岛5472米打的第r号第五块地。

从狂热占有土地的角度衡量，1901年似乎是华人资本在大鲍岛初露锋芒的一年。仅从1901年6月份的两期《青岛官报》看，不到20天的时间里，在大鲍岛相继申请购买土地的华商就有刘祖乾、李双义、李双和、柴瑞舟、王仁章、纪修同、张高进、姚诗岑、李涵清、姜文儒、刘寿山、闫同兴、张中和、高子安、张中连、尹殿扬、王海亭、周宝山、宋义山、王子详等。而从土地拍卖的时间顺序和土地拥有量来说，傅炳昭和朱子兴都排在了前面。

[1] 青岛市市南区档案馆．青岛官报[M].南京：东南大学出版社,2021:168.

[2] 青岛市市南区档案馆．青岛官报[M].南京：东南大学出版社,2021:192.

[3] 青岛市市南区档案馆．青岛官报[M].南京：东南大学出版社,2021:214.

[4] 青岛市市南区档案馆．青岛官报[M].南京：东南大学出版社,2021:236.

[5] 青岛市市南区档案馆．青岛官报[M].南京：东南大学出版社,2021:200.

1903年7月11日出版的一期《青岛官报》刊登了青岛副按察司的传票："兹据朱子兴呈控徐鸿洲欠煤价洋银一百零四元六角五分一案，被告前在包岛驶舢板为生，现无下落，无处可传，是以登此传票，宣传被告徐鸿洲准于德八月十一日早十点钟到案听讯。"而类似的华商财产纠纷诉讼，1902年之后已频繁出现。这也在一定意义上将具有协调功能的同乡会馆的现实需要提升到了一个势在必行的位置。

三江会馆由苏、浙、皖、赣同乡会组成，浙江人周宝山与江苏人丁敬臣为活跃分子。周宝山为周锐记杂货行经理，设址在大鲍岛芝罘街；丁敬臣为丁敬记进出口行经理，设址在大鲍岛山东街。记录显示，周宝山曾在1901年6月13日向胶澳地亩局提出过购买大鲍岛山东路东边第三十六号第四块地皮的申请。[1]

广东会馆的为首者是香山籍古成章，其经营成通号木煤行与大成栈号洋广杂货行，分别设址于大鲍岛山西街与潍县街。根据1901年3月2日《青岛官报》的记录，一周之前他申请参与了大鲍岛沂州街一块1934米打地皮的拍卖。胶澳地亩局告示中地块申请人的名字为古大成。而关于古大成的片段资讯，还包括其在1903年6月控告在大鲍岛经营永春茂商号的张泽珂、张春欠款逃逸。[2]

伴随着大鲍岛华商的不断聚集，以这些头面人物为中心形成的不同利益群体在城市各种商业活动中的溢出效应显现得愈来愈充分。而这也为他们之间的你争我夺埋下了伏笔。

从会馆与大鲍岛两个紧密联系的观察点出发，可以发现两个有意味的现象，这实质上可以成为定义这一时期华商和华商组织的钥匙：第一是华人资本崛起的不可抑制。因为华洋分治的法律限制，拓业早期的华人商业几乎全部聚集在大鲍岛中国城，这导致了这一区域以行政当局不可预料的方式飞速发展。几年之内，地理扩张不断发生，导致欧洲区与大鲍岛区的界限愈来愈模糊，最终不得不以紧密联系的建筑物为阻隔，形成人为的屏障。第二是华人社团组织缺乏公共意识的原始形态。早期华商移民的联系纽带以地域、行业以及与洋行资本的紧密度为重要依托，三帮会馆部分去除了不同商帮的狭隘性，却并未完成公共意义上社会责

[1] 青岛市市南区档案馆.青岛官报[M].南京：东南大学出版社,2021:201.

[2] 青岛市市南区档案馆.青岛官报[M].南京：东南大学出版社,2021:116.

○ 山东街北段

任的整合，这便导致了其在事务协调中公平性的先天不足。而以同乡会馆等可见社团形态搭建起的资源构架以及势力范围，不免会在不经意间触发利益纷争。这个时候，由于会馆公信力的匮乏，在效果上往往使解决争端的努力大打折扣。

1902年4月，德国总督府设立中华商务公局，推举傅炳昭、董永生、王作谟、梁云浦、金香孙、严德祥、徐锡三、邱六斋、朱子兴、张少坡、柴竹荪、李承恩12人为董事，参与华商事务管理。[1]这12人中，山东籍的六人，外省的及洋行帮办各三人。同年4月15日颁布的《暂行设立中华商务公局章程》明确，中华商务公局"以调解商业纠纷，商酌总督所行华人事宜，辅助其市政管理"为主要职责。

12人华商领袖作为族群代表的出现，实质上是"总督府为咨询华人事务和为参与对华人城镇的管理"进行的一次制度试验。其主要任务如下：统计市内华人居住的房屋，参与调解华人在贸易事务方面和继承权问题上的纠纷争执，总督府就经济性质的问题和关系社会福利设施方面的问题在华人中进行咨询。当局倾

[1] 青岛市市南区档案馆.青岛官报[M].南京:东南大学出版社,2021:61.

向于认为，这样“不但能期望更顺利地解决有华人参与的个别事务，而且可望促进保护区华人对当局的信任，从而加快经济发展。如果组成这个委员会的试验成功，保护区行政管理当局就可以得到宝贵的助手”[1]。

从青岛新城的运转看，德国总督府在1902年建立中华商务公局本质上出于稳定社会运转的现实需要。根据同年9月的人口统计，青岛新城除驻军外，共有欧洲人688人，华人14905人。而在20世纪的黎明时分，以大鲍岛为地理核心，华人商业近乎爆发式的增长已初露端倪。

作为权益保护平台与利益平衡工具，中华商务公局可谓应运而生。这是青岛租借地时期本地最重要的华人商会机构，在华商利益的维护与文化传承上贡献良多。期间，作为自治组织的台东镇商务会，也在相关区域开展了相应活动。遗憾的是，由于资料的匮乏，中华商务公局的12名创始董事中，除了傅炳昭、徐锡三、朱子兴，多数人的身世经历都难以寻觅，这让后人对华商在这段开拓性历程中群体性作为的勘察失去了更生动的参照。

中华商务公局设立10个月后的1902年12月，山东巡抚周馥访问了德国青岛租

○ 三江会馆议事厅

[1] 青岛市档案馆.青岛开埠十七年:《胶澳发展备忘录》全译[M].北京:中国档案出版社,2007:194.

借地。完成这次破冰之旅后，周馥于当月31日上奏曰：德国人已经把租借地当作自己的国土。条约签订后，生活在租借地的中国人受制于德国的统治，对此很难提出异议。周馥建议："必须通过工业和商业关系，对德意志人加以控制。"

对强调德国租借地管理权的分歧，无疑是不可调和的。这一点，作为山东巡抚的周馥很快就明白了。接下来他采取的对策是，开放山东诸地为商埠，以与德国进行商业竞争，最早获得开放权限的地方是周村和济南府。

山东巡抚访问青岛的一个连带效应是清政府对广东人朱淇在青岛主办的《胶州报》的收购。进行破冰之旅的第二年，周馥完成了对租借地这份唯一中文报纸的控制，并专门遣派候补道朱钟琪主持编务，以保证信息传播的政治正确。该报从第89号起，在报头加印大清三角龙旗和德国三色旗，同时采用了大清光绪和大德公历两种纪年方式。1903年5月5日，《胶州报》本埠新闻以"都帅行辕记事"为题，报道了青岛德国总督特鲁泊访问济南的行程，并在几天之后将社址迁至胶州街。新的报馆地址与大鲍岛中国城里熙熙攘攘的华人读者几乎是零距离，对消息的获取与报纸的经营无疑都便利了许多。作为华人会馆、商帮、行会的集中地，大鲍岛也是散发着传统威权气味与散播各种传言的信息扩散地。尽管大鲍岛的商业趣味与《胶州报》的政治志向不尽相同，但在同文同种这一点上却唇齿相依。

这种无法掩饰的隔膜与惺惺相惜的温情，真实构成了大鲍岛奇异的文化现场。

继1901年4月8日胶济铁路通车到胶州后，1902年6月1日通车至潍县，1903年4月12日通车至青州，1903年9月22日通车至张店。

1904年6月1日，铁路全线及张博支线同时通车。三个月前，青岛大港的第一码头业已建成，远洋航运通道完成基础性构建，面向世界的大门豁然开朗。

青岛的经济辐射力就此直抵山东腹地和华北，并作为不可或缺的中转站，连通东南亚、欧洲和美洲。

# 掘金之路

1908年5月15日《青岛时报》刊登的广告：“本公司爰集同人，备集股本洋一百万元，拟在青岛创设华太保险有限公司，寓谦顺银号为总行，专保本埠房产、各通商口岸轮船平安。”

1902年1月21日，一只跑进大鲍岛天主教士院子里的黑毛山羊，给这个寒冷的冬日增添了一丝嬉闹的气氛，也拉近了日益变化着的中国城与胡存约熟悉的乡村生活的距离。天主教士担心黑山羊的主人着急，赶紧报告了巡捕衙门，后者在四天后出版的《青岛官报》上刊登了中文启事，寻找失主领回。[1]

从这一年的年初开始，大鲍岛区域密集的路网已逐渐成形。在一栋栋拔地而起的房屋前面，曾经在山坡中出没的獾、狐狸和貂不见了，这只从某人家里跑出来的黑山羊成了新时代的新风景。毫无疑问，野生动物与饲养牲畜之间隔着一条异常清晰的界限。前者是野蛮生长的标志，后者则代表着秩序与约束。

而对黑山羊的主人来说，秩序与约束的起点就在脚下。

与青岛新城南边欧洲区自由伸展的路网形态不同，从柏林绘制的规划图上搬到现实中大鲍岛的，是一个棋盘式的布局，横平竖直，井然有序。东西方向，由东至西到铁路线，海拔高度陆续递减，道路网络由四方街、海泊街、高密街、胶州街、即墨街、李村街、沧口街构成；南北方向，依次是济宁街、芝罘街、易州街、博山街、潍县街、山东街、直隶街、河南街、山西街。一个社区，走完半袋烟工夫不到，外面方方正正，里面层峦叠嶂。里面和外面，一个社区和另一个社

[1] 青岛市市南区档案馆．青岛官报[M]．南京：东南大学出版社，2021．

○ 胶州街上的瑞蚨祥门面

区，似曾相识又别有洞天。

作为欧洲区与大鲍岛的屏障，最后出现的黄岛街和平度街像两个冒失闯入的兄弟，懵懵懂懂地斜插在四平八稳的棋盘中，标志着大鲍岛土地存储的终结。

1902年春天，几只短喙的家燕轻捷如箭地飞到大鲍岛上空，狭长的两翅镰刀一般掠过树枝，忽上忽下，时东时西，发出尖锐而短促的叫声。这声音吸引来另外一群鸟，形成一片嘈杂。在这万象更新的喧哗之中，面临破产的华商胡长庚与傅子安却高兴不起来。这两例破产案的相继出现咬合出生生灭灭的铁律，世事无常的循环往复在大鲍岛同样不可避免。

胡长庚的破产清算导致其拥有的大鲍岛地块被出售。这成为青岛新城华商移民最早的经营失败记录。胡长庚破产的原因在于“亏空谷项”，最终不得不依据德国“断扣归偿专律”办理。[1]但在大鲍岛华商只争朝夕的时代，这些生意破败的噪声很快就被后继者拥挤不堪的步伐淹没。胡长庚、傅子安像那几只闪烁着金属光泽掠过春天的家燕，旋即消失在公共视线之外，再无声息。

大鲍岛前行的姿态，没有受到一丁点影响。

依照中华商务公局大鲍岛商董在每年春节前由各帮更易四人的定章，1903年

[1] 青岛市市南区档案馆.青岛官报[M].南京:东南大学出版社,2021.

1月26日下午在天后宫商务公局内推举山东籍张颜山、张中连，广东籍刘祖乾、罗子明四人充任新董。[1]38岁的张颜山是胶东牟平人，投资经营烟台泰生东号。张中连、刘祖乾、罗子明三人的信息无从辨析。至此，担任过中华商务公局董事的华商人数增加到了16人。12名在任董事中，山东籍的6人、外省的及洋行帮办各3人的比例关系未变。

中华商务公局董事新更易的四人中，有两个广东人，说明粤人在青岛新城的势力有增无减。而相应的资讯也证明了这一点。1903年9月官报就曾刊登一则断债通知，称前有粤人黄逸农在大鲍岛开设照相馆，因生意亏空，杳无踪迹，臬署准于9月18日开始办理亏空清理，由各债主将欠债项呈报。

1903年，大鲍岛紧锣密鼓的华人商业拓展事件之一，是专售绸缎、皮货的全国联号瑞蚨祥布店的呱呱坠地。瑞蚨祥青岛分号在大鲍岛的出现具有一种暧昧的象征意味，显示出内地传统商业击鼓传花一般的繁衍能力。瑞蚨祥建造在一条新辟不久的东西走向街道的北面，这条有着很大坡度的街道最初被称为鲍道大街。由此向南到大鲍岛的南部边界，已形成一片华人商业市街。

大鲍岛的瑞蚨祥建筑最初占地2800平方米，东至济宁街、西到芝罘街、南起胶州街、北达即墨街，共600余间房屋。较之海边欧洲区的洋行建筑，瑞蚨祥修造的是一片本土特色浓郁的中式砖木结构多层建筑群，清水墙面的房屋大部分为两层。瑞蚨祥建筑的全部房屋用青红双色砖砌成，其山墙为大圆弧形，借用明代江南民居山墙的线型。大鲍岛瑞蚨祥门前筑有围墙，进门后为一四方庭院，西厢设有广济堂药房，正厅售绸缎、布匹及皮货等。

1905年,掖县籍的建筑承包商宫世云在芝罘街组建公和兴工程局，与山东铁路公司合作承建胶济铁路沿线桥梁、土木工程，并很快在黄岛街与芝罘街的交叉路口投资建造里院建筑。宫世云1878年生于莱阳，19岁到青岛学习建筑施工，他的事迹是个人命运颠覆性转变的典型一例。而拥有如此跨越性经历的年轻移民，在大鲍岛并不鲜见。这块伴随着青岛新城快速崛起的土地，像被赋予了一种神奇的魔力，生生死死的起伏仿佛发生在转瞬之间。

1906年，大鲍岛鳞次栉比的街市景观已令德国租借地当局确信，以群体方

[1] 青岛市市南区档案馆.青岛官报[M].南京:东南大学出版社,2021:34.

○ 宫世云

○ 建筑承包商宫世云的公和兴工程局带动了芝罘街的早期开发

式不断崛起的华商是青岛经济繁荣不可忽略的力量。租借地政府年度报告描述：中国商人“对殖民地的经济前景，对德国当局和司法管理都表现出越来越大的信赖，而东亚各地贸易中心的经济发展基本上都是与中国商人的积极参与密切联系的”[1]。

1907年，宋雨亭的通聚福在河南街成立时，并没有引发多少关注。这个掖县年轻人的生意貌不惊人，也是生米、生油之类，流通渠道亦与同业如出一辙。通聚福的货物来自大汶口和济南等地，销售的目的地则是南方的上海和广东。[2]宋雨亭和他的通聚福的出现，很像是对当局相信华商“对殖民地经济前景，对德国当局和司法管理都表现出越来越大信赖”的一个注释。

通聚福在河南街出现的同一年，胶州街上的中文报纸《胶州报》却寿终正寝了。这份先后由广东人朱淇和周馥派来的候补道朱钟琪主持的报纸，从1900年到1907年在青岛德国租借地的存在，让发生在辛亥年前的一些制度变革先声，让清政府微弱的政治话语权，穿越地理与观念的屏障，一点一滴地传递到中国城算盘珠子“噼噼啪啪”作响的账房，传递到广东餐馆英记楼杯盘狼藉的角落。

实质上，朱淇1900年到青岛创办《胶州报》，以及1904年经山东巡抚周馥劝离青岛，都与一些地方官僚有关。其过程被徐凌霄记录在了《凌霄一士随笔》里：“有曹倜字远谟者，山东老吏（历任平度、潍县、长山等州县）。庚子后与

[1] 青岛市档案馆.青岛开埠十七年:《胶澳发展备忘录》全译[M].北京:中国档案出版社,2007:397.

[2] 青岛档案馆馆藏档案[A].207(1).

朱氏订交，时资助之，旋为之向上游延誉。尚其亨时为山东布政使，颇有开通之名，与朱一见倾心，因定在北京开设报馆之议，与曹合集股本数千金交朱氏，朱乃将子女暂托青岛教堂照料，只身北上。”这个山东布政使尚氏为汉军旗人，尚可喜之后，与朝贵素通声气。朱淇入京，通过尚氏的介绍分谒要津，谋开设报馆便利，遂成就《北京报》。

就青岛《胶州报》几年的作为来说，不论诸如《立宪法浅说》《中国维新有关天下太平之局》这样具有变革意义的文章在大鲍岛有几个华商会看，也不论《论中外政治本原之异》之类的文字距离华商的实际需求多么遥远，《胶州报》先驱一般的本土新闻预演，无疑像堂吉诃德一般令人印象深刻。光明一旦降临，更多的光亮就会接踵而至。在这个意义上，广东人朱淇不经意间为几年后抵达这里的同乡孙中山开启了一扇启蒙的窗户。但也许恰恰是在好高骛远这一点上，不屑于本土华商喜怒哀乐的《胶州报》，注定命运多舛。

青岛第一张华文报纸死了，青岛第一家华人保险公司却来了。

1908年5月，华商李涟溪与傅炳昭、周宝山、万耕畲、成兰圃、郑翰卿做出了一个出人意料的动作——投资保险业。作为华太保险有限公司（以下简称华太保险）的承办人，他们创立了青岛第一家华人资本的保险公司，成为本土第一批吃螃蟹的人。华太保险开幕前在《青岛时报》刊登了一则广告：“自泰西创立保险一途，公司林立，无论水站险、火险均可承保，法良意美。本公司爰集同人，备集股本洋一百万元，拟在青岛创设华太保险有限公司，寓谦顺银号为总行，专保本埠房产、各通商口岸轮船平安。倘遇不测，赔款迅速，保费亦格外克己，并上海、广东、烟台、营口、大东沟、清坭洼、海参崴等埠皆有友人代理，特此布闻。”1905年开业的谦顺银号在山东街，是最早设在青岛新城的华资金融机构，也是华人资本的大本营。华太保险“寓谦顺银号为总行”，强强联合的意味不言而喻。

李涟溪，进入档案记录的名字有李廉溪、李莲溪、李涟溪多个，造成了不少辨析上的困扰。这个情况，跟后来商会的活跃人物杨玉廷、于维廷、柳文廷名字中“廷”与“庭”的多处混淆一样，都须逐一对照文献进行鉴别。而就李涟溪来说，同样的迷惑还存在于后人关于其籍贯辨析的迟疑，不同文献显示的方位涉及栖霞、海阳、胶州诸地。对李涟溪或者李莲溪来说，这也许不是有意隐藏的秘密，但对后来的历史探究者而言，在故纸堆中洞穿相互矛盾的真相并非易如反掌。

作为第一代移民中的出类拔萃者，李涟溪在青岛突飞猛进的掘金资历，不输1908年与其一同投资保险公司的另外几个合伙人。他在青岛城市化伊始即投身其中，耕耘多年，拓业有成。其早期借胶济铁路的修筑契机，通过前津浦路北段总办李德顺上通下达，以兴办地产与实业起家，逐渐发达。这个路径与刘子山类似，与傅炳昭、周宝山、万耕畲、成兰圃、郑翰卿却不尽相同。

早年李涟溪与隋石卿亦关系融洽，投资华太保险六年后，被袁世凯撤职的湖南都督谭延闿避居青岛，与李涟溪、隋石卿等在春和楼吃过一次饭。在谭延闿的日记中，“亦商界人”李氏的名字被记作李廉溪。当时初至青岛的谭延闿正到处找房子，随后发生的一件小插曲，透露出傅炳昭、周宝山、隋石卿三人之间微妙的关系。谭记：“傅言有周保山者，愿以所居相让，隋言周家患喉痧，死数人，屋不可居，意诚可感。”一本正经地说周宝山家的隐秘之事，还一脸的真诚，隋石卿一石二鸟的城府可谓深矣。不过，谭延闿也非等闲之辈，几番交往下来，对隋石卿最终得出了“亦有心计人也”的结论。

华商有大有小，有成功有失败，兴旺与衰落的故事每天都在上演。不尽相同的华商之路，也让新兴都市的趣味日趋丰富。1908年5月11日，一家叫宜今的书局在《青岛时报》刊登广告：“本局承印中外文件，各式纸张、草编、仿单，兼造橡皮图章，以及铜版、玻璃版，各样带像名片、招牌，钱票、火漆印等，无不具备各样花边，极其精美，并售学堂供具、文房四宝、近时新政要书，价目格外克己。”潍县街的这家书局由陈积厚、陈吉庆、梁鸿厚三个广东人投资，经理梁星垣也来自广东，主营印刷，并在李村街设有仓库。报纸广告上除业务种类的介绍之外，其“凡仕商赐顾，远近函购皆可”的告白亦可谓贴心。而这类周到的服务恰恰是广东商人经营上的过人招式。

站在大鲍岛潍县街宜今书局的招牌下面，梁星垣的一口广东话在北方人听起来居然合辙押韵，没有人觉得异样或者不可接受。甚至，这也会令偶尔走过的路人心情豁然愉悦。

太阳照在宜今书局的大门上，光灿灿耀眼。

1908年5月26日，大清光绪三十四年四月二十七日，青岛总督府颁布《订立倒弃脏物章程》，在青岛“晓谕厘定倒弃脏物章程事”，按照德国护卫属境律例第15条，并参照德国枢臣1898年4月27日所宣布训示的第一条“量予厘定”各条：

第一条。所有青岛内界西至小泥洼营盘、黑澜营盘直线；东至自大码头围坝根起，过芽瓜街内铁路桥下及小包岛山顶、丰台岭山顶打波罗房子以至海沿南亭；南至海，该界内各地主、房主其应管地段内务须洁净倒弃一切脏物。

第二条。凡有人住之地址应安设盛脏物之器具，该器具用洋铁作成，必须易于挪移，且要有盖，并不漏、不透气，凡有临街大门车辆能进出者则可安设不能移动之盛脏物池，或用砖砌成或用铁作均可，该池底必须在地皮以上，不准渗漏，上面须有倒物之口，前面须有撤物之口，该两口应常闭关。

第三条。凡在大沽街、保定街、活痕罗黑街、崂山街、济宁街、沧口街、济南街周围以内之区地，未经修有脏水沟之地皮，其有脏物只准专办拉粪者拉去，至于脏物之费即在拉粪费一元三角五分以内，不准另外索费。其余各该地皮准地主、房主用自己人倒弃脏物，惟出有事端该地主、房主须认其责，若该地主、房主不欲用自己人倒弃脏物，只准顾觅在巡捕局领有执照之车行拉去，车行请领此项执照亦无费用，凡有不谨慎遵守此项章程之车行，巡捕局可以不发给执照，亦可将已发之执照撤回。至于拉此脏物之费用该地主、房主与车行自行商订。

第四条。该脏物用车拉载，在街上行走务须不漏、不透气，并可以关闭之器具盛此脏物，若不用器具盛此脏物，其拉载之车厢亦须不漏、不透气并有门盖等项可以关闭，其拉载之时必须将门盖关好，该拉载者更应设法于装脏物之处防备遗弃于街上，并免被风刮出臭味与布土。

第五条。至于卸赃物之处，只准在巡捕局先行预备出示晓谕表明之场卸下，他处非巡捕局先行允准不准擅自卸下，其已卸下之脏物不准再行拉往别处。

第六条。倘有违背此项章程者，一经查出，罚缴洋至二十五元之多，如无力缴洋即监押至一星期之久，该犯法者若系华人即罚缴洋，或监押至一星期之久，或笞责至二十五下之多，以上三项科罚或罚一项，

○ 潍县街

或兼罚二项、三项，均须随时酌定。再者违背章程之处，一经巡捕局查知，派人代其改良所需各费均归得咎者认赔。

第七条。以上各条仰自西历本年六月初一日一律遵照，勿违。

大鲍岛一地，华人商号依旧在持续增加。1908年，经营生米、生油的万利源在山西街成立，投资人为齐燕会馆的联合发起人朱子兴，经理是黄县人姜晓岩。同样在1908年，掖县人战警堂的玉春号在高密街成立。战氏选择的开业时间是光绪三十四年五月十五日，也就是1908年6月13日。

这个时候，朱子兴、姜晓岩和战警堂等瞅见的青岛新城神采飞扬。

# 匍匐与跳跃

1910年8月25日《顺天时报》报道：“大清银行在青岛商埠设立之分银行自开办后，颇见畅旺，商民等亦甚信用。”

1902年8月，一个叫雷曼的德国人准备在大鲍岛海泊街与山东街拐角开设餐厅。同月9日《青岛官报》刊登了巡捕房的一则告白，询问各界对雷曼的申请有无异议。这是同一年度由马森和兰姆帕在即墨街相继经营西餐饭店之后，又一家预备在大鲍岛开业的西餐馆。[1]一年之后，一个叫哈泽的德国商人亦递交了在大鲍岛李村街和芝罘街角开设餐馆的申请，显示出市场需求的增加。但在德国舆论界看来，这些小规模的德商投资并不具有代表性，也不具有示范性。

推动贸易拓展的标志性事件，是1904年3月6日大港第一码头的建成。从1898年4月德国国会通过以500万马克用于青岛港口建设的拨款决定开始，到胶州湾东岸第一码头建成，经过了五年多的建设历程。这个大型的现代化新港，成为开放为自由港的青岛新城不可或缺的海上出口。1906年，大港第二、四、五码头依次竣工，总督府随后公布港务管理办法，青岛港正式进入规范化运作，为进出口贸易提供了强有力的支撑。

作为受到德国皇帝鼓励的租借地，青岛新城贸易与商人推进的缓慢，曾多次引发了德国国内的质疑，人们对花费如此大的代价与所能带来的收益之间的不平衡议论纷纷。而从现场来看，实际的情况也的确不怎么令人兴奋。

1909年2月8日出版的《法兰克福报》以“来自远东的通信”的方式，详

[1] 青岛市市南区档案馆．青岛官报[M]．南京：东南大学出版社，2021．

○ 面对青岛湾的山东矿务公司

细描述了这里被美丽包裹着的萧条："当星期天一大早穿过一座干净的德国小城，你会有一种宁静的印象，因为日常行色匆匆的街道是空旷而安详的。很遗憾，在青岛即使是工作日也会产生这种感受。当从慢慢驶近的游轮甲板上观看这座美丽的城市时，你触发的第一个感觉是情不自禁的骄傲，干净的中国城市大鲍岛，然后是建有令人亲切的德国房屋的宽阔而光亮的大街，这一切都给人留下了深刻印象。随后突然之间你会觉出一种使人压抑的寂静，因为这里并没有你曾期待过的那种繁忙和热闹。"

显然，青岛当局也意识到了这种萧条可能带来的潜在威胁。因为对德国商人吸引力的持续不足和商业前景的暗淡，是不难捕捉到的现实状况。这种不景气长此以往下去，必将影响青岛新城的发展。

1909年为宣统元年，夏历己酉。中国内地不断出现的新情况也在有形、无形中影响着租借地的运转。1909年3月6日，清朝皇帝诏谕预备立宪，以实现维新图治宗旨。9月1日，鉴于"我国政令，日久相仍，日处阽危，忧患迫切，非广求智识，更订法制，上无以承祖宗缔造之心，下无以慰臣庶治平之望"，上谕终于发布。仔细看下去，却依旧是一个"画饼充饥"的远期规划。

上谕一方面强调："诸国所以富强者，实由于实行宪法，取决公论，君民一体，呼吸相通，博采众长，明定权限。时处今日，唯有及时详晰甄核，仿行宪政，大权统于朝廷，庶政公诸舆论，以立国家万年有道之基。"另一方面又遮遮掩掩地找出来一大堆托词，竭力拖延："但目前规制未备，民智未开，若操切从事，徒饰空文，何以对国民而昭大信？故廓清积弊，明定责成，必从官制入手。应先将官制分别议定，次第更张。将各项法律详慎厘订，而又广兴教育，清理财政，整顿武备，普设巡警，使绅民明晰国政，以预备立宪基础。俟数年后，规模粗具，查看情形，参用各国成法，妥议立宪实行期限，再行宣布天下。"

留给清朝的时间已经不多。

10月2日，从北京丰台到张家口的京张铁路正式通车。清政府将这个日子装扮成了一个自力更生的节日。两天后，正督办粤汉铁路的张之洞去世。这个兼管学部的军机大臣操办的最后一件事情，是给清政府与德国联合兴办的青岛特别高等专门学堂打开了窗户。张之洞死后一个星期，青岛特别高等专门学堂开学，德国地质学家格奥尔格·凯贝尔出任监督，学部员外郎蒋楷担任总稽查。青岛特别高等专门学堂在胶济铁路青岛火车站的西南方向，面朝大海，秋风送爽。

在1909年这个财政年度，鉴于德国议会和舆论界连篇累牍的质询，租借地政府愈加相信，影响青岛经济前景评价的一个至关重要的因素就是华商对这个年轻移民区的态度。其后租借地政府自我安慰说："很显然，从当下的各种可见状况看，华商在青岛表现出了显而易见的信心。"[1]

当局采取的刺激商业的措施之一是在租借地内发行小额硬币。1909年10月11日，青岛德国总督发布《通用镍镉小洋章程》，规定：

第一款。德政府铸有镍镉小元，兹拟发出于胶澳德境以内通用，其名价分为两样：有一角者每十枚当鹰洋一大元，有五分者每二十枚当鹰洋一大元。

第二款。此项镍镉小元，一面上铸有飞鹰与船锚之形象，以及胶澳德境洋字与分两、年岁各数目；一面上中间铸有大德国宝，外边铸有"青岛"与"壹角每十枚当大洋一元"或"五分每二十枚当大洋一元"

[1] 青岛市档案馆.青岛开埠十七年：《胶澳发展备忘录》全译[M].北京：中国档案出版社,2007:635.

○ 大鲍岛的繁荣与码头密不可分

汉字。

第三款。凡用此项镍镉小元在三元以内，无论各署公廨、各项公司与各样铺户人等均须收用。

第四款。用此项镍镉小元赴本署粮台处交纲，无论多寡均照收用，欲兑换大洋者亦均如数换给。

第五款。此项镍镉小元除行使年久自然稍有磨棱积仍可照收外，其余钻眼坏或伪造者，本署粮台处一律退回并不须收换。

第六款。现在发出此项镍镉小元流通德境市面，嗣后督署查其情形，即将现有中国或香港之二角、一角并五分之小银元出示晓谕，定日减少酌用或禁止使用。

德华银行在青岛发行的这些硬币共67500元，计一角47000元，五分20500元。

青岛新城之内，华商群落的整体上升趋势在1909年似乎依旧持续。1909年10

月编制的年度《胶澳发展备忘录》提及了一些新的征兆，“本年度这方面又出现了两个新标志：华人商会的建立和中国国家银行青岛分行的开设”。这份报告所说的中国国家银行的青岛分支机构，即设在临近大鲍岛华人市场的大清银行青岛分号。

1909年9月21日大清银行青岛分号在山东街开业，后来的中山路152号建筑成为大清帝国在青岛最早设立的中央银行分支机构，也成了国家金融的象征。1910年8月25日《顺天时报》有消息称：“大清银行在青岛商埠设立之分银行自开办后，颇见畅旺，商民等亦甚信用。”但在熟悉现代金融业的观察者看来，大清银行青岛分号的金融作为极其有限，因为“其业务范围极狭，仅限于政府之税收及公款之存放”[1]。

也就是自这家银行起，大清银行青岛分号总办成兰圃、营业部主任吕月塘等第一代华人银行操盘手获得陆续加入的机会，开始在本地金融界崭露头角，并逐渐形成后租借地时代青岛新城的金融业骨干。有意味的是，成兰圃和吕月塘都是胶东人，一个来自黄县，一个来自海阳，他们的文化背景大致相同，都是率先接受现代金融规则与范式训练的金融试水者。

同时期在青岛的黄县商人，包括祥泰号投资人傅炳昭、万利源号总理姜晓岩、悦来北公司经理冯竹斋、义丰号投资人唐克明、双盛泰号杂货行总理徐鸿恩。比照成兰圃与吕月塘的合作关系，成兰圃与傅炳昭的商帮同盟稳固性更强，地域象征性更明显。

[1] 玄贞.海王：青岛之银行业[J].1935(17).

# 眼底苍茫不忍看

1910年《青岛华商商务总会便宜章程》中规定：本会总协理及诸董事均系殷实绅商，志在济公肩任会务，不支红奖。如将来经费充裕，会务殷繁，可酌给车马费以示补助。

1910年清政府公布《商会简明章程》，中华商务公局撤销，在三江会馆成立青岛华商商务总会，黄县人傅炳昭当选会长。这一年，通晓德语的傅炳昭46岁。

同年度的《胶澳年鉴》在叙述华商组织状况时，透露出了些许乐观的判断，并强调了新的增长数据："中国商人早已联合组建了中国商会，并且在不断扩大这种联合。在总督府协助下，其组织章程已制定出来。尽管去年发生了危机，中国地产主的数量仍增加了28个（从226个增加到254个）。"[1]为了克服贸易危机带来的债务风险，华商地产主大量抵押了地产，但新的抵押量增加并不多，百分比始终保持在10%~12%，而同期欧洲人的新增抵押量是8%~10%。

《胶澳年鉴》的统计显示，1910年青岛市区欧洲居民共计1621人，其中1531名为德国人，此外还有2275名士兵。青岛市区的中国居民为34180人，郊区的中国居民为126690人，总计161140人。

青岛新城经济不断增长的重要性，体现在了德华银行在青岛的货币流通量和胶海关在青岛收入的增长上。1910年青岛的货币流通量达到了675861元，超过了上一年的603655元。胶海关的收入从1009278海关两增加到1193021海关两。青岛总督府从中获取的份额，即海关收入的20%，从大约130000海关两增加到153146海关两，

[1] 青岛市档案馆．青岛开埠十七年：《胶澳发展备忘录》全译[M]．北京：中国档案出版社，2007:707.

即从392248马克增加到439195马克。同一年，青岛和烟台的贸易比约为三比二。[1]

新成立的青岛华商商务总会，以“联络商情，维持商业，开通商智”为宗旨，便宜章程规定“在青岛按律经商，确有管业之中国商人方得入会。如庄号不在青岛而有分支庄友在青者，亦可入会”。青岛华商商务总会的成立，以相对独立的社团组织形态标志着青岛华商群体社会成熟度的提升。作为本土华商组织的探路者，租借地早期来青的傅炳昭和后来陆续成为青岛华商商务总会首脑的各商帮领袖，在经历过德国洋行的历练以及市场的考验后，逐渐成为城市工商界长袖善舞的能手，族群观念和公共意识不断增强，驾驭全局的能力与日俱增。

1910年各商号公选青岛华商商务总会总理、协理和会董时，山东巡抚孙宝琦曾亲临现场监视。山东劝业道道员萧应椿1910年在《详抚院设立青岛华商商务总会请咨部立案文》中载称：“青岛华洋荟萃，贸易日繁，屡次谆劝该处华商速设总会，联络本埠内地商情。并将此婉告德国衙门。”

1910年8月，青岛总督府发布青岛准设中华商会的告示，并将该会便宜章程以及附条核准登报以便周知。鉴于青岛作为德国租借地的现实，尽管青岛华商商务总会获准按照农工商部商会章程办理，但总督府特别附加条件，申明清政府无权干预该商会事务。作为限制措施，青岛华商商务总会便宜章程规定：“凡本会调查青岛商务盈虚消长情形及所理事件，应随时报部并劝业道查核。但先应抄录一份呈缴由胶澳督署核准方可咨报。”

而在一些涉及洋行与买办贸易协调的事宜上，青岛欧洲人商会也在寻求解决办法，该会1911年的报告就买办合同指出：“中国情况的巨大变化和重又出现的缺少买办对外国公司的明确法律地位，尤其是在上海不得不再度努力来规范这个问题。而这里的商会也采取了步骤，努力与外国公司达成买办合同统一化。这件事正在制订中，如果商会的努力得到成果的话，它将符合整体贸易利益。”

青岛华商商务总会成立这一年的10月14日，郑孝胥乘坐西江轮从塘沽经烟台抵达青岛。作为锦瑷铁路及葫芦岛筑港事宜的筹划者，郑孝胥在青岛港下船时，发现码头上有“海堤三道，阔约二百尺，上设铁轨二道”。据《郑孝胥日记》的叙述，郑孝胥登陆后由悦来公司绍兴人孙瑞应迎接，“即坐小车出观”总揽市容，并入德

[1] 青岛市档案馆．青岛开埠十七年：《胶澳发展备忘录》全译 [M]. 北京：中国档案出版社，2007:707.

国兵营参观，见“营房甚修整，德兵著白衣往来”。晚上，郑孝胥在燕春楼用餐后到天仙戏园看戏，可惜因为“戏不佳”，九点多钟就打道回府了。郑孝胥入住的悦来公司名义上属于丁敬臣。背后不断变化的股权结构则官商交错。

进入20世纪10年代，鉴于华商利益团体的不断壮大，华商代表在社会公共事务的发言权有所增大。1912年1月8日，青岛总督府发布告示，委派50岁的胡存约、53岁的朱子兴、47岁的周宝山、40岁的古成章四位华商为总督府信任。这四个人，除了一个是本地人，其他分别来自直隶、浙江、粤地，具有显著的地域代表性，同时也毋庸置疑地代表了青岛华商的利益。华人议事会制度1902年4月由青岛总督创设，充当租借地涉及华人社会事务的顾问团，最初由总督任命的九人组成。1910年8月被废除，其位置由代表华商的四人参议会所取代。这四人由青岛华人商会提名，并由总督任命。

从1898年租借地建立到1912年，在有限的制度空间里，胡存约、傅炳昭、朱子兴、周宝山、古成章、丁敬臣等人不事声张地东张西望，像乡村放牧人一样不断琢磨着华商的匍匐与跳跃之策，无论结果如何，过程可谓筚路蓝缕。

但不论华商在匍匐还是跳跃之间如何选择，作为贸易中转站，青岛的地位已然

○ 1910年成立的青岛华商商务总会成员大多是三大会馆精英

确立。且1912年的青岛新城，比两年前《胶澳年鉴》记录的停滞状况有了不小的进步。“青岛有铁道轮船之便，且与工业地相距甚近，较之附近港湾，极为有利之地位。故自民国元年十月以来，芝罘四大输出商均以营业主店移至青岛。上海之输出商亦在此地派置代理。山东茧绌，西人极为欢迎。炎夏之际，销畅尤甚。盖男女之间均可适用。”[1]

1912年，经营进出口的日本三井洋行在青岛设置了派出机构，并开始与包括丁敬臣在内的华商进行合作。进入青岛这个德国租借地之前，三井洋行已在上海和天津开设了支店。三井洋行的到来，为三年之后日资的蜂拥而至埋下了伏笔。

与三井洋行在青岛落地同年，潍县人张俊卿、胶县人胡秀章和黄县人冯竹斋也把商业的起点寄托在了海边的这块德国租借地上。

潍县商人张俊卿在大鲍岛博山街开设的义德栈，规模要比三井洋行小得多。同样是经营进出口，三井洋行进口的品类近乎涉及了物产全系，而义德栈则只出口马皮、牛皮和驴皮。42岁的张俊卿十多年后把生意扩展到了杂货运输，雇工超过了70人，却依然无法和庞然大物一般的三井帝国相提并论。同样出现在1912年的悦来公司，由黄县人冯竹斋打理羊毛出口生意，其遭遇与张俊卿的义德栈相差无几。而胶县人胡秀章在胶州街的生意则是手工修补及制作皮鞋。

后来在一份关于新盛泰的创始记录上，胡秀章将其皮鞋作坊的诞生日期清晰地标注为“民国元年三月”。这一年，胡秀章24岁。他1888年出生在胶县东北乡，1904年16岁时进入青岛，大鲍岛的胶州街一带是他认识城市的起始。八年中，胡秀章叮叮当当地跟着师傅学着修理旧皮鞋，日复一日，对这个德国租借地的商人气味已熟悉有加。

稍后进入日据时期，新街区的博山街改名为白山町，黄县人唐克明投资的义丰号也设在了义德栈内，由同为黄县人的王殿臣担任经理，经营棉布、棉纱。而彼时，城市易手后，三井洋行不断上升的商业势头似已不可阻挡。

1912年是民国元年。前一年辛亥革命的枪炮已然颠覆了清朝政治制度的版图。对居住在青岛这个德国租借地的华商来说，清朝没了，清朝的遗老遗少却成了街坊邻居。尽管是一场逃亡，可这些过去高高在上的大人物依然看不上青岛的华商，从

[1] 张武.最近之青岛[M].北京：财政部印刷局,1919.

○ 谦祥益在华洋商号交错的北京街似鹤立鸡群

没有认真地把他们当成朋友。他们的真实心迹，在前山东巡抚周馥的《过胶州澳》中表现得淋漓尽致："朔风雨雪海天寒，眼底苍茫不忍看。诸国共称周版籍，斯民犹重汉衣冠。何人持算盘盘错，当局枯棋着着难。挽日回天容有力，可怜筋骨已衰残。"

这一年的10月，卸任的民国临时大总统孙中山也来到了青岛，期间访问了三帮会馆，并与若干华商头领聚餐谈话。但除了在广东会馆，其寻求青岛华商出资支持革命的努力成效甚微。反倒是在年轻人聚集的青岛特别高等专门学堂，孙中山得到了异乎寻常的欢迎，他在随后发表的演讲中毫无保留地鼓励青年学生以青岛无与伦比的建设成就为样板，发奋图强，强化纪律性，以饱满的热情投身于共和国未来的建设。对此，他寄予厚望。

孙中山访问青岛的一个意外收获，是对1898年单维廉参与制定的青岛土地制度及其实施效果的考察。孙中山"对这一制度留下了深刻印象，为使国人了解这一先进制度，他于1923年安排人翻译了单维廉的《胶州行政》在上海出版发行。1924年又邀请单氏为顾问，襄助孙科规划广州市的土地改革，拟仿照青岛之制。可惜天不假年，随着1926年初单维廉辞世，他所拟订的土地法规也在以后的战乱中灰飞烟灭了"[1]。

1912年的秋天，孙中山在青岛经历的失望与希望、激发与沉默、诚恳与世故，一如既往地若有若无，一如既往地或隐或现，一如既往地飘忽不定。对此，他似乎

[1] 马维立．单维廉与青岛土地法[M]．金山，译．青岛：青岛出版社，2010:43-49.

已习以为常。而在这些扑朔迷离的日子里，青岛本土众多华商的境遇亦可谓感同身受。沸腾的水会冷却，但当火焰重新爆发，还会再沸腾起来。

对青岛的许多华商来说，共和革命与南货贩卖都是投资。但当下投资革命显然并不是最紧要的选项，因为他们计算不出来这其中可见的收益会不会打了水漂。

孙中山看重青岛，其中重要的一点是这个德国租借地在商业上的成功。胡存约早年时代，青岛一带“不过半农半渔之小村”，而“至民国二年，其贸易额竟至六千四十四万余两，入港轮船达至五十九万三千余吨。青岛在中国四十九港中，为第十九位之贸易港。在我国北方，除天津、大连外，当以是地最枢要”[1]。

民国二年是1913年，夏历癸丑，这也是德国在青岛行使管理权力的最后一个整年。1914年11月，这份特权被日本的炮火彻底摧毁。

---

[1] 张武．最近之青岛[M]．北京：财政部印刷局，1919.

第二章

# 雾气

# 流亡者的政治与生意

**1917年燕齐倦游客《桃源梦》中写道："次日过午，三江会馆重门大启，红彩松枝悬挂了一院子。馆里原是供着关帝神像，神案长帷也换了新的。"**

在1914年德国溃败之前，一大帮被孙中山的革命革去了饭碗的清朝官员正在青岛逃亡。用京师大学堂总监督劳乃宣的说法就是，"山东青岛为德国租借地，国变后，中国遗老多往居之"[1]。

劳乃宣说的国变，就是辛亥年武昌起义带来的连锁反应。1912年4月19日，上海出版的德文《东亚劳埃德报》报道："最终在1911年晚秋，中国还是出现了令人记忆犹新的事件。这导致巨大的中华帝国发生了深刻的政治变革并几乎使商业瘫痪。但在德国保护地的边界前，革命停了下来。无论是过去还是现在，华北再也找不到如青岛这样可以享有充分安全和平静的地方。尽管中国自然辽阔的广大腹地的不安全对德国港口以及对所有其他口岸的贸易会产生不利影响，但这个问题却因德国殖民地的一系列客观情况而得以化解。德国殖民地通过十多年来由海军行政管理部门系统准备的对各种意外的防护，千方百计地确保了青岛的安全，使得中国资本恰恰是在这个动荡的时期大量地涌入德国保护地区。许多中国商人到青岛寻找安全并且获得了庇护，这使得他们试图将其经济分支机构的重点迁移到这个地方。"

涌入德国租借地青岛寻找安全庇护的不仅仅是华商，甚至反应最快的一部分人也不是商人，而是清朝的皇亲国戚和官僚。以1911年10月30日抵达的邮传部长

[1] 劳乃宣.清劳韧叟先生乃宣自订年谱[M].台北：台北商务印书馆,1978.

○ 20世纪10年代青岛已经形成典型城市风貌

盛宣怀为先导，继而江南制造局总办张士珩、恭亲王溥伟、东三省总督赵尔巽、两江两广总督周馥、济南知府黄曾源都来到了青岛，一场浩浩荡荡的青岛逃亡之旅就此绵延不绝。

根据青岛商会《1913年度的报告》的记载，部分因为富有的中国人不断移居，青岛从1912年开始的建筑热一直持续到1913年。报告认为，看好青岛有秩序的舒适环境的中国上流人士，促成了连锁的定居行动。因此，青岛新城对房屋和土地的需求明显增大了。因适合这些富人居住的住房明显不足，到1913年底，单独的小型住宅建设异常红火。随之出现了建筑材料价格的大幅度上涨，砖石的价格上涨了很多，甚至连劣质红砖的价格也不例外。

1912年6月3日，前军机大臣徐世昌乘胶济火车至青岛，开始了“遗逸流寓者多”的青岛时光。1913年春天，癸丑四月，徐世昌约邮传部尚书吴郁生、学部左侍郎李家驹、吏部侍郎于式枚、民政部右侍郎李经迈以及张士珩同游崂山，华严庵、太清宫一路走下来，俯仰兴叹。而这个私人游客名单，不足清官避居青岛者之一二。

日本情报专家宗方小太郎1913年曾赴青岛调查遗老和宗社党活动情况，随后报告称：在青岛居住的宗社党主要人物有恭亲王、吴郁生、张人骏、吕海寰、于式枚、刘廷琛、周馥、余则达、赵尔巽、李经羲、胡建枢、李经迈、朱镇琪、徐世光、肖应椿、李家驹、周学熙、李德顺、洪述祖、徐世昌。报告披露：“以上除徐世昌、洪述祖、李德顺外，均与恭亲王密切往来。目前在青岛大兴建筑，前清大官、宗室购买土地做永久居住的打算。”

徐世昌在青岛隐居，事出有因。警民在《徐世昌》中的叙述是，“徐氏自东三省归，已营屋置产于辉县，天津亦建广厦，而此行不避于祖宗生长之天津，亦不避于少时游钓之辉县，乃与张人骏、周馥等翩然共集于胶澳，是盖有故矣。当其将去京师，袁氏挽留亦切，终以遽仕无以对清室，允于二年后出助为理袁氏等。其二年期太长，驻津则虑袁之烦扰，故宁远适；若河南，则以大局未定恐致意外，亦不敢居，故宁处海角。然虽居青岛而与袁氏信使往来，月恒数起。尝对张人骏言，凡此皆为维持清室优待条件，非有他也。时溥伟以宗社党首领亦驻其地，然绝少过从。载振曾一度来访，或谓属其父弈劻私产之关系，虽未能证实，而其与宗社党无连带，则可断言也。青岛置产，皆周学熙代为经营，闻可值银四十万。”[1]但实质上，徐世昌的青岛资产不止周学熙代持的房产一项，其入股的悦来公司即是露出水面的一例。[2]胶州湾海口，水面之下的暗沟纵横交错，在波涛汹涌的岸边往往看不见。

也就是在1913年，庆亲王弈劻长子载振曾赴青拜访徐世昌。而“隐居在青岛靠海边小山上”的徐世昌却一声不吭。长时间居住在青岛的德国传教士卫礼贤认为，从智慧的角度来讲，在袁世凯众多出谋划策者中，徐世昌是最出色的一个。

几十个清朝的遗老遗少携家带口投奔青岛，不是空手来的，衣食住行、柴米油盐、琴棋书画、管家厨佣，都有准备。持有“值银四十万”房产者，绝非徐世昌一人。刘廷琛栖居在湖南路，“房屋是仿照北京四合院式建造的，有前后两所楼房及东西厢房各三间。中间有一大院，前面有一小院，种槐树及花木。住宅前后左右的邻居，多是前清遗老或达官贵人。右邻住的是前清探花商衍瀛；在后街湖北路、宁阳路一带，有前清总督赵尔巽、军机大臣吴郁生和铁路大臣吕海寰等”[3]。以当时的市场交易行情，青岛火车站东北欧洲区的一栋房产价格多在四万至八万大洋之间。这些房子的原始业主大部分是德国商人。

不到一年时间，青岛已囤积了大量金钱。1912年11月22日《顺天时报》披

[1] 警民.徐世昌[M].台北：台北文海出版社,1967.

[2] 悦来公司宣告破产[N].青岛时报,1934-8-16(6).

[3] 刘诗谱.忆先祖刘廷琛之晚年[M].青岛：青岛出版社,2023.

○ 政治流亡者栖息的街道

○ 在三江会馆戏楼准备演出的戏班

露："据某政府人员近日调查所言，现住山东青岛中国人贮银于德国银行者实有一千七百余万元之巨额。若就天津、上海、汉口、香港等各银行详细调查，其贮银额或可达数万万元之多。政府能对于此等贮银有善于利用之法，中国虽贫可不必依赖外债以救一时之危急，唯所最尤者在财政整理之实行如何耳。"[1]

日子稍长，这些昔日清朝的场面人物就闲不住了，很快与各路商人建立起联系，置产投资，交易古董，购物消费，忙忙碌碌，不亦乐乎。青岛的德国洋行有各种新鲜玩意，电风扇、风琴、自行车、手表、咖啡、威士忌、冰激凌、荷兰花卉，不一而足，遗老遗少中间的赶时髦者乐此不疲。前法部侍郎王垿甚至还在北京街入股了一家叫顺兴楼的饭馆，整天在里面贩卖自己书写的牌匾大字，一时间竟供不应求。很快，青岛满大街的商号店铺都挂上了王侍郎"好似街头岗警植立"的匾书。这情形比照昔日"有匾皆书垿"的京城有过之无不及。

一份青岛总商会各商铺调查表显示，顺兴楼股东有三人，莱阳县王爵生其一，牟平县姜馨斋其二，福山县邹本和其三，经理李殿臣亦福山人。王爵生者，即王垿。

胶东福山濒海，系鲁菜发源地之一，以烹饪海鲜为主，口味清鲜嫩脆，善厨者众。王侍郎的金字招牌，加上色、香、味俱全的葱烧海参、油焖大虾、一品鲍

[1] 青岛银行存款额数[N].顺天时报,1912-11-22(7).

鱼、糟溜鱼片、乌鱼蛋汤这些招牌菜，让地处大鲍岛的顺兴楼红火一时，各路商贾乡绅接踵而至。

据传在青岛客居的王垿“性极顽固，于时事不甚通悉”，其亲有劝其入仕途者，王侍郎多漫应之，突然来一句：“今尚可为国乎？直骗局耳！”黄县人于鸿恩，宣统年任京师大学堂经科教员，与王垿有戚谊，其子法政学校肄业，剪过发，一日谒王，王矍然曰：尔亦至此乎？[1]顽固之态，活灵活现。

他乡客居，各个同乡会馆就成了流亡者寄托乡愁的去所。不久，齐燕会馆先挂上了刘廷琛题书的一幅门联，曰：齐鲁为礼义文物所宗，谁使海邦同被化；燕赵多慷慨悲歌之士，我来田岛问英雄。随后，王垿也不甘寂寞，洋洋洒洒地给掖县同乡会馆写了一通碑文。

一个叫“燕齐倦游客”的闲人，与赵尔巽、吴郁生、刘廷琛、王垿同期在青岛客居，私下里写了一本《桃源梦》，记录下不少遗老遗少的日常做派，其中写这些人和华商1912年组织敦谊会，集中到三江会馆开幕，乌烟瘴气的现场，令人印象深刻：“自一点钟起，到会的渐渐而来。等不到两点钟，俱已到齐，三个一群，五个一群，谈起天来。也有高谈阔论的，也有小声细说的，也有摇头摆尾的，也有指手画脚的，也有长吁短叹的。一会儿水烟乱吹，一会儿咳声大作。只见满屋里云雾迷漫，地上好像撒了水银一样，连墙上都染了点绿黄颜色。”

三江会馆地势很高，议事厅也很大，能够远眺到小港码头。不过，混乱不堪的会场中，好像没有人注意到这些。接下来，主事者上台讲话，看着一屋子同病相怜之人，语调不免就惺惺相惜：“兄弟与诸公不幸遇此乱世，避难来到此邦，虽不敢过于自许，然而自问，谁不是先朝人物？住家在此，又不比独身作客，倘若遇见了想不到的侵侮，无法对付，那岂不大伤先朝体面，贻笑外人吗？然而对付的方法，但凭着一个人去抗他，那不但孤掌难鸣，并且人家还要说是不守警章，应当逐出境外哩！所以姜法翁当日对兄弟说过，兄弟也是这么想——诸公既是来此避难，就应当先求个安居；能得安居，就应当自保，不受他人的侵侮。能够自保，不受他人的侵侮，必须要大家联络，防横逆于未来，拒凌辱于方至。这就是立敦谊会的本意。况且旅岛诸公，都是同病相怜，其中也有素来熟识的，也

[1] 李定夷．民国趣史[M]．上海：国华书局，1915.

有从不认识的。若不立个公会，使大家有个相聚的机缘，彼此都很隔膜，那也不能称为同舟共济了。”[1]

尽管是虚构文字，可《桃源梦》贯穿始终的浓郁纪实性，几乎能够和原型一一对号入座的人物情节，仍可视为还原青岛流亡者真实面目的一些注解。

1914年的日德战事发生之前，劳乃宣的日子也还充实，组织起一个十老会，在前山东巡抚周馥的家中饮酒赋诗，以打发无聊的日子：“青岛寓公周玉山、吕镜宇、刘云樵、赵次珊、童次山、李惺园，皆年七十余，张安圃六十九，陆凤石自都来，王石坞自福山来，皆七十余，相约为十老会，饮于周氏斋中，各赋诗以记之。”[2]

但这仅仅是一帮遗逸流寓者日常生活的表象，一位“前清大老”道出了背后一个惊人的真相：这些人“存于青岛德华银行之款总计约七千四百万元”[3]。呜呼哀哉，揭开来看，这会是一幅多么壮观的隐秘资本地图。

以诗记饮的雅集，屏蔽了寓公们各式各样的一掷千金。十老在周馥家中豪饮的当口，周馥和他的儿子周学熙早已盘下了沧口原德国蚕丝厂的厂房设备，预备重新开张。而前湖南都督谭延闿不仅出巨资在捷成洋行订购了一批军火枪械，还一口气买下大鲍岛的华侨里、居安里等好几处房产，用以向青岛商人出租。几天时间，谭延闿的支出之大，令人咋舌。仅1914年3月8日汇出的一笔钱，就是“水银四十七万三千七百八十两八钱九分二厘”。与此同时，谭延闿看过的德华银行买办张伯耆的一栋“风景至佳”的房子，卖价也高达三万。

即便是度假一般惬意的流亡，清朝遗逸的商业活动也绝不公开张扬，而是将生意刻意隐藏起来，甚至施以南辕北辙的伪装。周馥与周学熙参与收购青岛德国蚕丝厂的过程，就被其后人描述成了一次救民于水火之中的义举。至德周叔媜《周止庵先生别传》记：“盖当民国二年，吾祖侍吾曾祖居青岛，见乡民鸠形菜色，即有兴利之意。遂构置丝厂旧址，将有所建设，未成而战事起。”[4]呜呼哀哉，至德周氏家族这份挂羊头卖狗肉的做派可谓驾轻就熟。

---

[1] 燕齐倦游客．桃源梦[M]．上海：民权出版部，1917.

[2] 劳乃宣．清劳韧叟先生乃宣自订年谱[M]．台北：台北商务印书馆，1978.

[3] 青岛德华银行没收之华款[N]．顺天时报，1914-8-26.

[4] 至德周叔媜．周止庵先生别传[M]．1948:151.

○ 车站饭店

就贸易而言，在德国商人1914年冬天大部退出青岛之前，由于资源与经营上明显的排他性，华洋商业并无太多竞争性，反倒是互通有无的需要大。出口与进口，货源与贩卖，融资与合伙，工业品与土特产，商品分类相对清晰，产业分工划分明确，商业形态各异。1914年，青岛欧洲洋行与华人商号的合作达到了历史高峰。而富裕华人消费者对欧洲洋行与华人商号的亲近感与信任度，也近乎不相上下。从谭延闿当年的消费记录看，其与经常出入的哈利洋行、捷成洋行、礼和洋行、顺和洋行、德华洋行、中国银行、山东银行、德泰成、福顺泰、大亨栈、华通栈、聚成楼、春和楼、岭海春、三阳楼，都保持了良好的关系。在部分意义上，华洋商业逐渐融合的事实也可以视为华商组织不断努力所取得的成效。

如同1897年猝不及防的改变一样，历史很快就在1914年翻开了新的一页。“青岛之贸易，简括言之，约分三期。自前清光绪二十五年海关设置以来，至光绪三十一年，为第一期。自光绪三十二年改订关税以后，至青岛战役以前，为第二期。自民国三年十一月七日青岛战役完结以后，为第三期。”[1]

在德国租借的16年中，伴随着青岛新城商业的滚动积累，洋行、买办、华商、华人商帮和华商会，加之稍晚涌入的政治逃亡者、宗社党活跃分子、秘密活动的同盟会革命党人，构成了一个深不可测的财富迷宫。没有人确切知道这些钱

[1] 张武.最近之青岛[M].北京：财政部印刷局,1919.

来自那里，也没有人确切洞察这些钱将在未来发挥何种作用。在日德青岛之战爆发前，这些钱一直依照各种意志明里暗里流动着，似在等待一场风暴的降临。

与晚期移入的宗社党人和同盟会革命党人相比较，胡存约与傅炳昭这些华商在青岛经过长年耕耘，大多已开始植根都市，且形成区域联盟，利益之外的政治抱负不是也不可能是其“奋不顾身”的事业选项。这就导致了作为华商利益的代表，青岛的华人商帮、同乡会馆、华商总会和一些华商领头人，只能直面有限的城市商业空间，在诸如自由港兴废、税收政策、公平贸易、土地交易、中国城建设、慈善救济、启蒙教育、文化传承等公共事务上，相互协调并合力争取权益，力图打开一扇更开阔的窗口。这些持续的努力，在相当大的意义上对青岛新城商业与社会繁荣的实现厥功至伟。

○ 在1914年日德青岛之战爆发之前，欧洲区与大鲍岛中国城已似唇齿相依

# 青岛口的魔术师

丙申二月十七日胡存约《海云堂随记》中写道："襄伯自胶州来议修族谱，偕往锦叔处，至晚方回。吾胡氏原籍云南，明洪武迁东鲁，居于是乡。昔增瑞公先为元昌协代营土产杂货，转运它口。"

"丙申正月十三日。年除日、正月十五、三月十五，口上商家循例至天后庙上香。叩拜财神、天后、观音、吕祖诸神佛，此时庙中香火最盛，四乡村镇民妇人等来者亦多。天后庙则设台要景，或一台，间或两台，多时亦常设于总镇衙门南侧。至三月初，渔航各船云集口内，许愿奉戏，尝延至四月或端午……"这是胡存约丙申正月在《海云堂随记》里描述的家门口年景的情形。丙申是1896年，彼时青岛口的乡民依旧过着晨钟暮鼓的日子，却对可能的变化缺乏警惕。从青岛口过章高元的总镇衙门到天后庙用不了两袋烟的工夫。丙申新正的热闹，差不多已是老青岛口最后的田园牧歌。

作为一个具有象征色彩的土著符号，胡存约是后人能够找到的唯一一个曾经在德国租借地中心生活过的原居民样本。对早期青岛来说，来自青岛口的胡存约不仅仅是一个顺势而为的本土商人，一个华人领袖，一个记录了地方状况的随笔作者，同时也是一个能够将本土文化和外来文化进行有限融合的魔术师。胡存约的存在，使得一部青岛早期城市史中的些许章节变得生动和有趣了许多。

长时间里，在可见的出版物里，胡存约的生卒年月都相当模糊。1916年1月青岛总商会编制的会董名册显示，胡存约时年54岁，瑞泰协号杂货行总理。推算下来，其应该为1862年生人。而据胡存约后人披露的考定，胡存约似出生在1859年，1916年去世，享年57岁。青岛民俗研究者认为，这个说法与《胡氏族谱》中的有关记载相符。

青岛总商会的会董名册标明，胡存约是胶县人，这也与其丙申二月十七日在《海云堂随记》中关于“襄伯自胶州来议修族谱”的记录一致。当天胡存约在青岛口家中还追溯说，“吾胡氏原籍云南，明洪武迁东鲁，居于是乡”，“昔增瑞公先为元昌协代营土产杂货，转运它口”。胡家“贸易悉通”的生意，“北为牛庄，西为安东卫、石臼所、胶州、海州，南则江淮闽浙广粤，再北为高丽各处”，可谓星罗棋布。

胡存约早年失父，“事母至孝”，冠上履下。不知道是不是和失父孝母的原因有关，胡存约很早就弃读从商，经营土产杂品和航运。看上去，这也是胡家的传统营生。这个字规臣的胡氏后代始终没有功名。可以推断的是，胡存约一生的大部分时间都是围绕着他的生长地青岛村这个半径不大的地方度过的。但与青岛口乡民不同的是，长年经营杂品和航运的经历，让胡存约对外部世界的了解比他的街坊邻居增多了不少。

根据海因里希·谋乐1899年6月编辑完成的《山东德邑村镇志》的记载，青岛村分上、下两部分。青岛口称为下村，下青岛；被一个山谷和几块田地区分开的青岛村，则称为上村，上青岛。[1]胡氏这个“先世经营商业”而逐渐富裕起来的家族，生长在上青岛村。到1897年11月德国占领前夕，青岛村已经从原来的300至400名居民，发展到了1300人，有房屋229座。但在胡存约看来，“濒近海隅”的青岛村丙申新年流行的风尚，却委实不值得夸耀：“新正赌风极盛，称耍春。口上商民玩叶戏、扑老鸡、掷升官图、打满地锦者，在在皆是，官衙皆然，概不加禁，称为公赌。至有设场于肆街以广招泛诱，倾家折产，富有之家，瞬成穷棍。”

胡存约人生轨迹的变化，接连发生在1891年、1897年两个重要的年份。1891年胡存约32岁的时候，清军总兵章高元率领3000士兵进驻这里，在青岛村下面建起了总兵衙门，逐渐使胡氏村庄周围成了“中国最重要的防卫点和交通港口”。而六年后，清军溃逃，接近不惑之年的胡存约，不得不接受新的考验。在1898年晚些时候陆续开始的土地统一收购行动中，胡存约生长地上几乎所有的建筑和民

[1] 青岛市档案馆.胶澳租借地经济与社会发展·1897-1914年档案史料选编[M].北京：中国文史出版社,2004:374.

○ 消亡中的青岛村

俗、商业设施被摧毁。原居民被以流放的形式，分散在殖民政府依照“华洋分制”原则规划的欧洲人居住区之外，这些区域范围很大，在新城市的东北形成群落。被分散的人群中，包括了胡氏家族的大部成员，后来他们逐渐变化居住地，近至王演庄、庄子、台东镇、阎家山，远则迁至胶县、海阳等处。

胡存约留在了新城市里，继续从事着传统的商业交易，并且很快就成为一个活动在租借地中间的社团利益代表，一个可以发出独立声音的华人领袖。依靠“先世经营商业”的积累和自己的商业天才，胡存约延续了家族的事业，并开始适应新的生存环境。在不长的时间里，胡存约成为青岛中华商务公局董事和参预会成员。在当时，这两个职位的人均可以直接对华人事务发表意见。《胶澳志·人物志》记载：“青岛开埠之始，市政权操诸外人，华商稍能自振代表同业以参预市政者，仅傅炳昭、丁敬臣、包幼卿、周宝山、成兰圃与存约数人而已。”[1]有意味的是，商人胡存约被归入素受尊敬的“乡贤”一类。

[1] 胶澳商埠局.胶澳志·人物志[M].青岛：青岛大昌大印刷局,1928.

胡存约“参预市政”的商业同道，都是青岛城市化吸引来的新移民。与来自天南地北的他乡人相比较，胡存约的“乡贤”身份就愈发引人注目。

表明胡存约贤举的，是其在城市化早期的规模开发中，联络民众保护天后宫遗存的行动。据《胶澳志》记载：“德人议移天后宫，胡存约与傅炳昭等力争之乃止。”在这个最终得到缓解的对抗性事件中，胡氏获得了很高的威望和声誉，“以此为众所倚重，有事悉就商焉”。

1912年9月底孙中山到访青岛时，曾在三江会馆和胡存约有过简短接触。这是孙中山在短暂的访问中和本地商人进行的少数会面之一。但真正让历史记住胡存约这个青岛村原居民的，也许应该是他写的《海云堂随记》，在这些文字简约的个人笔记里，他记录了一个真实存在过的乡村青岛。

进入20世纪10年代，青岛的华商移民已渐成气候，形成不同帮派势力。作为唯一的本土商人，胡存约的孤独显而易见。而这个时候，胡存约在青岛新城与时俱进的人生戏剧也接近尾声。1916年青岛总商会编制的28名会董名册中的信息显示，除了瑞泰协号总理胡存约系本土发迹者，绝大多数都是来自他乡的第一代投资移民，并均已获得商业成功。青岛总商会当年超过50岁的会董，包括57岁直隶天津县籍成通号木煤行总理朱子兴、64岁山东黄县籍双盛泰号杂货行总理徐鸿恩、54岁山东黄县籍万利源号杂货行总理姜树屏、52岁山东黄县籍祥泰号洋广杂货行总理傅鸿俊、50岁山东宁海县籍泰生东号杂货行总理张宗桂、51岁浙江慈裕县籍周锐记杂货行总理周季芳、52岁山东即墨县籍人和记洋行账房经理于永遴。余者来自山东掖县、潍县、栖霞、文登、莱阳、牟平，以及浙江吴县、广东香山与东莞县，年龄从30岁到40岁不等。32岁的掖县籍通聚福号草编行总理宋雨亭为其中最年少者。这个后来者，不久将一跃而起，成为推动城市商业运转的枢纽人物。

但作为倚人庐下者，华人社区跟随城市化的节拍，却没有想象的那么快。平常时日，本土华人不论土著还是移民，多循规蹈矩，遵从传统习俗，少有越雷池一步者。作为年轻的旁观者，1914年前两次探亲青岛的清华学堂学生洪深发现，凡“有婚丧大事者，必用执事前导。而济南之业此者，因利太微，且闲多事少，不肯来青。后有人建议，借戏馆中行头代之。于是一般肩旗掌伞之人，大半装束如武松矣”。新年礼俗，从大鲍岛到台东镇则一概悉如旧仪，“至灯节前三日，

○ 大鲍岛中国城里有充足的劳动力

则龙灯跳狮高跷诸戏，杂以锣鼓，满街皆是。高跷为梨园中人所扮，大都演英雄侠客之剧，尤以武松故事居多”[1]。

1914年冬天，德国战败，日本登堂入室。两年后，胡存约去世。胡存约离开的时候，青岛依然不是中国人自己的城市。举步维艰之中，一个华商夹缝中生存的时代在青岛慢慢拉开了帷幕。

[1] 乐水．青岛闻见录[J]．小说月报，1915,6(1).

# 腾挪者傅炳昭

1914年10月2日一个德国传教士的青岛日记中写道："富有华人的宅院现在都是人去楼空，也许墙上还留有昂贵的真丝织花挂毯，博古架上还陈列着唐宋的珍贵花瓶、铜器。突然间的撤离使得他们放弃这所有的一切，为的就是保住性命。"

诸如傅炳昭这样的山东商人在青岛出现是有背景的。1901年10月编制的《胶澳发展备忘录》透露了这一"深刻变化"的原因：这期间大批山东商人的落户，代替了因1900年夏天动乱爆发而离去的华南商人。这些人很快就适应了西方国家的商务方式，不再采用那种在内地惯用的以物易物的贸易形式。因为山东商人能够迅速地与内地沟通，并且很容易获得信任，所以他们的生意渠道比事先须设法反复联系的华南商人更为可靠。

就此，德国租借地方面认为，这些山东商人更适合殖民地的发展要求，也更受当局欢迎。但实际上，山东商人在青岛新城的陆续出现并没有完全填补华南商人的生意空缺，而只是让竞争更加激烈了。

随着租借地青岛的城市化推进成为一种常态，商业移民的陆续进入也在相当程度上丰富着青岛本土的文化内容，并加剧了其自身的演变。和土生土长的胡存约不尽相同，在保存传统文化精神的同时，这些陆续抵达的新移民更容易接受面目一新的城市文明，也更适合在新的文明规则中寻找自己的生存与发展空间。这个时候，日常化的文化抵抗是以一种隐形的状态呈现的，表现出了持续、半封闭和有限融合的特征。其中的代表人物，就包括了傅炳昭、朱子兴、刘子山、王子雍、隋石卿、胡规臣、丁敬臣、成兰圃、张鸣銮、苏勛臣、陈克廉、宋义山这样

○ 日益丰饶的城市商貌

一些商业领袖。

有关黄县商人傅炳昭的信息，除了1901年前后他在大鲍岛引人注目的多宗土地购买行为，以及作为首任青岛华商商务总会总理的各种抛头露面，焦点多集中在他和胡存约发起组织保护前海天后宫的行动上。在可以看到的许多城市史描述中，这个被不断扩大着意义的事件几乎成了殖民时代唯一的对抗性话语。然而，仅仅从这个缺少细节的孤立事件中去认识傅炳昭，并不能让作为零售贸易商人和华人社会领袖的傅炳昭清晰起来，也不容易连接起开发时期的城市整体面貌。

在一个以居住隔离制度和贸易公平的欠缺为主要特征的殖民时代，不论是作为本地土著还是外来移民，在青岛活动的所有华商，都不曾真正享受到平等市场的利好。尽管制度平台的设计者后来从繁荣经济的需要出发，对城市公共政策和贸易原则进行了一些修正，但直到租借地成为历史之前，数量不断增加的华商始终没有机会获得完整的竞争机制的支持。

这种尴尬，从青岛作为德国租借地的开始就存在着，而1902年山东巡抚周馥的到访则让矛盾公开化了。在接见了青岛一些华商后的晚上，周馥对青岛总督特鲁泊再次表达了他的担忧。[1]尽管周馥也认为矛盾发生的部分原因是误解，但他显然对中国人“牢骚满腹”的情况很不满意。后来，他直接指出了设立中国领事馆，派遣官员来青的必要性。甚至，周馥还规定了目的是“出面调停中国人之间争端”的派遣官员的身份，认为他们应当是中华商务总局的委托人或律师。作为一位中国官员，周馥坚持认为居住在青岛的中国人同先前一样仍然是清王朝的家庭和种族成员之一，受清律的制约和保护。而后来的事实证明，在保护青岛的华商利益和制造公平的竞争环境这两方面，周馥和他的继任者显然都无能为力。

由于原始档案的匮乏，研究者并没有傅炳昭是否出席过1902年12月青岛华商与周馥见面会的直接证据。但可以肯定的是，在周馥到达青岛的这个冬季，傅炳昭显然已经开始成为本地新兴经济力量的代表。在某种意义上，傅炳昭首先需要关心的商业竞争者并不是德国公司，而是正纷至沓来的各地华商。

据推算1864年出生的傅炳昭，和青岛发生联系的记录出现在1900年以后。这个36岁的黄县人在购买了一些地皮之后，于1902年成为祥泰号总理，并随后参与

[1] 余凯思．在“模范殖民地”胶州湾的统治与抵抗——1897至1914年中国与德国的相互作用[M].孙立新，译．济南：山东大学出版社，2005:316-317.

发起成立同乡会，组织齐燕会馆。傅氏的商号经营洋广杂货，这也是当时华商的常规商业路线。一般说来，这些企业多派员在日本大阪设庄或驻沪采购，主要经营纸张、钟表、颜料、化妆品、乐器、食品及其他杂货。傅氏在青岛似乎不是白手起家，他的创业准备早年应在日本完成。青岛华新纱厂投资人周学熙的儿子曾在回忆中证实过傅炳昭的日本经商经历。

作为齐燕会馆的联合发起人，傅炳昭和成通号总理朱子兴，一个是山东黄县人，一个是天津人，他们的组合，恰好可以体现地域要求，同时也弥补了各自的资源缺陷，凸显出联合的意义。这个具有一定社会功能的泛经济组织，后来成为傅炳昭等人联系本地社会并扩大个人影响力的重要途径。

就一个新兴的城市场域来说，由于制度设计的先天性缺陷，即便类似傅炳昭这样的华商领袖，即便其通晓德语且熟悉洋务，在租借地时期也完全没有机会成为平等资源受益者。以资讯传播为例，青岛的公共媒体不仅没有完成作为社会平衡机制的任务，甚至还在一定意义上加剧了文化隔离。一方面是对现代传播观念和方式的引入，一方面则对全面开放资讯充满警惕，这就构成了傅炳昭经历的租借地时期公共传播业的矛盾。1900年中德文版《青岛官报》创办，1901年中文《胶州报》创办，1912年英国人创办英文《泰晤士报》。从这个时间次序上看，传播业的利益支配和价值取舍标准一目了然。而从影响力上看，以德语为主体的欧洲文化扩散系统始终是租借地的主流声音。尽管在相对意义上，丰富资讯的公共媒体的相继出现提供了现代城市生活的多元舆论平台。但在1914年德国租借地成为历史之前，舆论现场的种族歧视一直存在，华商利益的舆论保障微乎其微，而庞大的中下层华人群落的生存状况就更难出现在公共视野之中。

1910年青岛华商商务总会替代租借地的中华商务公局后，46岁的傅炳昭成为首任总理，继而改称会长。之后六年中，青岛的管制主体发生了巨大变化，德国租借地易手日本，华商的地位并未改观，甚至更加弱化，华商事业的拓展艰辛且苦涩。在这其中，傅炳昭主持的青岛华商商务总会的功能伸展的空间同样狭窄。他像一枚飘忽不定的梧桐树叶，平常若隐若现，大风刮起来就无影无踪。

1916年青岛华商商务总会改组成青岛总商会，傅炳昭去职，丁敬臣、成兰圃等多人陆续上位。作为一个过往符号，傅炳昭与各个商帮、商会始终保持着一种合作姿态，并不肯放弃影响力。其实，就表面形态而言，商会会长这个职位更像一个牌位，轮流坐庄的意味明显，规则建立在坐庄者背后掌握资源的多寡上。傅炳昭之后的商会首脑，依次在接下来的20世纪20年代和20世纪30年代，经历并见证了青岛本土商业的跌宕起伏，无论是和风细雨的平凡时光，还是暴风骤雨的艰难时刻；也无论是举起民族主义旗帜时的义正词严，还是内部争权夺利时的鸡鸣狗盗。许多时候，光明与黑暗，阴谋与阳谋，喧哗与静谧，就隔着一道门。

1912年孙中山在访问青岛期间，曾经和部分非广东籍的青岛华商有过以募集资本为目的的接触，在后来出现的一份来源不明的名单上，傅炳昭、隋石卿、丁敬臣、古成章、郑章华都是这次会面的成员。但是，根据德国青岛总督的报告，除了广东籍华商，其他商人都对孙中山的到访和资助革命的要求保持了沉默。[1]

资本对革命的态度，由此可见一斑。

辛亥革命后的几年，傅炳昭与包括谭延闿在内的清朝流亡官员有过商业上的交往。

1914年农历新年是傅炳昭在德国租借地度过的最后一个春节。

1914年秋天日德青岛之战爆发前，多数华商出城躲避。10月2日一个德国传教士在日记中记录："富有华人的宅院现在都是人去楼空，也许墙上还留有昂贵的真丝织花挂毯，博古架上还陈列着唐宋的珍贵花瓶、铜器。突然间的撤离使得他们放弃这所有的一切，为的就是保住性命。"

六天后，这位传教士再次记录："晚上临近七点半钟，我们在一辆大车的车

○ 1912年9月30日孙中山访问青岛基督教青年会时的合影，左起第十一为隋石卿

[1] 青岛市档案馆.德国弗莱堡军事档案馆RM3/6723档案：瓦德克报告[A].1912.

杠下面观察彗星。即使在中国人的观念中，彗星也是一种不祥的征兆，象征天神震怒。”

对傅炳昭来说，青岛正经历的苦难是他无法左右的，也无法逃避。他和他的同胞一样恐惧，他甚至不知道能够做些什么。他在1914年的这份见证，让他终生难忘。

○ 大鲍岛华人市场

# 谭延闿日记中的隋石卿

1914年2月21日谭延闿在日记写道："复遇隋石卿，同看各处房屋。隋欲以宅相让，亦有心计人也。归栈，安德何来言屋事，与隋先后去。余辈复至春和楼饮，此间绍酒必以春和楼为第一矣。"

1914年谭延闿的青岛避居，让其与这个德国租借地城市的一些华商建立起若即若离的关系。寂寞之地，萍水相逢，各取所需就顺理成章。谭延闿是不缺钱的过客，本地商人隋石卿则神通广大，两个人一拍即合的短暂交往史，凸显了城市易手前夕活灵活现的一幕浮世绘。

谭延闿1880年出生在湖南茶陵，曾经任两广督军，三次出任湖南督军、省长兼湘军总司令，授上将军衔，陆军大元帅。1911年武昌起义后，谭延闿任湖南军政府参议院议长、民政部部长。10月底立宪派杀害正副都督焦达峰、陈作新后，谭延闿被谘议局推举为湖南省都督。1912年7月谭延闿被北京政府正式任命为湖南都督，9月兼任湖南省民政长，加入国民党，任湖南支部支部长。1913年谭延闿参加二次革命，宣布湖南独立，并在《长沙日报》上发表《讨袁檄文》，遂被袁世凯撤去都督之职，后相继避居青岛、上海。初抵青岛，谭延闿即与隋石卿等本地商人结识，并一一记录在其日记中。

> 二月十八日阴。九时起。食粥后，余出诣徐东海，车人误至江苏徐某家，复折还。已至矣，又误出他途，乃下步行。访久之，乃得，投刺入见，谈甚久，言青岛侨人将办图书馆及医院，甚有成局。导观所居，则两栋西式屋，以一居家，一作谈燕之所。余地甚多，莳花种菜，凡七千平方密达云。辞，归栈，则无闷、大武已自文育家归。隋熙麐石卿

来见，携曲立斋书，询以岛事，尚明晰。许耀卿来。傅质辰来。隋、许先后去。

谭延闿2月13日傍晚乘坐胶济铁路二等车抵达青岛，暂住大亨栈。14日简单游览市区，15日经前清朝宪政编查馆提调杨度的介绍结识傅炳昭，随后就到处看房子。谭延闿和候补四品杨度是湖南同乡，而傅炳昭则是杨度之前在青岛买房子的中间人。几天时间谭氏先后在春和楼、岭海春、三阳楼吃吃喝喝，18日与前来拜访的隋石卿见面，并与傅炳昭相遇。也就是说，谭延闿认识傅炳昭在先，与隋石卿见面在后。当天早晨谭延闿前往拜访的徐东海，即“隐居在青岛靠海边小山上”的前军机大臣徐世昌。

二月十九日阴夜雨。余至山东银行访隋石卿，不遇。还，与大武复偕吕满、文彧往看一屋，尚宽广栈房。归则傅质辰来，隋石卿来。傅言有周保山者，愿以所居相让，隋言周家患喉痧，死数人，屋不可居，意诚可感。乃属武鸥同隋、王往春和楼，余与傅步至周家，见周保山。屋甚精，湘之五开间，两进屋也。复同至对门，看一西式屋，云月赁七十元，诚哉，其廉矣。归，至春和楼，与诸人饮。王、傅辞去。隋导观马路赁人屋，意在取坚固，不贪重利。至街口乃别之归。

这一天下雨，谭延闿的活动半径不大，以其暂住的保定街大亨栈为中心，山东银行、春和楼和大鲍岛周保山屋，构成的是一条稍微弯曲的连线。从周保山两进屋的对门有“一西式屋”看，周保山五开间的房子，应该临近欧洲区。

二月二十日阴雨雪。晨醒，方拥被谈笑，忽巡警官安德何至，急起见之，则言有地皮出卖，房屋可看，周旋顷之去。食粥后，余冒雨至山东银行见隋石卿，隋呼马车同出，至小包岛大码头一带，指示地皮。复至王文彧处一坐，乃至隋新造屋一看，屋在山巅，如倚山，左临海，万瓦在下，千松环之，云晴明可见全岛风景。其屋建造已费万二千金，地皮一千一百密达，每平方值二元有奇云。过小包岛，巅有两西屋，云即安德何所谓出售之屋。下至大饭店吃西餐，尚可口。已三时，以车送余归栈。

从傅炳昭1901年5月24日和6月6日分别在大鲍岛购买的长1794米、宽1324米的地皮看，隋石卿新屋1100米的地皮并不是特别大，但因为居高临下，给谭延闿的印象不免深刻。12000元的建筑造价，加上地价，所费确实不低，非一般华商的财力所能及。鉴于谭延闿提及隋氏新屋左面临海，再联系其次日日记的内容，隋石卿新屋的位置似在教会山礼贤书院附近。

二月二十一日晴。步至小包岛，看隋石卿屋。已十时，乃至捕房，余入邀安，安为通于警长威尔司，入谈顷之出。同安乘车至俾司马克街看屋，即前者过而叹美者。屋两幢相接，但入视北屋，一女子应门，陈设精美，无异前所看新屋也。既出，送安归，乃绕汇泉一周，归栈。行森林石岛间，颇有尘外想。甫憩，而许耀卿来，云昨看俾司麦之新屋已不卖矣。约同杜先生步往聚成楼，赵次山家人所设，菜甚佳。饮罢出，同吕满、大武步海岸归，欲游崂山不果。五时，仍出行，经威廉，遇王文育，复遇隋石卿，同看各处房屋。隋欲以宅相让，亦有心计人也。归栈，安德何来言屋事，与隋先后去。余辈复至春和楼饮，此间绍酒必以春和楼为第一矣。

俾司马克街是后来的江苏路，地处欧洲区的东部，自北向南坡度很大，以总督医院、总督学校、基督教堂和山东铁路公司为标志建筑。不少晚清遗老如李鸿章的后人，辛亥年后陆续迁居于此，陆续打破了华洋分治的法律界限。谭延闿几个月后买下的房子也在这里。从这里向西南到欧洲区，洋行密布。赵次山者，指同期避居青岛的东三省总督赵尔巽。谭延闿提及的赵家人开设的聚成楼缺少相关的记录，同期即墨街有聚福楼，潍县街有聚升楼。以保定街大亨栈为中心，两家酒楼的距离都在步行可达范围，不知其是不是其中之一。

二月二十二日雪。七时起。雨雪纷纷，同无闷、大武啜粥。呼马车送之登火车旋沪，今夕殊拥挤，立车站檐下，看车开，乃归栈，颇感寂寥。隋世卿来，同车至毕士马街，入见屋主人，隋旧识也。顷之，安德和至，偕看南一栋。主人多子，陈设不如北屋，屋之部居大率相同，三重皆三间也。坐问价，索三万六千，余还至三万，面拒而心允矣。出，同安、隋至安寓，亦甚精，屋两间，赁者也。辞安出，同隋至栈，隋坐谈久之，极言此两屋之不宜，亦颇动听，意在以新起屋相让，需二万三千云，意殊不决，作书商沪上。棣老来谈。饭后，同棣老步行看两处屋，风雪交加，衣冠尽湿，及归，隋世卿已在坐，出华通栈图相

○ 礼贤书院所在的教会山

示，左右三十五密达有奇，前十六密达，后作钝角形，左十密达，右十六密达，价三万八千元，岁得租金四千元。力劝购之，稍为讲论。同出至春和楼，隋又招一李涟溪者来，亦商界人也。饮酒，不佳，菜有大肠奇臭，食水饺及木樨饭。

忙忙碌碌好几天，隋石卿终于表露出了真意，他要把自己的新房子卖给谭延闿。参照其之前所言12000元的建筑造价加之地价，他的利润接近翻倍，算得上是一笔好生意。但风雪交加之中，谭延闿的反应却似很矛盾。可能是与心情有关，谭延闿当天对春和楼的大肠评价颇差，与之前的好感反差极大。

二月二十三日晴。隋世卿、傅质辰先后来谈，十时去。呼水饺，食卅枚。

2月24日谭延闿乘西江轮船赴沪。从2月13日抵达青岛到2月24日离开，谭延闿与隋石卿、傅炳昭频繁相见多是为了房屋的买卖，图个便利，对两人说不上好恶。从日记看，其对傅炳昭的遣词略微好过隋石卿，但并无本质区别。期间在3月10日，谭延闿完成了从西人斐勒、汉保手上购买俾司马克街第二、第三号房屋的手续，花费各16000元，计32000元。4月2日半夜谭延闿返青，直接回到家中。

○ 谭延闿在俾斯麦大街的房子

四月四日晴。午后，同大生看清行李。至晚，同大生步至聚成楼，饭味乃如刘三妹之治庖，可怪。遇赵介如、隋石卿，略谈去。出至洋货店买三痰盂，又至电报局，询沪电不得，乃电问之。

四月二十八日晴阴。晚，同吕满、大武至隋石卿新屋，工将竣矣。诸儿同往归饭，设酒杀鸡，鸡生硬，不能下咽也。

五月八日晴阴。午饭后，隋石卿来，以出辞之。晚，吕满来同饮，有荡麫饺，甚佳，此吾家之绝技矣。罢饮，读白香亭诗、湘绮楼诗，谈菽甚久。

五月九日晴。七时起。食粥后，看《瘞鹤铭》翁覃溪跋。隋石卿来，言以贱价售得小东银行屋，今当翻复，欲假吾名为保护致书曲立斋云。

五月十四日晴雨。八时起。连日胸次不适，未审何因。久泻之，亦不解也。食粥后，读《通鉴》晋纪。作书寄京师，隋石卿所求事果甚鹘突，曲立斋来书，大诋其不可信，殆真不可信也。来见遂称已出以谢之。

曲立斋是介绍隋石卿与谭延闿认识的中间人，最终也成了终结者。贪图蝇头小利而背信弃义，此一举动大约是谭延闿十分不能接受的。“来见遂称已出以谢之”所表达出的不屑，已跃然纸上。而从后续两次的交往看，隋石卿自己却似浑然不知。

六月八日晴。午饭后，吕满来。《通鉴》尽宋苍梧王纪。将暝，同大武、吕满、绳生步出。至哈利取所整表，去十二元。至顺和定喷水器。还，至福顺泰买牙粉。（杨姓家看假《礼器碑》）归，遇隋石卿于道，谈华通栈房屋，渠已买之，又云渠新屋拟佃二百余元，至门首始别去。

哈利洋行与顺和洋行都在通往火车站的霍恩措伦路上，是德国租借地时期青岛知名的德国贸易公司。哈利洋行1862年创办于烟台，1898年其合伙人海因里希·博拉姆拜克在青岛开设分行，销售花露水、肥皂、蜡烛、水果甜酒等，同时还经营饭店、旅馆、农场、酿造厂等，其大楼曾是青岛新城欧洲区最华丽的建筑。哈利洋行对面的顺和洋行在青岛的业务大致和日常生活有关，零售的商品有罐头、洋酒、小五金及一般日用品等。霍恩措伦路，后来叫兰山路。谭延闿客居青岛期间，在这两家洋行购买过多种新潮生活用品及奢侈品，所费不少。山东街的福顺泰是一家华商杂货店，销售各种生活必需品。从当天的日记看，因为隋石卿不知谭延闿对自己的看法已变，见面依旧絮叨房产，似令谭氏不悦，草草应付了事。

七月六日阴。午饭后，为易寅邨作联语，乃送许九香妻幛。阅《通鉴》唐元宗纪。吕满来，同步门外。晚饭，饮一巡。吕满同至隋石卿屋外，散步一周而归。九时，吕满去。

至此，谭延闿与隋石卿的交往史戛然而止。一个多月后第一次世界大战爆发，日德青岛之战随之迫近，谭延闿遂一走了之。等他战后重返青岛，这里已是日本人的天下。

# 第三章
# 性气

# 树和影子

1899年12月8日青岛胶澳总督叶世克致柏林海军署信函中写道："大包岛村房屋征购事宜几天后就结束。它一方面可以使居住在那里的许多中国人迁移到台东镇，另一方面也可以使日渐兴旺的华人新商业城继续自由发展下去。"

在整个德占时期，台东镇一直像是大鲍岛的陪衬。

一个是冉冉升起的青岛新城华商中心，一个是城市过渡地带的华人移民缓冲区。一个喧闹不已，一个冷暖自知。

树和影子，有光照的时候彼此才情同手足。

在青岛新城的大鲍岛华人区之外，地理和功能意义上的台东镇华人城，是德国租借地政府建造的。其实质上并没有被纳入1898年青岛新城规划之中。而台东镇出现的唯一原因，是集中安置被租借地当局迁移的原住民与新移入的华人劳动力。这在德国学者余凯思的叙述中也得到了印证，即建造台东镇"中国人城区"的预留土地，是提供给"招募来的中国工人和被剥夺了土地的农民"使用的。[1]不过，这究竟是一个实用目的确定的权宜之计，还是具有长远考虑的城市布局，两者之间的界限并不明确。

实质上，新建立的台东镇的移入者包括被摧毁的大鲍岛村的大量原住民。也就是说，当局计划建立一个城市化的大鲍岛作为新的华人城，却不准备让原来居住在这里的人返回。从余凯思的叙述中可以看出，这个交替的过程无疑是粗暴且不容置疑的："原先居住在这里的农民都被赶走了。殖民当局采取严厉措施，粗

[1] 余凯思．在"模范殖民地"胶州湾的统治与抵抗——1897至1914年中国与德国的相互作用[M]．孙立新，译．济南：山东大学出版社，2005.

暴地把原有的设施统统拆毁，夷为平地，然后再为中国居民建造新的住房。1899年12月1日，大鲍岛村（德国人称之为‘牧场’）被摧毁。原有居民被指定到杨家村的一块空地上安家落户，租地盖房。而这个新兴地区得名为台东镇。”

台东镇这个称谓，据说是当地一个受尊重的乡绅建议的，随后被采纳。在德国总督府翻译官海因里希·谋乐看来，台东镇这个地名的含义其实更像是指高地以东的集市。

作为逐浪时代的起始，青岛新城从未放弃通过重商主义的操作以达到繁荣的努力。1899年12月8日，胶澳总督叶世克在致柏林帝国海军署的一封信中，毫不掩饰地记述了在租借地进行排斥性迁移计划的功利动机："11月，开始征购大鲍岛村的房屋，征购事宜计划几天后就结束。这个措施十分必要，它一方面可以使居住在那里的许多中国人远离欧洲人城区，迁移到台东镇。另一方面也可以使日渐兴旺的华人新商业城继续自由发展下去。"[1]

余凯思的研究表明，大鲍岛、台东镇和台西镇的建筑结构明显反映出城市密集化的特点，它们主要是从经济和赢利的角度设计建造的。与青岛新城核心区不同，诸如排水系统等现代技术设施最早并未在这里出现。但这些歧视性设计并没有成为制约华人区发展的障碍。如同大鲍岛华人区的爆发式崛起一样，台东镇在20世纪00年代的渐次成长，最终远远超出了规划制定者的想象力。

从租借地当局的文件上看，远在城区之外的台东镇移民区，解决迁移人口的安置问题是第一需要。远离铁路线和港口的偏僻选址，使得其与主城区可能发生的矛盾都被规避掉了。1900年10月租借地政府的备忘录记述："总督府本身根据市政建设的需要，继续征购了土地。1899年10月，出于卫生考虑，将上青岛村全部购下并平毁；出于同一原因，也必须将大鲍岛村购下。在这个村庄的所在地已规划了大型欧式住房的建筑施工计划，且部分已有了买主。在这里，一旦购得土地就立即大兴土木。中国公司纷纷迁来的盛况——只有它们可以考虑到大鲍岛，而苦力们则大部分在新建的台东镇安家——无疑表明中国商人对殖民地可以向其提供长期而有利的赚钱机会这一远景的信赖。"[2]显而易见，政府眼中的"机

[1] 余凯思．在"模范殖民地"胶州湾的统治与抵抗——1897至1914年中国与德国的相互作用[M].孙立新，译．济南：山东大学出版社,2005.

[2] 青岛市档案馆．青岛开埠十七年：《胶澳发展备忘录》全译[M].北京：中国档案出版社,2007:80.

会”是留给富裕华人的，这赤裸裸地显示出了其逐利目的。

作为满足台东镇社区功能的主要内容，市场随之出现。市场的旁边，第一时间建立起一个警察局的派出所，以维持公共治安。

1900年6月14日，德国总督府颁布《德属之境分为内外两界章程》，规定“青岛附近等处作为内界，分为九区，即青岛、大鲍岛、小泥洼、孟家沟、小鲍岛、杨家村、台东镇、扫帚滩、会前等处。嗣后青岛内界推广地面，亦可随时加增，区数、边线均载画图”。同时附加说明，“内界现在只有青岛、大鲍岛、台东镇、台西镇”。最初几年，与台东镇华人区长相厮守的邻居，一个是传统村落杨家村，一个是德国第三海军陆战营的毛奇兵营，一个是德国啤酒厂，周围则一片荒芜，沟沟坎坎，杂草丛生。当局在地理布局上的倾斜，可谓一目了然。

期间多次前往啤酒厂的阿尔弗莱德·希姆森，是1898年出现在青岛租借地的一家房屋开发公司的投资人，他晚年在回忆录中记述：“艾达和我经常开车去啤酒厂，在那儿我们常常能碰到驻扎在附近兵营里的军官，他们是恩斯特的常客。”恩斯特是希姆森的弟弟，1902年抵达青岛，他以合伙人身份在海恩洋行工作了几年后，成为青岛啤酒厂的主要经理人。[1]很显然，在20世纪00年代失落、颓然的日子里，德国建筑商、穿礼服的德国夫人、德国骑兵连士兵、汽车、啤酒，都与绝大部分挣扎在生死线上的台东镇居民，不构成任何实质意义上的联系。

台东镇华人城的管理，由德国总督府华人事务专员署的一个分支机构负责。从1898年秋天到1910年，德国胶澳租借地设有一位专员负责与华人相关的事务，其与租借地民政专员同一级别。该专员以多种方式主管着所有与中国居民相关问题和事务的处理和调解。依据1900年6月14日颁布的《青岛城市地区中国人事务管理条例》，其职责大致包括：政治事务；中国居民的税收、学校及其他共同体行政管理事务；中国人的土地买卖；翻译事务；农村地区较高级的公安事务；与中国人相关的关税、邮政、电报和铁路事务。中国人事务专员署下设中国人事务办

[1] 阿尔弗莱德·埃米尔·希姆森，赫尔姆特·希姆斯·希姆森，汉内萝瑞·阿斯特里德·施塔克．阿尔弗莱德·希姆森回忆录[M]．郭若璞，等，译．青岛：青岛出版社，2016:42.

公室、青岛区公署、李村区公署、乡村警察局、台东镇社区管理所。[1]

与此同时，从市区至李村的公路已开始在台东镇修筑路基。这一路段1901年内砌筑了14个涵道口和桥梁，凿石工程浩繁。当年的租借地政府报告显示，这条重要公路的路面至摩尔特克山营地一段已可行卡车，并在1901年可直接与台东镇连通。公路采用双轨制，一边的路面用花岗石板铺成车行道，另一边则是马行道。

1904年，台东镇的成长出现了转旺的土地需要。租借地政府已收到了新递交的与之相连地带的购地申请。这个状况与大鲍岛土地供应日趋紧张的现实相联系，也可以说是华人资本在寻找增值机会过程中的自然外溢。两年后，租借地政府在台东镇西南山谷为从高密撤回的第三海军营骑兵连建造了一个马厩，一个带武器修造车间的鞍具锻造工场，并开始建造一个驯马场、一座小房间宿舍楼和一幢办公楼。因旧的临时性营房已不敷需要，同时准备建造一座士兵营房。1907年8月30日，有报纸以“可谓巨室”为题报道说：工部局刻在台东镇造一广厦，周围约八千二百立方米，约需银数十万元。昨有德人魏巴承揽建造，价值最廉。[2]

到1908年，租借地政府购置的大片地皮，已经将台东镇对面四方和小村庄一带的公家地皮连成了一片。当年4月16日《大公报》第五页报道：“台东镇一带极为崎岖，刻由工部局修一马路南通炮台山下，北接东西大马路。刻已工竣，行人无不称便。与此同时，台东镇一带的经营活动也出现了一些兴旺景象，前几年临时在青岛落脚的小工商业者和手艺匠人，后来多在台东镇扎下了根，并开始了令人注目的经营扩张。一家织布车间在这里为其产品找到了很好的市场，榨油业的规模也有了扩大。”[3]

一项研究表明，在胶澳租借地，中国居民被区分为农村居民与城市居民两大类，其行政管理由两个大区公署分别承担。这样，在租借地内部就形成了事实上的三大集中空间，并存在着不同的法律和行政管理制度。中心地带新建了城市化水平较高的青岛“欧洲人居住区”。而同样新建的“中国人居住区”大鲍岛，

---

[1] 余凯思．在“模范殖民地”胶州湾的统治与抵抗——1897至1914年中国与德国的相互作用[M]．孙立新，译．济南：山东大学出版社，2005.

[2] 可谓巨室[N]．大公报，1907-8-30(4).

[3] 青岛市档案馆．青岛开埠十七年：《胶澳发展备忘录》全译[M]．北京：中国档案出版社，2007:559.

○ 台东镇巡捕房见证了这里秩序建立的过程

城市化水平次之，其与台东镇和台西镇这两个“边缘地区”紧密相连。租借地范围内其余更广阔的地区，由传统乡村构成了边远的外围地带。德国学者余凯思的研究表明，这种社会和行政管理的空间等级制，继续保持了农村的原有结构，使其不脱离原来的生存轨迹，并不急于加以改变。租借地政府对于与之分离的城市居民，以及台东镇和台西镇两个新建的华人居住区，则实行另外的政策。随着空间等级制的形成，对各种资源的支配权也进行了相应的调整。城市中心的生活、收入、医疗护理和卫生设施水平最高，最为发达，并向外逐渐递减。在政治上，层次划分的等级影响也十分显著。在现代化的城市中心，即“欧洲人居民区”青岛，社会成员都可以参与与殖民地相关的决策。其中居住在城市里的中国人，也获得了少量的参与行政管理的权力。而农村居民，却毫无对与他们相关的决策施加影响的可能性。[1]

被用作中国人居住地的台东镇，随后就被大量地从周边乡村涌入租借地寻求机会的人们填满。而与此同时，中心地带的大鲍岛城区则完成了华丽的蜕变，当

[1] 余凯思．在“模范殖民地”胶州湾的统治与抵抗——1897 至 1914 年中国与德国的相互作用 [M]. 孙立新，译．济南：山东大学出版社，2005.

局借助高价出租费，如愿以偿地达到了预期的目的，即鼓励富裕的中国家庭在这里建房居住，代表者如傅质辰、隋石卿、周保山、李涟溪，均在本地华人中声名显赫。余凯思相信，通过这些行政管理措施和结构，“一个殖民地空间便被耀眼地构造出来并且颇具示威性”。尤其重要的是，在这里，“距离应当得到保持，中国居民各群体与德国殖民统治者之间的等级关系也应当得到维护”。至此，青岛欧洲区、大鲍岛富有华人区、台东镇华人迁移区依次递减的等级形象昭然若揭。城市不同区位的不平等性不加掩饰地被铺陈在租借地的版图上，管理者毫不在意，更毫无愧疚。

看上去，台东镇可能发生的命运转变，只能依靠自己。

# 渐就蕃庶的鞭策

**1907年7月18日《大公报》刊载的《渐就蕃庶》中写道：“台东镇颇有烟埠前三十年之景象，刻闻调查该处房屋约有四千八百余间，人民约有三千七百余名。从此再加扩充，其蕃庶未可量也。”**

筑巢引凤的戏剧，继大鲍岛之后，在台东镇很快上演。

从租借地青岛的城市化成长轨迹来看，自1899年开始，凭借城市不可抗拒的聚集效应，但凡华人集中居住区域，其爆发式繁衍的规模与速度往往不可预料。与城市核心欧洲人区的循序渐进相比较，华人区看似杂乱无章的突飞猛进，凸显出栖息者不遗余力改变命运的本能冲动与韧性力量，大鲍岛、台东镇、台西镇、李村莫不如此。而缺乏政策与资本支持的台东镇置身其中，异军突起的表现尤其突出。1907年7月18日有报纸以“渐就蕃庶”为题，简要报道了这个华人城区的新变化：“台东镇颇有烟埠前三十年之景象，刻闻调查该处房屋约有四千八百余间，人民约有三千七百余名。从此再加扩充，其蕃庶未可量也。”[1]

租借地管理者显然注意到了华人社区的潜在孵化能力，并不失时机地试图因势利导，以与都市化推进的节拍相吻合，延伸“模范殖民地”的治理版图。台东镇接通自来水集中供应管道一年后的1908年，德国总督府制定的《经理台东镇事务紧要规条》颁布，以土地开发为引导，刺激自发性市场主体的扩张，同时强化规范秩序。看上去，如梦初醒的管理者，已经准备放弃对“流放地”的“无为而治”。

[1] 渐就蕃庶[N].大公报,1907-7-18(3).

○ 台东镇集市

“凡在该镇设立公秤，以便所有买卖之货物过秤，称费归卖主认交。凡过秤之货物，每值一百抽不过三。惟此项称费，至少铜元三枚，每担不能过于一角五分，至于应该过秤之货物，详细规条以及征收称费则例，由管理中华事宜辅政司随时出示晓谕，倘有不服之处，由青岛总督断定。凡在该镇摆摊卖货者，应分别摊之大小纳费。小摊每座每日收铜元二枚，大摊每座每日收铜元四枚，该卖货者一经将摊摆落，即须出一日之费。大摊之处占地不得过四方米打，若过四方米打，自应核算所占之地多大，加收摊费，每摊地段只准一人摆设，由管理中华事宜辅政司亦可随时出示详细规条，倘有不服之处亦由青岛总督断定。”

基于政府财政的压力，土地、自来水、集市交易都不再是免费的，牲畜亦然，连货币也不能自由选择。1908年12月4日，天津《大公报》刊登《德人开办牲捐》一文，云从李村开始推行，随之沧口。管理台东镇公称局苏正宾参与其中：“胶州德督现订新章，凡遇李村二七大集，须酌收牲畜各项杂税。日前捕政司单君偕同译员密喜及管理台东镇公称局苏君正宾亲往开办此事，并饬该村巡警局帮办一切。闻可征收铜元一百六十余千俟。该处办理就绪再赴沧口开办。”

显然，一个边缘化的台东镇，一群野草般生长的“他乡”人，无法也无须抗

○ 台东镇戏台

拒城市化的吸引力。基于生存本能，台东镇在懵懂中跌跌撞撞的结果便是日益趋向主动适应青岛新城的节奏与需要，原始、单一的功能结构逐渐被复合、叠加形态取代。从原始繁衍到多业竞生，各种社会问题开始浮出水面，比如诚信和对规则的遵守。1907年，政府卫生检疫部门在对77份大部分是由台东镇华人出售的牛奶的检验中，发现有11份大量掺水，最多时超过了检测样本的40%。这一情况并不是第一次出现，令卫生部门十分担忧。当局面临的难题是，尽管多年来对此进行了监督，并进行了多次处罚，台东镇这些商贩却依然很顽固，不肯轻易就范。

在青岛城市化的快速生长中，以隐秘方式破坏秩序与规范的问题，并非台东镇一地所独有，也非一朝一夕可完成矫正。祈求一揽子颠覆性改变的想法，无疑是作茧自缚。后来的事实证明，唯有在社会高速演变的同时因势利导，建立清晰的标准，设施严格的管理，并以渐进的方式培育公共习惯，才有可能从根本上解决问题。即便如此，彻底的消除陋习，依然步履艰难。漏网之鱼，绝非罕见。

而也就在新旧交替、一筹莫展的1909年，代表地方新兴势力的杨圣训，以革新的面目出现在台东镇商业舞台上，并试图呼风唤雨。当年，他成立源盛栈经营布匹杂货，从狭窄的丹阳路出发，开始建造其台东镇商业版图。这一年，杨圣训才28岁。他的周围，缺乏势均力敌者。

杨圣训开始抛头露面的时候，作为台东镇榜样的青岛，已几近无与伦比，“可称为中国海面最宜卫生之区，每交盛夏中外人士往避暑者不知凡几”。1908年夏天，柏林德国海军部就青岛发达情状报告下议院：“曩时青岛只有渔民茅屋数十椽，近十年来经海军省竭力经营，已变为绝大市场，居民约有三万余人，内分欧人居留区、维多利亚海湾各别墅、大鲍岛华人住区，以及工商业各场所。余如马路运道、自来水、电灯、教堂、病院、学堂、邮局、市场、屠畜所等，莫不均已次第举办。而停泊场分内外两港，外港较大，其中大小埠头甚多，且有浮水旱船坞一所，可称为亚洲最完备之港口。德人所经营之山东铁路，亦与该两港相接交通，即便内地土产藉铁路运至青岛，转行输往外国者亦日足增盛。因此青岛竟得居列统中国三十六口岸中之第八席。”[1]

1910年，德国总督府编制完成了新调整的城市规划。在原有青岛新城规划的基础上，将城区范围扩大到80平方千米。基本布局仍以港口和铁路为依托，沿着胶州湾东岸胶济铁路两侧，自南向北呈带状扩展。市街规划向西和北两个方向扩展：北至海泊河口，在贮水山西北规划了一处规模较大的商业区，南接胶州路，东南与台东镇对接，向西则与台西镇连成一体。这使得此后一段时间，台东镇华人区与城市核心区域的距离逐步缩短，工商业的繁衍能力大幅提高。

1914年版的《青岛的港口运营和管理》曾提及，大鲍岛和台东镇之间的中间地带，逐渐充斥着职能重要的火车站、防波堤和仓库，并且“现在已有一部分工厂落户于沧口，另一部分落户于大鲍岛和台东镇。并未完全排除把大的工厂放到杨家村，甚至是浮山所，同铁路线相连”。

整体上看，早年生活在青岛的华人，基本聚集在大鲍岛和台东镇两地，一个处市区核心，一个为新城边缘。居住者身份亦差异很大，前者的居住者多属富裕的商业移民，进行各种土产贸易和贩运活动；后者的居住者则属本地迁移土著人口，贫困拮据，从事体力劳动者众多。两相比较，大鲍岛近水楼台，得天时地利人和，轻易就取得了商业领袖和华人财富中心的地位，台东镇的影响力则远远逊色于前者。

平常时日，本土华人不论土著还是移民，多循规蹈矩，遵从传统习俗，少有

[1] 德人经营胶州之可惊[N].大公报,1908-8-2(6).

○ 从青岛山远眺早期的台东镇

越雷池一步者。作为年轻的旁观者，1914年前两次到青岛探亲的清华学堂学生洪深发现，凡“有婚丧大事者。必用执事前导。而济南之业此者。因利太微。且闲多事少。不肯来青。后有人建议。借戏馆中行头代之。于是一般肩旗掌伞之人。大半装束如武松矣。”新年礼俗从大鲍岛到台东镇则一概悉如旧仪，“至灯节前三日，则龙灯跳狮高跷诸戏，杂以锣鼓，满街皆是。高跷为梨园中人所扮，大都演英雄侠客之剧，尤以武松故事居多”[1]。

[1] 乐水．青岛闻见录[J].小说月报,1915,6(1).

## 敦厚与勤俭

1914年11月25日《大公报》刊载的《台东战后之情形》中写道："青岛笼城后，华人在该处营业者甚多。台东镇一方面华人被炮火轰毙者一百二十余名。"

1914年8月第一次世界大战爆发，日本遂于11月占领青岛。建筑商希姆森回忆说："日本人并不打算将青岛毁掉，而是要据为己有，因此他们只是打击防御工事。只有很少的炮弹越过了目标，误打到市区，而且其中好几发都是哑炮。"[1]但比较起来，台东镇的损失似乎要严重很多。有记者记述《台东战后之情形》："青岛笼城后，华人在该处营业者甚多。台东镇一方面华人被炮火轰毙者一百二十余名。"跨越秋冬的战事带来物品供应中断，食物价格飞涨，馒头每斤达铜元二十四枚。[2]期间，台东镇成为进出市区的过渡地带，无业游民、流浪者、娼妓、江湖术士、日本浪人、破落文人多汇聚于此，造成物价腾贵，房屋紧俏。当年12月23日有报道说："日本驻青岛军政署对于入青岛市者取缔甚严，故日本人得入市者为数不多。近来市面稍加整理，凡持有证明书者皆得入市，故一时滞在台东镇者蜂拥而来，竟至无屋可居，仍返回台东镇。其由大连来者尤多。"

青岛既得，日本人便开始做长远打算，将青岛进行日本化改造，这是其企图获得事半功倍效果的策略。1915年11月公开披露的制度实施计划，仿照日本市

[1] 阿尔弗莱德·埃米尔·希姆森，赫尔姆特·希姆斯·希姆森，汉内萝瑞·阿斯特里德·施塔克．阿尔弗莱德·希姆森回忆录[M]．郭若璞，等，译．青岛：青岛出版社，2016:53.

[2] 台东战后之情形[N]．大公报，1914-11-25(5).

○ 地处台东镇西南的早期啤酒厂面貌

○ 海泊河水源地构成了台东镇的西北边缘

○ 大鲍岛西北的地块经过了一个缓慢的开发期

镇村町自治规制，配划管区，并拟公举市长、镇长、村长、町长，可谓野心勃勃："将青岛军政区域辖境，全部严密详查，妥慎规划，将青岛、大鲍岛划名为市，公举正市长一名，以日人选充，副市长一名，以置有不动产最多之华人选充。四乡则划分为七镇，各镇公举镇长一名，七镇共划分为二百五十八村，各村公举村长一名，镇长、村长均以享有动产或不动产五百元以上之商民、农民选充之。"[1]在这项谋划的实施方案中，青岛、大鲍岛之外，台东镇为七镇之首要者。

1919年6月青岛民政署编写的日文《青岛要览》再版，台东镇作为唯一华人社区入载名胜旧迹介绍，与旭山、万年山、若鹤山、八幡山、神尾山、旭公园、大村公园、千叶公园、新町公园、海水浴场、浮山、竞马场等并驾齐驱，而除台东镇之外的名胜，多闻名遐迩。同期晚清遗老王塝的《青岛杂吟》，也将台东镇与台西镇一并入诗："峻宇雕墙绕四围，绿窗红瓦间翚飞。台东镇接台西镇，比户灯光电气辉。"

1922年2月叶春墀编写的《青岛概要》出版，记录了青岛街市既成布局，依次为青岛区、别墅区、大鲍岛区、新街区、大码头区、工场区、台东镇、台西镇。这个积20年时间始得的城市形态，沿铁路线自南向西北，再转向东北，形成一个饱满的"C"形。台东镇恰在这个"C"的末尾。租借地时代连接大码头与台

[1] 青岛仿行日本自治制度[N].大公报,1915-11-7(6).

东镇的荒芜区域，20世纪10年代晚期逐渐被日资工厂填充，烟雾缭绕之中，一栋栋厂房蜿蜒东去，像一个指向希望之地的路标，显现出一线璀璨的曙光。进入20世纪20年代，从大港码头到台东镇的马路两侧，工业化已初见端倪，周边粮油加工、丝织、印染、烟草、磷寸、玻璃工厂相继出现，且因地理原因，由台柳路出入市区皆须经过这里，治安、卫生、走私等项尤被重视。1920年夏天，青岛发生粮食恐慌，导致台东镇面粉厂难以为继。有目击者称："最近之青岛生活程度，因本年各县歉收，更兼官府迭申禁粮出境通令，各团体又有严厉之监视，故青岛存粮异常缺乏。据日人计算，除杂粮不计外，每月需麦二百吨。此刻来源既绝，麦价一斗已涨至四元五角日金。台东镇各大面粉厂有将停工之说。"[1]到这个时候，台东镇与外部社会的经济撕扯已难以避免，孤立时代孑然远去。

雨过天晴，太阳照样升起。叶春墀在描述大码头区与台东镇之间地势平坦的工厂区"日人各种工场，烟筒林立"之后，预言此地"将来工业更为发达"。这个判断没有人质疑。

"青岛为新开之地，住户虽由各地移来，就中以山东人居其多数。山东人性情诚恳，风俗敦厚，素尚勤俭，不事浮华，不唯今日证之，书史亦莫不然。如郡志旧志云，鲁人淡泊自足，不尚文饰，士好经济，民以樵苏为业。又山东通志，对于即墨之风俗，亦云，民勤林野耕绩，士重儒术敦志节，盖山东为我国文化之中心，其尊德尚义，有由来也。"[2]这是1919年张武在《最近之青岛》中对青岛移入者的大致评价。

两年之后，叶春墀的看法略微不同，谓"青岛一隅，各省人士，咸荟萃焉，要以山东人为最多，征诸史承，俗尚勤俭，富于取进。与外人接触机会虽多，无浮华轻薄之风。敦信义，重然诺。对于物质上之文明，确已日新月异。而学问上之进步殊鲜，尤缺乏普通法律智识。故一与外人交涉，动辄失败，非无因也。然男通鱼盐之利，女世纺绩之业，淡泊自足，不尚文饰，欲望鲜少。对于青岛之开发上，皆著有功绩者也"[3]。

[1] 青岛粮食缺乏之恐慌[N].大公报,1920-7-8(7).

[2] 张武.最近之青岛[M].1919.

[3] 叶春墀.青岛概要[M].上海:上海商务印书馆,1922.

两者比较，在“尊德尚义”上并无差异。

不论是张武的“敦厚”说，还是叶春墀的“勤俭”说，自1899年始华人陆续集聚的台东镇，都可以视为一个依附青岛新城边缘生长的典型样本。从无到有，从小到大，从凌乱到有序，从单一到多元，从寄生到自为，从简陋到繁盛，台东镇轨迹清晰的成长史，是青岛异常开阔的平民生存现场，也是都市化自我演变的缩影。

叶春墀评论本土华人移民禀性的1922年，青岛面临主权回归，而恰恰在此时，有中文报纸提出：“青岛市可分作三个时代。从前在我国版图中者，仅仅大鲍岛少数人家及海滨之海盗窟而已。亦有所谓商业者，大抵自胶州油厂所出之油，经青岛民船以出口者也。苟德人不租借，恐我国今日亦未必知有青岛焉。总之言，青岛市政当以德国租借时代、日本暂管时代、中国接收时代而分之。然欲筹备第三时代之事，不可不研究一、二时代。”[1]由此便牵扯出自城市化以来，大鲍岛和台东镇两个华人社区此消彼长的关系。而最早牵一发而动全身者，并不是台东镇。

[1] 青岛市政之一参考[N].大公报,1922-4-5(6).

# 咄咄逼人的压迫感

1905年9月8日《东亚劳埃德报》报道："沧口的企业不顾忌妒，克服了不利因素，将为创建者带来预期的利润。"

1914年2月13日下午，乘胶济铁路二等车赴青岛的前湖南督军谭延闿，在日记中记述了他对这个陌生城市的第一印象："过仓口，入德国租境，山皆种树，马路平迤。入疆所见已觉不同，及过四方，则傍海岸行，落日在西，光景奇绝。"在谭延闿的眼中，似乎过了沧口，车窗外的风景便与经验迥异，味道大不一样了。而他不知道的是，他看见的仅仅是个开始。

作为胶州湾东岸的一个传统海口，沧口在20世纪初极具象征性的工业萌芽，和港口、铁路以及青岛新城开发息息相关。

1898年进入城市化开发之后，伴随着胶济铁路和青岛港的陆续开通，青岛区、大鲍岛区、港埠区和台东镇之外的沧口，出现了以1902年诞生的德华丝绸工业公司为代表的新工业曙光。短暂出任过华人事务专员的单维廉在1904年撰写的《青岛的港口运营和管理》中，从区域拓展的角度，记录了这一历史性奠基的最初形态："限于自由港区极有限，所以不许可和不必要发展工业。现在已有一部分工厂落户于沧口，另一部分落户于大鲍岛和台东镇。"也就是说，在青岛城市化伊始的草稿本上，距离规划城区大鲍岛和台东镇至少20千米的沧口的工业萌芽角色，就已经被规定。而1905年10月至1906年10月青岛德国总督府给柏林的年度报告，则通过"还有一些地皮是沧口附近靠近枯山的一块，用于工业设施"这样的明确描述，扩大了人们对"这一块"土地的期待。那个时候，所有的城市化想象和城市经验对沧口来说还一无所有。甚至连素以坚忍不拔著称的传教士，也似乎不怎么乐意涉足这里。柔软的太阳下面，稀稀疏疏的农民面朝黄土背朝天，在田地上日复一日地重复着前辈的命运，生老病死，循环往复。

继轰轰烈烈的蒸汽火车沿着胶州湾的海岸线划出一道钢铁彩虹之后，德华丝绸工业公司巨大的直立烟囱1902年出现在开阔的沧口农田之间，打破了一如既往的乡土宁静，也打破了相濡以沫的伦理平衡。在当时，这根象征着现代工业的烟囱给人们带来的震撼是可以想象的，它给人们带来了紧张、惊恐和慌乱，也在懵懵懂懂之中给了人们一种希望，而这种希望则是旧式的传统经验无法创造的。实质上，正是这间工业公司在起始意义上影响了远离市区的沧口的命运，也逆转了难以尽数的普通人的人生方向。面对非个体意愿所能左右的工业化选择，对第一代置身其中的遭遇者来说，其中的艰难如同疾风暴雨中的战栗，被伤害的体验与种种不适宜的反应长时间难以愈合。

依据1900年的青岛新城规划，德国主导的新城市沿胶济铁路自南向北以带状形态扩展，而里程碑式的德华丝绸工业公司恰好就建在离沧口火车站不远的铁道边上。铁路和工厂的唇齿相依，烟囱和大生产的休戚与共，不言而喻，不谋而合。实际上，对铁道边上的沧口来说，具有工业导向意味的烟囱，并不止德华丝绸工业公司一处，这便让一曲工业化的大合唱充满了咄咄逼人的压迫感。多年后上海出版的一本《人言周刊》曾刊文回忆说：“以前，沧口还有一所洋灰厂！已倒闭了！至今经过胶济路的，还可以瞧见那洋灰公司的红烟筒高高地孤立在空虚的厂屋旁呢！”高高孤立着的红烟筒在天际线上涂抹出的空虚，恰恰可以成为沧口的精神写照。

沧口工业化萌芽的启蒙意味，并不仅仅体现在速度、效率、利益和规模化这些方面，也包括了人口的迁徙流动方向，包括了劳动者的契约观念改变和权益意识的培育。1905年9月8日出版的第36期《东亚劳埃德报》在报道德华丝绸工业公司的发展情况时认为：“沧口的企业不顾忌妒，克服了不利因素，将为创建者带来预期的利润。青岛有种种理由为这些工厂骄傲，尤其是它是在远东开设的第一家以恰当方式移植德国工人待遇的企业。”1906—1907年度的德国总督府报告，则提到了“对沧口四郊民众进行引导，以使他们适合工业化的需要”。实现这个“适合”目的所采取的措施，是通过继续建造集体和家庭宿舍用房来完成的，以将在德华丝绸工业公司缫丝厂工作的大批工人定居在工厂附近。至1907年10月，这项工程已经可为1500名工人提供住处。租借地政府报告认为：“实际情

○ 沧口德华缫丝厂

况说明，一大批工人已经认识到不必再把工厂的工作看成是副业——这是他们在开始阶段共同的想法——而把它看成是维持生活的保证，以致可以在工厂干一辈子。”

青岛总商会1911年到1913年的报告，则披露了城市核心区域和沧口之间通过铁路完成的人员年度流动状况：1911年的统计，从青岛、大港和四方到沧口的有26822人次，从沧口、四方、大港到达青岛的有25438人次。而到了1913年，从青岛、大港和四方向沧口运送的旅客增加到43052人次，从沧口、四方和大港向青岛方向运送的旅客增加到51746人次。青岛租借地主城与沧口的频繁人员往来，显示了两个区域不断增长的紧密关系。而其中，德华丝绸工业公司和后来的华新纱厂发挥了引领作用。

# 第四章
# 晦气

# 连绵一条线

1919年8月张武《最近之青岛》中写道：“自青岛战后，来自满洲、日本、台海、朝鲜者，相望于道。不及半年，达至一万余人。”

1914年掖县商人徐勋臣的源兴顺在沧口街成立不久，第一次世界大战爆发，日本趁虚而入，包围德国青岛租借地，展开攻击作战。德日军队以十比一的悬殊比例恶战一个多月，最终以德军投降宣告结束。徐勋臣的源兴顺有惊无险，战后继续从日照、石岛收购生果、生米、生油，进行转运贩卖。[1]

1914年日本取代德国统治青岛后，日资大规模爆发式阑入，在工商业与金融业取得广泛控制权。日资以大鲍岛以北新开辟的新町市街为涵养池，穿过港区与台东镇之间的平坦地块，沿着胶济铁路轨道线进行了大规模的工商业布局。同期本地华商和华商权益组织的活动空间被大幅度挤压，生存步履维艰。期间，诸如日本人秋田寅之助在邱县路开设制粉株式会社之类的消息时常出现。

根据张武《最近之青岛》的统计，1914年青岛战役前，青岛市内人口合计55722人，其中中国人53312人，日本人仅327人，还有11个朝鲜人。转瞬之间，人口结构大变：“自青岛战后，来自满洲、日本、台海、朝鲜者，相望于道。不及半年，达至一万余人。最初来者，多赤手空拳之辈，及原状恢复，嗣后来者，多有确实之企图。民国五年，日人户数达至二千有余，人口多至一万四千有奇。”[2]迁至青岛的日侨，涉及各个行业和社会层面，包括商人、建筑设计师、

[1] 青岛档案馆馆藏档案[A].207(1).

[2] 张武.最近之青岛[M].北京：财政部印刷局,1919.

技术官员、教师、医生、工程师、摄影师、出版人、记者、律师、音乐家、作家、僧侣、花艺师、歌姬等。

仅轮船公司一项，日资就有日本邮船株式会社、大阪商船株式会社、南满铁道株式会社、大连汽船株式会社、韩鲜邮船株式会社、阿波共同汽船株式会社、岩城商会、原田商行等在青岛运营。余之华资船公司仅有东阜行一个孤零零的身影，另有英资怡和洋行与太古洋行的船队。[1]青岛到上海、天津、大阪、仁川、大连、香港、基隆的海上航线，几乎被日本人垄断，通行船只包括利济丸、湖北丸、城津丸、基隆丸、西京丸、台北丸、萨摩丸、江原丸、永田丸、版鹤丸、神户丸、榊丸、泰平丸、皋月丸等，总吨位超过21900吨。

另据高桥源太郎《最近之青岛》的统计，截至1917年底，在青岛的日本业户为2500家。以购销为业的日商共1068人，分布在38个业别，杂货商245人，贸易及中间商297人，旧货商104人，果品商40人，五金机械商23人，药品商35人。同年，居留青岛的日本人为18576人。

1915年开始，不到八年时间，在青岛居住的日本人已到处都是，人口比例远远超过了华人之外的各国移民总合数倍。

日本的主要的经济社团有两个，一是水产组合，二是实业协会。水产组合实质上是一个混合团体，“凡在青岛从事渔业水产制造及其贩卖者，不论华人、日人，均有加入之义务”。内部组织有组长、副组长、理事、技术员、书记、巡视员、通译、地方委员等职，并经营鱼市场。青岛实业协会则纯粹由“在青岛以发达其贸易为目的”的从事实业的日本人组成。[2]

因为城市形成期的铺垫，在第一次日占时期的早期、中期，青岛商人的资本结构是一个惟妙惟肖的金字塔形态，最顶端的并不是迟到的日资，也不是群龙无首的华资。中国地理学会地理志总纂林传甲1918年在《青岛游记》中写道：“欧美人在青岛者，不过居商户十分之一，然皆一时巨商，无小本营业者，可称为一等商人；若日商人居十分之三，殷实巨商虽多，不及欧美之富，而小本营业者，间亦有之，只称为二等商人；若华商居十分之六，小本营业者极多，而殷实巨商

[1] 张武．最近之青岛[M].北京：财政部印刷局，1919.

[2] 张武．最近之青岛[M].北京：财政部印刷局，1919.

之数，更不逮日本，只可谓之三等商人。一等者世界之商业也，二等者本洲之商业也，三等者本国之商业而已。”[1]

居青岛新城商业规模十分之六的华商，星罗棋布却似一盘散沙。沙盘之上，商帮的星光若隐若现。对外，商帮心有余而力不足，多在边缘移走；对内，商帮却锣鼓喧天、鞭炮齐鸣，一边悲天悯人，一边也上下其手。

以三帮会馆为核心的各同乡会组织，是华人抗衡日本资本绵延最重要的主力，也是华人的情感慰藉所在：“各会馆之团结力甚坚，活动力甚大，谋同乡之亲睦，同行之利益。破坏商规者，加以裁制；乡人之不幸者，与以援助；各种之争持纷扰，藉以和解。对外之运动亦极广大，故其势力，颇可称焉。”[2]

在青岛，第一代获得确认的华人商业领袖，除了胡存约在日据不久后逝世，傅炳昭、朱子兴、周宝山、古成章、丁敬臣等都继续参与着本地华商事务，而诸如刘子山这样的实力人物，在新市场的开拓上亦踌躇满志，不甘人后。更重要的是，垄断的日资一方面在工商业拓展上高歌猛进，另一方面也在观念、技术、业态植入上给华商带来了新的机遇。看上去日资凶猛，因为经济总量的大幅度提升，华商市场实质上也是水涨船高，财富积累日新月异。

1916年北洋政府公布商务法规，青岛华商总会改称青岛总商会，以“联络商情，维持商业，开导商智”为目的。丁敬臣出任会长，成兰圃为副会长。丁敬臣来自悦来公司，成兰圃代表山东银行。[3]继傅炳昭之后，丁敬臣终于开始独当一面，确立了其在青岛新城的华商领袖地位。

这是日本管制下华商控制权的新一次洗牌。丁敬臣的脱颖而出，似乎没有悬念。仿佛冥冥之中，历史需要给这个年富力强的南方人一个机会，让他发光发热。而这对丁敬臣来说，责无旁贷。

作为青岛城市化早期的投资移民，丁敬臣以苏浙商帮为依托，以股东、总理、买办的角色，经过了悦来公司、禅臣洋行、悦升煤矿公司的反复历练，并在1914年搭建起丁敬记贸易平台，对具有国际化特征的城市商业模式与规则驾轻就

[1] 林传甲．青岛游记（续）[J]．地学杂志，1918,9(7/8).

[2] 张武．最近之青岛[M]．北京：财政部印刷局，1919.

[3] 张武．最近之青岛[M]．北京：财政部印刷局，1919.

熟。丁敬臣的家乡江都与长江擦肩而过，气候温润，这也恰好隐藏了他身上的霸气，让表情与内心各行其是。做到这一点并不容易。1916年丁敬臣出任青岛总商会会长时刚满38岁。这个年龄，使他具备了击败很多对手的可能。而事实上，他也在不同的时间点上跳到了令人瞩目的高度，而后迅速下坠。

日本管制下的青岛，华商的生意依旧集中在传统土特产贩卖上，如1917年在潍县街成立的宜今兴，经营的还是花生果、花生米、花生油和豆类，货物来自胶济铁路沿线，销售地则包括广东、香港、汕头、上海等。[1]宜今兴的股东陈朋初是广东潮阳县人，其广东同乡经营的景昌隆、裕和祥、广和兴，业务内容基本相似，大多都聚拢在大鲍岛一带。设在胶州路上的广和兴，由黄玉堂等三个广东人投资，成立时间比陈朋初的宜今兴晚了不少，贩运的货物几乎一样。但在另外一份土产公会的会员表上，宜今兴的登记成立时间却要更早些，即宣统三年八月十六日，也就是1911年10月7日，中间差了六年。但不管是1911年还是1917年，我们大致可以认定，陈朋初在青岛经历过日占。作为华商一员，其中的忍辱负重应与其他同业类似。

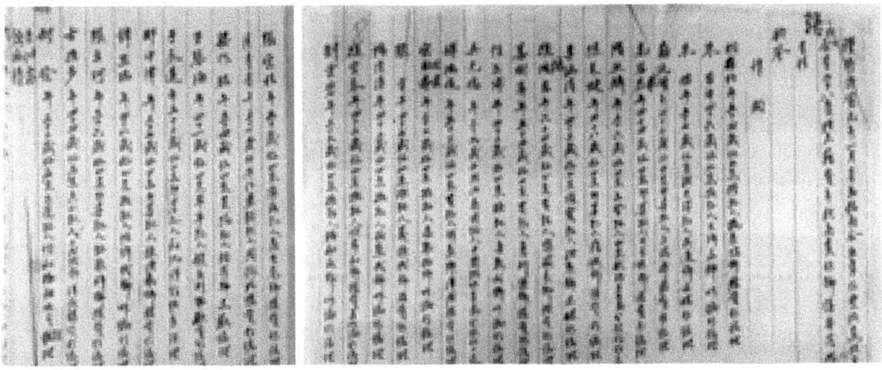

○ 1916年青岛总商会会董名册

[1] 青岛档案馆馆藏档案[A].207(1).

# 分庭抗礼的兔子

1920年8月3日青岛总商会致山东实业厅公函中写道：“青岛无中国官厅，中华商民欲求保护，恒苦于鞭长莫及，所恃以自卫者只以商会团体机关耳。既无本国官厅存在，惟有固结自卫之团体。”

1918年2月本地出现的一家个人投资银行，吸引了商界的关注。这让其唯一股东刘子山的曝光率增加了不少。刘子山似乎不太喜欢热闹，他观察的往往是热闹背后的玄机。他并不准备与日资正金银行这样的庞然大物竞争，他知道这是痴

○ 1918年河南路的东莱银行

心安想。就秉性而言，刘子山不乏异想天开，但他知道，饭要一口一口地吃。

刘子山的这家银行叫东莱银行，地址在深山町十二番地，是一栋不起眼的二层楼，长相普通。同样房租的房子，在华商扎堆的大鲍岛比比皆是。深山町最初叫汉堡街，后来叫河南路，与大鲍岛近在咫尺。

东莱，是刘子山的家乡。

刘子山聘请了前山东银行副理成兰圃出任东莱银行总经理，吕月塘为经理。这两个人都与本地商界打断骨头连着筋。不论是从资本准备、商帮地位、人脉资源，还是从专业性上看，1918年刘子山、成兰圃、吕月塘构成的财富三角形，看上去都很稳固。

1918年青岛总商会进行第二届改选，成兰圃当选会长，丁敬臣为副会长。1919年秋青岛总商会曾就防疫事宜请本埠三帮会馆劝募捐款，并划拨部分捐款用作开支。[1]

1919年早春发生的一件大事，是中国外交使团在巴黎和会上就青岛问题交涉的失败，遂导致了同年5月4日北京学生上街游行，后成为举世瞩目的公共事件。舆论哗然："青岛事件发生以来，举国震动，世界注目，可为我国最近第一大问题也。"[2]青岛成为被关注的焦点，但城市内部却波澜不惊，商人、商帮、商会都像兔子一样温顺，仿佛咳嗽一声也会殃及无辜。

1920年1月1日，青岛总商会就维持同善医院运转一事，督促齐燕、三江、广东三会馆捐款，函称："同善医院设立多年，专为诊治华人。此也从来该院经费由德国补助，自战事发生，汇款不便，理应鼎力支持。当由公议，自中华医院存款项下划拨，以兹维持至今年，中华医院存款告罄，不便筹备。昨经本会议决，将该院今年所需之五百元归三帮会馆捐助，计齐燕会馆应捐助三百元，三江会馆应捐助一百元，广东会馆应捐助一百元。为此合行函达贵会馆。想贵会馆诸大善士济世济人，具有同心，当必惠赐赞襄也，即请察照前因，将款妥为惠下，以便汇齐转交该院。"同善医院亦称花之安纪念医院，在花笑町，青岛主权回归后花笑町改称武定路。

---

[1] 青岛档案馆馆藏档案[A].352(1).

[2] 张武.最近之青岛[M].北京：财政部印刷局,1919.

青岛总商会操心同善医院运转经费的时候，张立堂投资的合利兴在胶州路开办。[1]合利兴的生意与十多年前宋雨亭开设的通聚福几乎一样，也是从济南、大汶口、博山购进生果、生米、生油，而后销往广东、香港、汕头、上海。这基本上也是广东人陈朋初宜今兴的生意途径。

鉴于青岛为日本管制的特殊性，自给自足的青岛总商会与山东省政府实业机关的关系一直很微妙。听也不是，不听也不是。听吧，山东方面法律上没有管辖权，无实质意义；不听吧，同为华商同胞且贸易关系盘根错节，于情于理都不合适。两难之中，通常就和稀泥，面子上给了，里面的事情就蒙混过关。但济南官府责任在身，有时候不免会认真一次，矛盾就出现了。

1920年年中，青岛总商会依例进行了一次新会董选举，其中19人获得二次连任，济南山东实业厅随即发难，挑剔程序错误，要求纠正。8月3日，青岛总商会就会董连任人选被指“与法定不符”一事，向山东实业厅进行了通报：“青岛总商会所处地点，前在德国租界之内，今则日本继之，尚为特别区域，自与其他通商各大埠所有总商会不同，其不同之要点有四大端，均与青岛商民有密切之关系，请分言之。”随后，青岛总商会以“分庭抗礼”的姿态，陈述了“四大端”的不同。

一以青岛无中国官厅，中华商民欲求保护，恒苦于鞭长莫及，所恃以自卫者只以商会团体机关耳。既无本国官厅存在，惟有固结自卫之团体。是以青岛全体会员所投票选举者，皆符合青岛商民信仰之心理，又当选会董多系商望素孚，故外国官厅悉加重视。如果更易以商望较浅者任之，恐灭自卫之力。此不同之点一。

二以青岛总商会前在日德交绥之际，为实地宣战之场，我商民出入于枪林弹雨之中，所赖以保障者，厥惟商会。而全体会董为保护人民计，即不得不于风云紧急之时，躬亲冒险奔走于当地外国官厅，以维持战时及战后商民。一切经过之困难，用能转危为安者，惟今日会董之力是赖。是青岛会董对内对外处常处变，俱有莫大之关系。此不同之点二。

[1] 青岛档案馆馆藏档案[A].207(1).

三以青岛总商会每届改选时期，一方报告我国官厅，一方并须报告当地外国官厅，此本会处于特别区域，历经照办之手续。而当地外国官厅以被选会董信用夙著，历届均经承认许可。今如递改，必须又费手续。此不同之三。

四以青岛总商会各会董办理会事，以经济困难之故，纯粹各尽义务。对于中外官厅人士酬酢往来，各项费用完全自备，尤以对于当地外国官厅最关重要。是被选会董实以迫于地方会员之选举，辞不获已，勉力担负斯责。若以得票次多者递补，其递补者于经济上义务上种种问题，能否担任尚未可。必则递补不难而难于递补者有以上困难之故，一时不能继续到会，即合法者之十三人虽依然存在，而以递补者一时接替无人，不足原定额数，亦属维持无策，势必至于解散而后已。此不同之点四。

前前后后“均于当地商民有密切之关系”的“四端重要原因”，其实就是为了后面这些话：“良以青岛总商会所处之地既有特殊不同之点，则当地商民势不得不依赖现在被选之会董，以维持现状所有。”

在这份报告给山东实业厅的文件上，“未敢安于缄默”的签名者依次是成兰圃、徐青甫、朱润身、隋石卿、王缙卿、邹升三、于秀三、梁勉斋、葛升如。

# 霓虹灯

1922年5月18日孟方陆《笨鸥日记》中写道："至松阪町，忽见门牌庄式如寓，式如系少航至亲，即随少航入谒。"

伴随着日资日益侵袭，从商业发达的立场出发，中日资本的混合就成为华商的必然选择。典型合作方式就是青岛取引所的若干经济组合。这个1920年8月以800万资本成立的交易机构，中、日两国商人各占一半，日本人安藤荣次郎任理事长。

青岛取引所物产组合，设在四方町，组合长丁敬臣，副组合长日本人村田正亮，会计张立堂和日本人古泽干城，委员王缙卿、徐勋臣、吕升甫、吴干圃、陈述祖，以及日本人松崎翠、大杉昇平。

青岛取引所钱钞组合，亦开办在四方町，组合长王廷常，副组合长日本人高木铁太郎，委员纪经函、王逊卿、郭香圃、吴本庆和日本人片山亥六、关口秉、杉山治郎。

青岛取引所证券组合，设在四方町，组合长日本人杉山治郎，副组合长刘权衡，会计日本人足立甚太郎，委员陈述祖、王渭滨和日本人林新之助、左右田德次、宫本五市。

青岛取引所盐业组合，设在长安町，会长日本人林恒四郎。[1]

1914年之后，青岛的商业面貌与街市风景已经被日本人深刻地改变了。1922年4月天津《大公报》记述了不同时期青岛街道的命名沿革，青岛"德国租借时

[1] 叶春墀．青岛概要[M]．上海：上海商务印书馆印刷所，1922.

○ 20世纪20年代聊城路街景

○ 馆陶路上的大阪商船株式会社

代辟街市，所用街名为山东街、天津街、北京街、即墨街、高密街之类，一如上海之南京路、九江路、汉口路、福州路等。盖上海称路，香港称道，而青岛则一律称街。其街名牌则用华德两种文字。厥后在日本暂管时代，于是凡有旧名者，仍用旧名，而易街字为町字，如山东町、天津町等是。其新辟街市，则完全用隼町、柳町、旭町、万年町、静冈町、舞鹤町、广岛町、大和町、赤羽町等名，是俨然日本村也”[1]。

旅居青岛的诸城学者孟方陆的《笨鸥日记》1922年5月18日记载：“至松阪町，忽见门牌庄式如寓，式如系少航至亲，即随少航入谒。”庄式如出身莒县富户，形迹遍及济南、上海、青岛、天津，聚财有道，善收藏，曾参与始创济南电灯房，亦曾出任闵行广慈苦儿院院长，其寓所所在的松坂町，也就是后来的德平路，处在新町北面，是大鲍岛连接小鲍岛的通道之一。

在移风易俗的新町时代，以聊城路为核心，这些最初以日本方式命名的道路，拓展了青岛传统城区的规模，植入了大量东洋生活元素，增添了许多时尚娱乐场景，吸纳了相当多的日本移民。四时响屐声声，随处蓬松云鬓。期间，众多旅游者对新街区的绚丽表现出了浓厚兴趣：“尤其美丽的，是聊城路的夜市，街口有着粉红的霓虹灯，一条街伸出铁架，穹形地横在马路的上空，铃兰灯三盏一架，密密的像暑夜之繁星。”[2]至此，新市街堂而皇之地成为青岛城市化嬗变中不可或缺的过程环节，起到了承前启后的作用。曾在礼贤书院读书并继而执教礼

[1] 青岛市政之一参考，街名之不可不注意[N].大公报，1922-4-5(6).

[2] 朱慕松．青岛游踪[J].杂志，1944,12(4).

贤中学的刘少文，就其目睹的城市之变，有如此概括：“德人既行占据，即大事建设，民国三年，日本继之，遂日臻繁胜矣。”

经历过一场不大不小的风波之后，1920年青岛总商会第三届改选结果揭晓，当选的会长、副会长都来自银行界。作为东莱银行的总经理，成兰圃连任会长，副会长隋石卿则代表山东银行。会董包括：

朱子兴，河南町，成通木厂；

傅炳昭，静冈町，祥泰号；

丁敬臣，横须贺町，悦来公司；

陈次治，山东町，复诚号；

苏勋臣，即墨町，立诚号；

宋雨亭，河南町，通聚福；

刘子山，麻布通，厚德堂；

王逊卿，野山通，义源永；

贾仁斋，天津町，恒祥茂；

张俊卿，白山町，义德栈；

张鸣銮，山东町，协聚祥；

朱润身，叶樱町，汇丰银行；

朱式文，北京町，裕祥源；

邵芳艇，胶州町，德源永；

王殿臣，白山町，义德栈内义丰号；

杨少衡，北京町，福聚栈；

谭辑五，天津町，恒祥栈；

葛升如，北京町，复兴昌；

梁勉斋，小港通，裕昌；

李涟溪，广岛町，洪泰；

徐秩卿，河南町，恒升和；

姜晓岩，陕西町，万利源；

于秀三，河南町，山东银行；

王缙卿，小港通，益丰栈记；

古成章，潍县町，大成栈；

庞心斋，胶州町，益丰泰；

邹升三，直隶町，裕东泰；

何永生，河南町，怡和账房；

高子圣，胶州町，协成春。[1]

青岛总商会第三届改选前后，伴随着仁和祥、义成永、同丰益、德胜厚、顺兴永等商号相继开业[2]，华商的生意一边继续扩大着传统土特产贩卖的市场，一边开始东张西望。

开设在直隶街的义成永有三个股东，刘辅廷、郑鑽臣是黄县人，史宜臣是蓬莱人，经理焦培南也是黄县人。义成永20多个铺伙，大多也来自黄县、蓬莱。同丰益号设在北京街，股东綦理臣和经理綦得臣都来自掖县沙梁，铺伙亦20多人。

在20世纪10年代日本管制末期，青岛的进出口贸易活动依然呈逐年上升趋势，《商学季刊》的统计显示："民国九年与青岛贸易最多者为日本，约占三成三分；其次为上海、大连、香港、英国等处。查该年输出货物最多者为花生油，计四百余万两，其次为花生米、生丝、铁矿、石炭、烟叶、焦炭、盐、鸡蛋、绢、棉花、豆油、小麦、梧桐、豆饼、生牛、牛肉、牛皮等货，均超过百万两以上。至进口货内大宗之货物为棉货类，值九百零二十四万两，烟卷、木材、纸、红糖、绸缎、米、洋油、面粉、白糖等均超过百万两以上。"

1920年到1921年，青岛的土地承租依然有序进行。记录显示，1920年2月23日，山东起业株式会社承租了第一公园附近的一宗土地，用以建筑房屋。一年之后的1921年2月28日，日本人锦美定次也在第一公园附近租地建筑店铺。同年6月16日，日本人川原虎三郎在火葬场附近申请租地，用作胞衣焚烧场。而这些土地承租个案，仅仅是可查阅档案中极小的一部分。

1922年4月，当芬芳的玉兰花在一些深宅大院里竞相绽放的时候，青岛总商会开始补造会员与职员名册，并随后进行了第四届改选，文登人隋石卿出任会长，即墨人张鸣銮任副会长。同时设置特别会董，成员包括成兰圃、丁敬臣、姜

[1] 叶春墀．青岛概要[M].上海：上海商务印书馆印刷所，1922.

[2] 青岛档案馆馆藏档案[A].207(1).

晓岩、徐秩卿、莫季樵、谭声五、朱式文。在这个春暖花开的季节，玉兰花的芳香与隋石卿的快意如影相随。

也就在青岛总商会第四届改选同年，叶春墀编撰的《青岛概要》出版发行，其对总商会的评价，似不偏不倚："青岛华人之法定团体只有商务总会。但规模狭隘，殊不足壮观瞻。而对于维持市面、补助公益、有益于市面者，实非浅鲜。"[1]

发生在1922年的另一件不大不小的事，是傅炳昭等人在大鲍岛胶州町发起创立了山左银行。这是继刘子山创办东莱银行之后，华商开设在青岛的第二家本土银行，象征意味无疑昭然。9月22日山左银行正式开业，傅炳昭出任总经理，协理刘鸣卿，经理纪经函。虽然山左银行实收资本仅40万元，却不经意间成为高举资本旗帜的黄县商帮在第一次日占时期终了时刻的一次集体亮相。

经过第一次日占时期八年的非公平竞争，在日资的笼罩下，华商的生存空间不仅逼仄，且多数经营者依旧在前资本主义的半原始状态下匍匐，除了刘子山等个别华商，能够在新兴领域开拓疆土者凤毛麟角。有报纸分析说："青岛商业尚在萌芽时代，已成之商业甚少，银行、交易所均在次第设立之中。日本之正金、龙口等银行之实力，远驾中国、交通、山东、东莱各行之上。实业则如制丝、榨油、发电所、屠兽场、纺织、面粉等类，均甚发达。然较大事业，皆操日人手内。华人所办规模极小，且甚寥寥。华人在工界者，劳工苦力者多，而制造业者少。在商界者，走贩叫卖者多，而真正出资经商者少。总之，劳动者多而资本家少。日本之制造工业也，中国工人为其机械；日货之输入中国也，中国商人代其销售；日商之输出华货也，中国商人代其收实。"[2]

从华商的资本状况与组织形态看，一方面，"青岛华人商业组织资本虽少，但多另有财东负无限责任，故财力充实，信用亦著"；另一方面，华商对有限责任的公司组织形式依然陌生，鲜少以公司组织者，遂导致规模发展迟缓。第一次日占时期，青岛华商符合公司组织形态的企业仅有两家：一个是吴淞町的东莱贸易公司，经理杨浩然；一个是横须贺町的悦来公司，总理丁敬臣。[3]

[1] 叶春墀．青岛概要[M].上海：上海商务印书馆印刷所，1922.

[2] 青岛现状之观察（续）[N].申报，1923-3-27(7).

[3] 叶春墀．青岛概要[M].上海：上海商务印书馆印刷所，1922.

○ 易州路上的日本商业招牌

青岛港是进出口贸易的晴雨表。从中看见的青岛商业态势，无疑比只言片语的涂抹更准确。根据胶海关的统计数据，“民国二年（1913年）为该港在德人手中经营最盛时期，贸易额达海关银六千零四十四万八千余两。民国十一年（1922年）为日人经营最盛时期，贸易额为海关银九千七百九十四万余两。计前后十年间，其增加率达二成有奇。至于进口货物之数量，在德人管理时期无从考查，日人最初经营时期为民国四年（1915年），最终时期为民国十一年，两相比较，前者为三十五万八千余吨，后者为一百四十七万七千余吨，其增加率不下四成”[1]。

这就是隋石卿和其他华商必须面对的经济现状。尽管外交与政治局变的信号已在前方闪烁出光亮，但经济之变、资本之变、市场之变则缺乏实质的推动力。仅靠隋石卿和青岛总商会，显然杯水车薪。

作为熟识德国及日本商业模式的职业投资移民，42岁的隋石卿拥有洋行、银行和制造业履历，精明强干且不乏灵活，能说会道，能屈能伸，在本地依托胶东商帮的人脉左右逢源，既有野心，又有锐气。接下来，涉及青岛权益的华盛顿会议召开，青岛主权回归议题获得通过。作为商会首脑，隋石卿任内协助鲁案善后督办接收青岛，见证了一个时代的结束。

[1] 国立山东大学化学社．科学的青岛[M].青岛：胶东书社，1933.

○ 20世纪10年代上海路、热河路、江苏路、胶州路路口

# 纱厂

1924年6月《十日》刊登的《青岛劳动概况》中写道："青岛计纱厂九个，每个平均三千多人，合计约得三万。成年工人占三分之二，青年工人占三分之一，而女工又占成年工人十分之一。"

1914年11月日本取代德国控制青岛以后，第一时间进行的是新町开发，以满足大量日本移民的需要。之后，沿铁路线的四方和沧口一带着手进行工业集中布局，日资内外棉、大康、富士、宝来、同兴等数家大型纱厂相继建成运转，纺织工业基地的产业格局逐渐形成。期间胶济铁路接连辟有七条支线，连通七家纱厂。一些纱厂1921年开始筹建，数年后才竣工投产，跨越了1922年青岛治权收回的过程，投资没有受到影响。

1921年成为沧口纱厂建设元年。统计显示，仅在1921年的前十个月，就先后有三家日商纱厂在胶济铁路沿线开工建厂或着手进行规划设计。推进速度与扩展规模都创造了纺织产业史上的新纪录。

1921年2月，日本钟渊纺绩株式会社社长武藤山治赴青岛考察，选定在沧口主街南侧建设纱厂。规划厂区西临大海，邻近胶济铁路，占地约88192平方米。1922年面临青岛主权回归，武藤山治唯恐投资受损，专门让日本当局确认了土地所有权契约手续。1922年钟渊纱厂开始破土动工，由日本大仓建筑公司承包第一期工程。1923年4月第一纺纱厂建成，装设纱锭42000枚。次年4月第一织布厂建成开工，有布机865台。钟渊纱厂在建厂的同时，开始在四方、沧口及即墨、平度、潍县、昌邑、高密等地招收破产农民进厂，同时还招收一批具有高小以上文化程度的练习生，送到日本神户、大阪等地的纺织厂学习。钟渊纱厂采取边建厂

○ 俯瞰日资钟渊纱厂

○ 富士纱厂

边招工，边安装机器边生产的方法，至1925年前已拥有3500多名职工。其中日本职员143人，中国工人3400人。工人除家属住沧口附近以外，大都住在工厂宿舍。钟渊纱厂投产后，日产花蝶牌棉纱95捆，双飞龙牌细布1900匹，产品主要销往中国沿海城镇，部分远销印度、澳门。

武藤山治赴青岛考察的1921年10月，同样贴着铁路线的青岛富士纱厂在沧口营子村南开建。富士纱厂全称为日本富士瓦斯纺绩株式会社青岛工场，总厂设在日本东京。纱厂投资4550万日元，占地44万平方米，施工周期超过了在青岛的任何一家日本纱厂，直到1927年3月才投产。开工时聘有日本职员26人，雇用中国工人850人。富士纱厂有纱锭31360枚，年产棉纱2.9万件，持有五彩星牌商标。

同样在1921年10月，日清纺绩株式会社的隆兴纱厂在下四方村西北角开工建设。总部设在东京的日清纺绩株式会社，投资了六个工厂，其中五个在日本。青岛隆兴纱厂占地191891平方米，资本金2700万日元，1923年4月投产。初期招募日本职员28人，中国工人1073人。初建时，隆兴纱厂有纱锭26360枚，年产棉纱20400件，持有宝船牌商标。

沧口小瓮窑头处的日本长崎纺绩株式会社青岛支店，是日商在青岛开办的第六家纱厂。1923年11月10日建成投产，占地面积约185618平方米。这一地块是日商以每亩36至60银元的价格向当地农民收购的。因为长崎青岛支店使用宝来牌注册商标，所以人们多称其为宝来纱厂。宝来纱厂开工初期，资本为538万元，日本职员45名，中国工人1900名，每天分两班工作，每班11小时，上午9时和下午3时，各有15分钟的吃饭时间，生产16支、20支宝来牌棉纱，日产40捆，年产量14400捆，主要销售于山东和天津、上海、香港一带。1924年5月，宝来纱厂改为日本国营，平井太造出任经理，产品仍沿用宝来牌商标。

纱厂的大规模聚集，使得产业工人群体作为一个社会阶层，出现在青岛新城的边缘区域，并逐渐形成共同的利益同盟。1924年6月《十日》杂志第24和25期刊登的一份《青岛劳动概况》显示："工人积聚得最多的要算纱厂工人，计纱厂九个，每个平均三千多人，合计约得三万。成年工人占三分之二，青年工人占三分之一，而女工又占成年工人十分之一。"

开办初期的日本纱厂，众多中国工人的日常状况普遍缺乏资方关心，这为后来频频发生的劳资纠纷埋下了隐患。一份调查显示："纱厂青年工人，工作每日在十二小时以上，夜班则在十三小时以上。星期天放假无工资，工资每人每日最低者一角二分，最高者四角五六分。饮食有在饭铺中吃的，有自己做着吃的。在饭铺吃的每日至少得二角，自做的较省一点。多租房子住，七八人合租一间屋，每月每人约纳房金四角左右。他们多睡在土制的床上，卧具至多不过三件。有住在厂里的，有住在小店的。"[1]

北京政府收回青岛后，知识界去日本化的呼声日隆，但也不过是将大小街道的日本路名换成了中国称谓，四方和沧口日资企业的产权关系、运转秩序和产品销售没有发生任何改变。

---

[1] 山东省档案馆，山东社会科学院历史研究所．山东革命历史档案资料选编：第一辑[M].济南：山东人民出版社，1981.

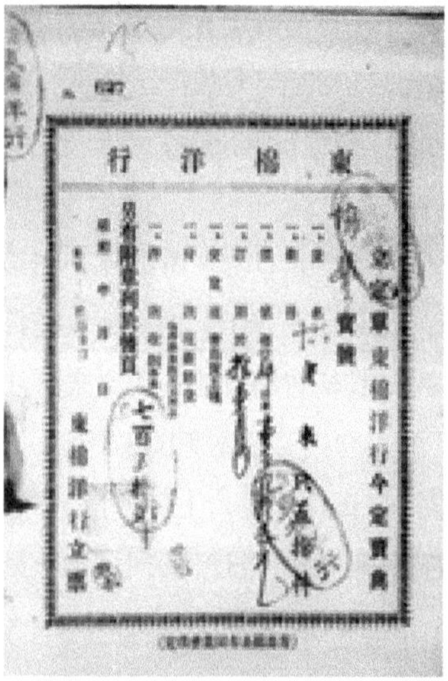
東棉洋行
東棉洋行立票

○ 东棉洋行的棉纱订单

○ 青岛新町的日本人

○ 馆陶路上的日本商工会议所和取引所

# 第五章
# 习气

# 焦点之城

1922年2月叶春墀《青岛概要》中写道："自日人占领后，辟为新街市，以所泽街为中心，如朝鲜正金、三井、太古、取引所信托。各大公司，比栉林立。"

1922年是青岛改换门庭的起始年。穿越时间的迷雾，这一年注定被载入史册。

1922年7月5日，一个叫滨协种一的日本人，在湛山大路北边承租了一大块土地，用作矿泉水源保养地。这成了日本管制末期最后批复的一宗土地案。五个月后，青岛主权回归。

1922年，一个显露在时间指针上的代表人物是叶春墀。而这个来自日照的读书人，到青岛后不久，就将这里城市化的现代性与开放性诠释得惟妙惟肖。当把叶春墀的作为放在历史聚光灯下面的时候，一个时代的波澜壮阔立刻就变得近在咫尺。

"青岛为全国名胜之区，居南北之冲，交通便利。有胶济铁路之联络，有各航路之运输。近自外交问题发生，为全国所注目。"这是叶春墀1922年2月15日写在《青岛概要》出版前的一段话。其将青岛牵一发而动全身的作用，注解得清清楚楚。

叶春墀，字玉阶，清朝时留学日本。宣统三年九月，也就是1911年10月，着赏商科举人，后以日本模式为范例，开创现代商业簿记教育，1913年经临时省议会决议获准在济南南关设立商业学校，随后定名为山东公立商业专门学校，设本科、预科和甲种专科，每届学生150名。1918年创办私立乙种商业学校。1920年青岛取引所成立之后，叶春墀曾参与其中。

青岛回归前，叶春墀与这个海滨城市最紧密的联系是一本全面叙述青岛状况的出版物。1922年2月，叶春墀编著的《青岛概要》由商务印书馆出版。此时正逢华盛顿会议讨论青岛归属问题，作为第一次世界大战悬而未决的焦点之城，青岛的命运即将尘埃落定，涉及这里的各种资讯很容易引起关注。叶春墀以独立视角撰述的《青岛概要》可谓恰逢其时。全书以市街图和例言引导，内容包括总论、衙署与司法、土地、房屋、租税、公益团体、工商业、教育、交通、卫生设备、农林、渔业、盐业、名胜古迹等，并附录律师与报馆。这是继哲学博士张武1919年编辑的《最近之青岛》之后，一本用中文介绍青岛的最详尽的著作，其脉络清晰，结构得当，叙述简洁，数据完备。

在《青岛概要》的总论篇，叶春墀即开宗明义，记述了青岛城市化之后的披荆斩棘："青岛自开港以来，德人常诩为东亚之小柏林，兼有军港与商港资格。背山面水，气候温和，大海临其南。虽夏日之炎炎，不敌海风之拂拂。凉生轩户，花送清香。沿海水而披襟，步山阴而却扇。避暑胜地，咸集于斯。况北枕群山，藉层峦为屏障，不畏朔风之凛冽，只爱冬日之和融。故夏可避暑，冬又可避寒。翠嶂碧水，红瓦白壁，山丘起伏，森林扶疏，雨量平均，谓之为东亚之一大公园，亦未为不可。况居中国沿海南北之中，交通便利，内联铁道，外通航路。港内水深，干潮时亦达三十四尺，万吨之船只，可自由出入。以地势而言，当为中国最繁盛之商埠。"[1]

在《青岛概要》中，叶春墀对大鲍岛、新街市、大码头的记述如下："大鲍岛区邻接青岛区之西北，中外杂居之地。中央之山东街在青岛最为繁盛，与上海之黄浦江畔，济南之西门大街，同占重要之位置。况西临帆船码头，山岭环抱，房屋比栉。如东莱银行之建筑，则区内首屈一指者也。新街区为从前德人时代之大窑沟，系造砖瓦之地。自日人占领后，辟为新街市，以所泽街为中心，如朝鲜正金、三井、太古、取引所信托。各大公司比栉林立，日人之卖笑妇亦萃此处。大码头区在大鲍岛之北，负山面海，为青岛贸易之要区。如胶海关、码头事务所、大港车站、日本人之新市街地，均萃于此。"

[1] 叶春墀.青岛概要[M].上海：上海商务印书馆印刷所,1922.

关于青岛山海相依的房屋建筑，叶春墀也依据不同式样道出原委，如数家珍，并不讳言文化植入的引领性：“青岛房屋约分三种，有华洋折中式、德国式、日本式各种。如在青岛区、别墅区，均为德国式，大鲍岛区为华洋折中式，新街及若鹤山下附近均为和洋折中式。在德人时代，衙署取缔甚严。故房屋之坚牢在东洋堪推第一。自日人占领后，住民又增二万余。急速谋建筑之加多，以为扩张经济之基础。故较之德人时代，坚牢远逊。然所泽町[1]一带，如太古、铃木、三井、正金、邮局及将来之取引所信托会社之建筑，亦为青岛有数之建筑物。更于台东镇、四方方面，著著进行。填大港海滩，计市街之扩张。改筑民船码头，以增进沿海贸易。故今日之青岛，较之昔日德人时代扩张至二三倍以上。然房价对于建筑费犹在一二分利之间，较之津沪资本所得尚为优厚。住房之不足，于此可见。”

洋洋洒洒的《青岛概要》，地理、人文、工商各业面面俱到，可谓包罗万象，封面署名日照叶春墀，清晰交代了作者的来路。

青岛与日照，不远不近，水路、陆路皆通，在小港渡胶州湾过海尤为便捷。进入城市化的20年，青岛凭借着巨大的磁场效应，逐渐成为日照移民的汇聚地，不同社会阶层与经济地位的日照人居住在不同的区域，以不同的方式生活。

青岛作为一个大规模、整体性、程序化移植欧洲文明的城市，确实比同时代的中国内陆城市在观念、形态、生活方式和时尚趣味上先进若干年。实质上还不仅是时间的超前，因为距离一种新的都市文明比较近，耳濡目染，感同身受，人的精神面貌也就大不相同。同时，汉民族传统文化有其根深蒂固的血源性，对西方的现代性会逐渐同化，或者说会产生方向不确定的变异，诸如上海洋泾浜这样的文化夹生饭就出现了，形成不伦不类的面貌，但本质上是对新文明的向往与靠拢。这种演变状况，自身具有惯性，会不断繁衍，但因为适应性上的水土不服，也很脆弱，遇到不可抵御的强大压迫，就很容易解体，并在自我否定中转变方向。

在叶春墀以日照标识来路之后的十年，新一代出生在青岛的“本地人”开始出现，并逐渐增多。这些南北乡土移民的后代，以喧闹且具有多样性特征的城市

[1] 所泽町，今北京路到大窑沟段。

○ 20世纪10年代上海路与夏津路路口的日本住宅

生活为记忆起点，不再继续坚持以父辈的籍贯为身份首选，“青岛人”的概念遂开始建立，并在以后的几十年中逐渐得到巩固。

在这个意义上，自20世纪早期即被“聚光灯照耀的城市”，第一次有了来自本土居民的身份回应。这些清晰、平常、朴素、连续的声音，开始萦绕在城市的上空，如同含情脉脉的霞光。

1922年注定成为青岛的分水岭。作为鲁案善后督办的王正廷，被裹挟到青岛回归谈判的形形色色者行列，他像一个小心呵护新生命的助产士一般兢兢业业，唯恐铸成大错。

他深知这份霞光的来之不易。

具有讽刺意味的是，1919年巴黎和会期间北京政府的总统，恰是曾在青岛避难的徐世昌。青岛坊间对其评价道：“徐氏素以圆滑称。对于国内民气，当无摧残事迹，对于赴会代表，亦无牵制行为。无功可言，亦无过可述也。”[1]1922年青岛回归时期，徐氏的总统职位被黎元洪取代，其成为华盛顿会议的“坐享其成”者。

[1] 班鹏志．接收青岛纪念写真[M].北京：商务印书馆,1924.

# 逐鹿

**1925年9月台西镇商会给胶澳商埠局的呈文中写道：“德管时代初，不过一荒岛耳。乃德人经营，不遗余力，遂成海岸一巨商场。岂德人别有异术哉？亦由其保护之备至耳。”**

当分水岭已成事实的时候，从青岛新城摸爬滚打出来的第一代华商，其实并不知道接下来自己真正想要的是什么。或者说，站在风口浪尖上的傅炳昭、刘子山、隋石卿、丁敬臣这些人，算盘珠子打的并不是一个节拍。国家认同不是问题，国家认同下的商业行为与商人地位必定是问题。在一切都摸着石头过河的时候，商人的迟疑不言而喻。

1922年12月青岛回归，山东省省长兼胶澳商埠督办熊炳琦主持政事。本地商人与商会团体趋向活跃，开始聚集影响力，参与了呈请施行市自治等一些重大公共事务。如参与起草《青岛市暂行条例草案》的包世杰、朱我农、高一涵、张祖训、王大桢、崔士杰、丁敬臣、邹升三、包幼卿、杜星北、王朝佑、陈天骥、柴勤唐、林澄波等知名之士中，地方商人所占份额已近四分之一。[1]这个比例在军政新贵蜂拥而至的当口，已属不易。

与此同时，一个叫青岛市民对德追偿损失会的团体也钻出地面，信誓旦旦地要求追偿对德战事损失。其与青岛商务总会协商，决定委派李涟溪、隋石卿、傅炳昭三人赴北京请愿，并表明立场：“吾等誓必认定青岛没收德产，必求政府拨抵青岛商民偿还对德战事损失，其他概难承认。”这可不是小事，1914年的日德

[1] 胶澳商埠局．胶澳志·政治志五·自治[M]．青岛：大昌大印刷局，1928.

青岛之战打了许多天，私人房产、家具、设施、财物、人员、搬迁的损失难以统计，如果连德华银行当年杳无音信的7400万也算在内，赔偿足以石破天惊。

石破天惊的事，往往功亏一篑，鲜有例外。

商人重实际，天上掉馅饼的事多吆喝两声就偃旗息鼓了。这事太费工夫，成本太高，不划算。且不说钱真讨回来了，怎么分、分给谁都是未知数。沸沸扬扬了一年多，对德追偿损失这件事就过去了，各人回家打自己的小算盘。

政治角逐之外，彰显商人本色的主场自然在投资领域。这个时候，资本敏锐的嗅觉与贪婪的光环，往往具有非同一般的穿透力。胶济铁路和青岛港属于官办，无法染指，本地唾手可得的肥肉就剩下两块，一个是胶澳电气股份有限公司，一个是屠兽场。

青岛回归后，隋石卿和青岛总商会第一时间动员本地商民承办屠兽场，并在1922年12月20日前筹集了25万元的资本，预备先行缴纳五万元以资保证。这个筹备过程获得了胶澳商埠督办的许可。12月21日青岛总商会呈文胶澳商埠督办，承诺承办屠宰场可提余利二成归市政经费。

不承想，也就在这个时候，丁敬臣的江苏同乡殷露声也瞄准了屠兽场的经营权。1923年2月26日，殷氏以宰牲公司发起人的身份，呈文请胶澳商埠督办公署饬令青岛总商会派员接洽办理，理由如下："露声等前为发起组织青岛宰牲公司，缴价承领青岛屠兽场继续经营一案，业将经营计划、招股简章以及事关主权势难

○ 青岛屠宰场

延缓各节，先后具文呈请鉴核批准在案。”

殷氏出具了胶澳商埠督办公署一个月前的批复：“本年一月四日接奉钧署第一一号批示内开：据呈请组织青岛宰牲公司，已悉。查此项事业，理应公开，本署并据青岛总商会呈，同前因业经批令与该商等协商办理，并令赶速公开依照公司条例妥定章程，呈候核准在案。该商等即与该商会直接商洽组织公司，呈候核办可也。”

随后，殷露声开始向熊炳琦吐槽隋石卿，称：“仰见钧座慎重企业，一秉大公之至意，钦感莫名。当即遵照钧批各节，于本年一月五日驰赴山东银行，与青岛总商会会长隋熙麟协商办法，并告以前此调查该场实况，今后经营计划以及半年来筹备各项情形。原冀推诚相与，共策进行，以期远效。不意该会长怀挟已见，设词含糊，再三婉商，毫无要领。慨念事关对外，岂容贻同室操戈之讥，奉令协商，益当体和衷共济之义。乃三月以来，除与该会长晤会一次不得要领外，虽经屡次走访，并函电催询办法，迄未晤谈得复。质之阍者，非曰正值开会，不暇见客，即曰外出未归，无从通传。真相如何，颇南索解。露声等愚昧无似，焦灼倍深，惟有恨己躬之诚信或有未孚，而终不敢致疑有人之藐玩钧令，把持实业也。但守候日久，精神之耗费已多，长此株守，经济之损失益甚。伏思此事，既奉批饬，双方协商有案，决不致因片面之深闭固拒而或有更张。威信攸关，岂待晓渎。兹为顾全血本，促进成功，并免外人责难起见，不得不将该商会迄今不理并无人切实负责情形，据实折呈，敬恳俯念下忱，饬令该商会剋日指派专员协同商办，俾免推诿，藉专责成，毋任迫切，待命之至。”[1]

不过，殷露声义愤填膺打给官府的小报告，最终并未奏效。而熊炳琦“一女嫁两夫”的伎俩也就随之曝光。隋石卿和青岛总商会的承办计划同样搁浅。屠兽场的经营事项只能任由熊炳琦处置。

十个月后的1923年12月1日，山东省省长兼胶澳商埠督办熊炳琦发布中外合资经营青岛屠兽场令，确定由胶澳商埠财政局局长郭珠泉兼青岛宰畜公司理事。

委任令称：“查解决山东悬案条约附约第二条第四段及协定条件第一条并细目协定附件第六项各条文，屠兽场交由依中国法律组织之特许公司承办，外国人

[1] 青岛档案馆馆藏档案[A].4095(1).

民遵照中国法律之规定，得准为公共营业而组织之任何商务公司之股东或社员，现已依约施行。惟中国财团一时难于缴款，暂由公署代表中国财团与外国财团代表缔结契约。除土地所有权不在其内外，将该场财产之全部评定价值，交由中外合资青岛宰畜公司缴价承办。依照契约第六条，暂由本署任派理事长一人、理事三人，除先行令委胶澳交涉员吴锡永兼任理事长，并分别令饬该场江监理官及该公司吴理事长，按照该场接收底册及现订契约，将该场所有财产全部分别交接清楚，并将会计上权利、义务划清界限，截至十一月二十七日统归官厅，自二十八日起统归公司，分别立账结算会报外，兹查该局长堪以委兼该公司理事之职，合行令委并检发契约一份，仰即遵照任事，依照契约所定事项，认真办理，仍将任事日期具报备查”[1]。

屠兽场的经营权尘埃落定之后，有本地报纸披露，曾由“督署派检查员四名，前往驻守检查杀宰数目。现在该场营业大为发达，每日所杀牲畜平均总在五百头以上，仅按牛论，每头宰杀费三元六角，除督署牛税五角，公司获利一元一角外，其余二元五角，即作为该场员役薪津杂费等用”[2]。如此大的收益，胶澳商埠并未获得实际好处。

屠兽场的这张牌，就此失去摊牌机会。但熊炳琦却毫发无损，直到各种矛盾集合在一起，以致不可收拾。

1923年5月，办理胶澳界域“所有界内电灯、电力及一切电气事业”的胶澳电气股份有限公司重组，这成为展示本地华商力量的一次历史性机遇，几乎涉及了各商帮、各商业门类的代表人物。从这份名单中，可以清晰窥见新旧交替年代华商群体不可抑制的爆发力。而这也显示出青岛华商在财富机遇面前选择的一致性。

其中发起人包括王缙卿、牟钦甫、杨玉廷、姜晓岩、梁勉斋、隋鸣凤、张子安、王子雍、包幼卿、隋石卿、宋雨亭、张鸣銮、丁敬臣、邹升三、易振声、宫淑芳、于叙九、唐盖卿、刘术堂、牟子明、贾仁斋、王心斋、张润暄、王殿臣、管积堂、安善甫。

---

[1] 青岛档案馆馆藏档案[A].4095(1).

[2] 屠兽场营业之发达观[N].中国青岛报,1924-4-1.

○ 20世纪20年代广西路的国际化氛围一直持续

赞成人包括于岷山、常宗武、谭辑五、顾少山、刘子孺、李助如、于秀三、王绍坡、成兰圃、傅炳昭、朱润身、辛继圣、孙寿卿、赵德轩、吕月塘、张瑞亭、徐诤臣、吴干圃、张俊卿、董希尧、李渐亭、胡镇东、朱子兴、刘勉斋、徐勋臣、牟巨卿、于东甫、葛升如、梁裕元、田赐之、邵芳艇、候鉴堂、莫季樵。

《胶澳电气股份有限公司章程》规定，遵照华会条约和中日委员会协定条件及鲁案善后督办公署批示，尽管“中外国人皆得应募”，但中国方面股份永远须占股份总额百分之五十以上。[1]这实质上成为本土华商资本的第一次大聚集。一个不同于既往的城市场域开始形成。

但实际情况绝非这么乐观，且不说胶澳电气股份有限公司、屠宰场这样服务城市日常运转的大型事业依然是中日合资形态，就是普通的市井商业市场也同样是日资的天堂。对此，有报纸一针见血地指出：“游青岛者，见街衢之广洁，市场之稠密，工厂之林立，商业之发达，以为此庄丽繁华之青岛，从此归我有矣！不知细勘其实，我国人民匍匐哀嚎于资本主义下者，初未尝因之移转而有所变更。”[2]

门户之见与任人唯亲是回归后的一大顽疾，遂屡遭舆论抨击。1923年1月19

[1] 青岛档案馆馆藏档案[A].1005(1).

[2] 青岛现状之观察（续）[N].申报,1923-3-27(7).

日《申报》以《青岛归客谈胶澳近况》披露说：“鲁人排斥他籍人，其性颇强，官厅用人无论矣，即社会商业亦复如此。大抵登、莱、青各帮团体甚固，外省人几无从插足。顾其知识技能则又颇感不足应用之苦，是亦不可以已乎。外省资本家及企业家近来群集该埠，冀创设新事业者颇有其人，现多困居客栈中。鲁人士既苦不能联合，乃亦有最少数人转而与日人勾结者，为渊驱鱼，其此之谓乎？”

青岛变局已成，华商的境遇自然不同，期待被放大，野心同样也被唤醒。就青岛商务总会而言，人员依旧，面貌依旧，按部就班的节奏不免遭人非议。有探知内情的报纸发出感慨：“唯事之最可叹息者，青岛重要商人，其势力最足以革除秕政，挽救危局。乃徒知争名夺利，互相龁龁攻击，不谋补苴之方。一似中国全国各分党派，不相统一，不能合力以御军阀之侵陵。如商界中之丁派、隋派，以互争盐业，激成罢市，即商会内部，亦复意见分歧，不能一致。”[1]

1923年编制的一份商务总会会员表显示，商务总会隋石卿、张鸣銮以下，排名前五的会董为宋雨亭、邹升三、傅炳昭、刘子山、王缙卿，几人的籍贯为胶东一带的掖县、黄县、即墨，年龄在39岁到58岁之间，从事的都是杂货五金、草编土产业等传统贸易。[2]对于其中大部分人来说，城市变局之下，身份并无改变，财富亦无增减，人际关系却更复杂了，守成与开拓的平衡并不易掌控。

更大的麻烦在于，本地各商业势力对话语权的争夺已经公开化，各立山头，纷争不断。最典型的是丁敬臣的不甘寂寞。作为青岛总商会的第一任会长，丁氏的新动作是试图绕开隋石卿担纲的青岛商务总会机构，另起炉灶组织商业公会，并呈报给了胶澳商埠督办熊炳琦。隋石卿与丁敬臣之战，于是再增变数。

1923年4月26日，胶澳商埠督办总署就丁氏主导的商业公会会则修改一事，指令财政局监督执行，并称：“呈及附件均悉。核阅转呈各节，以联络商情、发达商业之宗旨组织团体，共谋进步，足征本埠接收后该商等相与维新之意，热心毅力至堪嘉许。”唯熊炳琦认为商业公会名称可改为商业促进会，应转知丁敬臣遵照删改，呈候备案。[3]但不知什么原因，商业促进会最终没有生根发芽，成了

[1] 青岛现状日恶[N].申报,1923-12-29(10).

[2] 青岛档案馆馆藏档案[A].338(1).

[3] 青岛档案馆馆藏档案[A].323(1).

一个缥缈的泡影。

挫折面前，丁敬臣显然并不甘心。半年多后的1923年10月，丁敬臣联合苏勖臣、朱文彬、傅炳昭、陈次冶、刘鸣卿、张立堂等人，以立诚、复诚、合兴利等一百余家商号的名义，继续打着“促进商业之发达，图谋共同之利益，启迪商业智识，提倡商业道德”的旗号，在泗水路发起组织青岛商业公所，但同样未形成气候，很快偃旗息鼓。

接下来的一年，丁敬臣再联合朱文彬、苏勖臣、张细伯、朱体仁、凌耀堂、丁乐平、张景芬、李顺卿，发起组织泰东农牧股份有限公司（以下简称泰东公司）。“遵照中华民国现行公司条例”成立的泰东公司，在青岛设立总事务所，在青岛附近设置总牧场和总制乳场，并计划次第扩充分场于内地主要区域。公司营业范围包括：贩卖肉用牛、乳用牛、役用牛及各种畜产；繁殖种牛及各种畜产；制造各种畜产品；介绍防治畜病方法，并培养兽医人才；经理各种农林器具及产物。泰东公司资本额暂定为山东通用银币10万元，分1000股，每股100元，先收入二分之一，计每股50元。[1]

与此同时，区域商会如拥有260余商号的台东镇商会和沧口商会、台西镇商会，也积极扩张势力范围，主张“保护商业，发达地方”，以争取更多话语权。台西镇商会认为：“商埠发达，首在道路之整齐，次在房屋之建设。回忆德管时代初，不过一荒岛耳。乃德人经营，不遗余力，遂成海岸一巨商场。岂德人别有异术哉？亦由其保护之备至耳。”[2]沧口商会吐槽：“沧口商业之萧条，总因在日德交战损失。敝埠为数尤巨，查他埠直接间接损失，早向中央领出。惟吾沧口迄无消息。恳请贵会参加会议，务为据理要求。”[3]台东镇商会则呈文胶澳商埠督办公署，提出沧口、台东镇、台西镇另外设置一处商会，与青岛总商会分而治之。

[1] 青岛档案馆馆藏档案[A].518(1).

[2] 青岛档案馆馆藏档案[A].369(1).

[3] 青岛档案馆馆藏档案[A].365(1).

# 百度维新的弦外之音

1923年4月23日台西镇牛商请青岛总商会转呈山东省省长函中写道："独我国出口征税，且以青岛输出屠肉为大宗，而其征收牛税为特重。此种节节加征之税则，已为世界通例所不容。"

1923年早春，台西镇主街云南路上的一株蜡梅，在凛冽的寒风中争奇斗艳。而在铁路线以东，马路上的残雪被狂奔的人力车飞溅上一片污渍。黑黢黢的污泥在雪地上一点点融化成浊水，让道路愈加泥泞不堪。

青岛回归的震荡效应，很快传递到各个方向，而后再向中心聚拢。各种各样的人被一一吸引到了漩涡中。1923年3月25日，《北京高师周刊》刊登了一则《李树峻启事》，云："树峻自十年卒业后，即在济南一中担任教务。去冬青岛交还，友人以筹办青岛大学事宜相招，特辞职东来，从事计划。唯兹事体大，非仓促间所能成就。兹先同友人创办私立青岛中学校冀于中外观瞻之所略效薄棉。尚望诸师长及诸同学时赐教言，藉匡未逮。不胜感激之至！"

青岛的门敞开了。门里面，光怪陆离。

值"百度维新"之时，不同行业的商人都在寻找同业联合的机会，以图"日新月异"之发达。其中，水产、畜产、行栈、棉纱、草辫业都是本地商业同业中的"大块头"，牵一发而动全身。

1923年4月，胶澳水产同业公会成立，会长刘仁山致函青岛总商会，请予以证明："查日人管理胶澳时代，为奖励渔业起见，令中日从事水产者设立组合，以谋各组合负共同之利益。盖更择水陆要冲，建筑鱼市场，内附金融机关，受水产组合之监督，专理鱼市交易事务。盖本渔民自治之意，希冀水产动植物之繁殖

○ 青岛日本中学入口

改良也。今者主权收回，水产同业幸脱羁绊，欲谋发展业务，奏日新月异之功，必须固结团体为集思广益之举，及联络邦人同业者发起公会，定名为胶澳水产同业公会。业于四月五日开成立大会，投票选举正、副会长及会董各职员，并将章程分条拟订，相应备文缮具职员名单暨公会章程。函请贵会特予证明，并希冀呈胶澳商埠督办公署备案。”[1]会长刘仁山以下，胶澳水产同业公会的两个副会长，一个是姚隆泰，一个是邹增鋆。

几天之后，利市消息传出，水产商皆大欢喜。4月11日有报载：“本埠水产公会，自开办以来，营业非常发达。昨据该会某君云，该会自开办以至今日不过月余，所获赢利计已达四百余元之谱。但现在尚属淡月，若至三四月间，渔产畅旺，商贾云集之时，获利将不止此数。”[2]

同月，畜产商王积中、高学阶、孙长庚、张裕和、郭贵堂、刘子儒、郭善堂、王从约、徐崇梓发起成立青岛畜产同业公会，并呈文青岛总商会鉴核：“窃商等在青以购运牲畜、发卖屠肉为业，各历年所。前由民政署批准，设立生牛买

[1] 青岛档案馆馆藏档案[A].313(1).

[2] 水产公会之利市[N].中国青岛报,1924-4-11.

付同业组合，订立章程，每家交保证金二百元，并按月缴纳组合费用及其他之捐款，其性质即与我国之同业公会大致相同。兹当交还青岛已久，凡百政令，均应遵照现行法规办理。商等业于本年三月三十日召集同业公议，将现设之日本式的组合取消。遵照农商部于七年四月二十七日公布之修正工商同业公会规则，重新改组为青岛畜产同业公会，并经同业公会同议，订公会章程四十四条，投票选举会董九人。复有会董互选积中为总董，学阶为副董，事务所设台西镇，已于本年四月一日成立。”鉴于农商部修正工商同业公会规则第二条“工商同业公会之设立，以各地方重要各营业为限，其种类范围由该处总商会、商会认定”的规定，发起商将青岛畜产同业公会章程暨职员会员名册缮清，呈报青岛总商会鉴核，请予认定并出具证明书。[1]

青岛畜产同业公会于1923年3月30日成立，4月23日就请青岛总商会转呈山东省省长，请求免加牛税并取消牙税，以全商业而恤民生。事情的起因是台西镇的商人邢兆一因为抗税不缴，被抓捕并押往历城。情急之下，青岛畜产同业公会火急火燎地申诉，遂声情并茂，据理力争。

“窃商等同业，每年购运生牛、输出屠肉，查在青岛雇工营业共有三千余人。因由内地购买牛只转运到青，年约五六万头。其在各乡以种牛、牧牛、贩牛、运牛为生涯者亦不下万人。念我齐民连年兵燹频经，生计日促，惟此牛业中人，自有青岛屠兽场以来，三十年于兹尚留一线之生机。未沦为盗匪者，实属东省之大幸也。商等近以市面衰落，亏耗日深，凡在同业，相率开歇，现存仅二十家，皆以营业艰难，各有不可支持之势。揆厥事实，即以纳税过重为最大之一因。查由济南运牛一头，征收落地税一元，又纳护照费二元、印花税五角、磅用四角、检查一角，起运时需付车费二元八角四分，到青时又纳屠兽场屠税二元，出口时又纳海关税一元九角，以上八项共十一元七角。除车费不计外，每牛一头已纳税八元八角有奇。以成本七八十元计，征收地方税已在百分之十一以上。尝考各国税率，凡出口货，无论为生产或制造品，皆不征税，原以奖励输出，为谋保护商业之政策也。独我国出口征税，且以青岛输出屠肉为大宗，而其征收牛税为特重。此种节节加征之税则，已为世界通例所不容。今闻省公署令准每牛一

[1] 青岛档案馆馆藏档案[A].323(1).

头，加抽牙税二元。商等以加税过重，未便遵缴，即将贩牛人邢兆一押历城县。此外，复有实业厅呈请每牛一头加税十元之说，借口为依据农会申请，严禁耕牛出口，故加重税以示限制。不知天之生物，供以应求。若谓牛为耕作之用，输出宜禁，何以三十年来，每年输出牛只五六万，而山东耕种尚未损伤？盖因需要者多，故能生之者众。在地方官府，理应提倡畜牧，奖励生产，断不宜限制输出，故步自封。商等历在青岛输出牛只，全由内地购运而来，每年缴纳各项税款，统计六十余万元，不得谓非地方重大之收入。今若再征牙税及其他各项税，则商等营业立受摧残，势非迫至全体歇业不止。不惟地方已有之收入莫保，且使万有余人专倚牛业为生涯者一体失业，实贻地方以莫大之隐忧。为特具呈，缕陈利害。”

末了，青岛畜产同业公会向青岛总商会提出要求：“敬祈贵会转呈山东省省长俯鉴下情，迅饬事业厅免予加税并取消牙税。至邢兆一押在历城，并恳省长令行该县知事立予释放，以全商业而恤民生，实为德便。”[1]

参与签名的畜产商，包括王积中、高学阶、孙长庚、张裕和、郭贵堂、刘子儒、郭善堂、王从约、徐崇梓、王作福、江敦华、李文岗、高学和、王德宏、徐星元、王瑞俭、王延魁、向文馥、高文尧、郭起敬。

1923年8月，47岁的昌邑县籍东泰号股东朱文彬等，联合向胶澳商埠警察厅发出呈文，申请创设青岛行栈同业公会：“窃以青埠为东省商务之中心，内外沟通，货物云集，而为之承揽运转，绾毂其中者，厥为行栈一业。是将来本埠商况之盛衰，尤胥视经营行栈业者有无适当之组织。商等业此有年，夙明斯义。今当接收伊始，百度维新，用集同志，联合全体同业，遵照部颁工商业公会规则，议决规章二十五条，并经依法选举职员创立兹会，以期联合同业共谋发展，从此货物来集日渐增多，对外贸易定操胜算。”[2]朱文彬等人将创立行栈同业公会的缘由、青岛总商会认定书、职员名册、会员商号、经理人名册，一并呈交给商埠督办公署核准备案。

风潮随之而来。1924年4月5日的《中国青岛报》刊登消息称：“棉纱市场以

[1] 青岛档案馆馆藏档案[A].330(1).

[2] 青岛档案馆馆藏档案[A].313(1).

空买空卖之故，发生风潮，已非一次。而最激烈者，在去夏戚凤亭任会长时，且发生几个枪弹及许多的恐吓匿名函件。嗣经重订会章，改组会务，而风平浪静者现已半载于兹矣。讵料上届月底（旧历）抹付之期，闻又发生挤付、赖付风潮，并亦发生匿名函多件。该会会长刘仁山有事因未在场，当日遂未解决。又改期于昨日下午二时开全体大会，讨论解决方法。闻届时到场之人，均以会章所在，既无所谓挤付，亦不能因亏赖付，结果仍群趋和平解决之一法。惟只议决十六支标准纱，作价一百七十七两二钱五分。至二十支标准纱，则尚须俟诸次日会议云。”[1]

不过，在棉纱、输出盐风潮荡起的当口，本地传统的草帽辫生意却似一直风生水起。1924年4月16日有报道称：“草帽辫为山东出口货之大宗。兹闻本埠吴淞路东莱贸易行新由青州、周村、潍县等处运到大批草帽辫，皆系上等工艺品。已与美国纽约爱德华公司订妥合同，于昨日运送出口。”对这些不费大气力的斩获，刘子山、宋雨亭等多乐观其成。

传统草辫业春天的些许快慰，并没有给更多的行当在炎炎夏日带来同样的好运。很快，本地当商又传出止当消息，逼迫胶澳商埠督办公署开办官当。这一次，舆论罕见地站在了政府这一边。1924年8月青岛日新通信社报道：“此次公布之本埠当商条例，利息三分，期限一年，较之全国各处当店，实系优待已极。乃本埠之当商，不惟不遵照实行，反以歇业要挟。具呈督署，拟改利率四分，定满期为八月，闻督署正在拟批中。不意该商等昨复群赴督署，面谒陈民政科长，交涉修改方法。闻陈科长云，利息过三分，实为法律所不许。期限定一年，并为内地所皆无。此次所颁条例之优先，实属蔑以复加云云。讵该商等，援照海参崴之例而要求，且谓如不俯允，决不开业。当又经陈科长驳之云，该处并非中国领土，何能援引其例？青岛既已收回，自当按照国内情形，酌为办理。现在各商虽不干，又焉知他人亦不干？幸勿自贻伊戚，以致后悔无及。不料该商等终未觉悟，乃于二十五日又具呈督署，并附有该商等探询海参崴当例之复电。据云，该埠典当质业，利率多至五分、六分不等语。刻闻督署以各当商固执难化，为谋国民经济之流通起见，拟即开办一官当局，定为每月利息二分五厘，以十六个月为

[1] 棉纱又闹挤付潮耶[N].中国青岛报,1924-4-5.

满期，并闻业经着手起草拟订章程。”[1]

紧接着，因车轮限制产生摩擦引发了拉货人力车罢工风潮。9月上旬，胶澳商埠警察厅发布第81号布告，称案查本埠货车限期改换车轮一案，曾准青岛总商会函陈其中困难等情。业经本厅拟定折中办法，呈奉胶澳商埠督办公署核准。

警察厅琢磨出来的四条折中办法如下：一、各项货车车轮，照德管时代最宽轮度，由工程事务所制就模型以为标准，各车主前往仿办。二、旧车准予陆续改造，不限定两月，其将来所换之新车，不准再用旧式。三、现在车捐仍按期按月缴纳，随时发给车牌；从前积欠车捐分期陆续补缴。四、载货马车载重一吨为限；其余如人力载货车，不得逾三人。

有记者随即指出：“窃按第四条限制，据谙里面情形者言，似尚有研究之处。盖因本埠街道坡路甚多，上坡、下坡必须有互相推挽之处。例如拉一长形木料或特别大件之物，数量虽不甚重，但上下坡道必得请同行车夫推挽，方能过去。官家布告只准三人，岗警自然是以三人为限。设遇此情形，如何处理？听说前几日，岗警因此常有解厅罚办之事。类如前车上坡或下坡，后车车夫前去帮同推挽前车，后车停止之处自然无人。岗警所见，以前车人多逾限犯罪，后车亦犯妨碍交通之罪，均应解署惩罚。是以此次全体罢工者，非一因耳。愿当道对于第四条，尚须稍为变通方合。”[2]

1924年秋天，继当商、拉货人力车主之后，有传言牛商也在酝酿罢业，只是在最后一刻，有牛商想出来化解之策，方暂时相安无事。10月9日《中国青岛报》刊登的一份报道，将事态演变的原委和盘托出：“日前，各报载有台西镇屠牛商人，因沿线货捐问题，曾有联络罢业之举，迨后照常营业，若无其事者。局外之人，多莫名其妙。昨经详为探询，始悉该牛商等另有算盘焉。盖向日火车运价，每装牛一车，价洋四十八元，定章虽有一定分量，但未限定头数。此次新章限定每车只准装十二头，除运价四十八元外，另加货捐四十八元。若是核计，每牛一头由济运青，需费运价洋八元。且装运此项货物，须由路局之便，十天半月皆不能预定，至速亦须五六日工夫。故该商见于如是困难，反不如由旱路雇人牵

[1] 青岛当商止当后消息[N].中国青岛报，1924-8-27.

[2] 小大车风潮之尾声[N].中国青岛报，1924-9-10.

运，一人可以牵运两头，只费工食洋七元。七天工夫，足可牵到。是以现下该商等屠宰之牛皆系雇人牵运，既可省运费，又可不致误时。”

同日该报亦报告说：“自货捐局开办以来，一派反对之声。除洋商而外，尤以牛商反对为最烈。闻近来该商既不请求官厅设法维持，亦不声明反对以示抵制，惟将在各地所买之牛，用人工驱牵，不用火车装运，改由他道而来。日行数十里，为时虽缓，但亦可贩运到青。若长此以往，该局对于牛捐一项，当无收入之希望矣。”[1]

正所谓“道高一尺，魔高一丈”，台西镇牛商与货捐局的斗智斗勇这才刚刚开始。

政府方面，也在做他们认为应当做的事情。1924年9月，胶澳商埠督办公署致函青岛总商会，劝谕各商号大力存储粮食，以备不时之需：“查册载面粉一项，各商号所存，尚有十七万四百零八包。目前当可敷用，第恐或有急需，自不能不先其所急。希即转告各商号，务宜预为存储，多多益善，以作未雨绸缪之计，而备将来急用之需。至大米一项，所存无多。况均由南方各省运来，兹值江浙失和，运输非易。虽经本署禁止出境，仍望贵总商会剀切劝谕各商号共体时艰，勿图厚利，毋再大宗售给外埠以及零星商贩，俾免转运他处，致令本埠空虚。尤当多存杂粮，以维普通民食。毋任少有缺乏，彼时益觉困难。相应函致查

○ 青岛回归后的前海一线

[1] 宰牛人之经济算盘[N].中国青岛报,1924-9-10.

照并希将办理情形随时见告，是为切要。”[1]

但政府要求商号存储粮食的消息一传出，市场上的米价立刻就昂贵起来。有报纸记者调查发现，市面上的粮价，麦面、杂粮价格虽无任何变动。惟大米一项，之前十二三元者，现已暴涨至二十一元以上。青岛市场上的大米大致分两种：一曰香港米，为贫民、工人所用，中等以上社会多不喜食；一曰上海米，也就是芜湖米。储粮消息传出后，市面上的香港米尚有少许，芜湖米则有断绝之虞。更有甚者，胶澳商埠督办公署会议维持米价的第二天，有人即看见由火车装往济南香港米若干包。因津浦车已停运，米价当然飞涨，这显然是急三火四赶去发财的。报纸不禁慨叹："商家唯利是图，固无可责。惟路局人员，岂未闻公署之会议，高督办之卓见乎？"[2]

政府出面做的另一件事是严厉取缔挑贩怪声叫卖，以禁喧哗，而肃市政。报载，督办者以本埠肩挑小贩，往往沿街故作怪声叫卖，特训令警察厅严加取缔。当局认为：照得本埠地方，为中外人士所注重，一切市政亟须逐渐改良，以壮观瞻而臻完善。查近来街头巷尾，每有肩挑负贩之流，故作怪声，沿街叫卖，方且自鸣得意，实属令人厌烦。况以商埠特别之区，竟有陋俗不堪之象，外人目睹，殊不雅观。

为此，胶澳商埠督办公署令警察厅遵照，迅即妥定规章，严加取缔，由警署制就手摇小鼓、响铃二种，以作标志，分与售卖用物、食品所持，俾可区别。一面转饬胶澳商埠督办公署，传知该挑贩等，限期来厅具领，发给营业凭证，酌收代价，勿得苛求。嗣后售卖杂用等物，只许摇鼓响铃，不得沿街吆喝。[3]

警方以毋庸置疑的口气警告说：挑贩"倘敢故违，立拘罚惩"。

[1] 青岛档案馆馆藏档案[A].344(1).

[2] 米价愈以昂贵[N].中国青岛报,1924-9-8.

[3] 取缔挑贩怪声叫卖[N].中国青岛报,1924-8-28.

# 顺藤摸瓜

1924年12月1日隋石卿就青岛总商会选举搁浅原因说："因公署前当局种种非法干涉，以致搁浅，至今未能按期举行。现已事过境迁，原无再提价值。但此项意外之波折，当系鄙人德薄能鲜所致，思之诚可愧耳！"

青岛回归，自然就吸引了各色人等蜂拥而至，其中就有戊戌变法的操盘手康有为。1923年5月27日，欲在青岛长住的康有为给上海的家人写了一封信，欣欣然报告买房子的消息："青岛气候佳甚。顷得一官产屋（前德提督署），名为租，实则同买（长租二三十年，可望海）。园极大，价极少。候数日（一礼拜）可得。今各人住客栈极费（人多则不妥）。候得屋，当电告，至时可来青岛，实远胜沪矣。"[1]

在青岛的日子，康有为这边琢磨着买房子的事，那边就与广东同乡会搭上了桥。而这个时候的广东会馆的规模已然比十年前孙中山到访那会儿扩大了不少。会首古成章的大成栈在潍县路的生意也蒸蒸日上。康有为想在青岛办大学，广东商人的钱袋子自然不可缺少。

就在康有为与广东会馆频繁来往的时候，胶澳商埠开始规范同乡会馆。1923年5月26日警察厅颁布管理会馆规则，确定"凡在本埠设有馆舍，用各省及各县名义为旅居青岛同乡集合居住者，均为会馆"，各会馆应由旅青同乡人员在青岛同乡中有正当职业而乡望素孚者，公举掌馆董事与副董事管理。会馆董事公举之法，或用投票，或公推，可依各馆习惯办法办理，亦可用同乡公议定之。该管理

[1] 李云光．康有为家书考释[M]．香港：汇文阁书店，1979.

规则对会馆之前的一些既有做法，表现出了适度的尊重："各会馆管理规约并关于公产公物之保存方法及执事人数、名称由董事邀集同乡人员公议定之，其原有馆章与本规则不相抵触者俱适用之。"

同时期，围绕着旅青同乡的利益，各个同乡会的活动触角多有扩展，如1923年5月2日，掖县同乡会就曾致函青岛总商会，请求与青岛地方审判庭沟通，释放"无辜被押"的同乡任修平。

掖县同乡会叙述原委称：

"兹据任修和禀称，胞弟任修平年二十七岁，自民国十年在华盛号司账，于本年二月中旬因家伯继嗣事电令回家。修平遂告假，于十五日到家，嗣于二十一日接柜电令速回青，修平遵即返柜。不意该号银行支票不知为何人窃割一张，于二月初二日由东莱银行冒支银洋壹仟贰佰元，已经发见。该号执事徐宝斋不论有无关系，强诬修平舞弊，送检厅起诉。鄙人到青查问，始知该支条所书笔迹与修平不同，且上盖有该号执事徐宝斋小印，且修平虽系司账之职，而帮账者尚有崔姓与执事徐姓同理账桌之事，此案发生应查笔迹及印记为凭，当与修平无关。今无辜被押，冤枉已极。前经据恳贵会函请开释，至今未蒙释放，伏查青岛总商会为商人代表总机关，现以迫出无奈，仍具保恳请贵会据情函请总商会伏念商人屈抑，代为函恳审判厅厅长准予保释，听候传讯，则感德无涯矣。兹具保十二名，倘保释后有逃亡或不到案等，保人全体甘负完全责任，合并声明等因到会准此。敝会查任修平为人咸称忠厚，素无犯法行为，且在该号司账日久，何至遽昧天良作此无耻之事，况校对笔迹亦不相符并盖有该号执事之章，综核以上各节，既非任修平所为，无辜被押情有可怜，除敝会已函恳释放外，特据前情函请贵会俯念该商人屈抑之苦，据情移请审判厅厅长鉴察前因，恩准交保释放，听候传讯，至为德便。"

5月4日，青岛总商会致函青岛地方审判庭，要求"迅赐释放，以恤无辜"。隋石卿和张子安在青岛总商会的公函稿本上签名。

截至1927年，青岛已有19个同乡组织，除了早年成立的齐燕、三江、广东三帮会馆，还陆续设有宁波旅青同乡会、平度同乡会、胶县同乡会、即墨公会、莱阳同乡会、黄县同乡会、高密旅青同乡会、掖县同乡会、潍县同乡会、昌邑同乡会、海阳同乡会、田横岛同乡会、武定十县旅青同乡会、东临十四县旅青同乡会、济南十六县同乡会、临沂同乡会。每一个同乡会组织都聚拢起数量不等的旅青同乡，并以此形成放射性的关系网。而几乎所有同乡会的头领都是旅青有年的成功商人，他们广泛参与到各项城市公共事务中。伴随着华商社会角色的日见加重，各个同乡会团体的经济属性与社会公益职能愈发明显。而其中，传统的齐燕、三江、广东三帮会馆，以及后起并拥有实力的宁波、掖县、黄县、潍县同乡会，公共表现更为突出。

青岛一地，经历1922年如此之大政治变更的经验前所未有，场域与机遇相互纠葛的城市现场，云山雾罩，扑朔迷离。全国瞩目之下，发生在改弦更张之际的群雄逐鹿，既出乎意料，亦出乎意外。而同时期隋石卿把控之下的青岛总商会，除了应付诸如农林事务所在第一公园举行的植树式，电话局举行的电话装机投标，监视警察厅焚毁烟土、吗啡，招待北京交通大学学生旅青等五花八门的公共事务外，“正业”上也并非无所事事，两年中的三件事透露出青岛总商会在台前显摆“政治正确”的心思。

第一件事，谋求公允。1923年6月21日，青岛总商会会长隋石卿以提倡国货维持会的名义迅速撤销以前对日运货之优待的规定，致函胶济铁路管理局，称“致碍国货发达”，应“迅予撤销从前之规定，以示同一待遇，而服公允”。青岛“回家”伊始，打着“公允”的旗号高调维持国货，疏通国货运输渠道，是一桩几乎没有风险的“生意”。这一点，善于“点石成金”的隋石卿，无疑抢占了舆论先机。

第二件事，逢迎政治。1924年3月，胶澳商埠新督办高恩洪到任，青岛总商会随之忙不迭地点头哈腰，又是会董集体到站迎接，又是盛宴接风。当月31日，青岛市民公会发出在齐燕会馆举办欢迎高督办宴会的告知，4月2日中午不到，青岛总商会一干人就赶往捧场，凑了个热闹的饭局。

第三件事，推动教育。1924年6月19日，青岛总商会召开常务董事会议，决定致函驻青岛美国公使施尔曼和北洋政府外交总长顾维钧，请求拨给庚子赔款，在万年兵营创办青岛大学，称此“无异在此建一华府会议之纪念品，而永久表彰贵国在国际上之荣誉”。这件事说穿了也是迎合高恩洪的雅好，创办青岛大学是

○ 20世纪20年代山东路的商业开放性得以保存

督办提过的，于公、于私都说得过去，青岛总商会锦上添花，不亦乐乎？

高恩洪担任督办的几个月，对青岛总商会地位提升的最大利好，是对营业税的整顿。1924年6月20日的《中国青岛报》详细记载了事情的原委："本埠营业征税，自德日管理时代，业经实行。接收后，百端待理。官府方面，检查不及。一般商民，遂即意存当试，或则开业而不领照，或则歇业不缴照呈报。似此违反营业规则，殊属不合。昨督办署，特函达总商会，令其通告本埠各商，嗣后无论开业、歇业，皆须遵章办理。"

胶澳商埠督办公署还公开出示布告，令各商皆一律遵行："照得本埠营业征税，一沿德日旧规。凡开业商家，必须领有执照，始准开始营业。其有歇业之家，亦须呈报官署，经派员查明，方准注销停税。此等规定，行之已久，各商民想所俱悉。自中国接收，百端多未就绪，商民遂狎玩心生。或开业已经数月，而仍不领照；或发给催报通知，而置若罔闻。至于歇业之家，自以为营业已停，即无须纳税，并不缴照。于是歇业而官府不知，自必按期征税。及告知发出，催索多次，而商等始则托词搪塞，既而呈请蠲免。此等行为，对官府为不遵规章，于自身为徒增损失，非计之得也。为此布告埠内外商民，一律知悉。凡应纳营业税商家，当开始营业，先须遵章纳税。倘不来署领照，擅自开业，一经查出，定予相当之处罚。或有歇业之家，应先具呈声明，并缴还许可执照，核准后方予销册停征。若不来署呈报，仍须照旧纳税。倘过时要求蠲免，概作无效。其各遵照毋违。”[1]

看上去唾手可得的好事，往往是个陷阱。青岛总商会并不傻，明知道这是被高督办当枪使，却不能说开。因为胶澳商埠督办公署征来的税，并不会有一分钱花在青岛总商会，而跑腿的、得罪人的却是自己。

明白事理的人，终于忍不住出声了。1924年8月21日，《中国青岛报》以“日照土产商一分子来稿”的名义，刊登讨伐文字，直指当局的“饮鸩止渴”之策：“打算地方税收丰裕，必须力谋地方上商业发展。要使商业发展，必须使税率持平。如果不求商业发展，一味增加税率，就是增到百分抽千，结果是商业衰颓，税收反见退步。正所谓南辕而北辙，实与希望相背了。所以各国减轻出口税，谋发展自己商业事。进口税则必使较重，为防止利权外溢。现在中国要防止利权外溢，除了人民消极抵制外，绝无他法防止。想增加关税，这一国抗议，那一国反对，至终不易施行。唯有发展自己商业，以谋抵制。如今当局偏要在自己出产上增捐，于国于己于民，皆无所利。我不知当局为何采这种饮鸩止渴政策，为何不图便利交通，发达实业呢？此次商民谋抵制是自爱，然自爱即所以爱国，反抗理由极为正当。激昂之民气，亦应自为保持。当局以私心胜公理，民就不能依公理抗强权吗？所以我劝省当局，歇了这个念头吧。”[2]

整天无所事事，青岛总商会就把一些陈年烂谷子的旧事翻出来晾晒，如1924年6月23日，其致函齐燕、三江、广东三帮会馆，有板有眼地追讨1919年存放在各会馆的一笔防疫捐款：“查民八秋间曾因防疫一案经敝会开会议决，分请本埠三帮会馆劝募捐款，除当时分请各会馆照拨少数捐款划拨作为开支外，其余多数捐款仍由各会馆自行存储。今自我团接收办理，慈善机关刻不容缓，惟经费一项，贵号余款且一付，另行筹措尤非易事，若因此中止则举办更待何时？敝会特于昨日开会详加讨论，对于筹办至善堂范围以内之育婴堂、孤儿院、小学校、济良所等项之基本金拟请各会馆将所存上项防疫捐款拨充，并将官厅方面拟办教养所一并包含在内。至于所需房舍则经官厅指捐官产，所需常年经费则有妓捐及慈

[1] 督办署整顿营业税[N].中国青岛报,1924-6-20.

[2] 我也来谈谈货捐问题[N].中国青岛报,1924-8-21.

善券收入余利之款，为此专函征求贵会馆同意。俯念同为善举，何妨挹彼注兹。即请贵会馆鼎力赞成，倘蒙应允准将民八所存防疫捐款照拨，伏祈迅饬查照实存数目，先行示复，以便如数补充至善堂基本金。想贵会馆见义勇为、当仁不让，扩善与人同之量，宏民胞物与之怀，胥与贵会馆之赖。”[1]回归不过两年，气象已迥然不同。青岛总商会的这封信，以高高在上的姿态恩威并施，语气似不容置疑。

7月3日，齐燕会馆就防疫捐款转拨事宜回复青岛总商会，称已核实净存洋11968元9角8分，存在山东银行活期生息，待至善堂筹备成立，即行拨款不误。[2]

支离破碎的细枝末节，即便是“大政方针”大差不差，却掩饰不了青岛总商会上下长此以往的疲惫不堪。一团乱麻之中，隋石卿开始萌生退意。1924年9月4日，他在上海给青岛总商会副会长、会董写了一封信，表示欲请辞青岛总商会会长职位。这封信的关键词是“休养生息”。

“鄙人以樗栎庸才，缪蒙诸公盛意公推担会长，适值接收青岛，事繁责重，尸位二载，殊觉疚心。且鄙人年来病体孱弱，从公无力，本拟早卸仔肩，藉资调养，惟因改选期近，不得不勉为其难，乃前奉督署令开，接准农商部咨对于本埠沧口、台东、台西三处商会设置问题，改选又须延期，不克随时退职。鄙人惶悚莫名，伏思鄙人自任会长以来，奉职无状，深负农商之委托，愧无成绩之可言，近来贱恙加剧，不得不请假调理，伏恳允准，不胜感激之至，耑此敬颂公祺。”

1924年11月初，随着北京直系政权倒台，高恩洪在青岛终结了其短暂的督办生涯。隋石卿的“休养生息”旋即结束。

1924年12月2日，《大青岛报》刊登《商会选举行将实行》，披露了12月1日隋石卿对25位到场会董就青岛总商会选举搁浅问题的谈话，关键词换成了对“公署前当局种种非法干涉”的抨击：“本会改选之期原定于九月四日举行，后以台东镇、台西镇及沧口三处合并问题发生许多波折，并因公署前当局种种非法干涉，以致搁浅，至今未能按期举行。现已事过境迁，原无再提价值。但此项意外

[1] 青岛档案馆馆藏档案[A].352(1).

[2] 青岛档案馆馆藏档案[A].382(1).

之波折，当系鄙人德薄能鲜所致，思之诚可愧耳！刻下前当局已去，本会改选之事业已逾期多日。事关法定，何能再延？应请到会诸公重行决定日期，以备进行云。”

反对的声音随即出现。发声者是黄祝三，其第一时间实名向胶澳商埠督办公署控诉：“本埠总商会会长，结党营私，把持会务，破坏市面，种种秽恶，不胜枚举。今幸改选有期，深盼该会遵照商会法，郑重办理，俾本埠商民得见天日。不图该会仍事把持，不顾众议。”

黄祝三一口气给隋石卿列举了四宗罪：

一、选举应将会员名录及已连任数次之会董名单公布，俾会员选举有所适从。兹该会并未揭示，其为意图舞弊可知。此违法者一。

二、选举手续按普遍选举方法，似宜先期发入场券，当场领票缮选，庶无流弊。兹该会竟先期散出选举票，并声明选票存会四日后开票，显有舞弊地步，于商会法施行细则第五条有所违背。此违法者二。

三、商会系多数会员之结合，前本埠有多数商号因入会被该会拒绝后，曾将请愿书及入会费呈送钧署，业蒙主持令行该会在案。似此，该商号等已具会员资格无疑。乃此次商会改选，并未发给该商号选票，其排斥异己、剥夺选权昭然若揭。此违法者三。

四、商号于九月间即应改选，嗣因农商部令饬青岛总商会将东、西镇两商会合并，以致误会，暂停改选。乃迁延三月之久，并未遵照部令办理遽行改选。推其意，以为一经合并，分子众多，难遂舞弊之愿，显系藐视部令，任意把持。此违法者四。

黄祝三在向胶澳商埠督办公署的控诉中强调：“该会把持会务，排斥异己，已彰明较著。除此，尚有其他种种不法行为，实为法定机关之玷！此种选举，殊难服众。应请钧座迅令该会暂停选举，取消所发选票，开放入会，改期依法进行。除电呈农商部暨实业厅外，为此略陈，伏乞垂鉴，不胜迫切待命之至。”

就此，“钧座”温树德1924年12月13日指令青岛总商会，称黄祝三“所请各节，仰候令行青岛总商会，据实声复，再为饬知。既据该商等电呈农商部，仍应静候部示办理，仰即遵照”[1]。

但黄祝三的控诉和温树德要求青岛总商会“据实声复”，都没有阻挡隋石卿“以备进行”。

最终，青岛总商会会董依据农商部商会法第二十三条的规定，会长、副会长、董事均以两年为一任期，议定青岛总商会现届改选，用单记名投票法，每一票只填一名被选举人的姓名。结果，隋石卿的会长连任如愿以偿，李助如出任副会长。

包括会长和副会长在内的青岛总商会第五届改选会董有刘术堂、张鸣銮、宫淑芳、顾少山、隋石卿、李助如、吴干圃、杨子生、袁明卿、鲁少田、杜梦九、刘玉堂、马华堂、梁和璞、纪乐亭、刘子儒、黄祝三、王树亭、孙梁臣、万耀卿、高学阶、吕月塘、万子玉、范景武、王尽卿、姜琅斋、管积堂、马子厚、纪毅臣、丁敬臣、吕卓生、宋雨亭、刘子山、朱子兴、傅炳昭、梁勉斋、王殿臣、陈次治、梁裕元、葛升如、于秀三。

就此，青岛总商会第五届班底尘埃落定。但随后丁敬臣在12月21日对这个结果提出了程序异议。

至此，隋石卿与丁敬臣之间的矛盾已趋向公开化。

1925年5月，青岛总商会对本市各业商行与公会会员以及非会员进行了一次全面调查分析，分别归类，列明情况，纪屏壁、张子显、邱葛侯、田干臣、宋蕴玉、张圣一、曲绪一、王锦堂等人连夜整理，完成四份清册、一本附册以及四份公会图册。[2]

这次调查显示，已经组织公会并加入青岛总商会的有土产、杂货、钱业、绸缎、棉布、棉纱、五金、运输、点心、客栈、煤炭、编业、轮船、蛋业、饭铺、建筑、银行、火柴、烧酒、黄酒、卷烟、猪肉、牛业、长途汽车公会，计24家机构。

已经组织公会但尚未加入青岛总商会的有理发、印刷、酱园、澡堂、铁业、洗衣、租赁、皮革、制服、汽车、鞋业、马车、人力车、载重汽车、西药、照相

[1] 青岛档案馆馆藏档案[A].339(1).

[2] 青岛档案馆馆藏档案[A].362(1).

公会，计16家机构。

尚未组织公会的各商业有中药业、电料业、书籍业、成衣业、水果业、钟表眼镜帽业、渔业、青菜业、保险业、颜料业、粗细瓷器业、典当业、镶牙业、茶庄业、棉花业、席庄业、制杆业、皮鞋业、发线花边业、玻璃业、金银首饰业，共21个行业。

打眼一看，这个阵容令人眼花缭乱。可仔细一看，边边角角的灰尘却无处不在。但青岛总商会最关心的，并不是工商各业生长土壤的培育，而是如何尽快扩充门面。门里、门外似乎是两种风景。

青岛总商会大门外的海风一吹，顿时落英缤纷。

○ 堂邑路上的三井、伊藤忠、江商等日本商社

# 自己弄脏脸会很没面子

**1923年2月13日，胶澳商埠警察厅发给王鸣基在四方路洗衣池旁准开鲜果市场的第一号营业执照。**

1914年发生的日德青岛之战，导致德国资本全面消匿，但青岛工商业的发展态势并未衰减，甚至更上一层楼。1922年的华盛顿会议，如芝麻开门，打破了中日之间自第一次世界大战后围绕着青岛主权悬而未决的外交僵局，青岛问题终获解决。胶州湾东岸一城曙光乍现。

1922年12月17日，《申报》一条发自青岛现场的电讯说："目下青岛行政虽由中国接收，而市况尚在混沌状态，中国方面各银行依然闭锁休业，即市内物产钱庄（即金银两替商）等业亦皆同时歇业，如青岛取引所钱钞、证券、物产三部市场亦仍无交易，银市亦不确实（约在一百零九元四五角之谱）。大约再过数日，继而秩序平稳无恙，即可恢复原状矣。"

但在"恢复原状"这个时间节点上的青岛，已与十年前大不相同。1923年2月13日，胶澳商埠警察厅发出在四方路洗衣池旁准开鲜果市场的第一号营业执照，称"兹有商民王鸣基等开设某某号鲜果市场营业。经本厅查明，与管理营业规则相符，应准发给第壹号执照，准予营业"[1]。王鸣基住在潍县路77号泰丰里，商号位置在四方路洗衣池旁。经历了青岛接收后的第一个冬天，警察厅颁发的这张水果摊执照仿佛预示着新政府在1923年初春的苏醒。至少在名义上，作为青岛华商传承已久的大鲍岛福地，开始迈入一个新时代。

[1] 青岛档案馆馆藏档案[A].3801(1).

不过，公共舆论对胶澳商埠警察厅作为的评价却差强人意。1923年3月31日《申报》刊登《接收后之青岛现状》，文中披露说："青岛本为东方第一港口。去年暑期，愚曾一游此地，觉其道路之清洁、秩序之整齐，且在日本东京、横滨之上。今则除郊外风景不减外，他如山东街、天津街等热闹之区已呈污浊之象。原来人行之道与车马之道划分甚清，今已混乱如内地，小贩卖杂货摊沿路乱设。有营进出口货之周君语余云：'日人时代已不及德人时代，今则比上海而不如，再待一年，不知糟到如何。'周君在青有二十年之久，据谓在德人管理时代，可以'夜不闭户，路不拾遗'云。"大鲍岛的山东街与天津街都是青岛华人的脸面，自己弄脏了脸，自然没面子。

市街管理不佳仅是弊端之一例。城市经济的运转似更牵动全局。这就不仅是脸面问题了，而直接关涉一个备受瞩目的经济重镇的生与死。《申报》同期的另一篇青岛现状观察，就直言华人工、商、金融业卑微的"奴隶"地位：

"游青岛者，见街衢之广洁，市廛之稠密，工厂之林立，商业之发达，以为此庄丽繁华之青岛，从此归我有矣！不知细勘其实，我国人民匍匐哀嚎于资本主义下者，初未尝因之移转而有所变更。青岛归还云者，不过两国政府之授受。乃官式的归还，而非实质的归还。乃政治的归还，非经济的归还。故青岛归还以后，与归还以前，同在日本经济侵略之下，毫无二致。

呜呼哀哉，情何以堪。

最初的变化来自不同行业的商人对"市面和平"的自觉维护，关乎肚皮和面子的餐饮业，便是其中之一。1923年4月，伏泊町五番地中国菜馆何连会、天津町六番地东华旅社工仲三、北京町二十五番地顺兴楼李殿臣、河南町十五番地临风阁赵云亭、河南町一番地新盛楼谢邦田、即墨町十二番地清云阁杨东观、天津町十八番地春和楼吴寿山、山东町十七番地德增合颜锡惠、胶州町四番地三阳楼陈庆泉、白山町十二番地恒顺楼高敬贤、天津町四番地协顺楼韩怀林、广岛町六番地福聚楼冯玉昌、黄岛町六番地聚合栈宋近义、海泊町八番地德顺栈陈焕章、河南町八番地德源茂赵继文、四方町八番地三合栈王得胜计16人，酝酿成立青岛餐业会，事务所设于山东路中通路七号院内，"俾同业者互相亲睦，以期市面和平"。

○ 新町核心区聊城路是日本移民的聚居地

从一个月后形成的报告文件看，接收五个月后，青岛各条街道的日本名称依然照旧使用，未见政府出面更改。而一城食客却也熟视无睹，似乎把这事忘了个一干二净。

胶澳商埠警察厅对各商联合成立餐业会并不反对，5月7日顺手给青岛总商会发了一通问寻“是否无碍”的公函，就此了事：“据伏波街五号商民何连会等呈称，前在日管时代创立料理店、饮食店二组合，以联络同业义气，贯通官商意旨。嗣经我国接收，同业等拟将不合国籍名称之组合名义，变更名为餐业会，并附规约一份，连署多人具呈到厅。查该商等此次改立名目，另订规约，与商业前途有无滞碍，署名各商是否均得同意，据呈前情，相应抄附原呈及规约一份，函送贵会核议见复，以凭核办。”

餐业会制定的规约有九条，前七条如下：

第一条，名称。本会定名为青岛餐业会，事务所设于山东路中通路七号院内，旧料理组合事务所内。

第二条，本会以居住青岛华人之中西餐（菜）馆，包子、面、菜馆，肉类热食，家常便饭等店共同组织之。俾同业者互相亲睦，以期市面和平。

第三条，目的。本会对于官厅有所指示咨询，应详为调查，详慎答复。至于菜饭价值，依据市面物价之高低，随时增减。务使奸侩者无所施其欺伪伎俩，补助政厅视察之不周，破除官商隔阂为目的。

第四条，人员。本会拟选正会长一人、副会长二人、评议员六人、常驻员一人兼记事。

第五条，职务。本会正会长代表全体，凡对各官厅之训示传达、同业之商情决定议事之可否，监督款项之出入，是其专责。副会长襄助正会长之不逮审慎评议之事项，详查市面利弊之情形，预防偏倚不平之举动，是其专责。评议员应广搜全埠同行之利弊，博采当时居人之爱憎，详查时际之卫生，备为资料，详加讨论。付诸众议决定后，禀明官厅核准施行。以上各职员皆系义务，凡车马费、薪资一概免除，任期一年。常驻员常川驻所，凡所中事务经众职员议决者，或由官厅分示者应行尽行，然不便枵腹从公，酌给薪资。

第六条，财政。本会暂拟中西菜馆每月捐助会费洋一元五角；包子、面、菜馆每月捐助会费洋银五角；其余小饭店等，每月三角者、二角者不等。该项会费支出后，余者存诸殷实商号。

第七条，会费用途。常驻员每月薪金洋银二十元，房租、电灯、茶水、纸笔等费，每月约需数在二十元之谱，余款作为公积，以备不时之需。

吃吃喝喝之外，关系城市运转的一些重要机构也开始伺机而动。1923年5月，依据华会条约及中日委员协定条件，并呈请中国政府批准特许，经营胶澳界域“所有界内电灯、电力及一切电气事业”的胶澳电气股份有限公司完成组建。值得注意的是，尽管公司章程规定了“中国方面股份永远须占股份总额百分之五十以上”，但其中涉及的日本资本的权益保护，实质上通过文件获得了确认。

经过连记名投票，隋石卿当选胶澳电气股份有限公司董事长，副董事长村地卓尔，常务董事兼总理王子雍，董事兼协理宋雨亭，外国常务董事兼经理高桥光隆。

实质上，胶澳电气股份有限公司的承办之事，胶澳商埠督办熊炳琦早有打算，接收青岛五天后的1922年12月15日，他就把控制权交给了隋石卿、马惠阶、包幼卿三个人，准许三人随同接收发电所委员前往接收，背后的交易是“惟保证金三十万务于二十日汇交本督办指定银行存储”。接下来的事情不过是利益平衡而已。结果，熊炳琦和隋石卿都如愿以偿。

与此同时，青岛屠宰场也确定中日合办。1923年11月27日，中外合资经营青岛屠兽场筹备财团契约签订，胶澳商埠督办公署坐办垄积柄和外国财团代表石桥藤次郎、白杵伊三郎签字盖章。石桥藤次郎的名字出现在胶澳电气股份有限公司和中外合资经营青岛屠兽场两个大型中日混合资本企业中，而这两个企业都具有强烈的垄断性特征。也就是说，在一个可预测的时间范围内，石桥藤次郎所代表的日本财团的利益并不容易被撼动。而从1928年1月7日石桥藤次郎在青岛万国体育会第四届年会上顺利当选新一届理事看，其在城市公共事务上的影响力在20世纪20年代末依然处在上升期。因为除了主持赛马之外，万国体育会还与青年会合办了九处平民学校，1927年共有在读学生323名。

1923年的青岛，不论是胶澳电气股份有限公司副董事长村地卓尔，还是明治制革株式会社代表人白杵伊三郎，抑或是孤山后机器砖窑厂持有人田边郁太郎与安藤万吉是，不过是在青岛的众多日本工商业代表人之一二，其背后牵扯的庞大资本链条由里到外，盘根错节。

1923年9月1日，东京发生大地震，死亡15万人，青岛“政商各界急起为数十万哀黎呼号，群众响应踊跃输将，立集巨数”。9月19日，青岛总商会代表张鸣銮、吕月塘、邹升三、贾仁斋、王殿臣、于秀三就李春亭为日本赈灾募捐事项，复函青岛日本总领事馆，表示劝募赈款为“本埠人士应尽救灾恤邻之义务，乃蒙赐函言谢，参感交并”。与此同时，齐燕会馆、河南路青岛电影院、青岛大饭店也都举行了各种赈灾游艺会，并通过交通银行、明华银行发售入场券。

1914年日德青岛之战之后，中日积怨已不可调和。1919年五四运动爆发，引发群情激奋，事态愈加激化。在这个意义上，中日彼此争夺前德国租借地的经济控制权自是题中之意。问题在于，接收了青岛的北京政府此刻正内外交困，打得不可开交，经历者且各怀鬼胎。而胶州湾畔的自家人也叽叽喳喳，互不相容，仿佛青岛是一个取之不尽的宝库一般。这便让青岛商民不知所措，求政无门。一城的缥缈，一城的守望，一城的期待，无处落地，无处安心。1923年一年，各种事，各种人，走走停停，扑朔迷离。一杯凉飕飕的茉莉花茶从夏天到冬天，稀里糊涂就喝了一年。

# 前路迷离

1923年12月24日《大陆报》报道："青岛重要商人，其势力最足以革除秕政，挽救危局。乃徒知争名夺利，互相龇龇攻击，不谋补苴之方。"

完成接收一年后的1923年12月24日，上海出版的英文《大陆报》发布青岛通讯称："青岛情形日益腐败，据消息灵通者言，不久将发生绝大变化，现唯望变化之来，以其后市政或有改善之望也。迩来市中抢劫频闻，足证地方长官之无力维持治安。省长熊炳琦被人在京控告两大款，其敌党正在搜求证据，然此种证据实亦不难寻觅。青岛市政既腐败若是，挽救之术似怀抱善意之外人对于各事加以相当注意，要可为助不少。此辈贪鄙不仁之武人，专事破坏，正如馋嘴之猫，乘人不在室中，窃食奶油，只须有人叩门作声，则将奔匿不遑。而中外人士之效力于山东与青岛，亦正须若此而已。盖武力实不足恃，且亦不能有所成就。唯事之最可叹息者，青岛重要商人，其势力最足以革除秕政，挽救危局。乃徒知争名夺利，互相龇龇攻击，不谋补苴之方。一似中国全国各分党派，不相统一，不能合力以御军阀之侵陵。如商界中之丁派、隋派，以互争盐业，激成罢市，即商会内部，亦复意见分歧，不能一致。遂使贪鄙军阀得乘主人翁之不备，大肆其盗窃伎俩，甚至竟有倡言鲁人不反对者。青岛坐办龚积柄，权力不属，事事须受熊氏之支配，因是心灰意惭，日唯研究佛学，以消磨其整顿市政之雄心。青岛现状既若斯，吾人尚能不起而一过问耶？"

癸亥十二月，也就是1924年1月，对青岛情形熟悉有加的老资格同盟会成员陈干，在《题胶澳图》中慨叹："青岛为胶澳全区之一，以海泊河为界。段合肥主张直接解决时，即其地也。后多延搁五年，日人趁机开拓，是以有全区

○ 新町在20世纪20年代初已形成规模

之展放。即以青岛市内论，德国时代建筑地面共四百七十一万二千七百一十四平方公尺，日本时代建筑地面四百七十五万五千二百七十二平方公尺，工场扩张地九十四万五千四百五十二平方公尺，较之德国时代共增加五百七十万零七百二十四平方公尺，于戏！名为延搁，事实放弃，土地断送，系谁之咎？回念往昔，诚有不胜期慨叹者。”

比较而言，青岛总商会对青岛前途的牵挂自不会比陈干小。置身其中所感受到的切肤之痛更不是陈干能够体会的。

1924年7月17日，青岛总商会由刘术堂执笔完成了一份实业会议意见书，随即呈请实业部鉴核。这份洋洋洒洒的意见书提及八条经济发展建议。

> 一、宜讲求森林鱼盐之利，以厚民生也。子舆氏有言：“斧斤以时入山林，材木不可胜用也。”管子相齐，讲求鱼盐之利，自古已然，于今尤亟。查近年各省植树之风气已开，但偏僻乡区尚多童山濯濯，应请大部咨请各省，特饬地方官厅晓谕人民，特使荒山旷地遍植森林，造成十年树木之计。所有沿江沿海，或施网罟，或用渔船收捕水产，应订渔业专章，奖励劝导。至沿海半属产盐之区，煮晒方法因地制宜，似属各省盐运使主管之事，对于辖境场灶应如何体恤盐民，以资鼓励，并宜随时整理之处，总期兴革得宜，百废并举，民生自无凋敝之虞矣。
>
> 二、宜普劝农民栽种桑株也。我国以农立国，尽人皆知。第官不为

提倡，则民鲜率从，民鲜率从，则安睹成绩。窃以为农人于播种百谷之外，莫如种桑。因桑叶为饲蚕之母，育蚕又为丝茧之母也。由前之说，则种桑诚为急务。查桑本最佳者，莫如浙省之湖桑，枝干不高，桑叶肥大。应通行各省官厅转知农会专门采购，分发民间，广为布种，则全国蚕桑发展前途正未有艾。

三、土货宜改良制造，并宜诚轻出口税，以畅销路也。我国号称地大物博，土货出产不胜枚举。第土货有生熟之分，生货恃乎天时，熟货视乎制造。乃洋货进口，制造日精，又能迎合买主心理，故能日见畅销。土货出口墨守旧式，毫不改良，且诈为多端，如羊毛和纱棉花掺水，每贻外人口实。应请大部劝令各省商民，对于土货出口力除诈伪。制造土货，急宜仿照洋货进口花式，急起直追，并由政府酌量减轻土货出口税，俾商民踊跃进行，实于国计大有裨益。

四、宜注重矿产以救困难也。方今政府司农，仰屋匮乏堪虞。环顾国民生计，艰难莫可告语，似无救贫之策矣。然地多宝藏，即矿产是也。吾国矿地当以北五省为最多。前者官办数处，尚收成效。间有商办者，或因资本不充，以致前仆后继，率鲜成功。今政府如果欲急切挽救困穷，拟一方修正矿章，优待矿商，俾其乐于从事，一方指定官矿，专招贫民开采。贫民既得工食，政府坐收大利，一举两得，莫善于此。

五、宜注重垦牧以厚民生也。国无游民则食者寡，野无旷土则生者众。无论我国边远各地，多属荒芜，视同瓯脱，即全国腹地官荒所在，多有频年匪氛遍地，大抵由于游惰性成者半，由于贫民无恒产者亦半。诚能由各地官厅指定官荒，量予发给，免除田赋，或从事开垦种植，或从事畜牧牛羊，数年之后，不但生殖蕃息，获利无穷，而且瘠土变为肥饶，利用厚生之道胥于是在。

六、丝、茶出品亟宜改良也。吾国江、浙两省向以出产丝、茶两品为大宗，每年出口运销外洋为数甚巨。洋货进口超过土货出口，尤幸有丝、茶出口作中流之砥柱，似是差强人意。微闻我国对于制茶，则烘焙未尽合法，对于缫丝、烘丝、打捆、装箱，则手续未尽适宜。一经运到彼国，或货已损坏，或成色顿减，每为外人诟病，直接为华人业此丝、茶者受其影响，间接为政府蒙其损害。应请通令出产省份主管官厅，切实劝谕丝、茶两商，切实从根本研究改良方法，以期出口增加而挽利权。

七、宜注重植棉，以杜利权外溢也。查植棉以美种为最佳，其次如江苏省之南通县，棉种亦佳。因棉质坚韧细腻，纺纱亦洁白棉长，织布出品，自然优良。第植棉固赖天时地利，尤资人力。考棉性最喜高原，不宜下隰。倘雨旸时若自可丰收，而播种田间，培养棉株与看护棉桃，如何而驱除虫害，如何而灌溉适宜，应由各地农会劝谕农民，俾各具有普通植棉知识，使我国无地不产棉。产量多而供应足，利权在握，永无外溢之虞矣。

八、宜奖励土布，以与洋布争衡也。吾国近年各省商民每多织制土布，查其出品种类甚多花样，亦颇不恶。国内人民乐于购买，以其价格比洋布低廉也。但其缺点有二：一则原料棉纱购自外洋；二则该项土布仅能销纳本国，不无遗憾。倘政府果能对于各省织制土布加以奖励，劝以改良，俾商民精神鼓舞，出品精益求精，期达国人全用土布之目的，甚且出口畅销，则洋布进口当然减少，亦挽回利权之一法也。

刘术堂代表青岛总商会就“管见所及”请实业部鉴核，并“伏候采择施行”。刘术堂随后报告了一件更紧要的事项：“至青岛本埠商况，土货出口大宗如草帽辫，在德管时代该国因有邮船直接来青运往西洋，销数甚旺。自民三战后，迄今未能恢复原状。至花生米、花生油、猪鬃各品，亦为本埠出口大宗，但销路较前均形减色。揆厥原因，固由西洋各国以战后而经济俱感困难，然亦以本埠邮船直接放洋者固少，而间接运沪之商轮亦嫌不敷分配，似先宜于青沪航线加添轮运方法，以谋土货出口、转口之便利。”[1]

说过“是否有当，统乞钧裁”的客套话，这件事就过去了。

北洋政府的实业部人来人去，绕来绕去，能干成的事情不多。

半年后的1925年2月21日，乙丑年正月二十九，青岛总商会鉴于青岛历史的特殊性，围绕着争取以特别区域对待事宜，一边派代表赴北京吁请，一边电请善

[1] 青岛档案馆馆藏档案[A].354(1).

后委员会专门委员周志俊向许俊人陈述理由，争取机会最大化：“青岛根据华府条约收回，设官分治，中央特任督办，列强遣派领使。按之国际地位及行政组织，纯系特别区域。兹按委员会新订条例，仍乞代恳执政，应行列入特别区域参与会议，以免向隅。”

这份电报的底稿写在一张“青岛山东银行用笺”上，说明这份电报并非青岛总商会人员起草，会长隋石卿签名后，又专门写下了“本电速拍发”几个字，以示迫切。

几个月后，青岛总商会再联合农会、教育会上书法制院，并派出青岛总商会会董黄祖诰前往请愿，以期准予青岛以特别区域参加国民会议。然而，一块块石头投下去，北洋政府的政治泥潭依然纹丝不动。一顶“特别区域”的帽子看似近在咫尺，却又千里迢迢。

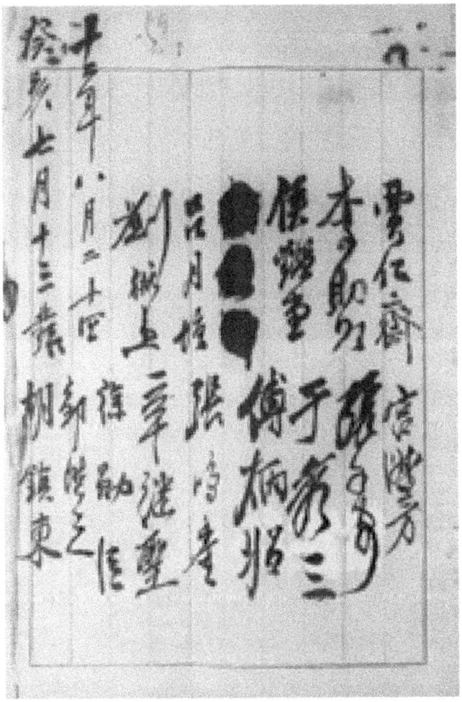

○ 1924年各商会会长签到簿

# 眼珠子骨碌着转

1925年10月20日行栈公会致函青岛商务总会："贵会为商界领袖，全埠商民依如命脉，务希鼎力维持，勿使奸宄得售，苛税繁兴，至纫公谊。"

1925年伊始，刘法三在《野语》杂志刊登的《乙丑孟春游古青丘聊赋以纪其胜》中漫吟："绝胜青丘地，风光似粤州。岛环三面海，山拥百层楼。酒旆林间出，渔舟天际浮。晚来灯火上，万点挂峰头。"一城仙境一城烟火，其山其水其楼其酒旆灯火，巍巍然，微微然，缥缈且真实。

可以确定的是，刘法三眼中的"绝胜"青岛，并不是世外桃源。两个月后孙中山逝世，青岛各界4月10日在齐燕会馆举行追悼大会，市民会长鄷洗元报告开会宗旨，接着奏乐、献花，私立济众医院院长李筱坡读追悼文，日本领事堀内

○ 20世纪20年代自观象山西坡俯瞰济宁路与大鲍岛

谦介，青岛大学刘次箫、杨湘浦等人宣读追悼文，青岛大学学生唱追悼歌，高春如通告会场全体人员向孙中山遗像行三鞠躬礼，再奏军乐。然后，农林事务所李可良，青岛时报主任高春如、鲁佛民，四方工会代表，女界联合会代表，电话局女子进德会代表和胶澳商埠督办总署梅翻译等相继演说，言辞慷慨，淋漓尽致，哀悼之情和盘捧出。追悼大会筹备处收挽联数百，李村师范讲习所挽“双手挽乾坤忆当年革命成功惜未尽三民主义，勋名震宇宙叹今日哲人其萎洵堪教五族同悲”，中国青岛报挽“推翻专制改造共和革命著丰功已呕尽一腔热血，扩张民权主持自治建继成往训不愧为当代伟人”。

追悼孙中山的人说是来自社会各界，但知识界之外，商人的身影寥寥无几。当年在青岛会见孙中山的多数当事人依然健在，可到现场去鞠一个躬，抹一下眼泪，很多人都觉得多余。但中午去几条街外的顺兴楼吃饭，他们却不怕麻烦，个个喜形于色。世态炎凉，叹为观止。问题是几年后国民党人主政青岛了，商人的记忆仿佛一下子又被唤醒了，拿孙中山出来说事的人不计其数。将山东街改为中山路，第一公园改为中山公园，所有人举手拥护。同一拨人在不同时候选择不同的姿态和表情，眼睛盯着的都是趋利避害的风向标。

眼珠子骨碌着转来转去，焦点对上了，就笑逐颜开。

孙中山逝世后三个多月，报人胡信之也死了。他死在了自己手上，也是死在了身穿绫罗绸缎的商人手上。被行刑前的7月8日，面对一群士绅联名指控《青岛公民报》鼓动工潮，宣传邪端，扰害公安，请求胶澳商埠督办公署严加制裁的压力，该报主笔胡信之发表紧要声明，称以一介书生，“与帝国主义下之资本主义战，为争社会之正义死，在鄙人固死得其所”。这很快就成了胡信之的遗言。

胡信之死了，锐利的声音消失了，商人们开怀大笑，仿佛打了一场胜仗。可紧接着，新问题出来了。

1925年10月20日，青岛行栈同业公会鉴于“数家土产商来敝会声称，有李姓者，自言胶澳全区花生税事务所向进口花生风船勒令纳税，每包要税洋一角之多，形势汹汹，令人莫解”的情况，致函青岛商务总会设法制止。

青岛行栈同业公会强调：“本埠原为招商口岸，所有杂税皆包罗于地皮租内。以故青埠地租较他埠为大，计已超过数倍有奇，是显然无再征收他税之必要也。况政府撤免各省杂税之通令，犹昭然在人耳目。不旋踵间，无故又巧立名目，肆行勒索。值兹花生进货畅旺之时，陡然横生障碍，诚恐四处客商裹足不前，甚或激动风潮，烦言啧啧，实于埠务前途大有关碍。”

青岛行栈同业公会认为，征收花生税“若系有人具呈包办，则请求撤销，以苏商困。若系无端诈财，亦应予相当处分。伏思贵会为商界领袖，全埠商民依如命脉，务希鼎力维持，勿使奸宄得售，苛税繁兴，至纫公谊”[1]。

11月17日，青岛总商会向胶澳商埠局总办报告了征收花生税的原委，恳请撤销花生税或移诸市外。

青岛总商会申诉，兹据青岛行栈公会的呈称，该会同业各商号日前曾向胶澳全区花生税征收事务所质问，勒令纳税究竟有何根据。得到的回复是目前尚无简章，亦未张贴布告，然此税系包办性质，已经商埠局许可，以俟简章修正妥叶，定行宣布。青岛行栈同业公会已据情通知各商号，由此该事务所亦暂行停顿。不料，近来花生税征收事务所又复出勒索。

青岛总商会提供了花生税征收事务所的来函内容：“本埠花生征税一项历经前督办公署招商承办在案。兹敝所于本年十月一日承办胶澳全区花生征税，业蒙商埠局批准，即经布告令行警厅在案。所有应纳税款祈向敝所照章缴纳。相应函达贵会，转知各行，即希查照。”

花生税征收事务所的来函附有胶澳商埠局第二十六号布告：“查花生征税，案关全省通令，亟应尅日举办。兹为便利一般商民起见，业经本局批准，由商人李鸿源、辛廷魁承办。所有应纳税款仰即按照后开简章数目，径向承办胶澳全区花生税征收事务所照章缴。该所并不得有浮收勒索情弊。除令行警厅饬属随时保护外，合亟布告合埠商民一体周知。”

布告附录花生税征收标准：花生果每六十斤为一包，收京钱一百二十文；花生米每百二十斤为一包，收京钱四百八十文。

青岛总商会引述青岛行栈同业公会的意见称：“胶澳全区本系指青岛市外、胶湾海线以内产花生之地点而言，并未指明划归市内。且本埠为生米、生果聚集之处，非产生之地。今该事务所在市内任意勒逼纳税，该商等罔不疾首蹙额。矧值商民困难之秋，实不堪此杂税，使人民目睹心伤。为此，恳求总商会据情转呈

[1] 青岛档案馆馆藏档案[A].330(1).

商埠局，迅予明令该税撤销，或移诸市外，以整法纪而维商民。”

青岛总商会就此向胶澳商埠局总办建议，行栈公会“所称各节，委系各商困难情形。合亟据情恳祈钧局俯念商艰，准将花生税迅赐转请省令撤销。倘或有未

○ 高密路，左侧为江苏吴县移民王少乾1925年8月合资开设的万源永食物杂货商号

○ 海泊路，左侧为牟平移民投资一千元于1926年3月14日设立的海泊路47号华丰泰布鞋店

便径予撤销之处，亦请移诸市外，以维本埠商业”[1]。

1925年的秋冬天，青岛面临着难题，解题之策尚在路上。

海岸线上的青岛看似曙光乍现，风景旖旎，而内里却百弊丛生。前路扑朔迷离。

在大鲍岛的里里外外，商人的眼珠子也骨碌着转来转去。

大势飘摇，前途未卜，开门纳客的各个商号不敢一味随波逐流。从青岛新城建立到被日本占领，从因习文化传承到适应新商业规则，各个华商字号一路积累下来的经营与管理传统成了维系其日常运转的“大杀器”。

鉴于本地商人多为移民，商号用人心照不宣的秘籍一般是从上到下悉数聘用本乡本土之人，习俗、口音、趣味、饮食习惯相近，甚至祖宗八辈都知根知底，管理起来就容易很多，店门内外，乡音袅袅。任人唯亲之外，技艺、规则、作息、餐食、福利则愈来愈与时俱进。

胶县人胡秀章创办于民国元年的新盛泰即是一例。

根据胡秀章后人的记述，新盛泰招收的学徒大部分都来自胡秀章和妻子姜仪德的家乡河西店及大店，少数来自高密、平度、即墨、掖县。其中胡氏家族中有同辈兄弟胡谣章、胡瑞章，还有第二代铭字辈及第三代兆字辈的族亲。来者年龄多在16岁至18岁之间，文化水平较低，家境也多不富裕。招聘进店前，他们要经过观察、询问，五官端正、身体健康、品德良好、思维敏捷都是考虑权衡的必要因素。进店后，他们要遵守店规、敬重师傅、勤俭节约、讲究礼貌，并持之以恒。

即便是任人唯亲，新盛泰在用人时也须有介绍人，介绍人还要找商号或与店里关系较好者担保，以免发生不测。每到年底，还要进行一次核保。学徒的家长及保人如若担心入聘的孩子违反店规而被终止担保，或想能更好地学习制鞋技术，逢年过节就会带着礼品拜访融通。

进入新盛泰的徒工要自带被褥。店家提供食宿，每月发给二块银元的零用钱，并提供一套制鞋工具。学徒期间不允许探亲，出徒后每年可探亲一次，其他待遇也随之增加。

---

[1] 青岛档案馆馆藏档案[A].2158(1).

新盛泰的规矩包括每日工作12小时，早起上工，中午有半小时吃饭休息时间，晚上收工。本周日休假一天，下周日休息半天，以此循环。师傅须认真向徒弟传授技术，徒弟则要言听计从。

新盛泰要求学徒及员工不吸烟、不喝酒，不允许有不良嗜好。胡秀章对雇工要求非常严厉，发现有赌博、嫖娼、吸鸦片者，立即开除，令担保者领走，如有造成损失，一概由保人承担。

学徒只准推光头，出徒后留平头，以后可留分头。店员允许留分头，衣着适当讲究，不可以穿奇装异服，以便在接待、洽谈生意或外出送货时给人留下好印象。

胡秀章的长孙胡兆彬晚年记述，每到晚上，店面虽已停止营业，大门紧闭，屋内依旧点灯熬油，店员多在练习算盘、背诵珠算口诀，或是照着字帖练习毛笔字。

商号的膳食依习惯每日三餐，主食以粗粮为主，不限量。菜则荤素搭配，周日改善伙食，加班时增加夜餐。每逢传统节令，会发粽子、月饼等应季点心。在所有节令里面，农历新年尤被重视，饭菜丰盛，并备有黄酒饮用，以增加祥和气氛。

新盛泰的雇工节假日外出都要请假，并备有登记簿，记录外出时间、事由及返回时间。师傅可以独行，学徒则须结伴同行。

商号要求员工克勤克俭，不乱花钱，将钱积攒起来，待回家时孝敬父母。员工每年要向家中写两封信，书写有困难者，可由师傅帮助完成。春节时，除学徒外，其他雇工可回家乡探亲过年。年终奖励是根据员工一年的表现，按技术能力、贡献大小分别发放红包。数额各有不同，优秀者较多。对学徒工的奖励则多听取师傅的意见，按不同等级发给红包。不回家过年的员工除夕开始放假，吃年夜饭之前，每人都会得到一个红包，以示奖励。年后初七都要返回，初八开始营业半天，正月十五过后恢复正常。

对员工日常管理，胡秀章提倡说教，不体罚打骂，要求师父对徒弟同样如此。曾有胡秀章的一同族同辈兄弟学徒违规，管理人胡瑶章对其体罚打骂，胡秀章得知后，立即严厉训斥，随后予以解雇，绝不姑息。

员工生病，多去丁氏在夏津路开设的宝德医院诊治，丁大夫是中医传统世

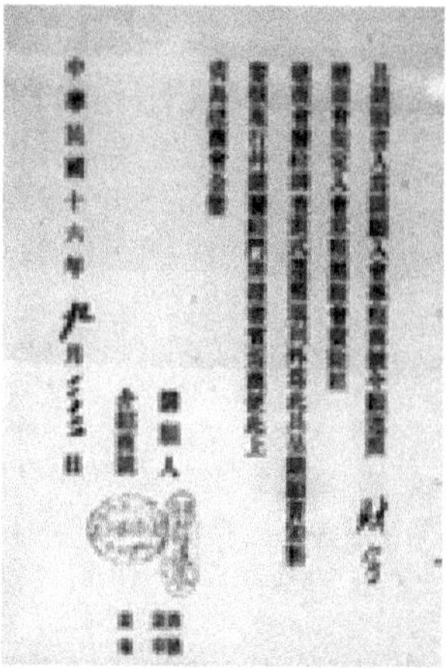

○ 1927年新盛泰号向青岛总商会申请门牌证书的呈

家，处方除中草药外，也兼用些西药。雇工的医药费均由店方承担，不需要员工自掏腰包。

新盛泰的顾客不乏在青岛的外国人，店员经常遇到对话障阻，急出一头汗也说不明白，显得十分笨拙。于是胡秀章就通过基督教会，请懂德语、英语、日语的人帮助店员提高与顾客对话的能力。学外语不是一件容易的事，店员出身乡村，受教育不多，往往要付出很大的努力，才能够勉强应付。随着时间的推移，效果慢慢显现，生意就更加得心应手。[1]

新盛泰的生意之外，胡秀章的个人生活大致算得上中规中矩。1910年，他与妻子姜仪德生育了第一个孩子。这是一个男孩，胡秀章给他起名胡铭新。胡氏胡秀章以下是铭字辈，铭后加新，维新图变的意味不言而喻。在日见繁华的青岛新城，从海边的栈桥到大鲍岛，新光景、新玩意、新事务、新商业层出不穷，求新其实是迫不得已。商人如果不主动新起来，上升的路径就必然萎缩。这显然是胡秀章不愿意看到的。青岛回归，大大小小商人的眼珠子都骨碌着转，谋新图变的需要在这时候愈加具有了现实的紧迫感。踉踉跄跄之中，伴随着新盛泰的不断拓展，胡铭新也在逐渐成长，胡秀章期待他不仅能子承父业，还要大展宏图。

[1] 此部分参考胡兆彬撰写的新盛泰创建史，未刊稿。

# 第六章
# 火气

# 盐业这张牌

1919年张武《最近之青岛》中写道：“青岛所产之盐以输往南方及仁川、釜山等处为主。从事盐商者，中国方面以复诚号、大有恒号及丁敬臣、高子安、苏勋臣等为最。”

从空中俯瞰，胶州湾是一个边缘不规则的“U”形海湾，开口在南部，被薛家岛正面遮挡，只在东南留下一个出口，形成天然避风港的地理优势。1898年开设建造的青岛新城布置在东岸，胶济铁路沿着东岸海岸线向北绕过胶州湾，再转向西面的济南府。北部湾底有一个叫阴岛的孤岛，与北岸开阔的滩涂隔水相望。胶州湾海岸盐场多聚集于此。

青岛制盐始于1908年。是年“有萧廷蕃者，由金口习得晒盐法，回青试办，是为近年晒盐之始。青岛沙滩面积甚广，土质之粘性颇强，宜筑盐池。雨少风多，水分易散，且盐场上方少河流，无淡水冲混之弊”[1]。

青岛“民国初年盐业乃大盛，产品多销于朝鲜、香港、海参威等处。欧战期内，日本工业发展，国内盐额不敷应用，亦赖青盐为助。民国七八年，日本盐荒，于是日人欲发展青岛盐业。八年之中，增设盐厂十九处，盐摊斗子三千有奇，俨为青岛出产大宗。惟行销地以日本、朝鲜为主，大权复操于日人之手，是故青盐之荣枯，日本实为主干。及至华府会议，订收回盐场，供日人食盐之约。鲁案会议本此进行。然我以重价赎回盐场，日人则不按每年产量收买，是虽日人狡狯之技，然实由我不能别筹销路，故彼要挟。卒至两国盐务会议罢议，十二、

[1] 国立山东大学化学社．科学的青岛[M]．青岛：胶东书社，1933.

十三两年，竟至虚度。至十四年十月，经中外商人之斡旋，遂定青盐协定草约，计分临时输出，及一般协定二项办法。而输出朝鲜盐，则按临时输出办理，至二十六年为有效时期。此草约至十五年二月始正式签字，七月乃得恢复输出。虽税律问题如愿，而购卖待遇问题政府则置之不问矣”[1]。

早在1919年，张武便在其《最近之青岛》中提及包括丁敬臣在内的华商与盐业的渊源：“青岛所产之盐以输往南方及仁川、釜山等处为主。从事盐商者，中国方面以复诚号、大有恒号及丁敬臣、高子安、苏勖臣等为最。日本方面以铃木商店、三井洋行、榎本商店等为最。”[2]在张武所列的从事盐业的华商中，丁敬臣与苏勖臣关系密切，而即墨人陈次治经营的复诚号亦与丁敬臣勾连多年。这些彼此利益交错的关系网为几年后由输出盐专营引发的盐潮埋下了伏笔。

1922年2月4日在华盛顿签订的《解决山东悬案条约》规定：“凡沿胶州湾海岸盐场确系日本人民或日本公司现在经营之利益，统由中国政府公平购回，并照相当条件以该沿岸产盐之若干量数准予贩往日本。”

显然，盐业是青岛的一张牌。

对隋石卿掌控的青岛总商会来说，主权回归后出现的一系列麻烦就包括1923年秋天由丁敬臣垄断经营引发的一场盐潮。而与隋石卿息息相关的个中利害纵横交错，并夹杂着若有若无的嫉妒、醋意、猜疑和挑唆，遂愈演愈烈。

民户盐田联合会宣言书撰稿人的眼界从一开始就试图占据道德制高点，这绝非蝇营狗苟之辈所能具备：“当此二十世纪，资本专制已成为强弩之末，金钱不能作为万能之定例，公理可以信为战胜之后盾。我盐民为个人身家性命计，为万世祖业财产计，宁为黄泉之鬼魂，不作奸商之牛马。数万男女老幼奔走呼号，匍匐请愿，诚为饭碗问题，生机运动。”[3]不得不说，胶澳民户盐田联合会这份宣言的内容已经远远超越其具体的商业与利益诉求，发出的声音铿锵有力、振聋发聩。而其破釜沉舟的气势与摧枯拉朽的政治指向更耐人寻味。

在一个敏感时刻，盐潮由是显得不同寻常。

---

[1] 国立山东大学化学社．科学的青岛[M].青岛：胶东书社，1933.

[2] 张武．最近之青岛[M].北京：财政部印刷局，1919.

[3] 青岛档案馆馆藏档案[A].40(1).

○ 丁敬臣

青岛商人调查书

○ 丁敬臣与陈次治操控的复诚盐庄调查书

1922年北洋政府收回青岛后，日方控制的所有本地盐业资产一并被以日金300万元赎回。1922年12月10日回归当天双方交接完毕。1923年4月10日，北京盐务总署公开发布《胶澳盐业投标规则》，将原由日本盐商经营的盐田1377块、工厂17处及附属之土地、器具及事业招商承办。

同年8月27日，盐务总署以“旧有盐田之华商及得标之新商，各有输出日本食盐之权，一人不得垄断”为由，批驳了投标盐商张成勋案，为暗中操作留下余地。[1]

到秋天，盐务总署一番招标动作下来，结果揭晓，青岛永裕盐业股份有限公司以国币300万元得标。以555万元参与投标的徐志青，以360万元投标的张成勋，均未中标。

而这个得标的青岛永裕盐业股份有限公司，1923年9月5日才由东纲公所与胶澳盐业公司合资组成。持有人为丁敬臣、张成勋、张济康、苏勖臣。[2]从事后编制的《青岛永裕盐业股份有限公司章程》中，亦可看出青岛永裕盐业股份有限公司组建的单一目的。[3]

9月5日当天，青岛永裕盐业股份有限公司和盐务总署签订合同，确定300万元分15年缴纳，青岛永裕盐业股份有限公司并由此获得三项权利：一是政府赎回的盐田、工厂按日本移交清册图样点交青岛永裕盐业股份有限公司，并免租税；

[1] 青岛档案馆馆藏档案[A].40(1).

[2] 青岛档案馆馆藏档案[A].653(1).

[3] 青岛档案馆馆藏档案[A].743(1).

二是政府指定青岛永裕盐业股份有限公司为胶澳食盐输出日本专商，每担税率银圆3分；三是青岛永裕盐业股份有限公司的精制盐除外销日本外，准销国内各通商口岸。

在日本盐田招标的过程中，以隋石卿为首的利益方亦参与其中，但因其“既不照章投标，又乏资产信用”未中标。而青岛永裕盐业股份有限公司中标后，则以为尚方宝剑在握，遂急功近利，一意孤行，进一步图谋盐田的产权与更大的盐利，由此埋下冲突的隐患。

丁敬臣和青岛永裕盐业股份有限公司心甘情愿地当了出头鸟。

因为北京方面准许青岛食盐输出由青岛永裕盐业股份有限公司统一承办，迫使盐户将食盐低价卖给青岛永裕盐业股份有限公司，致使许多业户破产，盐民因此失业。而青岛永裕盐业股份有限公司转手就抬高食盐销售价格，遂引起盐民群体的不满，再经隋石卿等人暗中运作，激发盐民多次去政府聚众请愿，捣毁青岛永裕盐业股份有限公司的设施，袭击青岛永裕盐业股份有限公司的股东。作为青岛永裕盐业股份有限公司董事，丁敬臣的住宅被焚毁，人被打伤。

1923年秋天的盐潮本来是风波乍现，并不乏回旋余地，似可通过对话解决争端。不料背后有只看不见的手一直在推波助澜，遂风云突变，一发而不可收，窟窿一下子就捅大了。

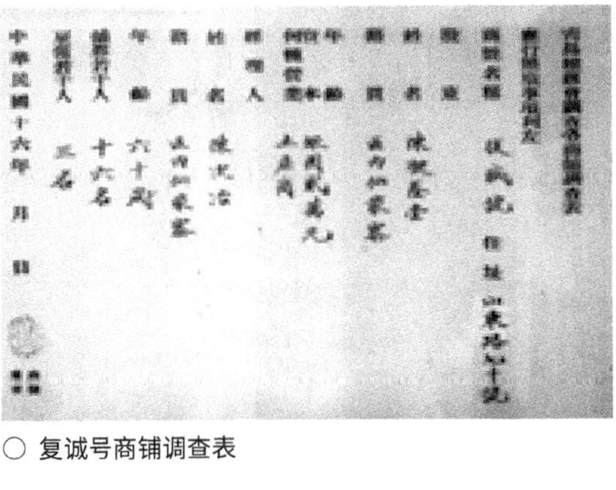

○ 复诚号商铺调查表

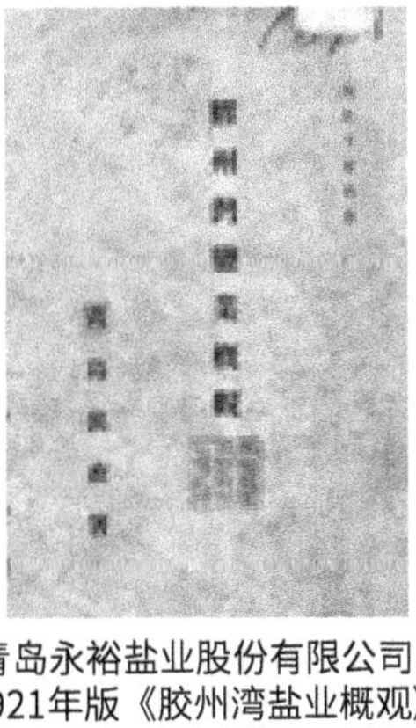

○ 青岛永裕盐业股份有限公司收藏的1921年版《胶州湾盐业概观》

# 风潮初起

**1923年10月11日青岛总商会给北京财政部与盐务总署的呈文中写道："敝会博采舆情，迭开会议，应请将旧有盐田华商之输出权迅予照章发给。"**

1923年9月18日上午，有乡民装束者约三百人，手执写有"盐户请愿驱逐奸商"及"力争输出"等字样的小旗，步行到胶澳商埠督办公署请愿，并沿途散布传单，痛诋包办盐务输出者。同时有坊间传言，请愿的乡民并不都是盐户，怀疑其后主持者大有人在。有报道称，此"颇与北京驱黎之公民团体极有相似之处"[1]。

10月2日，青岛总商会就速定盐民风潮妥善办法，以"万急"驰电北京财政部总长与盐务总署署长，报告："胶澳盐业速定妥善办法，盐民风潮愈闹愈烈。今又倾动全体二次请命，人数过多，轰动市面，惊扰万状。若不速解决，势必演成惨剧，变生莫测。"[2]这封电报的联署人依次为张鸣銮、吕月塘、梁勉斋、刘子山、邹升三、刘术堂、田赐之、宋雨亭、于秀三、徐勋臣、胡镇东、候鉴堂、辛继圣、李助如、吴干圃。有意味的是，除了刘子山，这些联署人的名字全部出现在几个月前胶澳电气股份公司的发起人与赞成人名单中。风潮中心人物丁敬臣也在该公司发起人行列。

作为利益方的青岛总商会会长隋石卿，没有在这份"万急"的电报中署名。这当然是他的一份心机，暗中静观其变或图谋再变比自己赤膊上阵要多许多周转

[1] 盐户请愿内容种种[N].大青岛报,1923-9-19.

[2] 青岛档案馆馆藏档案[A].322(1).

机会。这个祖宗们传下来的道理不仅隋石卿明白，联署电报的其他人也明白。当丁敬臣成为出头鸟的时候，商人的枪口就会对准一个方向。

很快，胶澳商埠督办公署的人就坐不住了。1923年10月6日，其致函青岛总商会，“至盼”劝散盐户请愿团：“查前据胶澳盐户代表韩家瑞等呈请，转电中央撤销丁敬臣包运盐斤。据警察厅呈报，盐户开会请愿及散布传单情形各等情到署。当以事属盐务，本署无案可稽。当经派员查明实情，并汇案咨请盐务总署迅予核办，以息争端。又分别谕令严维秩序，听候解决。昨复据该盐户等来署请愿，经再说明办理经过情形，允为转达核办，并谕令静候中央依法解决，不得逸出恒轨，致干咎戾。嗣后据报，来署请愿之盐户竟有聚众滋闹情事。本署深恐不逞之徒借端生事，迭经令行警察厅严加防范，勿任聚众滋扰，并布告行取缔。本日后经本署邀集中央驻青盐务官员暨地方绅商设法调解各在案。除该盐户代表等酌留数员与绅商接洽，设法调停解决，其请愿团人等应即散归静候，不独可免久羁困顿，万一经久不散，莠民乘间抵隙扰杂混闹滋事端，则本署职责所在自应严行取缔，依法办理，难免玉石俱焚，因人受累。虽曰事属可悯，究竟法不容情。为保护良民，预防后患计，除饬警厅维持秩序，谕令解散外，相应函请贵总商会切实开导，各令散归，以免牵累。”[1]

压力之下，青岛总商会10月9日致函胶澳民户盐田联合会，吁请盐户静候中央解决争端：“为盐户请愿一案，敝会叠接本埠官厅来函，均谓盐户困苦情形，已据情转咨盐务总署核办。唯各盐户久居本埠，赓时失业，亦属困难。自应转请贵会传知各盐户先行回家，各安生业，静候中央解决，俟必要时再行来青。好在相距不远，往返尚便。”[2]为撇清责任，青岛总商会一并将督办公署函、警察厅函、盐务总署驻青委员函抄录给了胶澳民户盐田联合会。

10月10日，胶澳民户盐田联合会代表韩家瑞、孙毓樟、赵明先三人向青岛总商会递出第一号公函，请令丁敬臣等离埠，以平息事态。

10月11日，青岛总商会以“事关大局”且“不胜迫切”的言辞，就解决盐商输出权事呈文北京财政部与盐务总署：“敝会查接收青岛事依据法律办理。盐田

[1] 青岛档案馆馆藏档案[A].322(1).

[2] 青岛档案馆馆藏档案[A].322(1).

○ 胶州湾海面的蒸汽轮船

输出权政府原定新、旧两商各有完全输出之权。徐志清、张成勋等人要求专售案，内业经盐务总署批办在案。今全埠哄传丁敬臣专售外盐，而丁敬臣又称系永裕公司承办。诚如该盐民所称，盐田既以招标之法行之于前，彼未列标案之，永裕公司何得起而强夺民权？敝会未悉此案内幕，目击盐民愤激，且据纲商电称，其永裕董事均归无效。种种情形，实属不胜骇异。且日交之盐田产额仅占四分之一，为盐民固有者实居四分之三。输外既各有权，官有民有两不相侵，方为正办。今果一商专售，是何异弁髦法律、垄断图利？条约所在国际贸易亦必受其影响。敝会博采舆情，迭开会议，应请将旧有盐田华商之输出权迅予照章发给。所有接收之盐田、工场另案办理，以息争端，而昭公允。”至此，青岛总商会的态度已清晰可辨。

10月26日，民户盐田联合会以请愿书的形式，请青岛总商会转电盐政当局“将丁敬臣等把持仓库之权取消”，同时乞转胶澳商埠督办公署派员莅验法办。

风潮之中，青岛永裕盐业股份有限公司依然稳如泰山。同一天，丁敬臣代表青岛永裕盐业股份有限公司就向朝鲜输出盐一事，给盐务总署驻青委员办公处与青岛盐务稽核支所出具了一份保证书，写明：“输出商永裕公司今与朝鲜输入商三井洋行订立买卖盐斤合同，定明售于该商青岛甲盐二百吨并乙盐一百八十吨，用平安九轮船装载，于中华民国十二年十月二十七日经由青岛运赴朝鲜仁川港交货，并按照输出盐斤数目，均应缴纳保证金二万八千七百二十八元，由中国银行出具报单一纸，送呈盐务总署驻青委员办事处、青岛盐务稽核支所俟。”[1]

11月4日，胶澳商埠督办公署表示支持韩家瑞等人的呈诉，指令警察厅并函达地方检察厅，查办丁敬臣“把持仓库，勒不卸盐，以致撞沉舢板，溺毙工人”案，并一并知照青岛总商会。11月15日，胶澳商埠督办公署再次致函青岛总商会，转劝丁敬臣与盐户代表“遵从运使等劝谕，各安营业，免滋事端”。

但对峙依然明火执仗。11月14日，盐务总署就办理取消盐斤专运一案情形咨询财政部，字里行间对青岛总商会的态度大为不满。“据青岛总商会代电称：据胶澳民户盐田联合会代表等呈，恳速电政府，取消奸商专运，俾得民户承办输出等情，并附宣言书转陈到部。查该总商会所称各节事关盐政，究应如何核办之处，抄录原件，咨行查核，并希见复等因。查部署收回青岛日商盐田工厂，前按东纲公所及胶澳盐业公司合组之永裕公司呈请购买，当经双方订立合同，归其承购，其输出日本盐斤即由该公司办理等因在案。丁敬臣本系输出旧商，此次该公司承购前项盐田工厂，该商为公司合资之一人，并非归其包办。该商会所称各节均与事实不符。至该公司有无垄断情事，应视其开办后情形如何方能确定。该宣言书所称丁敬臣增重斤量，勒加盐价各节，前准吴巡阅使转电到署，业经令仰山东运使及驻青委员彻查，尚未据复。如果属实，部署自当持平处理。兹准前因，相应咨复贵部，即希查照为荷。”[2]

从文献中看到的历史总会包裹着一层层麻布，影影绰绰，难以窥见内里。公说公有理，婆说婆有理的罗生门屡见不鲜。但麻布的缝隙其实也会说话，能够透露出隐秘的信息。

---

[1] 青岛档案馆馆藏档案[A].622(1).

[2] 青岛档案馆馆藏档案[A].322(1).

# 开弓没有回头箭

1924年8月胶澳民户盐田联合会启事：“我盐民为万世子孙饭碗计，是万不能不争的，宁斗而死，不愿坐而死！”

盐潮从来就不是一个孤立事件，焦点也不仅仅局限在输出盐上。1924年初春，青岛商界各种力量博弈，诡异的传言动辄招摇过市。

4月1日《中国青岛报》报道：“昨闻街市传言，某某商人请愿新督，以前任交代闻有不实不尽之处，拟请公开其事，以杜弊端云云。后经本报访查此项传言，实由总商会及乡民公会等发起，现两会正在讨论实迹，以备面陈新督，彻底清查，以重地方公款云。”[1]新督是指1924年3月走马上任的胶澳商埠督办高恩洪。

1924年8月下旬，青岛总商会登报通告改选，并确认在此期间暂停入会。“按商会法施行细则第五条，须先期十五日通知选举人；又查农商部九年二月部文，自通告改选之日起，至选举开票之日止暂停入会等语。本会于本年阳历八月二十日为发出选举票通告改选之日，至九月四号为选举之日，在此期间凡各商号未入会者暂停入会。”[2]但计划的青岛总商会改选，并未如期举行。

迟滞之时，人心浮动。9月14日，青岛总商会就改选之前副会长任职一事，给张鸣銮写了一封回信：“查商会法第二十五条新选之职员就职，旧职员方能解职。值此遵令延期改选过渡期间，一切会务正赖维持。阁下乃旧职员，依法不能

---

[1] 商界要求公开交代之传闻[N].中国青岛报,1924-4-1.

[2] 青岛档案馆馆藏档案[A].338(1).

解职。现经本会开会一致议决，特请阁下仍旧担任副会长，以重会务，实纫公谊。”[1]青岛总商会在向张鸣銮解释改选延期的原因时，直言因沧口、台东镇、台西镇三处设置商会的问题，并未与盐潮等事件挂钩。

10月2日，《中国青岛报》以“商会负责者岂可无人”为题，抨击青岛总商会的人各怀鬼胎：“胶澳，商埠也，商埠则当重商政。商会，其负商政上之责任者也。今商政上负责无人，是不啻断商埠上之筋络，而杜绝商界上之呼吸。噫，我青商界上危险之时期，此其时矣。使我商界苟不从此抱同舟共济之义，而弃旧仇、蠲宿怨，则将来青岛商界上之状况，欲求今日之现状者，恐亦不可得矣。记者以青岛地方，既党派分峙，各不相量。而商号中间有因之歇业，亦有因之破产者。种种不堪入目之现象，已足令抱兔死狐悲之感念者大放悲声而不止。奈之何，当此破巢之下之时期，尚不知思所以共援之道乎？商会负商政上之责任，凡地方大小之事项与外交有关者、与政府有关者，咸唯商会马首之是瞻，咸唯商会命令之是从。今商会中之负责者，病者病，辞者辞，不惟不知爱商会，且亦不知爱本身之名誉，更又不知负商政上之责任。是明明弃商会矣，是明明弃商界上全体之权利矣，是明明以自杀之道而相自摧残矣！又奚可哉！况目今之时代，何时代也？目今之状况，何状况也？使如临深渊，如履薄冰，拳拳服膺而持盈以保泰，尚虑其有风浪之险而不能同舟达彼岸。今反重其所不当重，而弃其所当重，自暴自弃者且不为，而谓吾明达之商人能为之，是诚为吾人所大惑不解者矣！故书谏言，愿以促吾商界之猛省。”[2]

问题显然不简单。

鉴于青岛总商会“正会长隋熙麟因病请假回籍，副会长张鸣銮又复辞职，以至会中一切应办事件无人负责”的境况，胶澳商埠督办公署10月23日以高恩洪的名义指令青岛总商会勿再延期改选，并使用了“势难再事迁延，致碍进行”的严厉语气，表明情形已刻不容缓。[3]

但人算不如天算，督办高恩洪的指令下达不过十几天，其本人倏然去职，温

[1] 青岛档案馆馆藏档案[A].338(1).

[2] 商会负责者岂可无人[N].中国青岛报,1924-10-2.

[3] 青岛档案馆馆藏档案[A].339(1).

树德旋即接任，事情就又回到了原点。

各方角逐之下，盐潮持续不退，遂成马拉松式拉锯战。争端出现十个月后的1924年7月，青岛永裕盐业股份有限公司将接收的盐田图册及接收文据呈送给了盐务总署，完善了手续。[1]这一举动进一步强化了青岛永裕盐业股份有限公司控制盐田的合法性。

迫于生计，走投无路的盐户自然不肯罢休。1924年8月，胶澳民户盐田联合会公开发布启事，控诉"我盐民已经遭了这样的不幸，莫有别的办法，唯有与那害民公司的害民贼拼命力争"，矛头直指丁敬臣："胶澳的盐潮澎湃了二年，全国的父老兄弟俱知道愈趋愈烈，还没有平息的。但不知道究竟什么缘故闹得不能解决呢？就是奸商丁敬臣等贿买出几个贪钱恶吏，出来偏袒片面，帮虎吃食，维持非法害民的永裕，称道永裕是盐署已准立案的，当保全国家信用，不能取消的。"

胶澳民户盐田联合会的启事质询："青岛收回原系官有盐田工厂招商承办，并不能将世世代代民有盐田一并买去。丁敬臣情知违法，乃冒充盐民代表名义，欺蒙前盐务署办张觚。本来张觚与丁敬臣是同乡的关系，也未动问又无盐民委托书证，所有就由部署私相授受了。查公司之设立必由地方官厅转咨部署备案，这害民公司设在胶澳域内，何以胶澳督办公署内无案可查呢？"

胶澳民户盐田联合会呼吁："我盐民为万世子孙饭碗计，是万不能不争的，宁斗而死，不愿坐而死！奸商丁敬臣等看我盐民愚弱无能，懦而可欺，乃诱出东纲、久大两方盐商，组合害民公司，施行他的杀贫肥己垄断主义，来杀害我数十万素以业盐为生的穷黎。去年他窃得临时输出时，明明向东洋出口的盐价是十二元五角钱，这害民公司仅仅给我们三五块钱。大家想想现在生活程度这样的高法，每年所得的利益除了人工伙食就没有了。这不是逼我们甘为这害民公司做牛马吗？请问大家，做买卖哪有这样发财的？这不是比当土匪绑票还厉害么？"[2]

同月，胶澳民户盐田联合会又发布宣言书，表示："此案风潮迄将二年，

[1] 青岛档案馆馆藏档案[A].587(1).

[2] 青岛档案馆馆藏档案[A].40(2).

多方因循未能解决。民户盐积成山，不能销出，衣食无资，告贷无门，日处水深火热之中。凡有人心者，莫不哀而怜之。盐民方遵盐署谕令，度日如年，静候解决；而恃富自豪之丁敬臣等，一无盐署命令，二未报告地方官厅，竟敢骄上欺下，来青鼓吹永裕开幕。盐民一二人向其以理质问，而丁贼无辞以答，大肆淫威，喝众殴打。盐民寡不敌众，亦不得不作正当防卫。此役盐民与丁贼等俱有微伤，致此案未决，而运生互殴之案，哀我穷黎遭彼涂毒。”[1]

另一方面，青岛永裕盐业股份有限公司也不肯沉默了。1924年8月，青岛永裕盐业股份有限公司发出敬告胶澳盐户书，竭尽全力为自己开脱。

盐户同胞呀！盐潮已经闹了一年多了，试问你们到底为的是什么？恐怕你们自己也有不很明白的地方，这也难怪你们的。所以我们把敝公司承办盐田工场的来由、同营业的权限以及你们所害怕的事情说出来给你们听听。

第一件，我们敝公司怎么就承办盐田工场呢？前年日本归还青岛的时候，我们中国政府把日本人的盐田工场及一切的营业权统统用钱买了回来，由我们中国的商人投标承办。我们敝公司照着投标的章程，花了三百万元，得了这些盐田工场及营业权，这是我们中国政府已经正式注册不能再变更的，也就是我们敝公司承办盐田工场的来由哩！

第二件，我们敝公司的营业权限是怎么样呢？从前的输出权是日本人的，自从我们敝公司承继盐田工场，就继续日本人享受了这种输出的权利，但是只享受了原旧日本人的三分之一的权利。就是只输出食盐，所剩的工业盐、朝鲜盐这两样，你们原可以自由输出的。

听说盐田联合会反对敝公司的理由是说我们敝公司垄断盐业，侵害你们原来的利益。那么就前边所说的两件看一看，我们何曾垄断，也没侵害你们原来的利益。你们要知道，在日本管理青岛的时候，你们原来没有输出权的，就是工业盐、朝鲜盐你们也不能自由输出的。现今你们已经享受了输出工业盐、朝鲜盐的权利了，倒说是我们垄断，这不是错了么？听说你们所害怕的也有两条。第一条是敝公司用一定的价钱买

[1]　青岛档案馆馆藏档案[A].40(2).

○ 青岛港周边土地20世纪20年代后的开发速度明显加快

你们的盐。你们所怕的本来不错，但是前天高督办发了一个命令，说是永裕公司买盐的价钱不准过高、过低，到定价钱的时候，官厅还要监督的，你们又何用害怕呢？第二条你们以为我们敝公司自己有很多的盐斗子，晒出来的盐已经够输出的了，不再买你们的盐了。这一节你们所怕的也对，但是你们再查查高督办的命令看一看，不是说永裕公司的盐斗子都要租给你们盐户晒盐么？那么我们敝公司自己就没有盐了，不是要买你们的盐么？你们的盐还怕卖不了么？ 我们敝公司承办盐田工场的来由、营业的权限及你们所害怕的事情，已经详详细细地说出来了，就是我们敝公司所受的影响也很大了。你们就是为自己打算，也该醒悟了；盐田联合会赚骗你们，你们也该知道了。我们敝公司因为你们总有些不很明白的地方，所以不但不怨恨你们，还要原谅你们的。你们能化除意见，我们敝公司很愿给你们帮忙，譬如你们存到盐田联合会的盐，除去已经得到的钱，其余的盐由我们敝公司照时价计算给你们钱，总不叫你们吃亏，并且我们现在就要买盐，你们晒出来的盐，随时就可以得到钱，没有一些困难。就是我们的盐田也已经预备着租给你们，你们就赶快地来租，好赶快地晒盐吧！[1]

[1] 青岛档案馆馆藏档案[A].40(2).

胶澳民户盐田联合会的种种努力并没有显著成效。僵持的局面没有任何改观。几个回合下来，几番交锋，两败俱伤，风波却始终未见消匿。

开弓没有回头箭，各自的路，只有自己走。

很快，青岛永裕盐业股份有限公司看到了曙光。1924年10月13日，盐务总署批准青岛永裕盐业股份有限公司即日开始营业。鉴于矛盾并未缓解，盐务总署驻青委员常寿宸特意进行了护卫安排："除派队长丁惟鹤将该公司招牌发还悬挂，并暂派盐警四名，每日前往该公司随时保护。"[1]

接下来，青岛永裕盐业股份有限公司的马车驶上快车道。11月8日，财政总长兼盐务总署督办王正廷准许青岛永裕盐业股份有限公司所制精盐交由久大精盐公司暂行代销："接收青岛工厂筹备业已告竣，输出盐细目尚未协定，一时未能营业。所制精盐只可于国内先谋销路，拟将所制精盐运往各通商口岸，交由久大精盐公司暂行代销，请署行咨税务处转饬各海关、各掣验机关知照等情。本署复核与原订合同及精盐运销纳税章程，均尚相符，应准照办。至所请该公司精盐交由久大精盐公司暂行代销，亦无不合，一并照准。"[2]

11月27日，盐务总署以准许更改产价起算日期的方式，再次对青岛永裕盐业股份有限公司表示了宽慰："自合同成立后一年之间，该公司不能开工营业，亦属实情。姑准将该公司第一年产价改自该公司接收盐田工厂之七月九日起算，以资体恤。"文件的签署人同为盐务总署驻青委员常寿宸。[3]

11月28日，胶澳民户盐田联合会就请转督办准盐民临时输出盐事宜给青岛总商会发了请愿书。

呈为盐案久悬，民不聊生，共恳贵会俯体困难，转恳督办迅予临时输出，以救万众而维桑梓事。窃胶澳盐案争执将近两年，盐民废时失业，十室九空，颠沛流离，困敝万状。惨淡情形，有目共睹。自高前督办莅任伊始，鉴于盐案症结，地方影响甚大，输出停顿攸关万众生命，力电政府代为恳准临时输出盐斤十五万吨，暂救盐民生计，以维地方现

[1] 青岛档案馆馆藏档案[A].681(1).

[2] 青岛档案馆馆藏档案[A].607(1).

[3] 青岛档案馆馆藏档案[A].711(1).

○ 栈桥码头

状在案。嗣以解决盐案，纠纷滋多，军舆以急，事归游移，乃悬搁。迄今政局初定，盐案如何解决犹须费时。查自输出停滞，民等在盐场、码头两处，现共存盐十余万吨。积如粪土，丝毫未售。所有会内公共办事费用悉由地方、山东两处银行定期息借。已属限满，无款偿还。沿海穷黎，专赖制卖盐斤，藉易斗粟。销路既绝，衣食何资？牵制两年，闾阎凋敝。告贷无门，典当俱空。饥寒交迫，朝不谋夕。筹思至再，外无以偿，内无以应，水深火热，九死一生。使非急谋补救，力求销售，不惟盐民冻馁以死，即于地方商业、国家收入亦受影响，为害甚巨。为此，具书共恳贵会俯体民难，力予维持，转恳督办眷查部署。已准盐民临时输出盐斤十五万吨，先于解决盐案以前，迅赐批准，暂济民困，以救万众而维桑梓，则盐民得庆更生，衔感无极。[1]

参与签名的胶澳民户盐田联合会代表有万耀卿、王锡化、孙毓绩、管玉振、王中恺、万合东、孙善久、韩高祥、万心雪、萧继禄、苟华亭、于崇贵、矫述法、马梦丹、苟礼先、孙毓涟、宋可绥、孙志奎、孙毓墨、谈伯源、万茂忠、赵于平。

[1] 青岛档案馆馆藏档案[A].351(1).

# 盐殇

1926年7月23日裕丰恒等商号联合呈文青岛总商会："青盐滞销民困万状，仰恳贵会迅电督宪撤销禁令，准予依期运盐，以救民生，而全国信事。"

盐户这边，两手空空，唯有继续呼吁。1925年3月10日，苟进年再次就输出盐权归还盐民争执呈文青岛总商会："窃查华会协定《解决山东悬案条约》第十七条胶澳盐斤一项，日本自民国十二年起往后十五年间，每年购买青岛盐，最高额数三万万五千万斤，最低额一万万斤。又第二十八条附件第八款第四项，经理输出人得当地盐民选定之，由中国主务官厅与日本主务官厅协定。乃丁敬臣等冒充胶澳盐民代表，蒙蔽部署，窃盗输出，私组非法永裕，鱼肉盐民。盐民以生计断绝，群起反抗，誓死力争，迄今二年有余。盐民损失不下数百万元，而国课之损失亦复不少。去岁部署稍明其中利弊，力主调和，竟被驻青盐务委员常寿宸及高督办受丁某金钱运动，压迫盐民，遂致胶澳盐案至今未决。盐民困苦不堪言状。"

苟进年说："今幸段执政莅新，拯溺自任，凡百事务与民更始，开善后会议解决纠纷，盐民莫不馨香顶祝。仰恳贵会务请政府慨念民艰，令行部署，将胶澳输出盐权仍归盐民，使数万盐民得以生活，内息地方风潮，外图国际信用，上裕国课，下便民情，一举而数善备焉。"[1]为此，苟进年备文恳请青岛总商会转呈国会公决。

苟进年就此番盐潮的实质提出了六项说明。

第一，胶澳沿海迤带地瘠民贫，向赖制盐为生。在德领时代，盐田渐次扩充，至日领时，盐业日见发达，业盐者不下数万人，均系自制自

[1] 青岛档案馆馆藏档案[A].371(1).

销。

第二，胶澳岛盐田分官、民两种。官盐田系接收于日人者，民盐田系盐民私产。官田本不合用，非习知其性之盐民接办万难完善。

第三，丁敬臣等冒充盐民代表蒙蔽部署，意将民有盐权一并攫取，夺数万盐民之生计，盐民生计断绝自不能不群起力争，此胶澳盐潮之所由起也。

第四，青岛以前并无永裕字号，全系一般劣商控告名义，蒙蔽部署，窃盗输出盐权。但青岛盐斤多数产自民户盐田，彼安有供给输出之能力？

第五，青岛盐输出专为供给日本，关系亟重，必具有产盐之实力，承办输出方足以全国际信用。若丁敬臣并无只斗盐田，实是无承办输出之实力，故日本对永裕坚不承认。盐民确为产盐主体，将输出盐权仍归盐民，必能应付外交。

第六，查青岛输出货之全额，盐斤约占十分之三，其他输出品虽既得资，多溢于外，唯款完全流往胶澳区域。长此延宕不决，不唯盐民生计断绝，即青埠金融亦受影响。为今之计，除令盐民担任输出外，别无解决胶澳盐潮之方法。

时间到了1926年，盐潮依然持续，裹挟进来的商号无不战战兢兢。同年5月27日，鉴于报载“青盐输出专商业经盐署特准，六家临时输出二十万吨”的消息，胶澳商埠局指令青岛总商会暂缓装运：“究竟该六家商号并盐斤二十万吨均否确实，碍难悬揣。除令张运使、吴副使查明具报外，仰即确切调查，据实呈复，以凭核夺。再此案于未经查明以前，遇有该项盐斤呈报出口指示，即饬港政局一概暂缓转运，并仰遵照等因。奉此，除饬港政局遵照外，合行令仰该会即便转饬该运商等一体知照为要，切切此令。”[1]

久拖不决的盐潮令愈来愈多的受困商号度日如年，苦不堪言。而青岛永裕盐业股份有限公司这边，其特殊待遇仿佛坚不可摧的壁垒，始终稳如泰山。7月23日，裕丰恒经理万耀卿、天利号经理矫述法、民利永经理孙志节、瑞源永经理赵

[1] 青岛档案馆馆藏档案[A].418(1).

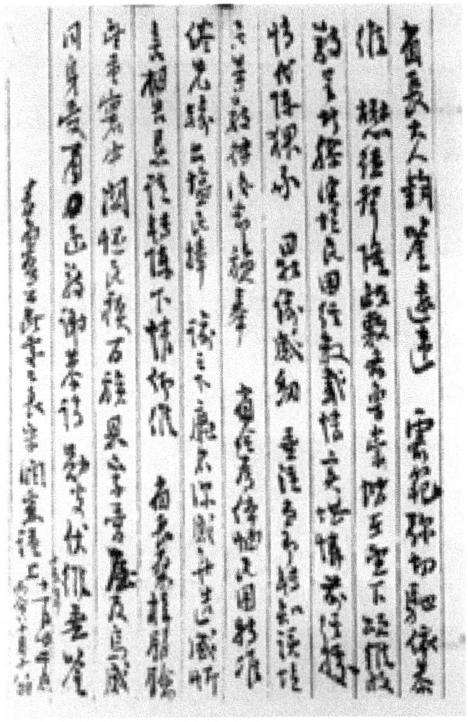

〇1926年11月宋雨亭为胶澳盐民盐斤出口致省长函

维锦、成泰东经理管玉振、同顺泰经理王中恺联合呈文青岛总商会，呼吁撤销禁令，准依期运盐：“青盐滞销民困万状，仰恳贵会迅电督宪撤销禁令，准予依期运盐，以救民生，而全国信事。”

裕丰恒等商号以一副“摆事实讲道理”的姿态，叙述原委：“胶澳盐民素以仰盐为生，自永裕公司独霸，杜绝盐民生计，激起盐潮，悬搁三年，积盐莫售，数万盐民奄奄待毙。幸于去年我督座张莅临胶澳，鉴悯民困，主持青盐内销。嗣以因事中止，复蒙电陈部署，为民请命。后承盐务总署据情特准商等承运日本工业盐及朝鲜盐十六万吨，尽先输出。俾销积盐是商民之一线出路，莫非我督宪之越格成全。正拟运盐出口，旋奉省宪为慎重对外交易关系，令行青岛运副公署暨贵会分别查复，并令商埠局令转港政局在未查明以前暂禁裕丰恒等运盐出口。业蒙贵会及运副公署、商埠局先后查明具实呈报在案。乃事经多日，迄未撤销禁令，现日商需盐孔急，盐民生计困迫，内外交瘁，尚待后命，不敢冒昧。现闻永裕公司与日商订定合同，拟于本月二十二日转运食盐出口日本。查商等临时输出原与永裕公司食盐一项同时协定，部署为恤民困起见，特准临时输出，尽先出售。商等存盐尚未出口，而永裕公司何得独异？况案关部令，事同一律，国家信用所在，当不至自相泾渭。尤有恳者，商等前与日商订定运盐合同，迭经逾限，近复拟于本月二十五日定运一千五百吨，为期已迫，势难再延。”

各商号在呈文最后，直接对着青岛总商会喊话：“事关盐民生计、国家信用，仰我贵会代表商界关怀桑梓，唯恳鼎力主持，迅电督宪令行港政局，撤销禁令，恩准依期运盐，以苏民困，而唯国信，不胜迫切待命之至。”[1]

风潮之中，青岛永裕盐业股份有限公司的日子照常过，输出通道也逐渐打开。1926年8月，财政总长兼盐务总署督办顾维钧批准了青岛永裕盐业股份有限公司向日本、朝鲜自由输盐的申请，称“该公司呈请输出日本工业盐及朝鲜盐一案，查与中日鲁案协定尚属相符，审核该公司资格，亦无不合。应准其在协定期限内，为前项盐斤之输出商，随时继续办理输出可也”[2]。

不过，青岛永裕盐业股份有限公司这边，也非事事如意，其抵制码头费涨价的企图就被一纸文书怼了回去。1927年3月18日，胶澳商埠港政局局长孔达驳回了青岛永裕盐业股份有限公司维持原有码头费的请求：“山东悬案细目协定，只载有青盐输出之额数，并无一切捐费不得增加之明文。来呈援据中、日两国青盐协定条文，请仍照旧征收等情，殊属误会。该商等均系中国商人，深明大义，宜知青岛收回，码头种种设备无款不能兴办。此次将原定各种费率略事增加，系为维持港务力面扩充起见，且所加费率均以吨数计算，为数无多，与征收各种税捐不同。既经呈奉商埠局令准公布在案，通案攸关中外商人，事同一律。该商等未便独持异议，所请碍难照准，仰即知照。”[3]其实明眼人都看得出，交情都不是白给的，在利益面前，青岛永裕盐业股份有限公司的这张脸也卖不出价钱。

1927年7月16日，青岛盐务稽核支所通知青岛永裕盐业股份有限公司，取消输出皖南精盐附加税。[4]这算是给了青岛永裕盐业股份有限公司一个笑脸。

1928年1月，青岛永裕盐业股份有限公司终于也愿意向青岛总商会展露笑容了。其在当月15日将一份请愿书递交上去，表示：“窃商号今愿遵照总商会规定、入会章程，照缴会费。除经总商会发给调查表式遵照填列外，为此具呈请愿书，即祈鉴核施行，并请发给门牌证书，实为商便。”青岛永裕盐业股份有限公司入会的介绍商号为东泰号。设在北京路的东泰号，由是年52岁的昌邑县人朱文彬投资。而朱文彬与丁敬臣、苏勛臣的和睦关系人所共知。

若干年后，国立山东大学化学社在其编辑的《科学的青岛》中，对一波三折

[1] 青岛档案馆馆藏档案[A].418(1).

[2] 青岛档案馆馆藏档案[A].622(1).

[3] 青岛档案馆馆藏档案[A].622(1).

[4] 青岛档案馆馆藏档案[A].622(1).

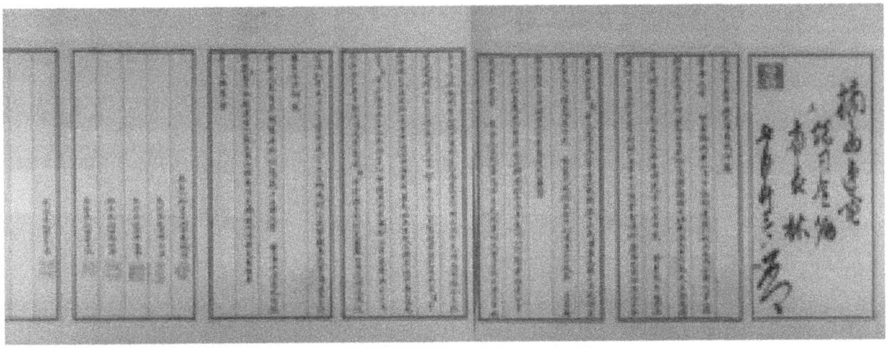

○ 1926年7月青岛众商号呈文呼吁迅电督宪撤销禁令准依期运盐

的青岛盐潮有如下叙述："我国赎回盐场，经盐务总署接收后，乃招商投标，标额最低以三百万元为限。既以头标不应，乃降至七标，遂以三百万元为产价，归永裕公司承办。既而青岛其他商人以争而不得，遂煽惑盐户，起与永裕反抗。终以资本不足，组织瓦解。而欧战告终，日本须盐非如往日急迫。虽两国所约日本每年至少须购青盐一百万担，然实际至多亦不过购八十万担而已。以此青岛盐业日形颓丧，加以其他种种困难，昔之蒸蒸日上者，今则殊为萧索矣。"[1]

滚滚红尘，人间百态，没有救世主，也没有神仙皇帝。回头看，1923年秋天开始的这场牵扯各方利益争端的盐潮旷日持久，互不相让，撕扯了好几年亦无结果，给青岛总商会和青岛商民都敲响了一记警钟。

青岛除了胶州湾的盐田，还有更大的天地、更多的利益、更刺激的诱惑。这个成长中的城市场域年轻着、衰落着、缠绕着、奔跑着，妩媚且诡异，从来就不缺少阳谋和阴谋。

人无远虑，必有近忧。在这一点上，作为青岛总商会晚辈的宋雨亭，似比前辈丁敬臣与隋石卿明白几分。

[1] 国立山东大学化学社．科学的青岛[M]．青岛：胶东书社，1933.

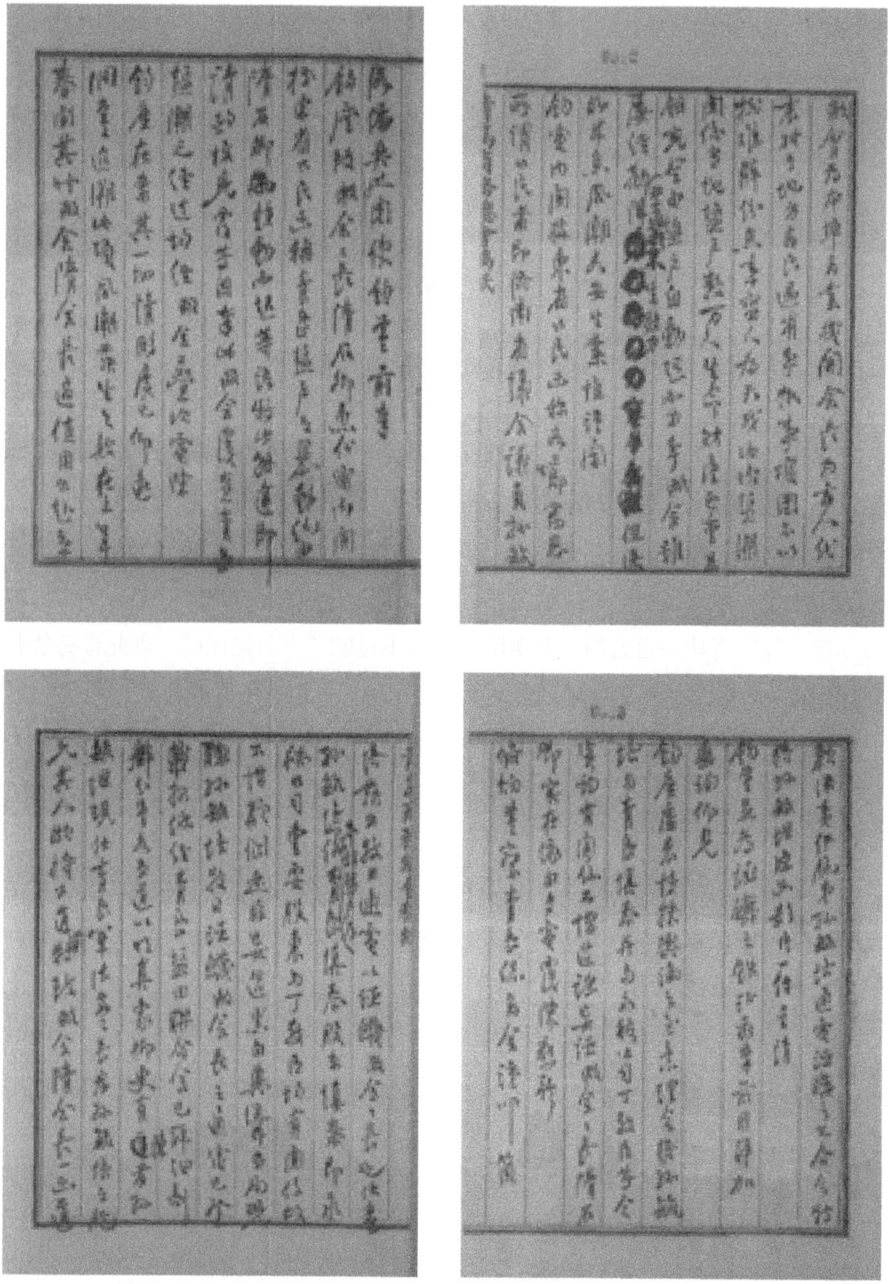

○ 1924年1月商会关于隋石卿鼓动盐户暴动事件的调查结果

# 第七章
# 脾气

# 梦醒时分

1923年3月27日《申报》报道："青岛领域将成为两国资本之战场。青岛之究将谁属，亦须视两国资本战斗之胜负结果耳。"

青岛回归之后，日资并未退去，不平等的藩篱随处可见。

由此，中、日之间的日常商业摩擦不断。以《中国青岛报》的两条报道为例，可见此类矛盾的常态化。

其一是1924年4月1日，该报刊登《屠兽场营业之发达观》一文，抨击本地唯一牲畜屠宰工厂受日本人控制的状况："屠兽场自接收青岛以来，虽迭经交涉收回，终为日商民合办公司。本来弱国无外交，只可照办而已。"该报质问："以若大税收机关，竟操于外人之手，令人能不三叹欤？"

原德华银行大楼在青岛回归后成为日本领事馆

其二是1925年4月8日，该报以“市商待遇不均之怪现象”为题披露，华商“挂名日帜之下月可省洋两元”：“大窑沟菜市场商人在日管时代，所有中日各方，无论房租各费，一律皆缴纳日金。自接收后，仍前未改。高恩洪督办胶澳时，乃改收国币。中商方面虽皆俯首承认，但日商不惟不承认此项办法，且年余以来，并未缴纳分文。官厅亦莫如何，惟听之而已。同在一市场内营业，而待遇显分两歧。于是狡黠之辈，乃不得不设法规免矣。现闻有市商姜姓者，前本在一于姓商处，转赁地角一方，售卖鱼类。嗣见日商方面，房租皆缴纳日金（按日商虽抗不缴租，但日组合仍按月向各日商照数征收存储），每月约可省洋二元之谱。于是暗向日商村上购得地角一处，将于姓之地角辞退，且缴租纳费（市场内各项杂费），仍用村上名义，实在营业者则为姜某。按区区房费，能省几何？商人牟利，乃不惜挂名日人旗帜之下。虽曰爱国观念过于浅薄，要亦官厅待遇不均有以致之也。”

而这样的言论很容易引发共鸣。

作为群体，华商最大的抗衡对象无疑是日资，这从整体利益上很容易确定。从个体角度看，情况就变得微妙起来，行业、经历、技术差异和资本混合程度不同，表现就差别很大。黑与白的界限并不是那么分明。但在政治表达上，不论官员、商人、乡绅、市民、学生，“枪口一致对外”的态度从不含糊。不过，即便是立场一致，华商对日资的抗衡也很难达到对峙的程度。

不是不想对峙，而是无法对峙。一群兔子围着几头大象，博弈的可能性几乎为零。但这不影响兔子们孜孜不倦地画地为牢，并以此为乐。

因为有德、日占领的历史经历，青岛回归后国家观念与民族意识不断增强，当局与公众舆论对民族自决权尤其敏感。而青岛以星罗棋布的日资工商业为经济主体，这导致青岛总商会的日常行为无不以此为镜鉴，竭力需求平衡，唯恐节外生枝。

青岛新城的第一代移民商人不论来自东西南北，精神上多匍匐在不同的权力主体之下，而且甘之如饴，市场经济碰撞激荡出的那一点微弱的自由思想火花，始终没有成为灵魂。回归已成，族群矛盾发生了方向性逆转，这如同大门哐当一声打开了，权力主体换了一件新衣服，利益置换扑朔迷离，个体华商和华商群体一时陷入混乱和迷茫，势所必然。

对本土经济生长的两难境况，有识之士一语道破："青岛之华人直不过日人之工具，助其生产，何足言竞争？供其利用，何足言抵抗？经济上主、奴之分，显然判别。而次经济的奴隶者宛转受压于外国资本政策之下，莫然拯拔。即衡其生活程度，较之内地商人丰优且有加。一旦外国资本纵能排除净尽，中国商人亦同时尽失托生之所，真能营业者十无一焉。若此者，谓之外国资本之寄生物。青岛一隅若发生劳资战争，即谓为中、日两国之经济战争亦无不可。青岛困于经济的奴隶深矣。欲求解放，片面的斥逐外资既不足为功。必须引进中资，逐渐以代替外资。日本商人又必尽力借经济力，以压抑中国资本之产生。斯时，惟资本力强者得最后之胜利者。青岛领域将成为两国资本之战场。青岛之究将谁属，亦须视两国资本战斗之胜负结果耳。"[1]

对抗日资与抵制日货是主权回归后青岛工商界的主流意愿，而关联度极高的布行，因为利害关系首当其冲。1923年5月，本地布行联合会致函青岛总商会，明确表达诉求："兹因全国发起抵制日货，对日经济绝交。布行同人非常热心，随即结团体、立会规，首先抵制，而各行亦响应。于后，惟良莠不齐，则难免未有不顾存亡之奸商，于日人私行交易。窃思惟从根本拒绝，不能断日货之来路。望贵会于转运家严重交涉，凡日货均不可装卸，方能绝奸商之诡计。"实质上，布行联合会所担心的是一如既往的内耗，所谓他行"均获利已之私心"，依旧"购者购之，运者运之"。由此布行同人以"政治正确"大声疾呼："谁顾国家之安危而不欲发目下之洋财？是故热心者最为注重。"[2]

以1923年5月布行联合会为先导，抵制日货的呼声在青岛此起彼伏，连绵不断。很快，编业公会借铁路货捐之事也加入进来，火上浇油。

1924年9月17日胶澳通信社发出《货捐实行中商人之求免声》的消息："胶济沿线货捐已将实行。本埠编业公会曾以草辫一项，寓提倡国货之意旨，请求高督办豁免捐厘。唯督办以此项货捐之订定，乃系与济南省公署双方核准，督署断难以一方意见擅自独断。然事关国货运输，未便置之不问。故除据情备文，咨行济南省公署核办外，并知照该会代表，静候复示云云。"与此同时，青岛通信社

---

[1] 青岛现状之观察(续)[N]. 申报,1923-3-27(7).

[2] 青岛档案馆馆藏档案[A].318(1).

则站出来替铁路局说话："胶济路营业进项以货运为大宗。自江浙开火，该路大受影响。又以货捐税出，加之各商反对，运输萧条。昨据车站某友云，自江浙战事及货捐风潮发生以来，每日原有十余次加车，现在减至四次。货运状况当可悉见。至每日营业收款税数约较前减少十分之六七，即客运亦未尝不大受损失。长此一往，实非胶路之幸云。"[1]

1925年夏天，中华国货维持会[2]欲求得国货使用实效，向执政府提出以"通令"方式实施："国货为一国之根本，保护国货为唯一救国之良方。世界各国高尚之人无不以服用外货为奇耻。惟提倡服用国货之入手，应以有责任之方法行之。先望国家有力之分子由织物、烟、酒为实行誓用国货之初步，进而举凡日用各品皆取用于国货。一面劝设工厂，整顿制造，发扬各地之物产，收纳无业之游民。于维持国货之中，为改良社会之计。恳通令实行，借持国体而利民生。"同年8月12日，北京政府农商部以次长莫德惠的名义，就中华国货维持会的提议致函青岛总商会，称"查国家挽回利权、促进工商，均以提倡服用国货为唯一之枢纽，而提倡之最有力者，端赖军警政学绅商各知识阶级树之风声，以为劝导。该会所称不为无见，自应通行。各界互相劝勉，亟起实行，以期国货之发达，而免利权之外溢。"[3]

与此同时，青岛一家汽车行收到了一封邮寄的警告信，署名"中华铁血爱国团者"，信中写道：

"英、日残杀吾同胞。自青、沪以及汉、粤，吾民痛恨之深，誓不与之俱存。故虽孺子、妇人，亦皆知责任所在，义不容辞，故不得不谋相与抵制。于是，全国一致与之经济绝交及实行不合作主义，即不买英、日货，不用英、日银行钞票，不卖原料与英、日人等。希用此和平手段，使其于中华商场无立足之地，稍敛横之气焰，而触其公理人道之反省。而贵公司仍用亚细亚汽油，与此全国一致对英、日绝交之际，贵车行甘为祸首，破坏此绝交之谋。苟使人皆尤而效之，则中国之亡，立而待矣。嗟乎！以个人之利而累及四万万同胞沦于异族，

[1] 货捐实行中商人之求免声[N].中国青岛报,1924-9-18.

[2] 中华国货维持会1911年秋由上海国货业绪纶公所、衣业公所、典业公所、云锦公所、钱江会馆、盛泾公所、湖绉公所、京缎公所、绣业公所、帽业公所等团体，为维持国货衣帽的生产和销售而筹设，以"提倡国货、发展实业、改进工艺、推广贸易"为宗旨。同年12月12日在钱江会馆成立。

[3] 青岛档案馆馆藏档案[A].370(1).

永为亡国奴，能不痛哉！尤有进者，君等之孳之于利，不外乎欲图一家之富贵与自身之安乐耳。要知国既亡，家尚随之而尽。财产云何哉？富贵云何哉？吾等以君等心未死，血未冷，故以极诚恳之，劝尔悔过。如能自今日起决心实行不买仇货，仍不失为爱国良民。设仍冥顽不灵，则吾等不得不采最后手段，为四万万同胞除此害群之马，为中华民国杀一卖国之贼。其凛之，勿谓言之不预也。”

汽车行见此信，大惊失色，随即报警并告知英国驻青领事署。英国领事遂以“此类信件不惟干犯贵国之刑律，且有伤于贵我两国间之睦谊”的理由，向胶澳商埠局提出交涉，要求“倘承缉获正犯，予以惩罚，俾免是类违法越理之图谋再行发生”。1925年8月14日，赵琪指令警察厅“严密侦查，立予拿惩”，并厉色强调：“此等恫吓行为，显有奸人从中播弄，若不严拿惩办，何以儆刁风而维商业！”[1]

1925年7月，在新一轮国货风潮兴起之时，为证明维新工厂制造的各种颜料确系国货，隋石卿、孙梁臣以青岛总商会的名义致函维县商会，以避免混淆。而这不过是同期青岛总商会大量此类澄清工作的一例。诸如济南路的东泰昌、利源仲记棉织厂、福华橡皮厂等华商，都曾被相关方质疑与日资有染，进而联络青岛总商会参与调查。

[1] 青岛档案馆馆藏档案[A].1537(1).

# 双城记

1925年7月8日青岛总商会公函中写道："昨经本埠厚德堂刘子山君交到捐助沪案大洋五百元，捐助四方死伤及被押工人大洋五百元，共洋壹千元正，除分别如数汇交外，合丞登报披露。"

1925年4月8日，本地出版的《中国青岛报》以"商业萧条与减价"为题，刊登了一篇言辞激烈的评论，抨击青岛商业凋零背后的政治操控，呼吁商人同业联合，寻找自谋之计。

"迩来本埠商业萧疏，市况荒凉。而商民对于杂税苛捐之负担日益加重，军政复杂，更予商民以恐惧。巨商大贾，类多改道他徙，别谋营业良地。而小本经营，遂坐待奄毙。抚今追昔，良用怃然，青人士宁可不一为振兴之谋耶？商业之疲敝也久矣，其原因亦多。商民咨嗟，自救乏术。观于近来各商家之大悬减价招牌，其困苦可知矣。夫减价之为义，逐薄利以广招徕也。而尤以同业之竞争，易出此途。此在商业上，固属普通现象。然而是术也，尤有营业发达之效者固可矣，否则适足自戕耳。以青岛商业近日之状况，各种商业骎渐萧条，同业者复日益增多。加以市政窳败，商贩相率裹足，其贸易久已不如往昔之盛。贸易既衰，而操业者繁，是营业是有堕落之象。各商同业为竞争计，乃纷纷减价。殊知商贩稀少，虽减价亦无法广其招徕。徒趋薄利之求，昧于根本之计。其结果终必至交相困殆，同趋破产也。噫！减价可为哉？青岛今日之商业，不宜减价竞卖明矣。然则忧心悄悄于商业衰落者，曷为根本之求？其根本为何？即思所以破除自身羁绊也。青岛商业凋零之原因，基于政治者良多。考自接收以来，政客、官僚、武人盘据以为其殖民地。竭商民之脂膏，供一人之私囊。正式扰及闾阎，市民侧目。所谓居青之民，曾一顿安乐饭不易得。以此而欲商贾之来，是直操刀于门，告之以来则受割也。根本之大患如此，欲徒以减价招徕，岂可得乎？青岛之商民于此根本大患，知乎否耶？果洞悉之，当联合同业，思所以自谋之计，则较减价胜多矣。记者日夕望之。”

青岛这边的荒凉市况未了，上海那边出事了。公众舆论的注意力随之转移。

上海与青岛近乎商人社会的师兄弟。老师来自不同地方，学生亦步亦趋，出类拔萃者则奔逸绝尘。从出现时间、经验积累与经济影响上，上海都走在青岛前面，是名副其实的老大哥。1845年11月上海设立英租界，此后相继辟设美租界、法租界以及联合租界，1862年法租界从联合租界独立，次年英、美租界合并为公共租界。几十年下来，黄浦江入海口的滩涂上，十里洋场逐渐成长，以外滩为中心的洋行林立，各路商人、资本与各种商业机构、组织云集，国际往来频繁，行业经验丰富，贸易人才筹备充裕。

始自1898年青岛新城初建，尽管有单一且强大的德国势力主导，却也不得不以生机勃勃的上海作为商业标杆，包括德华银行在内的驻地为上海的海外金融、贸易、航运系统是青岛新城重要的资源供给地。除了诸如德国华人事务专员单维廉这样的稀缺人才第一时间被从上海调往青岛外，最早进入青岛的德商，如礼和洋行、禅臣洋行、日耳曼啤酒公司，均来自上海。期间一些陆续抵达青岛的华人买办、华商和资本也多来自上海租界和华埠。

1872年在上海创刊的老牌中文报纸《申报》，从胶州湾事件伊始就密切关注这个北方渔村的一举一动，及至青岛新城进入规模开发，关注的焦点逐渐转移到军事作用、政治影响、港口贸易拓展和夏季旅游开发上。而同期在上海出版的德文报纸，也对青岛新城日新月异的崛起和商业动向给予了持续的关注。

对20世纪00年代青岛新城的现实需要来说，上海的商业网络、经营范式、贸易人才与资本具有巨大的吸引力。1900年《青岛官报》创刊，第一年在上面做广告的商业机构就包括上海弗拉德洋行、塔洛洋行、马克斯·沃尔夫洋行、康茂洋行、马菲尔洋行、劳里·史密斯洋行和上海联合药店。同期出现在《青岛官报》广告上的还有上海佛威律师行派出的一位胶澳法院律师。

进入20世纪之后，尤其到20世纪10年代和20世纪20年代，青岛出口与进口的货物流经上海的部分远远超过其他开放口岸。上海与青岛，一南一北，一江一海，一滩一城，依靠港口连接，彼此的商业关系可谓唇齿相依。对青岛华商来说，上海华界的些许风吹草动一衣带水。

1925年5月震动全国的五卅惨案发生，引发青岛各界关注，学生首先行动，市民随即群起筹谋抵制之策。

6月9日上午，青岛各校代表在北京路公立两级小学举行联席会议，形成三条议决：第一，发散传单，使青岛各界明白沪案真相，引起爱国热心，群谋抵制；第二，自即日起，实行罢课；第三，赴督署请愿。同时决定11日全体游行。

6月10日傍晚，市民会议讨论对付办法。30余团体到场，议定对待之法：凡属英、日纸币，凡属英、日商货，一律拒绝不用。当经大众一致认可，即日实行。电致上海商会虞洽卿，慰问死者家属，尽力募捐救济罢工工人。

6月11日上午，“各校学生已齐聚齐燕会馆。计到者为青岛大学、胶澳中学、胶东中学、礼贤中学、胶澳职业学校、文德女子中学以及各小学等二十余处，人数约计万余。出发时先向国旗行礼，高呼‘打倒强权！’‘奋斗到底！’‘民国万岁！’等词，继影像片。由总指挥照例定次序先后出发，鱼贯而出，秩序井然。由山东路经过市场一路、市场二路至四方路，转向东行，经潍县路，复折西行入北京路至河南路，时已下午一点余钟，遂返回齐燕会馆，复由总指挥演说，援助沪案要百折不挠，坚决到底，不达目的不止。逾半小时而散。当游行队前行时，该队之长约有二里，蜿蜒而行，旗帜蔽空，观者如堵。学生各持白旗一面，上书‘力争沪案’‘经济绝交’等字样。凡所过处，行人驻足，交通断绝，来往车辆一概停止。但因各校有纠察员维持秩序，警察及保安队竭力维持，即与学生有所接洽，态度亦极和蔼，故各方不致相扰，队伍亦异常严肃”[1]。

青岛总商会随后宣告成立工商沪案后援会。6月14日，青岛总商会就沪案公开促请青岛各商号解囊相助，并坚称“维持国体，保障主权，在此一举”。当天，青岛总商会就次日上午召开募捐员联席会议一事致函青岛市民会，表示“事

[1] 青岛人士援助沪案之热烈[N].申报,1925-6-16(6).

关紧急”，须“随即同时分班出业”赴各商号劝募。[1]

6月16日，胶澳商埠督办总署亦发起沪案后援募捐会，“以尽个人爱国之忱想”。[2]

6月20日，青岛学生沪案后援会在职业学校召开各界联合大会，青岛总商会派会董刘玉堂与办事员黄质生参加。

与此同时，青岛炭业沪案后援会、人力车商沪案后援会等行业公会的沪案后援组织相继成立。本土商人和各个商业团体逐渐形成合力。小港路上的炭业沪案后援会在致青岛总商会的函件中，义愤填膺地表示：“英、日无理残杀同胞，举国震怒，神人共愤。敝业同仁，亦属国民，讵敢缄默。因公同议决成立一炭业沪案后援会，追随各界之后，奋持列麾，力争主权，似与贵会联合，取一致行动。虽蚊力甚微，奈多多益善。”

6月29日，青岛总商会收到华新纺织有限公司青岛厂为沪案失业工人捐款的函件：“自沪案发生，全国愤慨。敝厂员司工人深昭大义，俱知爱国，噩耗传来，莫不义愤填膺。兹由厂中员司端节酒席折洋壹百元，机匠工头酒席折洋叁拾陆元，又全厂工人零星凑集洋壹百元，捐助沪案失业工人之用。”华新纺织有限公司员工的捐款以中国银行支票的形式请青岛总商会代为汇寄。

6月30日，青岛总商会就募款进行情况发布公告，称：“敝处十三团体自沪案发生后，对于上海死伤被难同胞及辍业工人共筹救济方法，乃公决于本年阳历六月十五号由各团体中分为四组，分向本埠各大宝号大慈善家竭力劝募，均荷热心捐助。尚有各大宝号各大慈善家将捐款径送总商会，转请一并汇沪者。兹因募款已竣，除自六月十六号起，每日将助捐人芳名继续照登《中国青岛报》以表爱国爱群盛意外，合再刊印总单以供众览，而昭大信。并于阳历六月三十日特开募捐各团体代表联席会议，一致议决将所募各款全数即日汇沪，交由上海总商会收，请转交沪上被难各同胞，以资救济。兹将本埠各界助捐芳名及细数，分晰开明汇列总单披露。”[3]

---

[1] 青岛档案馆馆藏档案[A].370(1).

[2] 青岛档案馆馆藏档案[A].479(1).

[3] 青岛档案馆馆藏档案[A].370(1).

同一天，胶济铁路总工会举行青、沪、粤、汉死难烈士追悼大会，40多个社会团体约三万人参加，《青岛公民报》的主笔胡信之现场宣读祭文，鼓动工人采取不合作的方式对抗资方。当天各商店休业，下半旗志哀。这期间，胡信之以《青岛公民报》的“工潮专载”为阵地，“揭露邪恶”的言论愈来愈激烈，随之引发商人的不满，为其带来了杀身之祸。

7月1日，青岛总商会由青岛山东银行汇给上海总商会大洋5225元，恳祈转交沪案死伤同胞及被难辍业工人，以资救济。

7月8日，青岛总商会对沧口日本钟渊纱厂工人救济会捐助沪案的540大洋表示感谢。

很少抛头露面的刘子山，也为沪案捐了款。7月8日，青岛总商会拟定了一份公函，要求登报披露厚德堂刘子山为沪案捐款的消息：“昨经本埠厚德堂刘子山君交到捐助沪案大洋五百元，捐助四方死伤及被押工人大洋五百元，共洋壹千元正，除分别如数汇交外，合丞登报披露。”青岛总商会的拟函在最后特别注明以“十三团体署名”。

7月9日，青岛总商会就续汇沪案捐款事宜致函上海总商会：“本年七月一日曾由青岛山东银行汇上大洋5225元，分送交贵总会，恳祈转交沪案死伤同胞及被难辍业工人以资救济。并请贵总会掣给正式收据，以凭备案各在案。兹又续募得捐款共计大洋700元整，兹特仍托青岛山东银行如数汇上。即请贵总会查收转交，以资分配，并乞迅赐掣给正式收据，俾可备案。”7月14日上海总商会复函青岛总商会，以“悯念同胞已饥已溺，侠肠高谊感佩莫名”的语句，感谢青岛总商会7月6日与7月12日两次捐款惠助沪案辍业工人，计7月6日5225元，7月12日700元。[1]

沪案的发生与沪案的发酵绝非空穴来风的孤立事件，而是民族矛盾与国权索回的必然结果。青岛回归的不彻底，意外事件的扩大化，恰为其后的一系列中日摩擦埋下了伏笔。

[1] 青岛档案馆馆藏档案[A].370(1).

# 冰火

1925年7月7日胡信之发表紧要声明："鄙人以一介书生，与帝国主义下之资本主义战，为争社会之正义死，在鄙人故死得其所，然光脚不怕穿鞋的，我不得其死，彼又安得其生？"

如火如荼的沪案青岛后援，在一片喧哗中同仇敌忾。不承想，喘口气的时间，一个不羁的灵魂就被断送了。

1925年初夏，沪案连带的一个破坏性动作，是青岛总商会等利益团体借机打压新闻自由的暗箱操作。触发点是"不听话"的《青岛公民报》和其主笔胡信之。

1925年7月7日青岛总商会沪案联席会的会议记录显示，会议参与者以"全体通过"的结果公决，"因公民报屡次登报起衅，显拟破坏团体，扰乱治安，应呈请军政当道依法查办"，并"公推各团体中委员数人办理，呈请军政当道起稿及全权呈请事项"，备文分呈戒严司令部、警察厅厅长、督办公署、渤海司令部。期间，"某君提议由各团体开会讨论不看公民报，并不在公民报登广告"，亦获"全体通过"。[1]参加这次会议的代表，包括青岛报界联欢社的伊筱农、李星野、马起栋三人。不幸的是，这些本地新闻同人没有提出反对意见。

胡信之主笔的《青岛公民报》于1924年9月10日创刊。出刊前在《青岛时报》刊登的预告称："窃为实业之兴废，关乎国家之盛衰，故提倡实业，刻不容缓之图。同人等有见及此，特联合出资组织《青岛公民报》，专以提倡实业为宗旨，现已呈准官厅立案，择于九月十号出版。凡本埠及各埠各界及各机关、各团

[1] 青岛档案馆馆藏档案[A].370(1).

体，均送登广告三日，借表欢迎。如承订阅本报及刊登广告者，请径向敝报营业部接洽为盼，并望各界惠赐鸿文巨著以先篇幅，至为荣幸。先此预布，即希公鉴！”

《青岛公民报》报社的社址在山东路23号。

具有讽刺性的是，《青岛公民报》创刊时，隋石卿以青岛总商会会长的身份对“专以提倡实业为宗旨”的《青岛公民报》致敬，并赞颂其“振聩发聋，民之木铎”。十个月不到，同样是这些人，因为与警众的响器不同调，就对其咄咄逼人的言论不耐烦了，必欲除之而后快。人心之不古，贪心之不足，立竿见影。尤其以沪案为契机联络官府下手，手段可谓毒辣。

7月7日青岛总商会沪案联席会的第二天，胡信之在《青岛公民报》发表紧要声明：“鄙人服务新闻界垂二十载，向持正之宗旨，光明之态度，与社会恶魔相周旋，不为势屈，不为利诱。来青先后将及十载，始为取引所问题取怨于某方，今为沪案问题又移恨鄙人，而某方也昧于责己，明于责人，主使某某有以对待丁敬臣之法对待鄙人，此其受某国之使命，而欲制鄙人于死地也无疑。不过鄙人千里来此，早置死于度外。死一胡信之，安知无似十胡信之者再起而与恶魔斗，况鄙人以一介书生，与帝国主义下之资本主义战，为争社会之正义死，在鄙人故死得其所，然光脚不怕穿鞋的，我不得其死，彼又安得其生？！此后，如衅自彼开，或明谋暗算，鄙人亦唯有与之周旋而已，幸各界其重察之，勿谓鄙人之不能容物也，幸甚！”20天后，张宗昌下令将胡信之在团岛处决，一同遇难的还有工人领袖李慰农。这一幕断送了青岛商埠的开放言路，其恶果很快就反噬了工商界自身。

1925年夏天，作为试金石的沪案，同时也成了磨刀石。孰是孰非，莫衷一是。但落井下石的青岛工商界并没有在这场悲剧中获得期待的收益，也是不无讽刺的事实。

推波助澜者往往达不到一己私利，却乐此不疲。这俨然是另一桩悲剧。但只要结果还在路上，追逐者就不乏其人。

7月26日，山东军务督办张宗昌下令逮捕胡信之，查封《青岛公民报》。7月29日，胡信之为言论自由殉道，时年35岁。据说，“胡的被杀使他的女儿立志要为父亲报仇。在张宗昌被刺后，她乘机大造舆论，据说骂张的文章不下百篇。胡女的所作所为是张宗昌后来名声不好的主要原因之一”[1]。

《青岛公民报》事发后，报社的房东悦来南公司迅速撇清关系。为收回被查封的房屋，当年10月其通过青岛总商会向商埠局呈报情况说明，不惜落井下石，将自己描绘成一个毫不知情的“傻瓜”，世态炎凉，可见一斑。

悦来南公司在呈文中写道：“兹据本埠悦来南公司呈称为据实陈明，恳乞转请商埠局警察厅撤封俾得收回房屋事。窃商有山东路二十六号楼房一所计十间，并院内楼房十间，曾于民国十三年七月十日租与大同印刷局，立有契约书为证。该局私行租与公民报编辑部，嗣因该编辑部被警察厅查封，以致迄今数月房租无着，房屋亦不得收回。伏思商租于大同印刷局楼房早经期满，现拟收回自用，且公民报被封事宜与房主无涉，若常此以往赔累何堪。为此恳请贵会体恤商艰恳请商埠局警察厅撤封，并将公民报所有物件另行设法收管，俾商得以收回，以为商便等情授传敝会，相应函请钧局贵厅俯鉴前因，迅予启封并乞将公民报所有物件设法挪移保管，俾该公司收回房屋照常出租，俾免拖累实为商便。”

协助悦来南公司收回山东路房屋的时候，青岛总商会会长隋石卿对自己曾一脸真诚地向《青岛公民报》发出过的“民之木铎”的赞颂，早就置之脑后了。有道是商人变脸，可谓快矣；而隋石卿之变脸，堪比风驰电掣。从“民之木铎”到“千夫所指”，不过转瞬之间，上面一句话余音未落，下面一只脚就踏上去了。一句“呈请军政当道依法查办”的小报告打上去，将一条人命连同言论自由置于死地，商人们却笑容可掬，掸一掸长袍，信手拈起一杯茶，一饮而尽。

胡信之死后十天，一个叫张乐古的年轻人前赴后继，在青岛创办了《平民白话报》。张乐古1900年出生于即墨田横镇泊子村，比胡信之小十岁，走的道路与胡信之迥然不同。其早年在烟台教会学校读书，中学毕业后参加上海等地的教会活动，与上海青帮接触并参加组织，拜杜月笙为师。作为一个身份复杂的道义担负者，张乐古到青岛发展后的一个大动作，就是筹备出版《平民白话报》和《平民月报》，采取模糊的立场报道各种边缘资讯，以通俗易懂的白话文争取读者，并试图与青岛总商会等社会团体建立良好的合作关系。张乐古随之参与组建新闻记者公会，逐渐成为本地有影响力人物。不出所料的是，牺牲者胡信之“不为势

[1] 苏全有．张宗昌逸事[N]．中国经济时报，2007-7-16(1).

屈，不为利诱”的衣钵在张乐古的身上并无传承。

胡信之死后，青岛新闻业噤若寒蝉，就此连绵不绝。

同一片天空下，冰与火，两重天。

但青岛面临的种种政治、外交、社会、民生问题，却不以报人的沉默而终止。相反，因为公正言论的缺失，一些危机一旦爆发，就不可抑制。

8月16日下午，旅青沂属同乡在齐燕会馆为在沪案游行讲演中中弹身亡的照邑烈士伊景伊举行了追悼会。追悼会发起者的通讯处为李村路庆和诚号。庆和诚是一家民船经营商。

同一天，上海总商会就设法疏销沪案以前的存货事宜，电请青岛总商会协助。至此，五卅沪案引发的青岛上海双城互动告一段落。但两地盘根错节的民族矛盾与社会问题困局并未获得真正解决。青岛一地，因为意外触发的民族冲突依旧此起彼伏。

1927年7月21日，青岛市民公会、齐燕会馆、三江会馆、广东会馆、青岛总商会、青岛教育会、青岛农会联合致函山东督军并省长，抗议日军寻衅：“前因日本兵队借口以保护该国侨民为词，陆续派兵来东，分驻济南、青岛，其势汹汹，为我国奇辱大耻。迭蒙我政府及山东当局暨各界直接、间接或急电阻止，或口舌抗争，伊仍悍然不顾，乃于七月二十日午后日兵在本埠市内突与劳动界人力车夫冲突。经我警察上前排解，日兵复迁怒，竟以刺刀刺伤警察，受伤过重恐有生命危险。并经日本水兵同时捣毁警察分所，夺去警察枪械，并捆缚巡警及人力车夫。似此蛮横强暴、蔑视公理、蔑玩国际公法，实属忍无可忍。当肇事时，该国军队竟以武装动作横加殴辱，各商惊恐异常，一律闭门，群情愤激，誓必一致与彼国为最后相当之对待。合亟电请总座、省长迅赐予驻济、驻青日领严重交涉，并令赔偿一切相当损失，向我国道歉谢罪。务必达到圆满解决而后已，以伸国权而平公愤。”[1]

念念不忘，必有响应。1928年，由薛相臣、马子厚、王焕文、张玉田、高湘南、赵证因、王珍卿、成贻之、杨志甫、孙梁臣、高子平、袁述庭、逢子开、纪有云、陈祝三、王子珍、徐尧臣、张新起、张俊卿、周芹堂发起的双蚨面粉股份

---

[1] 青岛档案馆馆藏档案[A].445(1).

有限公司完成注册，其公司章程专门声明："公司入股之股东以中国人为限。如有蒙混情事查实，将股金没入公积金。"[1]

这是本地工商业民族意识觉醒的依稀显现。翻越青岛新城和日本新街区的山岭，从台东镇向北看，实业救国者影影绰绰的身影就此绵延不绝。

1925年一场有情有义的沪案后援，尽管在很大意义上付出了失去言论空间的代价，却并未影响青岛与上海之间的温度输送。冰与火之中，加深了青岛与上海的情感联系，也扩大了双城之间华商的各种商业合作。其后，青岛总商会与上海总商会的沟通渠道愈加通畅，来往愈加密切，合作愈加广泛。上海时间与青岛时间的契合度越来越高。直至锐意改革的沈鸿烈执政青岛，实施新政，尝试展开城市复兴，双城经济往来的稳固性达到了历史顶点。

○ 青岛海事协会

[1] 青岛档案馆馆藏档案[A].1(6).

## 无利不起早

**1924年8月21日《大青岛报》报道："即墨公会因即墨帮各商号为商会拒绝入会，遂推举代表将各商号开列总单，携带入会会费，径向商会要求入会。"**

1923年9月22日和23日两天，馆陶路的齐燕会馆热闹非凡，以救助日本震灾名义举办的游艺大会上，"大鼓、歌曲、魔术、耍杂、中西茶点，五花八门，无所不有"。其中大学同志会发起的"各种奇巧玩乐尤为特色"，观众"诧为得未曾见"，致使参与者争先恐后。[1]

1925年7月26日晚上，青岛新剧社在广东同乡会馆召开成立大会，并上演了一台新戏。新剧社事先给青岛总商会送去十张票，每张票收费一元。与高调的齐燕会馆相比较，广东会馆的活动相对务实，工夫多用在了贫困同乡救济和广东人墓地的筹建上。

青岛一地，华人商帮向来是市面繁荣的根基，支脉繁芜庞杂，肌理良莠不齐，却又纵横交错、利益均沾，牵一发而动全身。山东的掖县、黄县、即墨、潍县、胶州、平度、日照和外省的直隶、江苏、浙江、广东，莫不如此。

1924年8月21日，《大青岛报》以"商会之怪现象"为题，质疑青岛总商会排斥即墨商帮的做法："日前，即墨公会因即墨帮各商号为商会拒绝入会，遂推举代表将各商号开列总单，携带入会会费，径向商会要求入会，仍被该会拒绝，其详情已登志各报。十九日，即墨公会代表又往商会请求。讵该会一味支吾，代表某某等与之据理交涉竟未得。某代表怏怏而去，旋商会自知不合，于是一面函致即墨公会准予加入，又一面雇集林某等。代表等闻讯见机，未遭赔算（闻该会

[1] 大学同志举办赈灾游艺会[N].大青岛报,1923-9-19.

雇集某某到会者，意在与即墨公会代表用武），遂折赴督办公署请求办法。现闻已将各商号入会总单交存督署，听候督署解决，至能否加入？尚在不可知耳。”

青岛总商会与商帮的不睦可见一斑。

可与青岛总商会不睦的并不是所有商帮。比如，在文登籍会长隋石卿主持下的青岛总商会，掖县帮的处境就明显不一样。1927年5月青岛总商会进行的一次商铺调查以及另外的一些档案记录显示，1924年12月当选青岛总商会副会长的李助如为掖县沙河人，与东莱银行的创办人刘子山以及刘星山、宋义山、宋雨亭、邹升三是同乡。其担任经理的源裕兴在李村路51号，投资银一万五千两，主要经营瓷器、化妆品、料器、缝纫针、袜子、毛巾、面盆、棉毯、礼帽、香皂、绒衣、毛线等杂货，贩卖路线多从大阪、上海到青岛、胶济铁路沿线、沂州，有铺伙22人，其中掖县籍16人，招远、黄县籍各三人。从李助如经营的源裕兴来看，以乡人为班底的合伙制痕迹明显，控制双裕堂、源裕兴昌记以及裕东泰等合作商号的大股东均为掖县籍，由此形成盘根错节的商帮脉络。1923年青岛掖县同乡会在无棣路建设掖县会馆，李助如与宋义山、刘星山、林鸿儒、顾少山、王桐山六人被推举为筹备员。1927年李助如52岁，其资本、资历与声望在掖县商帮都属前列。

而在掖县商人中，诸如宋义山这样不显山露水的人物，其经历也都不凡，宋义山早在1901年6月就参与了大鲍岛山东路西边第9号第191块地皮的拍卖，该地块1980米打，起拍价洋1782元。[1]

青岛的掖县商帮内部以族群为纽带的肌理结构极其庞杂，日久天长，就会牵扯出层出不穷的利益关系。1923年掖县同乡会请求青岛总商会备案的一份文书显示，1912年掖县商人杜荣楣与胞叔杜干臣平均出资，购买了傅炳昭在天津街路北的一处房屋以及吴淞街路北的一方地皮，经年以后变故迭出，需要明晰产权，就此订约。天津街房屋立约方为存惺轩、荣升堂、修德堂，而到场签字画押者众多，包括族长杜维相，支长杜汉治，家长杜树梓、杜荣彬，族人杜雪舫、杜质秀，恒昶祥经理王鉴堂。三家股东代表分别是修德堂的杜干臣、荣升堂的杜稚梁、存惺轩的杜金铭。至于吴淞街地皮上的房屋，立约方为常棣馆、庆余堂、慎

[1] 青岛市市南区档案馆.青岛官报[M].南京:东南大学出版社,2021:201.

记，签字画押者同。三家股东分别是慎记的杜干臣，庆余堂的杜稚梁，常棣馆的杜仁齐、杜金铭、杜于氏。由此可见，仅掖县杜氏在青一族，其族群关系与资产结构不可谓不复杂，两栋房屋涉及十多个族人，明晰产权便成为必须。

傅炳昭以山东路祥泰号为依托的黄县商帮同属胶东一系。祥泰号张殿臣、王学孔等24个铺伙，除了三个来自日照县、胶县、青州府，其余全部是黄县人。来自傅炳昭老家楼子庄的乡亲有九人，可谓是近水楼台，乡音袅袅。后期祥泰号由黄县籍李兰圃出任经理，资本金扩充到十万元，雇员达到了33人，继续经营粗细杂货与五金杂货，合作商包括三井洋行、福成公司、信昌洋行、菱田洋行、胶东铁工厂、三菱公司、卜内门公司、德盛洋行、横山洋行、宇治原等，多数为日资。

其他如平度籍的徐锡三，也是早期大鲍岛开发的积极参与者，其1901年6月曾参与了山东路西边第9号第194块地皮的拍卖，该地块3204米打，起拍价洋3204元。[1]不到一个月，其再次参与了山东路西边第9号第193块地皮的拍卖，两块地毗邻。[2]徐锡三投资的宝成号，兼营土产、杂货、纱布、转运，高峰时雇工超过40人，经营活动一直延续到20世纪40年代。与徐锡三前后脚在大鲍岛竞拍过土地的，还有刘寿山，其曾参与山东路西边第9号第198块地的拍卖。[3]

青岛主权回归后的一个显著变化，是各个民间团体参与社会事务热情的高涨。凡涉及自治、公益、慈善、教育的事情，各个团体多不甘人后，表现踊跃。1925年6月沪案发生后，各个社会层面旋即组成不同的后援会，并由青岛总商会带领各团体竭力募捐，涉及的团体及所举派的代表如下。

青岛总商会代表：黄祝三、马子厚、刘子儒、吕月塘、吕卓生、刘玉堂、陈祝三等。

青岛律师公会代表：王维志、周学先。

青岛教育会代表：胡镇中。

青岛市民公会代表：刘子儒、辛松山、吕梅五。

青岛农会代表：姜鹏九、丁祝军、刘慈政。

---

[1] 青岛市市南区档案馆．青岛官报[M].南京：东南大学出版社，2021:209.

[2] 青岛市市南区档案馆．青岛官报[M].南京：东南大学出版社，2021:2224.

[3] 青岛市市南区档案馆．青岛官报[M].南京：东南大学出版社，2021:256.

青岛房产公会代表：傅炳昭、江乙黎。

青岛自治促进会代表：江乙黎、李筱坡、孙润泉。

青岛畜生公会代表：刘子儒、郭贵堂等。

青岛实业协进会代表：张玉轩等。

青岛青年会代表：王鹤九、杨绥之。

青岛中华基督教会代表：王维一、张守新、董宝忱。

青岛报界联欢社代表：伊筱农、马起栋、李星野、郑冷谢。

青岛各校学生后援会代表：张安令、姜其宇、岳立鳌等。[1]

其中，青岛总商会、房产公会、畜生公会、实业协进会的一些台面人物，如前青岛华商总会会长傅炳昭、台西镇区商务会会长刘子儒、青岛总商会会董吕月塘、青岛总商会会董兼商品陈列馆管理员吕卓生、青岛总商会会董刘玉堂、章丘籍泰兴祥酱园经理张玉轩，此后多在城市公共事务中持续保持活跃度。

在商言商，维护行业利益是各行业公会的本分。1926年2月食物同业公会代表万康、万源永、万祥、万成、祥兴永、泰和祥、三阳泰、同裕和、正大、复聚合诸号，在报纸刊登启事，声明将对什锦点心加价：“敝同业向抱多中取利主义，故不敢贸然提涨货价，以损名誉而伤营业。即是茶食一种，材料则步步高涨，而茶食并未涨过一次，即此之故也。兹因日此以往，实难维持。不得已邀集同业议决，自登报长起。什景点心每斤加洋二分，计一角八分算，余则酌增少数，藉资弥补。然仍采多中取利主义，毋使过分，不沦初志。诚恐各界不明敝同业涨价宗旨，有出误会，为特登报声明。”[2]

作为与青岛总商会联系紧密的团体，1922年底青岛主权回归之后，以齐燕会馆为代表的各旅青同乡会馆的聚合作用依然持续。其中脉络最广泛的齐燕会馆，愈来愈起劲地扮演起城市公共事务枢纽的角色，其举办或参与了孙中山逝世追悼大会、国民革命誓师纪念大会、青岛律师公会成立大会、禁烟纪念典礼、国术游艺大会、合作运动宣传大会、各界反日援侨大会、开办物品证券交易所等公共活动。在某种意义上，齐燕会馆所聚集起的精神感召力并不亚于总揽经济全局的青

[1] 青岛档案馆馆藏档案[A].370(1).

[2] 青岛市市南区档案馆.青岛官报[M].南京：东南大学出版社,2021.

○ 傅炳昭

○ 刘子山

○ 隋石卿

○ 郑章华

岛总商会。

而康有为与青岛广东同乡会馆的挤眉弄眼在1927年戛然而止。是年3月29日，康有为去大鲍岛的粤菜馆英记酒楼参加同乡宴。喝下一杯橙汁后，康有为突然腹痛难忍，回家当夜呕吐不止，请来的一位日本医生诊断为食物中毒。第二天，呕吐一夜的康有为感觉稍微恢复，晚上照例夜观天象。31日凌晨，他忽然对身边的人说了一句“中国我无立锥之地了”，等快天亮时“七窍出血”而亡。

康有为1927年2月的一封绝笔信，最后一次提到了青岛：“告楠可查六太之会已供不？未供应供。或在青岛、大连供可不？至要，即复。今寄归吾写之谢恩折，可点石一千（交有正），与诗同送作谢礼。”[1]

作为客居者，康有为似乎准备在青岛终老，但显然没有料到自己会在70岁之前以这样的方式断送性命。他的抱负，他的享乐，他对名望、财富、欢愉的追求，都远没有实现个人预期。无奈，世事无常，人力终究不敌天意，一命呜呼之后，一切灰飞烟灭。

早在1924年秋天，康氏曾以鬻书助赈直、湘、鄂三省水灾的名义，在《青岛时报》刊登过一份润例，明码标价，毫不含糊：“中堂七尺三十元，每减一尺减二元，加一尺加二元。楹联四尺二十元，每加一尺加二元（以四尺起计）。条幅同上。横额同上。小中堂同上。小横额三尺内十元（以三尺起计）。小条幅同上。斗方册页每件十二元。榜书大字尺内每字六元，尺外每字十二元，每加一尺加六元。窄额照上加半计。碑文杂体每字一寸内一元，二寸外二元，过百字撰写另议。以上书例概书下款，若书上款者加倍计，磨墨费加一。限字限行当照杂体例以每字计，劣纸不书。泥金色纸加半。扇面不书。寿屏、寿文不撰不书。墨浓不再写，纸破不赔。”[2]

康有为在报纸上注明的收件地址是福山路9号天游园及各南纸店。如此一来，康氏待在汇泉湾家里收润格的各项条件就都具备了，只等着顾客上门就好。康氏不是商人，但对财富的占有欲却不输各路商人，并对生意经的明面、暗里倒背如流。康有为对以助赈招徕生意的套路驾轻就熟。

[1] 李云光.康有为家书考释[M].香港：汇文阁书店,1979.

[2] 康有为鬻书助赈直湘鄂三省水灾润例[N].青岛时报,1924-9-6.

# 若明若暗的机遇

1924年春王埣撰写的《青岛掖县同乡会记》中写道："余甚望诸君子永偕同志，共抱仁心，扩而充之，渐推渐广，则施惠溥而乡谊敦，声誉将永永无穷也。"

一般说来，机遇总是青睐第一只打鸣的公鸡。

试验证明，多数鸟类在夜间看不到东西。公鸡也一样，在夜里面对随时可能受到的攻击，容易焦躁不安。黎明来临，公鸡的眼睛开始看到物体，遂兴奋异常，以打鸣为号。本质上，这也是动物对于光刺激的一种本能反应。天长日久，凌晨打鸣便成为公鸡的习性。即使将其放到黑暗无边之地，看不到光亮，到了清晨，还是一样要打鸣。这个现象几乎和1898年第一批进入青岛闯荡的异乡人一样，面对一片陌生的城市处女地，风险与机会的风云际会纷至沓来。

青岛城市化伊始，一个叫刘子山的年轻掖县农家少年的到来，无人知晓，他甚至一度打了退堂鼓，决定回家继续种田。然而不过20年后，他的名字的响亮程度已与令人仰慕的本土成功华商群体等同。他以类似财富帝国一般的个人资本积累，展示出具有示范性的榜样力量，十多年来吸引着无数掖县农家子弟离开家乡，进入青岛经商谋生，逐渐形成资本与资源雄厚的旅青掖县商帮。

围绕着旅青掖县商圈，刘子山成为神一般的传说。一时间，掖县商帮与黄县商帮、广东商帮、扬州商帮以及胶州商帮、平度商帮、即墨商帮等商帮一起，在青岛华人商界如鱼得水，风生水起。很快，掖县人开始酝酿结社，以谋求更多利益。他们选择的同乡会馆的地址在无棣四路的一片空地上。

掖县同乡会出现在一个新旧交替的时刻。1922年9月15日，也就是青岛回归前三个月，掖县同乡会在河南町十九番地楼房内召开筹备会议，由通聚福宋雨亭担任会议主席，29人与会，讨论建立掖县同乡会事宜。此后几次会议确定筹委会职员、组织形式、章程等事项。宋雨亭担任筹备主任，恒祥栈经理顾少山、裕东泰邹升三为筹备副主任。

10月29日，掖县同乡会在齐燕会馆举行成立大会，选举宋雨亭为会长，邹升三、尹少农为副会长。掖县同乡会成立后的第一个标志性举动就是向刘子山致敬。次年1月7日，鉴于东莱银行董事长刘子山为“吾乡泰斗，对于公益事项素具热忱”，其被推举为掖县同乡会的名誉会长。

刘子山连忸怩一下都没有，旋即回复称：“来示就悉吾掖同乡会于月之七日推举名誉会长。卑人望浅谬，蒙公推，深恐才疏有负众望。惟是事关桑梓，岂易推诿。尚望众擎以匡不逮。”

掖县同乡会成立后的一项迫切需要是建立会馆。1923年5月10日，胶澳商埠督办公署财政科复函掖县同乡会，同意该会领取无棣四路空地一段，用以建筑会馆，并将每年469.96元的地皮税租减少至每年50元。这个时候的无棣四路尚是空谷幽深之地。

当月下旬，胶澳商埠警察厅颁布管理会馆规则，明确“凡在本埠设有馆舍，用各省及各县名义为旅居青岛同乡集合居住者，均为会馆”。该规则同时要求：“各会馆应由旅青同乡人员就在青岛同乡中有正当职业而乡望素孚者，公举掌馆董事一人、副董事二人管理之。”管理会馆规则对会馆董事产生办法不加强制，投票与公推均可，依各馆习惯或由同乡公议决定。

1923年5月28日，掖县同乡会就着手进行的会馆建筑事宜，推荐源裕兴经理李助如、永德堂账房主人刘星山、公兴和经理王桐山和宋义山、林鸿儒、顾少山为筹备员，以加快推进。6月27日，筹备员增加副会长邹升三一人，共同负责会馆建筑事宜。

建会馆，离开了钱就无从谈起。可这对掖县商人来说似乎并不是大问题。筹备期间，各旅青掖县同乡捐款踊跃，刘子山带头，一次性捐款5000元，后形成连锁效应。接下来，刘星山捐款2000元，李助如、宋义山各捐款600元，宋雨亭、邹升三、杜仁斋、杨阶卿各捐款300元，刘术堂、刘子木、杨宏斋各捐款200元。捐洋100元者，包括李树堂、顾少山、战先五、吕乐亭、宿子温、贾仁斋、徐勋臣、武廷臣、任揖堂、徐介臣、原福堂、李翰卿。余之捐款60元至5角者达160人。

面对刘子山的豪爽高义，掖县同乡会决定再一次拜码头。1923年7月2日下午，掖县同乡会评议员在河南路临时办公地集合，赴厚德堂向名誉会长刘子山致谢。这个场面足够让坐在太师椅上的刘子山眉开眼笑。

半年后，掖县同乡会“美轮美奂，光耀胶澳”的会馆建成，购买地皮及建筑房屋合计花费16000元。规模宏大的建筑群成为当时这一山谷中最引人注目的人工设施。

1923年11月8日，掖县同乡会函请60岁的徐春官撰写会舍碑文：“本会会馆已将落成，拟于大厅前建立石碑一座，以志发起成立各缘由，并附刻特别捐款诸同乡街名于后，以示来者。久仰阁下热心公益，又为吾掖名士，兹于阳历十一月三日开会议决，公请阁下撰文以光吾乡，用特专函奉恳，即希金诺早日颁下，至感至祈。”徐氏四天后把文稿寄往青岛，称：“久不至青岛，于会馆进行手续多不明瞭。兹承公命分难力辞，因草创是稿，仍希诸兄讨论修饰而润色之，俾臻完善然后付诸手民可也。”[1]徐春官者，光绪二十八年庚子辛丑恩正并科举人，1909年担任青岛特别高等专门学堂国文教员。1920年刘子山夫人林宜人去世，为其撰书圹志铭的也是“邑人徐春官”。

也许是觉得徐春官名望不够大，随后掖县同乡会请出了客居青岛的前内阁学士兼礼部侍郎王垿为其撰写会舍碑文。1924年春，石碑立于无棣四路馆内，碑上王垿撰写的《青岛掖县同乡会记》不乏励志之言。

“孟子曰：邻里同井，出入相友。夫在乡里且然，况乎相逢异地。所以各县之旅游青岛者，皆立同乡会，而尤以掖县人为最。议创于壬戌之春，会成于是年季秋。举正会长一、副会长二、评议员四十，共议会中善举。若学堂，若济贫，与夫施医施棺，他日力所能及，必次第行之。明年癸亥，购地于无棣四路，建屋三十七楹，庖湢俱备，列植花木。冬十二月，集同乡千余人相与落成，且谋记其事于碑而属余撰言。余尝读《掖县志》，见汉时王扶少修德行，客居不其，人化其德。又宋

[1] 参考资料来源于青岛市档案馆所存1923年《掖县同乡会为撰碑文致徐礼堂先生函稿》《徐礼堂先生复掖县同乡会函》。

时林广轻财好施，义声远播，掖之人固到今为烈也。今诸君子固客即墨海滨，又倾资创义举，方之古人，何多让焉。余甚望诸君子永偕同志，共抱仁心，扩而充之，渐推渐广，则施惠溥而乡谊敦，声誉将永永无穷也。余叹羡不置，故乐为记之。会长、评议员姓氏附于碑后，其捐资姓名则列于他石。”

碑文末了，署“甲子季春莱阳王垿爵生甫撰”。这一年，王垿67岁。自1911年秋辛亥革命爆发，清朝一命呜呼，其已寓居青岛多年，与胶东乡人交际广泛。

掖县同乡会会馆所处的位置，为无棣路、无棣二路、大连路、临沂路合围的地块，起初标注为无棣四路空地，应属路名演变使然。12年后的1935年，宋雨亭在《青岛掖县会成立之缘起》的叙述中，已将“八百余坪”筑有三栋37间房屋的会馆所在地称为无棣路。

掖县同乡会从始至终与掖县籍政治活跃人物赵琪的关系若明若暗。赵氏1882年出生，比刘子山小五岁，早年毕业于青岛特别高等专门学堂，曾去德国学习。之后其历任租借地警察局与胶济铁路翻译，淞沪警察厅督察长兼高等外交顾问，龙口上埠局局长、总办，鲁案善后督办公署顾问，中俄交涉事宜公署顾问，北洋政府交通部谘议，外交部顾问等职。1922年赵琪参与收回青岛等外交活动。1925年7月至1929年4月，赵琪出任胶澳商埠局总办兼山东全省戒严高级执法官，成为青岛政治第一人。赵琪主政胶澳的消息甫一传出，掖县同乡会即第一时间以同乡之谊驰电相贺：“济南赵总办瑞泉乡先生鉴。闻公膺任胶澳，同乡不胜荣幸。谨电欢迎，并申贺忱。”[1]而同时以个人名义联合发出贺电的还有宋雨亭。

赵琪执掌青岛近四年，政声平平，期间主持《胶澳志》的修纂，以掖县赵琪的名义撰写序言。赵琪当政年间，刘子山的东莱银行获得长足发展。1928年3月3日的《大公报》曾以“青岛现状”为题评价说：“青岛尚有几分升平气象，故金融尚称稳定。金融界以横滨正金银行首屈一指，其次为东莱银行，再其次中交两行。”将东莱银行排在青岛华资银行的第一位，可见其生长势头之迅猛。赵氏去职后，有媒体评论其重用乡人做派：“以鲁人治鲁为用人方针，对各机关外籍职

[1] 青岛各界欢迎胶澳总办赵琪[N].大公报，1925-7-25(4).

员竭力裁减，尽易其掖县同乡，胶澳一切弊端乃不愁外泄矣。”[1]

所谓世事难料，这对东莱银行接下来的遭遇可谓一语中的。从青岛延伸到济南，东莱银行的事业本也如日东升。早在1924年10月，即有报章披露说：“济南银行界以山东银行与东莱银行操其牛耳。山东之张子衡为城内商会会长，东莱之于耀西为商埠商会会长。以两雄不并立之故，积不相能。东莱银行为烟土大王刘子山所办，资本雄厚。与山东银行相较，实力则超过之。前月商会联合会之争潮起，于耀西、张子衡各树一帜。于曾将山东银行历年亏累之情形完全揭出，谓其基金仅余不动产三十余万，而其发行纸币达三百万元有奇。当时持该行纸币者，咸争往兑现。幸官厅压制未发，未致引起挤兑风潮。而该行在胶济沿路发行纸币为最多，近中不易流通，已可见其所受之影响矣。现张子衡多方设法对待东莱，而东莱并未发行纸币，故张亦莫可如何也。”[2]

伴随着政局的变化，济南东莱银行的好运气转瞬即逝。1929年6月有报纸披露了东莱银行的一场苦不堪言的无妄之灾：“有胶东人于耀西者，向在商界颇具新思想，谋与钱商竞争以保权利，任商埠之商会副会长有年。自民五后，即充东莱银行济南行长，至宗昌发无息军用票三百万，迫商家通用，于知为山东将来之隐患，思有以扼阻之，密约金融界拒绝收受，事为张子衡等所知，派便衣队数十人监视之，汹汹作捕拏势。于为商人，何能敌之，只好软化，以求保全而已。而张对之卒不满意，至十六年，宗昌又向各银行商会借款二百万元，于又反对之，子衡遂请宗昌捕拿。于不得已乃潜避青岛，东莱银行之垫款遂增至六七十万，结果乃倒闭。”[3]

从事情的原委看，刘子山与于耀西的合作可谓谙熟鲁地人情世故的自然之选。于耀西的禀性与能量之前应是刘子山看重的。至于乱局之下的谋事成败，就不是一个刘子山或者于耀西能够左右的了。说到底，刘子山与于耀西是相互借力，各有各的算计，情义并不是题中之意。

---

[1] 胶澳燃外人卵翼下之二赵[N].大公报,1929-1-15(4).

[2] 怀民.济南金融界紊乱之一斑[N].大公报,1924-10-27(5).

[3] 破残后之山东财政金融状况[N].大公报,1929-6-30(4).

# 鸡蛋碰石头

1925年9月17日北京财政善后委员会委员长梁士诒致沧口商会会长胡文水公函中写道：“台瑞商界领袖，识裕望隆，兹敬聘为咨议，务乞随时惠教。藉匡不逮，是所企幸。”

青岛回归之后，青岛总商会和沧口、台东镇、台西镇三个区域商会的矛盾日益加剧，商会机构的设废之争开始白热化。1924年8月，沧口、台东镇、台西镇三商会决定一致行动。

8月21日，沧口商会以会长胡文水和副会长徐延谅的名义致函青岛总商会，报送本会简章并请予立案：“因设置商会事项，恳请贵总商会详为讨论，能否同意赞成一致。查商会法施行细则第二条，本法由第四条第二项添设商会之认可，除在本法成立者外，以距原有商会三十里以上，商务同一繁盛，确有正当重要理由者为限。查沧口华洋杂处，工厂林立，最系繁盛区域。事过多而交涉颇烦，非有正式商会不能解决交易间之纠葛，维护营业上之发展。且以地势而论，沧口距青岛有三十二里之遥，似亦无相抵触之点。既无抵触之点，即实须有成立商会之必要。”[1]

8月24日，台东镇商务会致函青岛总商会：“顷接来论，得悉沧口、台东镇、台西镇三处设置商会问题。敝会请总商会协定开会日期，务望通知一信，届时会集到场，以便协商办法，集议决择。一切费神，不胜感激之至。”[2]

[1] 青岛档案馆馆藏档案[A].339(1).

[2] 青岛档案馆馆藏档案[A].339(1).

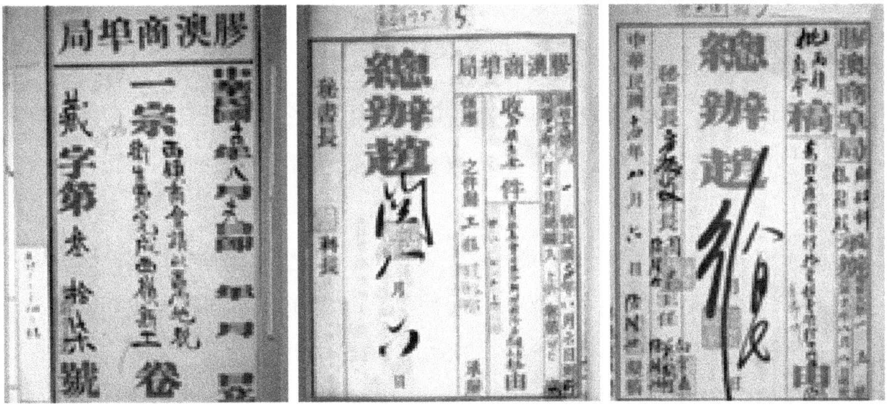


○ 台西镇商会1925年8月的三份档案

接着在8月25日，台西镇商会亦就请尽早指定三商会开会日期一事致函青岛总商会："本案关系重大，意见各有不同，所嘱与沧口、台东镇两商会协商之处颇为不易。仍希贵会遵照督办训令各节，从速指定开会日期，先行示知，以便遵照而资解决，实为公便。"从行文语气看，台西镇商会这已不像是商量了，似最后通牒，不容置疑。[1]

8月27日《中国青岛报》报道："三商会合并问题之昨闻东、西两镇及沧口商会之合并问题，所有种种消息，业已迭见各报。昨又闻总商会方面近又分函各该商会，约同齐到总商会协商办法。各该会对于合并一节虽尚未能一致，然对于协商之处却极表示赞同。闻已复函总商会，请求订一会期矣。"

8月30日，沧口商会同样就请秉公主持三处商会改组事宜表达意见："商会改组应否设置关系重大，敝会褊小，究竟不能解决。夙仰贵会秉公主持，最好借重鼎力。务望择期开会议决何处应否设置为宜，通知敝会有所遵循，乃为至当。"[2]

两个月后的10月23日，胶澳商埠督办公署以高恩洪的名义就勿再延期改选一事专令青岛总商会，要求"呈合集沧口等处商会讨论设置商会问题情形"。三个商会自述的存在理由看上去都很充分。

---

[1] 青岛档案馆馆藏档案[A].339(1).

[2] 青岛档案馆馆藏档案[A].339(1).

沧口商会：该处地方距青岛三十里以上，核与商会法施行细则第二条之规定相符，自应准予设立商会，以期便利。

台西镇商会：愿改组为分事务所，事属可行，即名曰青岛总商会台西镇分事务所。但所拟简章六条与现行商会法施行细则诸多不合，业经代为修正，另令行知遵办。

台东镇商会：谓该镇系市外一区，距青岛十里之遥，地势平坦，修筑马路三十余条，商民人等二千六百余户，华洋互市，商贾辐辏。自该会成立以来，经过二十余载，在会商号二百六十余家。再待数年，其市面之发达更不可量。佥以与总商会合并，诸多不便。是否必须设置商会，仍候咨商农商部核准。

训令称："自奉文之日起，于二十日内召集在会各商，依法举行改选，俾资佐理。并将选举日期先行呈报，以便届时派员会同警厅莅会监视，以昭郑重。此次改组务宜遵照法定手续，先将入场券发给各选举人收执，至期持券入场，换给选举票。由本人亲自填写，不准觅人替代，并须先期知照台西镇分事务所参与选举，庶免向隅，而符定章。"[1]

胳膊终究拧不过大腿，在1924年这个炎热的夏天，沧口、台东镇、台西镇三个区域商会的一番废设之争，结果是一保留，一候审，一废除。离市区最近的台西镇商会最终难逃被取缔的命运。

尘埃落定之后，沧口商会再次发声。选择的时机是北京善后会议。1925年3月8日，沧口商会向青岛总商会提出："为参加北京善后会议，对于各埠应兴应革项，亟宜乘此时机，各抒此见，编制议案，奉达贵会，以备审查。"其对沧口商业的萧条一口气梳理出了四项原因，敦请青岛总商会向北京善后会议提出议案。

> 第一，沧口开关以来，向以帆船营业为大宗。查数年来生意日渐萧条，确因自日时代，凡出入帆船货物，官府惩收，公此捐项，独固青岛帆船无此税项。此使不振者一。
>
> 第二，沧口行栈向属代客买卖货物，定有经理行佣。近来多有帆船到港，无论何货，不经行栈自行买卖。但行栈并无拘束，自由经营。惟

[1] 青岛档案馆馆藏档案[A].339(1).

> 固刁商伪如卖粮公斗而变用小者，或掺沙、水以蒙愚民，中取渔利，是以行栈则受影响莫大。此使不振者二。
>
> 第三，沧口日时代开关，商埠建筑楼房，闻该原定计画完全作一商港，更欲将各杂货商号凑集一处，不惟雅观，且之成街市。自经吾国接收后，群盼官府整顿一切。尔时不惟能成街市，仰吾国国体尤称维商之善策。否则不振者三。
>
> 第四，沧口商业之萧条，总因在日德交战损失。敝埠为数尤巨，查他埠直接、间接损失，早向中央领出。惟吾沧口迄无消息。恳请贵会参加会议，务为据理要求。否则不振者四。

沧口商会能够保留，除了地理偏远之外，会长胡文水的个人作用亦是事情得以推动的积极原因。胡氏影响之一例，是区域商会设废风波过去后，其获聘为财政善后委员会咨议，委员长梁士诒致函公告，语气恭敬有加："台瑞商界领袖，识裕望隆，兹敬聘为咨议，务乞随时惠教。藉匡不逮，是所企幸。"

如此看，沧口商会和会长胡文水的能量不可小觑。对比之下，台西镇商会就是一幅穷途末路的景象了。

1925年10月1日，胶澳商埠局以赵琪的名义授权青岛总商会取消前台西镇商会图章："查前督办公署，曾准农商部来函咨，同一区域三十里内不得有两商会之设立。台东镇、台西镇商会因逼近青岛总商会之故，已在取消之列，业经分别行知，遵照在案。是台西镇商会在名义、在法律上已不适用，此次该前台西镇商会仍用该会名义呈请，殊属非是。合行令仰该总商会，即便转饬一并遵照，立将该前台西镇商会名义图章取消，不得再行沿用以符定事。"[1]

台西镇商会既无，接下来台西镇地界上再有事就直接找胶澳商埠局。1925年8月，张学文和冯玉昌两人以广州路市场商民协济会代表的身份，就请将沿街鲜果、柴草贩归入广州路市场一事呈文胶澳商埠局。

"窃公民等不才，缪承公推充广州路市场商民协济会代表。既承众爱，关于市场发达、本埠兴革之事，碍难缄昧不言。近查外来青埠发卖鲜果，均在莘县路大茅厕附近左右，贩卖终日，拥挤不堪。警士随驱随聚，交通甚感不便。鲜果

---

[1] 青岛档案馆馆藏档案[A].369(1).

本系食品，附近茅厕发卖，时届夏令，萤虫正旺，此驱彼串，于卫生实属有碍。来本埠发卖柴草亦无转卖地点，沿街游行，随处唤售，以致碎草满地，于观瞻尤为不雅。争价争称，互相喊叫，紊乱市政，警士驱逐并无丝毫效力。所以然者，非是故意抗拒，实因未有指定转卖地点。查广州路市场地面宽阔，将以上二行均可指定该市场为转售之地，以期诸般发卖各有已定地点，而免紊乱市政，妨碍交通，而该市场尤可借以发达。如蒙恩准，再于市场设一官称，派妥员按时管理，藉免彼此争持，实为公私两便。公民等管鉴及此，为公益起见，并非求个人私利。理合据实详陈，是否有当？伏乞鉴核施行。”[1]

从张学文和冯玉昌表面的说辞看，似理由充分，可背后的算计明眼人也不难看出。胶澳商埠局的办事效率倒也不慢，遣派人员一通明察暗访，再加上一番公文往来，十天后预备答复结果就出来了，两个字：不准。

8月21日由胶澳商埠警察厅长陈韬签署的处理意见认为：“本埠居民日用鱼虾、菜果，在日管时代，除肩挑贩卖外，均规劝商场罗列售卖。迨吾国接收后，始有台西镇费县路继起小市场之设，招商入场营业。至于商民协济会之由来，该处为广州二路，原名西大森，从前均属席棚板房。因职厅鉴于大患，曾令拆卸改建瓦屋，旋由张学文等租地集资，四周建筑平屋，原为开设小铺售卖食物菜果之用。自落成后，大门之中尚有隙地一方，前据该张学文等呈拟设置菜摊以便居民。曾经查明，隙地不大，姑准暂售青菜，并不准随时听其自使，不得强制售卖鱼虾，以免暴晒，妨害卫生。自准予试办后，该商复又一再来厅，请求饬警取缔，鱼虾、鲜果、蔬菜一律导入该场售卖，业已批不准行。职厅查本埠市场尚不完备。若一律强制入场，不特零星小贩各商发生滞碍，而一般普通居民亦多感不便。且职厅为便利交通、注意卫生起见，所有青菜、鱼虾、鲜果沿路贩卖各商历经规定办法，令署取缔行之，未敢或懈。该张学文等所指隙地并不宽大，既不能将各小贩尽行罗致一隅，亦未便十分强制，俾小贩、居民均感不便。职厅默察该商一再呈请，不过借交通卫生之词为意存垄断之计。”

陈韬就此向胶澳商埠总办赵报告：“奉令前因，除再分令所属各区署随时取缔行商清洁以维秩序而重卫生外，所有核议张学文等呈请鲜果、柴草均归市场出

[1] 青岛档案馆馆藏档案[A].2180(1).

售碍难准行情形，理合具文呈复。仰祈鉴核施行。”[1]

鸡蛋碰石头，结果不难想象。张学文利欲熏心的扩张梦于是破碎了一地。

然而，台西镇一地，安生不易，按下葫芦浮起瓢，一波未平一波又起。

1927年10月18日，兴业公司以“请取消西岭汶上路市场，改租民房，以维商业而便贫民事”为由，呈文胶澳商埠局：“窃商朱文彬、郭善堂、郭贵堂、夏爱溪在本埠西岭汶上路合组兴业公司，建设菜市场。该场地皮系日管时代日人折居丰文等由日本民政署领有许可证。至民国十二年，日人折居丰文等将该地许可证退归商等。由此，建设菜市场以图利便民食，藉可扩张市面。当该市场成立之始，曾先呈请警厅批准备案。至民国十三年，因市场不见发达，又于市场中间设立乐子园，取导人入胜之旨，以冀兴市场而广招徕也。不意该处地势偏僻，及今数年之久，西岭一带之商业凋敝不堪，菜市场何能发展？所有在该场营业者，始则逐渐倒闭，近则迁徙一空。似此情形，该市场已成有名无实，实无存在之必要矣！计自该市场成立迄今，频年所获租价尚不敷地税之款，遑论卫生费、修理费、看护费。种种亏赔，担负维艰。商等血本攸关，碍难长此赔累，不谋挽救之法。不得已拟将该市场之虚名取消，仍将原有房舍不另更易，改租民房，尚属合宜。且年来西地贫民来青作工者，恒因房价过昂，数家合租一室，于卫生、风化、调查、户口等事诸多不便。若以该市场原有房舍租住贫民，既于贫民增便，并可稍苏商艰。一举数得，有益无弊。否则，恳请钧局将地皮收回，房屋折价，使商等卸却担负，亦无不可。商等以事关改组，未敢擅专，理合将上陈缘由据实呈请鉴核。恳予体恤商艰，垂念下情，将该市场准予取消，以俟该处商务稍有发展之时，何难再行恢复？迫切上陈，不胜待命。”[2]

兴业公司四个代表人的基本情况如下。

朱文彬：经营北京路的东泰号，昌邑人，年54岁。

郭善堂：经营云南路的汇兴栈，潍县人，年38岁。

郭贵堂：经营云南路的东记号，安丘人，年45岁。

夏爱溪；经营云南路的双凤里，即墨人。

---

[1] 青岛档案馆馆藏档案[A].2180(1).

[2] 青岛档案馆馆藏档案[A].353(1).

# 结怨

1925年12月3日青岛戒严司令尹德山致隋石卿公开信中写道：“闻之名誉为生命之第二，人头畜鸣，不冗何俟。足下为青岛总商会会长有年矣，以若大之商埠推足下为会长，商界之期望可知，足下之任务可想。”

对青岛总商会会长隋石卿来说，1924年不乏好事、坏事的交替。

第一件事是6月23日隋石卿的次子结婚，场面浩大，堵塞马路。次日《中国青岛报》刊登《隋宅喜事之热闹》：“人山人海，中外贵宾，将近千人。总商会会长隋石卿氏定于23日为其次子完婚一节，已志前报。兹见各界前往道贺者人山人海，天津、河南两路之间，车马拥挤，几无隙地。”

第二件事是年中军阀的轮流出场。先是10月陆军第五师步兵第十旅旅长王翰章出任青岛戒严司令官。11月5日王加任出任胶澳商埠督办，十天后温树德接任胶澳商埠督办。温树德的屁股没坐稳，新的青岛戒严司令尹德山来了，尹德山还没喘口气，胶东镇守使毕庶澄来了。眼花缭乱的击鼓传花本来也没隋石卿什么事，因为在军人眼里，青岛总商会就是个钱袋子，好吃好喝伺候过了便相安无事。不料毕庶澄与隋石卿是文登老乡，一来二去，拉拉扯扯，不分彼此，灾祸的种子就埋下了。

青岛早年建设新城，因城区依山傍水，道路便曲折蜿蜒，遂成为特色。而但凡道路，都不会一路平坦，为商之路，利益纠葛密布，就更是步步惊心。一不小心，就会跌个跟头。尤其是当局势紊乱之时，平衡把握不好，危险便会不期而遇。就耐不住寂寞的隋石卿来说，多事之秋遭遇连环相扣的两件糟心事，成为众矢之的也就在所难免了。这两件事都成了市井新闻。

第一件事是1925年青岛戒严司令尹德山与隋石卿的结怨。尹氏1925年12月3日曾给隋石卿写过一封信，尽管是一面之词，却也大致可以看出原委。

“历来商人关国重计，是以敝部曩驻青岛，于足下则加以钦重，于市面则多方维持。庚癸虽呼，秋毫不假，谓予不信，甘为鹰狗，敛金献媚，结官害群，慕甑参议之虚名，削全商埠之脂膏，致众怨怒，无所告诉，奔我行辕，泣求援助。甫拟去电为商请命，忽我留守官兵闻已包围缴械矣！忽我在青眷属闻受监视，不准随便出入矣！噩耗初来，大惑不解，详探内容，皆出足下挑拨。以怨报德，不必申论，即君自谋，计岂为得？毕军自在青，或者夜郎自大，别蓄意图。明知日暮穷途，故为倒行逆施，囊括众商，歧视敝部。足下向未中痰，胡亦丧心若迷？行同禽兽，名誉云何？毕公一旦失势，则为海上亡命，试问足下尔时能否与之偕亡？”[1]

○ 冬天的青岛后海

[1] 青岛档案馆馆藏档案[A].366(1).

这一番口诛笔伐，可谓石破天惊。本来冲突起于青岛戒严司令尹德山与胶东戒严总司令毕庶澄之间的你争我夺，两个地方军阀半斤八两，无所谓好与坏。商人隋石卿身陷其中，不过是由于利欲熏心，一时间头脑发热，有些操之过急。毕庶澄与隋石卿都是文登人，结盟自有渊源。迫使尹德山遁走诸城并缴械尹军的是毕庶澄，隋石卿最多是敲敲边鼓，赚个幸灾乐祸。尹德山拿隋石卿开打，也不外是无处发泄怨恨，拿软柿子捏罢了。事后毕庶澄果然一命呜呼，隋石卿只好自认倒霉。

尹德山对隋石卿的怨怒闹得沸沸扬扬之时，隋石卿买了一辆汽车。1926年1月16日，他以青岛总商会会长的名义给胶澳商埠局财政科写了一封信，说自己有自用汽车一辆，恳祈发给铜质牌照并准予免费。隋石卿的铜质汽车牌照最终是不是“准予免费”不得而知，坐上汽车的怡然自得不言而喻。结果，一年多过去，麻烦来了。

第二件事是1927年隋石卿遭拘。这与前一件事不无因果关系。俗话说，常在河边走，岂能不湿鞋。出来混总是要还的。商人离政治太近了，危险自然如影相随。前边毕庶澄在1927年4月刚死，后边隋石卿紧接着就出事了。这不禁让人想起尹德山两年前发出的“虎威幸假，抵死不悟，将来有意外情事，则唯足下是责”的警告。

一个月后的5月4日，《中国青岛报》刊登《质询隋前商会长之续闻》：“前商会长隋石卿氏，因当局调查商办银行账目，致涉嫌疑。昨经由省调回，暂寓中华栈，并派员监视一节，昨已散见各报。适闻隋氏抵青之日，现任总商会正、副会长宋、吕两君，并商董、邹、升三君等，以个人交际及商界同谊关系，前往戒严司令部，面见当局官宪，请暂行保出，以备清理一切。”看起来，关键时刻还是宋雨亭、吕月塘、邹升三这些同仁讲义气。不过这一番动作给隋石卿的惊吓着实不小。

种种明争暗斗之外，扶持贫弱、提携社会、维系公平一直是商会慈善事业的门面。1928年9月，青岛总商会在城武路创办贫民习艺所，官商合力为之，捐款数目可观。其中，胶澳商埠局捐款500元，胶济铁路管理局捐款1000元，胶海关监督公署捐款200元，青岛万国体育会捐款2250元，同善社捐款500元，张本政捐款500元。捐款超过100元的个人有赵振清、宋雨亭、吕月塘、王子雍、邹升三、杨玉廷、于维廷、邬志和。商埠局划拨城武路官产为习艺所地址，并装设了水道与水表，同时在朝城路官地增建平房。

随后制定的《胶澳商埠贫民习艺所简章》说明，该所由青岛总商会全体和绅商各界共同发起组织，“专以收容无业游民暨穷无所归之贫民，分门别类授以工艺，俾克自谋生活为宗旨”。建成后的贫民习艺所，由所长葛仁武主持，所长之下设置书记、会计、庶务、管理员、售货员、办事员、袜科技师、木科技师、毛巾科技师、绳索科技师、职员厨夫、工艺生厨夫、更夫、传达等职。

但济良所的办理自始至终颇遭非议，舆论批评的声音不断。1929年4月27日，在肥城路出版的《正报》刊登《胶澳商埠济良所黑幕大披露》一文，引发争议，将济良所的何去何从摆到了桌面上。几番角逐下来，青岛总商会不胜其烦。1931年7月，其将济良所与习艺所一并交由青岛市救济院管理，算是省去了一桩麻烦。

救济院酝酿的过程中，青岛总商会请各行业公会推举正、副院长，宋雨亭和柳文廷，傅炳昭和丛良弼，姚仲拔和于维庭，鄞洗元和丁敬臣，毛子梁和杨杰三，分别被不同公会推举。行会不同，背景不同，派系不同，推举出来的人员组合也就不同，其动机各异，关系搭配各异。

# 一场悲欣交集的告别式

1933年5月8日青岛市市长沈鸿烈在河南路农工银行开幕典礼上说："农工银行本为辅助本市农工经济发展而设，此后营业应本救济农工之意努力进行。"

1922年青岛回归前夕，保留了青岛总商会会董身份的傅炳昭，鲜少在公共视野中出现。即便是在城市自治制度这样的顶层设计筹划上，也不多见其踪迹。《胶澳志》记载："我国收回胶澳之始，初以辟作商埠、实行自治为标志，不惟国人希望以此为市政楷模，及国际友邦亦以此为吾人之实验场，视胶澳市政之成绩，卜国人自治之能力。故鲁案善后公署一方开中、日委员会联合会议，任外交折冲之责，一方即组织青岛市暂行条例研究会，于十一年七月下旬起草《青岛市暂行条例草案》。当时参预起草之人如包世杰、朱我农、高一涵、张祖训、王大桢、崔士杰、丁敬臣、邹升三、包幼卿、杜星北、王朝佑、陈天骥、柴勤唐、林澄波，都属一时知名之士。先后开会六次，作成草案条文三十二条，提交太平洋会议善后委员会。"[1]从这份十余人的"知名之士"名单来看，前青岛商务总会总理傅炳昭的缺席，开启了竞争日趋激烈的商埠时代。出场者与离场者神情各异，交错而过。

青岛完成接收之后，傅炳昭抛头露面的次数增多。1923年10月29日晚上，胶澳商埠督办公署在省长行辕举办了一场晚餐会，傅炳昭以青岛总商会会董的身份与张鸣銮、于秀三、吕月塘、刘子山、王殿臣等数十人吃喝了一顿。显然，胶澳

[1] 胶澳商埠局．胶澳志·政治志五[M].青岛：大昌大印刷局，1928.

○ 期待转变的青岛冬日

商埠督办公署的饭不是白吃的，吃过饭，各种名目的账单很快就出现在青岛总商会的办公桌上。也就在这个月，青岛商业公所在泗水路成立，丁敬臣出任所长，与丁氏商业关系密切的苏励臣、东泰栈经理朱文彬为副所长，傅炳昭与陈次冶则获得了名誉所长的名分。作为一个过渡性机构，丁敬臣的南方势力与黄县商帮的合流显现出相互借力的现实需要。这一年傅炳昭已59岁，离耳顺之年仅一步之遥。

但年迈似乎并没有成为阻挡傅炳昭参与公共事务的屏障。继1924年5月出任私立青岛大学校董后，他热心教育的热情不减。同年8月青岛平民教育委员会成立，胶澳商埠督办公署秘书长袁荣叟当选委员长，基督教青年会会长鄷洗元当选副委员长，傅炳昭与李筱坡当选庶务执行委员。期间傅炳昭曾与鄷洗元竞争副委员长，到会委员38人，鄷洗元以18票当选，傅炳昭以5票列后，作为候补。这个尴尬的得票对德高望重的傅炳昭来说，显然算不上圆满。

傅炳昭与青岛总商会的关系似在1927年1月底以恳切声明“请辞”会董的方式解除。同年2月4日青岛总商会专门致函傅炳昭，确认其辞职请求在会内获得一致通过，并随即依法递补他人。至此，傅炳昭与青岛总商会会董“一切职务完全脱离关系”，青岛总商会并即祈傅氏“宽怀静养”。看上去，双方对这个结果都十分满意。

1923年5月，59岁的傅炳昭对其拥有的宁阳路十号地与泗水路五号地连接的一块1283平方米的梯形地块进行了一次房屋扩建，总投资建筑费约为8000元。在当时，这是一笔数目可观的支出，大过同期许多公益事业的投入。比如次年8月胶澳商埠公立通俗图书馆在莒县路2号开馆，获得的创办经费亦不过5580元。傅氏给商埠督办公署的建设申请显示，房屋扩建属于永久性质，使用目的为居住与店铺。

1927年4月青岛总商会的一份商铺调查表显示，时年63岁的傅炳昭依然以股东兼经理人的身份，主持着山东路祥泰号的日常经营。此时，显示注册资本金为1万元的祥泰号，依旧以洋食品为主要营业门类，有铺伙20人，雇用4人。之后祥泰号的业务不断扩张，但在加入华洋棉布同业公会的态度上却不紧不慢，像一棵熟透了的果子，只等着青睐者摘取。这一时期，除了祥泰号的买卖，傅炳昭多年间在大鲍岛购置的房产以及1923年夏天扩建的宁阳路与泗水路梯形地块的房屋，也保持了一份可观的租金收益，所以其并不介意以市民房产公会代表的身份公开活动。而在诸如沪案援助、救济工人之类的慈善事务上，他更像一个乐善好施的老者。

在掖县移民刘子山以东莱银行独辟蹊径近十年后，傅炳昭的这份驾轻就熟的传统生意看上去像长流水，不温不火，按部就班。而面对复杂的时局与日趋剧烈的市场竞争，其一手缔造的黄县商帮则面临后继无人的窘境，传续乏力的困局难以破解。

不过话说回来，时代已然不同了，不同背景的老一辈旅青商人不乏功成名就者，锐气、精力与热情自不如当年，明堂之上养尊处优，不愿意再受拖累。黄县商帮不景气，其他商帮也多日薄西山，不怎么肯去费力气折腾了。鞭策的动力改变了方向，商帮的没落就自然而然发生了。

作为逐渐衰落的昔日商业领袖，傅炳昭的影响力一直持续到20世纪30年代。1932年底在沈鸿烈的力推下，青岛市政府联合青岛总商会和银行公会酝酿发起组织青岛农工银行，傅炳昭与陈次治、周志俊、苏勗臣四人联合报送了入股额，算是给青岛中国银行经理王仰先和青岛总商会会长宋雨亭这两个主导者一份支持。

○ 国立山东大学图书馆

次年5月8日青岛农工银行在河南路67号开业，傅炳昭以监察的身份名列其中。一口湖北官话的青岛市市长沈鸿烈在开幕典礼上开宗明义，说青岛农工银行本为辅助本市农工经济发展而设，此后营业应本救济农工之意努力进行。青岛农工银行正式营业仅一个上午，各存户存款就达五十四万二千余元，显示出行政手段的立竿见影。[1]以政治促进经济，以行政牵制商业，以金融辅助农工，这在沈鸿烈主政的青岛城乡正获得前所未有的驱动力。与坐享其成的王仰先、宋雨亭比较，傅炳昭扮演的角色似已微不足道，其所能发挥的作用也就可想而知。

沈鸿烈忙着发起推动青岛农工银行的时候，傅炳昭也在忙活一件事，这就是筹备一家商科学校。1932年11月16日出版的《青岛时报》披露："本市商界巨子傅炳昭，为提高商人知识起见，前拟创设私立明德商科学校一节，以志前报。兹闻傅氏以此项组织需费甚巨，一人之力难成，现拟募款办法，以成善举。昨特呈请社会局请求在捐册加盖戳记，以便捐募。储局长因此等善举，已准予在捐册盖戳。惟应照公益慈善团体募款限制规则第三条，先行呈报教育局核准，将手续办理清楚后再为加盖戳记。"[2]

1933年夏、秋鲁西水灾，青岛成立急赈会，宋雨亭、傅炳昭、苏勵臣、王仰先、鄞洗元成为常务委员。这些慈善之举不过是傅炳昭闲来无事的举手之劳，花不了多少钱，也不费多少工夫。

但有些事却会令人真正感到伤感。

疼痛从头到脚，从里到外，遍及全身。

1933年8月1日，本地富商李涟溪在青岛病逝。[3]傅炳昭总理丧事并从当事人的角度澄清了李氏生前涉及青岛商务总会官衔的一些传言。这个看似偶然的突发事件本来并无大的社会意义，不意却因为一些难以启齿的利益之争，成为一个浮华时代季节更替的分水岭。

1933年9月3日，《青岛时报》以"李涟溪死不瞑目"的惹眼标题，披露了李家财产之争的内幕，矛盾直指李家六姨太："本市巨商李涟溪逝世后，其家族对

[1] 青岛农工银行开幕[J].银行周报,1933,17(18).

[2] 傅炳昭拟募捐立商科学校[N].青岛时报,1932-11-16(7).

[3] 本市资本家李涟溪病故[N].青岛时报,1933-8-2(6).

于遗产问题曾发生小波折。幸经亲友劝告及各太太深明大义，讬出公正亲友组织财产委员会，关于清偿李氏生前债务事宜均由此委员会主持之，现已风平浪静，照常安居。不料其六姨太太竟听信奸人挑拨，不与各太太合作，李氏所遗房产、契约等多在伊手，亦不交出。如某局高某等出入其门，并闻常以汽车装载细软物件自莱阳路运往大沽路某处存储，以此情形，不知又将引起若何纠纷矣。”

李涟溪猝然离世引发的家庭财产争夺战旷日持久。洪泰号李张瑞芸率子钟霖、汝霖随即在报纸刊登紧急启事，公开事情原委。律师孙承瑗、郑化南则代表“乐善堂李大太太王淑华”处置遗产纠纷。1934年《平民报》刊登涉及北平路洪泰号债务争端的文告：“洪泰号李乐善堂李马氏为迅速清偿债务，解决家庭纠纷，免使骨肉惨变扰攘无已，以清积弊而防后患，向各界郑重声明。”之后，李王淑华继续以房东的身份出租大洪泰院内的房产，其中包括益泰栈和义昌栈两家客栈。

为调解李家争产纠纷，1934年10月6日下午，公安局局长王时泽与社会局局长储镇在文登路青岛俱乐部召集各关系人开会，以图化解争端。出席会议的调解关系人有宋雨亭、姚仲拔、张玉田、柳文廷、傅敬之、王仰先、苏勋臣、牟绍周、于迺铎、王召麟、丁敬臣、王荩臣、梁勉斋、张星五。李氏遗族包括李张淑君、李张瑞芸、李兰彬、李王淑华、李恩霖。[1]

但李家争产纠纷始终未了。1940年，围绕李涟溪胶东路1号的地产纷争达到高潮，李王淑华后人在《青岛新民报》刊登紧要启事，声明：“胶东路一号房地

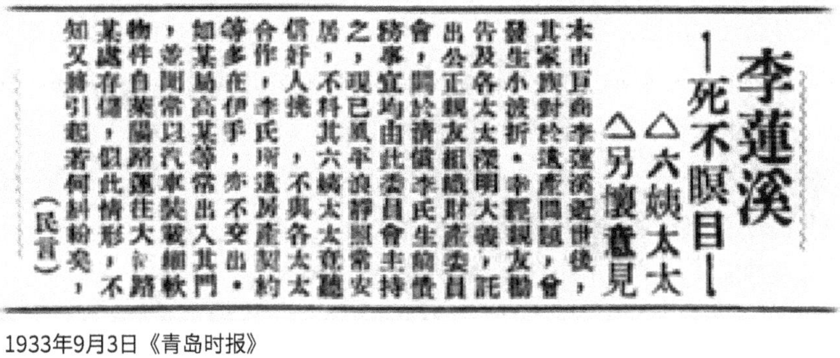
李蓮溪
—死不瞑目—
△六姨太太
△另懷意見

本市巨商李蓮溪逝世後，其家族對於遺產問題，曾發生小波折。幸經親友勸告及各太太深明大義，託出公正親友組織財產委員會，關於清償李氏生前債務事宜均由此委員會主持之，現已風平浪靜照常安居，不料其六姨太太竟聽信奸人挑撥，不與各太太合作，李氏所遺房產契約等多在伊手，亦不交出。如某局高某等常出入其門，並聞常以汽車裝載細軟物件自萊陽路運往大沽路某處存儲，以此情形，不知又將引起若何糾紛矣，（民言）

○ 1933年9月3日《青岛时报》

[1] 李涟溪死后遗产为患[N].青岛时报,1934-10-4(6).

系先母李王淑华所有，无论何人假名抵押或盗卖等事盖作无效。”前前后后十多年，仅洪泰号和乐善堂涉及的律师就有孙承瑗、郑化南、刁家仁、李宗汉多人，当事人则涉及洪泰号东家四位太太与少东，张淑君，张瑞芸率子文钟、汝霖，张子名，孙作岳，等等。

1933年8月，傅炳昭对李涟溪后事的亲力亲为体现了其不忘旧谊的情分，也似一曲惺惺相惜的挽歌。自1908年5月傅炳昭与李涟溪联合投资保险公司开始，十年中彼此的合作还包括对龙口银行的投资等。这家中日合资的银行1915年在青岛开设支店，三年后傅炳昭、隋石卿与李涟溪成为龙口银行总行的董事和记账员。

1922年青岛回归后，傅炳昭、李涟溪经历了一同作为青岛市民对德追偿损失会代表赴北京请愿等风风雨雨的磨炼，你买地置业，我起楼兴商，两个人同舟共济的各种合作已持续了20多年。而就李涟溪个人及其家族来说，期间包括洪泰火柴厂、洪泰商场、胶东路1号与莱阳路新8号房产在内的多项工商业、房屋资产，已然形成了一个巍然的资本庄园，盘根错节的触角敏锐且坚硬。李涟溪与傅炳昭关系的猝然终结，对傅炳昭的打击可以想象。由此扩展来看，一部青岛新城的早期华商移民开拓史如果缺失了傅炳昭与李涟溪的作为，也就失去了活泼肌理的弹性。而关于傅炳昭与李涟溪的这些连续篇章，无一不浸泡着甘苦自知的沧桑。

但作为旁观者，傅炳昭并不能阻止随后发生的这场财产纷争。类似场景在1930年度的青岛已屡见不鲜。各种分崩离析，各种钩心斗角，各种尔虞我诈，不一而足。老一辈华商讲究面子，崇尚逝者为大，虚头巴脑的套路驾轻就熟。傅炳昭这个礼节性的出场，在关于荣誉、财富、生平与功过的记忆拼接的掩映下，象征了一个旧时代的终结。就个人而言，早年父母双亡的傅炳昭，中年丧妻，晚年丧子，人生的荣耀、苦难与孤独一一经历了，堆积如山的财富数字下面，旦夕祸福，悲欢离合，生老病死，一个也不曾逃脱。1933年夏天李涟溪之死作为一场悲欣交集的告别式，不过是其个人宿命的一次预演罢了。

在李涟溪身上，傅炳昭看见的恰恰是无法逃避的自己。

1935年8月，在向青岛市救灾筹赈会捐款1000元后，傅炳昭与厮守了30多年的青岛渐行渐远。聚光灯下，宋雨亭一辈作为年轻的后来者正大步走向城市经济舞台的中央。

# 第八章
# 运气

# 弄潮儿

1931年4月航业公会请求商会核减花费：“会员家数无几，值兹各家营业萧疏之际，统计前后各费，负担力殊不支，亦应请钧会洞审情形。”

走上城市经济舞台的不止一个人，消失在城市迷宫中的也不止一个人。有的人被记住，更多的人则杳无音信，没有姓名、性别、年龄、来历、去处。如一阵微风，刮过来，飘过去，无影无踪。

1927年9月17日，在日本注册的19吨华商摩托船源德丸号在胶州湾触礁沉没。源德丸号搭客400人，120人被美国军舰以舢板捞救，发现尸体159具，其余人员下落不明。这一悲剧性事件很快就被公众遗忘，直到客居青岛的作家王统照将其写进小说《沉船》，才得以还原其前因后果。

在潮起潮落的胶州湾，生生死死，明明灭灭，都不新鲜。不同的是，当事者、商人、作家、野心家能够从中发现什么。当事者关注的是细节，商人看重的是机会，作家看到的是人性，野心家看见的是格局。

各式各样的旁观者打一个哈欠，抖一抖衣服上的灰尘，对街巷、商铺、码头、里院、作坊里日复一日的悲欢离合无动于衷，视而不见。而所有与旁观者擦肩而过的路人，对这一切早已习以为常。有人诧异，往往被归咎于大惊小怪。

麻木，像看不见的瘟疫，会传染。

1930年1月1日，与日本联系密切的溥仪驻津顾问兼总务处任事郑孝胥，夜半乘船抵达青岛，天阴，微风，不寒，看着黑乎乎的城市，恍恍惚惚就睡着了。这是郑孝胥第四次来青岛，他下船后，赴聚福楼饭庄吃了一顿饭，期间店主吴滋玉外出，“其伙询余姓名，不肯受钱，推让久之，掷钞路旁，乃得脱去”。由此可

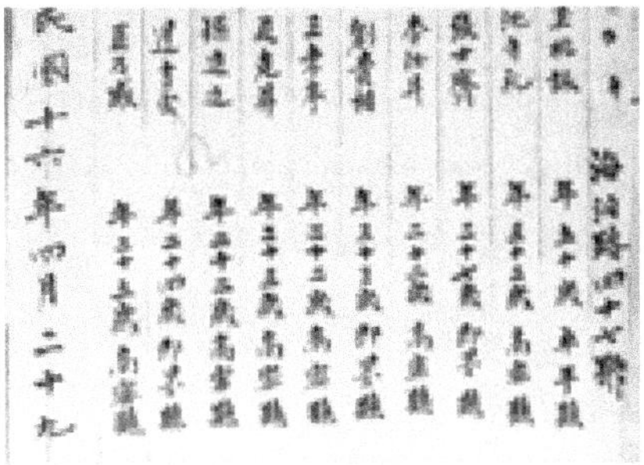
民国十六年四月二十九

○ 1927年海泊路华丰泰商号雇员名单

○ 青岛港停泊的轮船

见郑孝胥与聚福楼缘分之深。

胶州湾的港口内外，蒸汽轮船、行栈、饭馆、旅社、公园、戏园、浴池、照相馆构成了斯时青岛的日常风景。五冬六夏，诸如郑孝胥这样处心积虑的政治过客，不过是面目不清的熙来攘往者之一。立场分野与身份贵贱，政治背景与族群差异，并不影响青岛航运业的水涨船高。码头上，每天都有兴致勃勃的衣冠楚楚者进进出出，指指画画，兴奋之色溢于言表。

码头和轮船，让青岛与奇异的外部世界变得天涯若比邻。

这个时候，视青岛为第二故乡的叶春墀已弃文从商，落脚点在海上。

叶春墀与青岛的商业联系之始，似与父亲的航运生意有关。叶父叶沙明早年从日照来青岛经营航运，同时也经营捕鱼，曾拥有百吨以上的海船五艘，航线远至日本、菲律宾等。叶春墀在《青岛概要》中对青岛航运业的认识已十分清醒：青岛“以地势而言，当为中国最繁盛之商埠。较之上海黄浦江，干潮时只十六英尺。天津居白河之上游，冬季封港，三千吨以上之船出入不便者，大相径庭。然上海、天津贸易在全国均首屈一指。而青岛萎靡不振者，则与津、沪有历史上之关系”。

作为一个掌握现代商业观念的学人，叶春墀似乎不乏经营机遇。但在航运业之外，早先的尝试却并不顺利，如在洗衣业的投资。1923年3月4日，胶澳商埠督办公署指令青岛总商会告知叶玉阶等，应呈送组织办法后，才能承办青岛洗衣厂。指令称：“叶玉阶等恳请承办青岛洗衣厂，愿依法组织公司，未将组织办法呈送到署，无凭核办，仰即转告知照。”签署指令者为山东省省长兼胶澳商埠督办熊炳琦。[1]

有资料显示，1922年5月，已届知天命之年的叶春墀子承父业，在青岛创办裕泰轮船行，陆续拥有裕盛、泰升等船。但20世纪30年代青岛总商会的一份裕泰轮船行入会登记表显示，裕泰轮船行的成立时间却迟至十年后的1932年元旦，地址在金乡路79号，资本金1500万元，四个股东全部来自日照，叶春墀为最大出资人。其中叶春墀和儿子叶瑛桐的登记住址都是无棣一路36号，叶春墀出资1050万，叶瑛桐出资225万。另外两个出资人分别出资190万和35万。入会登记表填写时，叶春墀60岁。

稍早在1931年12月编制的《青岛市航业同业公会会员名册》显示，登记在河北路53号地址的船行有三家，分别是日照籍秦善斋的秦升船行，拥有泰升轮船；日照籍叶玉阶与贺寿山的裕盛船行，拥有裕盛轮船；即墨籍王守文的益华船行，拥有益华轮船。而随后青岛总商会的裕泰轮船行入会记录中，除叶春墀与叶瑛桐外，另外两个出资人一个叫贺静山，一个叫赵云山，都是日照人。河北路上的这三家船行与后来的裕泰轮船行有着怎样的对应关系，有待进一步发掘印证。

1935年4月《青岛市轮船业同业公会第二届当选委员姓名表册》显示，代表裕盛轮船行当选常务委员的叶春墀，登记店址为无棣一路36号。

从济南转入青岛后，叶春墀1922年参与过接收青岛过程中涉及公共财产方面的技术性工作。继1923年3月动议承办青岛洗衣厂后，叶春墀先后出任青岛取引所常务理事、青岛地方银行经理及青岛航业同业公会常务委员等职。但其接手的青岛地方银行却是个烫手山芋，并不曾有所作为。期间与其发生关系的银行业者，包括刘子山、成兰圃、李涟溪、隋石卿、郭大中等。1925年叶春墀短暂主持青岛地方银行时，还开办了一家会计师事务所，由农商、高等审判厅注册核准。距离叶春墀的无棣一路36号寓所不远，山东会计师公会青岛分会也曾在无棣一路24号设立了一个分事务所。

1927年11月，叶春墀出任青岛渔航局局长，继而参与航业公会事务。1926年8月29日，青岛总商会整理员办事处汇列各公会举派代表姓名，轮船同业公会代表人依次为于维廷、叶玉阶、江立南、郭次诚、李玉祥、丁敬臣、秦善齐、李淑

[1] 青岛档案馆馆藏档案[A].325(1).

周、贺仁庵、黄盘如、田秉玉、马云青、孙梁臣。1931年4月，叶春墀与王仲英二人曾代表航业公会赴青岛总商会面陈苦衷，请求核减花费，称："会员家数无几，值兹各家营业萧疏之际，统计前后各费，负担力殊不支，亦应请钧会洞审情形。"1933年9月，叶春墀以青岛航业公会常务委员的身份，被推荐为本地航业代表，参加实业部生产会议。

1937年3月1日，针对小港火轮商的经营萧条困局，青岛航业公会在港务局召开全体会议，讨论联合应对办法。会议决定由政记、长记、裕泰行、英记行、义通商行、义中行等船公司各推选三名代表，组建小港轮船营业筹备处，由郭次诚、叶春墀、江立南三人负责，以期渡过难关，避免陷入破产的境地。[1]但接下来的事情更棘手，各船公司的意见多有分歧，合作颇不顺利，难以形成一致行动。四天后，叶春墀再次主持召开会议，商量以登记吨数及客座为根据，分配各轮船公司成数。从报纸披露的相关信息看，叶春墀的这段时间的工作可谓苦不堪言。

因为留学日本的关系，叶春墀有一位日本姨太太，儿子后来也娶了日本妻子。这样的跨族群家庭组合在青岛主权回归后并不鲜见。因为即便到了民族认同日益深入的1935年，侨居青岛的日本人依然有3395户，15015人。[2]在族群壁垒之外，社会融合也日趋广泛。在青岛期间，叶春墀与山东公立商业专门学校同学的联系一直未断。1932年5月，其曾向青岛社会局呈报了组织山东公立商业专门学校旅青同学会的文件及简章，显示出他持续关注山东公立商业专门学校学生的热情。

叶春墀的儿子曾记述："叶春墀谨小慎微，以儒家孔孟之道持家经营。他干了二十多年航运经营，把小轮船扩充到七条之多（裕盛、泰升、益华、同兴、裕昌一号、裕昌二号、裕昌三号），但总吨位只有一千多吨，在小港航运同业中名列第二。"这份简略的记录在罗列叶春墀航运扩张履历的同时，也在部分意义上构建了裕泰轮船行与秦升船行、裕盛船行、益华船行的联系。

叶春墀置身的城市，尽管街头巷尾的灯红酒绿让人眼花缭乱，但深宅大院中

[1] 小港火轮商刻进行合作营业[N].青岛时报,1936-3-29(6).

[2] 《青岛时报》1935年2月8日刊登的日本警署1月的调查数据显示，侨居青岛的日本人计3395户，男7794人，女7221人，共15015人。市内居住12298人，台东镇居住541人，四方居住979人，沧口居住1197人。

保守主义的传承却也并行不悖。在1922年撰写出版的《青岛概要》中，叶春墀尽管抨击了青岛一隅“学问上之进步殊鲜，尤缺乏普通法律智识”，却仍然对“无浮华轻薄之风”者“敦信义，重然诺”的风尚持肯定态度。十多年过去，一个与旧习惯渐行渐远的商人社会逐渐成形，日常风俗丕变，人心今非昔比，可“不尚文饰，欲望鲜少”的传统习俗，旧礼教的贞孝节义，在不少年轻人身上依旧根深蒂固。出身名门的铁路中学毕业生潘明显之妻马氏即是突出一例。

1935年2月23日，宁波路22号捷通商行经理潘心敏的儿子潘明显，因患肺病去世，儿媳马氏悲痛欲绝，几天后趁家人不备，吞食信石殉夫而亡，令闻者不胜唏嘘。潘明显与妻子马氏都20岁出头，丈夫毕业于铁路中学，品行端正，学识优良；妻子自幼习读诗书，与潘明显结婚后谨守妇道，无或逾越，左邻右舍皆赞其贤淑。[1]一场意外病患导致两个年轻生命断送，对潘心敏的打击不可谓不大。

捷通商行是一家运输商，兼营杂货土产，包括潘心敏在内的主要股东都来自即墨。本地一家报纸对马氏殉夫之举，以“生同室，死同穴，可以风世”视之。

青岛一地，新风尚日见浓郁之时，对叶春墀“敦信义，重然诺”的评价不一，争议不可避免。个人道义上，马氏殉夫之举无可指责；而就社会趋势而言，此举无疑背道而驰。有时候，社会进步与个人操守之间并无关联。以殉夫劝勉世人大可不必，以新思想与新生活规范所有人亦属痴心妄想。

孰是孰非，无须定论。

[1] 烈妇马氏吞信石殉夫[N].青岛时报,1935-3-1(6).

# 恰逢其时的绽放

**1932年9月9日，谭抒真在《青岛时报》上刊登了一则广告："今购得旧平台式三角大钢琴一架，但内部并无键盘及机件，以致无法弹奏。如有人存有该项全套键盘及机件者，倘有意出让，兹愿重价购买。"**

与叶春墀比较，潍县谭氏家族与青岛的联系要更早。谭家后代谭抒真在年轻时就成为西洋乐演奏家，谭家三代人的画像慢慢进入历史隧道的光亮处，熠熠生辉。

之前，关于西乐演奏家谭抒真的父亲谭岳峰，以及谭氏家族与青岛发生联系的起始的研究异常匮乏，直到本地记者刘宗伟完成《寻找谭岳峰》的文献挖掘，其脉络才逐渐清晰。谭岳峰生于1882年，字子东，父亲谭奉赞是家乡潍县的木匠，六兄弟中谭岳峰排行最小。他前面一个哥哥叫谭玉峰。

谭家的运气出现在1898年青岛大规模城市开发之后。因为租借地的强大吸纳力，老家距离青岛几天路程的潍县家族的四兄弟，决定用父亲传授的木匠手艺进行一次改变命运的冒险，他们跋涉二百多里，懵懵懂懂地进入了青岛。会画图样又会雕刻纹饰的三哥，最终开办起包工作坊，这让谭岳峰和五哥谭玉峰在1901年获得了进入礼贤书院读书的机会。[1]在20世纪开端的青岛，礼贤书院是本地华人启蒙教育无可比拟的开拓者与标准制定者。得以入礼贤书院者，差不多半个身子已跨入主流社会的门槛。除了潍县谭岳峰、谭玉峰兄弟，日照人王献唐以及贺仁庵、尹莘农、刘铨法等后来的知名学者和华商，都是礼贤书院最早的一批学生。

---

[1] 刘宗伟．寻找谭岳峰[N]．青岛日报，2016-4-1．

进入礼贤书院的同一年，19岁的谭岳峰结婚，六年后的1907年1月18日，谭岳峰从礼贤书院毕业，五个月后的6月10日，谭抒真出生。之后在1908年春天，谭岳峰偕妻小前往上海中国公学担任德文教习，月薪100两银子。在1906年4月10日创立的中国公学，谭岳峰的同事包括国文教习于右任。但谭氏一家在四川路没住满一年，当年冬天谭岳峰就辞职回到了青岛，受聘租借地政府翻译。

1909年10月，设在栈桥西边的青岛特别高等专门学堂开学，首批63名学生中，先后毕业于礼贤书院和山东高等学堂的谭玉峰获得免试入学资格，进入这所由中、德两国政府合作创办的大学。鉴于谭玉峰之前接受了良好的语言训练，他同时被吸纳到学校的翻译室，获得了一份工科翻译工作，每周译课24小时，月薪100元。之后在1911年6月，谭岳峰也进入翻译室，从事医科翻译，每周译课24小时，月薪70元。同年青岛特别高等专门学堂医科招生，谭岳峰随之进入医科学习。自此，两兄弟一前一后，一工一医，双双出入在青岛特别高等专门学堂的课堂上。

1912年9月30日下午，在青岛访问的孙中山到访基督教青年会，谭岳峰参与接待翻译，并与孙中山一行合影。当天在访问基督教青年会之前，孙中山先去了一趟谭岳峰就读的青岛特别高等专门学堂，并向学生发布了一番演说。半个月后的10月14日，德国青岛总督迈耶·瓦尔代克在给柏林海军署国务秘书蒂尔皮茨的信函中，记录了孙中山讲话的内容："孙中山在会谈中对学生讲，他很高兴地接受了学堂的邀请，对学堂进行一次访问并向学生发表讲话。年轻的共和国还处在刚刚开始发展阶段，这意味着必须调动所有力量，使之得到完善。学生必须用极大的勤奋、热情和忘我精神投入到学习中，以便在完成学业后能走向生活，以其所学知识为人民大众的福利服务。"

作为工科机械班第一届毕业生，1913年下半年，谭玉峰、姜本忠、栾宝德等七人毕业，谭玉峰留校任教。1914年11月，德国在日德青岛之战中被日、英联军击败，青岛租借地易主，青岛特别高等专门学堂解散，200余名在校生并入上海德华医工高等专门学校继续学习。谭岳峰之后在上海德华医工高等专门学校的同学录显示，1915年谭岳峰33岁，为医学正科二年级学生。[1]

[1] 刘宗伟．寻找谭岳峰[N]．青岛日报，2016-4-1.

1916年谭岳峰医科毕业，获聘到开封河南留学欧美预备学校任教，教授德文和化学，月薪200元。但如同之前在上海中国公学的经历一样，他在这个教职上只逗留了一年多，便在开封创办一家诊所，其后开设了东升春西药房，并在寺后街购置了房产。与此同时，谭岳峰五哥谭玉峰在同一学校继续执着于工学，成果之一是1918年11月发表在《同济》双月刊上的《射砲之算式》，前记“客岁余在开封留学欧美预备学校教授德文、物理学”。[1]由此推断，谭岳峰、谭玉峰两兄弟自1901年到1917年的十多年间，经历与履历有很长时间的重叠。同期《同济》杂志刊登的《同济工学会第三次大纪会》中，罗列了同济工学会新选职员名录，其中有文牍刘铨法和庶务员谭翌。不知这个谭翌与谭玉峰是否存在关联性。1922年青岛回归后，谭玉峰的名字出现在《胶澳商埠督办公署暨附属各机关职员录》中，其身份是胶澳工程事务所工程员，他的同事包括工程师王守政、严宏淮、王枚生、刘铨法和工程员朱良佐、曲鹏新、赵祖康、李树伟、吴讷。

谭岳峰的人生路线图显示，在开封差不多生活了15年后，年近半百的谭岳峰决定回青岛繁衍家业。他召回在上海的谭抒真夫妇开设了一家眼镜店，购买了一套德国蔡司光学仪器，让谭抒真学习操作。期间谭岳峰获悉俄国人米海列夫在中山路经营的西药房准备转让，便一番讨价还价，以7200金圆成交。谭岳峰将眼镜店搬迁至西药房内，添置了一台磨镜片机器，就此构建起他乡故地的生意基础。

1932年谭抒真依照父亲的要求回到青岛，参与药品和眼镜经营。当年9月9日，《青岛时报》刊登过一则谭抒真征求钢琴键盘的广告：“今购得旧平台式三角大钢琴一架，但内部并无键盘及机件，以致无法弹奏。如有人存有该项全套键盘及机件者，倘有意出让，兹愿重价购买。”谭抒真留下的接洽处是龙山路新18号。

在青岛期间，在西洋音乐上已成绩昭彰的谭抒真，开始与供职万国储蓄会的临沂人王玫一起活跃在本地各个演奏场合。1932年5月31日，《青岛民报》报道了“中国第一流提琴家谭抒真氏来青”的消息，称：“前曾演奏于上海市政厅管弦乐队及个人音乐会之谭抒真氏，现已偕其夫人来青，又闻谭氏将在青创办音乐研究会，并专教授提琴。谭氏正与本市音乐界之王玫及何玉兰女士共同协助，努力发

[1] 谭玉峰.射砲之算式[J].同济,1918(2):249-253.

展，提倡欲成功本市之音乐乐队，并闻谭氏或在暑后即可举行扩大之本市音乐会云。”同年9月10日，青岛音乐研究会在文德女学举办首次演奏会，何玉兰演出独唱及钢琴，王玫及谭抒真独奏提琴。[1]

1935年，谭岳峰逝世。这一年，谭岳峰53岁，谭抒真28岁。

1935年1月谭岳峰去世后，谭家的发展方向发生逆转，谭抒真放弃经营转让药店，商请米海列夫原价购回。莱芜二路的房产则转移到姐姐名下，谭抒真随后回到开封。本来将依次实施的多宗居庸关路地块的家族物业开发事项胎死腹中。一年后的夏天，梅兰芳夫妇乘飞机抵青避暑，入住莱芜二路陈寓。而此时，在这条行道树逐渐高过墙头的街上，已无谭抒真的踪影。

谭氏一族中，谭岳峰五哥谭玉峰的活动轨迹后来继续在青岛显现。国家图书馆藏《胶澳商埠督办公署职员录》显示，1922年青岛回归后，以工程员身份进入胶澳商埠工程事务所的谭玉峰，登记的通讯地址是天兴里。1932年9月25日下午，德国旅行家梅格在文德女中礼堂发表演讲，谭玉峰到场担任翻译。[2]1936年的《青岛教育》月刊刊登了谭玉峰的《中小学毕业升学就业论》，开头即以平和的语气，触及“平等教育”的伦理本质：“夫教以育才，学以致用，天下无不可教之人，亦无不可用之材，犹木之大者，可使用为栋梁，小者可见用为桷榱，甚至竹头、木屑用得其所，其利亦溥。材无分大小，人无分贤愚，苟教之有方，用之得当，则人才辈出，庶绩咸熙矣。”[3]

谭家的变故打乱了包括置业计划在内的商业拓展轨迹，也使谭抒真与青岛渐行渐远。

---

[1] 音乐研究会今日二次演奏[N].青岛时报,1932-9-17(6).

[2] 德人梅格今日在文德讲演[N].青岛时报,1932-9-25(6).

[3] 谭玉峰.中小学毕业升学就业论[J].青岛教育,1936,3(9):28-29.

○ 1935年从信号山远望谭氏居住的莱芜路一带

# 边缘化的敌人

**1931年10月汇兴栈致函青岛运销牛业公会："兹有友人王屏藩在青岛苏州路二十一号专办绘图事宜。自近拾余年来，所有建筑一切事宜均归伊一人承办，成绩颇佳。"**

不论道德与否，历史只记忆聚光灯照耀着的部分。人、事、城市、文化，概莫能外。尽管进入记录的大部分斑驳过往，无一不被或小心翼翼或漫不经心地挑选过了。

1934年夏天到青岛旅行的作家林微音，曾站在观象山上面描绘过一幅红屋子"参差在浓密的树的中间"的图画："山下铺遮的是一张经纬着不整齐的红与绿的织锦，这泄示了造屋者们的采用那种颜色来作他们的屋子的颜色的聪敏。"[1]林微音来自平坦的沪上，对这个非同凡响的城市的景色大呼惊诧。

林微音在观象山顶转过身背朝大海的时候，刚好能够看到苏州路。这是一段从山谷曲折向南的通道，一步一抬头，步移景移，人动物非。苏州路被伏龙山和观象山裹挟着，打开的豁口像一把钥匙，开启了一个新开发居住区的门户，也将南面的海风引导到山谷里面。

1935年初春，赵卿记与刘贵访的一桩欠款诉讼案让建筑工程师刘铨法浮出水面。刘铨法的职责是受托鉴定债务人刘贵访苏州路28号一栋楼房的市值，却被当事人认为鉴价过低，要求另行鉴价。当年4月3日，青岛总商会收到的一份山东青岛地方法院公函，说明了事情的来龙去脉："案查本院执行赵卿记与刘贵访借

[1] 林微音.散文七辑：第三辑[M].上海：上海绿社出版部,1937.

款一案，债务人刘贵访应偿还债权人赵卿记大洋壹佰柒拾玖元玖角叁分，并自二十三年六月一日起至清偿日止按月利一分三厘五毫给付利息。该债务人刘贵访传唤不到，经本院派员将其坐落苏州路二十八号楼房一所实施查封，并选任工程师刘铨法鉴定价额柒仟肆佰元整，布告拍卖各在案。兹据该债务人以鉴价过低，状请另行鉴定前来。相应检同鉴定费洋贰拾元函请贵会查照，选任鉴定人将上项财产另行鉴价，出具鉴定书，连同鉴定费收据送院为荷。”

看上去，作为礼贤中学不领薪金的校长，建筑工程师刘铨法在20世纪30年代的一项重要收入来源就是收取建筑物鉴定费。仅在检索到的1935年1月的记录中，其就受地方法院委托，先后为裕孚银号与宋聿青借款案、张恩堂与李恩霖货款案进行了评估鉴定，前者取费20元，后者取费40元。该项费用均由青岛总经商会发放。

令人始料未及的是，在即墨人刘贵访楼房附近，幽静街巷深处居然是营造业的大本营，包括资深建筑师王枚生在内的专业人士咫尺之遥，济济一堂。城市各处标志性建筑的设计图样，许多都是在这里孕育诞生的。20世纪30年代至20世纪40年代，苏州路已聚集了数家营造行，如莱阳人王侯东1931年开设的东记及之后段仲民经营的正华、益都籍日本留学生王枚生1942年开办的美化、青岛人李文海1938年设立的福聚兴、胶县籍王屏藩创办的设计绘图所。而在无棣路和无棣二路上，还有东兴记、怡和、新聚祥、复盛兴、德昌祥五家建筑行。[1][2]这也在一定意义上显示出，经过不间断的城市化扩张，这块山谷凹地作为日渐成熟的低调街区，实际使用上的性价比已颇受轻资产商业机构与中产阶层的青睐。

王枚生是较早进入青岛的华人职业建筑师，曾参与1922年青岛回归的相关建筑接收事宜。之后在新组的胶澳商埠工程事务所，拥有工学学士学位的王枚生与王守政、严宏淮、刘铨法组成工程师四人组，其在《胶澳商埠督办公署暨附属各机关职员录》中登记的通讯地址为西陵桥立町琳记工程局。[3]临近云南路的这条街，回归后不久成为东平路的西段。在1926年8月完成登记的青岛总商会举派

[1] 青岛档案馆数据化资源库．青岛特别市建筑业同业公会会员名册[A].1942.

[2] 青岛档案馆数据化资源库．青岛区营造工业同业公会工厂名册[A].1948.

[3] 胶澳商埠督办公署．胶澳商埠督办公署暨附属各机关职员录[M].1920.

代表清单中，建筑同业公会的代表人有王枚生、栾子瑜、王侯东、王云飞、毕荫棠、赵百川、隋子丰、王福盛、马铭梁、谭起德、宋振业、宫博之、刘书臣、盖炳臣、刘子绅、宫学德、林天瑞、宫世云、王作堃、张以塘、王耀廷。档案记载，1927年11月，胶澳商埠工程事务所曾指派建筑部工程师王枚生前往西岭调查汶上路市场的建筑状况。[1]1929年王枚生离开政府机构，开始作为商业建筑师独立营业。王枚生的女儿王相文晚年回忆：“1915年，22岁的父亲考取公费留学，辞去家乡教师的工作，东渡日本，进入日本高等工业学校建筑科学习。1921年回国定居青岛，在苏州路15号创立美化营造厂。”

但不同时期记录的美化营造厂的地址信息相互矛盾。1937年1月7日《青岛时报》以“美化营造厂建筑师王枚生”的名义发布的广告显示，该营造厂地址为莱芜一路20号，业务“包作各项建筑工程及设计绘图监工，兼代办房产转移登记”，电话4205。而一份疑似在20世纪40年代生成的《青岛美化营造厂商人调查书》则显示，美化营造厂的登记地址为吴县二路1号，股东是王枚生与安丘人赵干宸，注册资本金3000元，雇用六人，薪金150元，工作时间是早七点到晚七点。

实质上，王枚生与赵干宸以琳记工程局为纽带的联系在1922年青岛回归前后就已经十分紧密。1924年编制的胶澳商埠职员录显示，赵干宸毕业于青岛德华书院，彼时的职业是胶澳商埠工程科制图，年龄27岁，王枚生32岁。

作为长时间浸润青岛的职业建筑师，王枚生参与设计营建的公共建筑包括湛山寺药师塔、兰山路青岛市礼堂、大学路两湖会馆、龙山路基督教堂、信号山路慎德堂和居庸关路9号等。王相文描述：“父亲的这些代表性建筑，以及他在观海山、信号山、观象山周边设计、施工的多处民宅建筑，都如同凝固的音乐融入魅力青岛的旋律，与山海城和谐相关。”[2]

1936年7月5日上午，益都旅青同乡会在浙江路青年会礼堂举行成立大会，王枚生代表理事会致答谢词。[3]由此可见，时年43岁的王枚生在益都同乡中已十分有影响力。

---

[1] 青岛档案馆馆藏档案[A].353(1).

[2] 王相文.我的父亲王枚生[N].老年生活报,2016-4-13.

[3] 益都同乡会昨日举行成立大会[N].青岛时报,1936-7-6(6).

进入城市化开发之后的30年，青岛一地的建筑之美素为人称道，亦成城市名片。为响应沈鸿烈倡导的“城市复兴”，各式市民建筑遍布街头，令人目不暇接。为“鼓励优良之市民建筑，增进市容”，青岛工务局在1937年组建市民建筑审美委员会，每年对全市房屋从房屋式样、房屋配置、花墙式样、内部装饰、施工精细程度、庭院布置等方面进行一次评定，奖励优秀设计技师、营造厂及监工技师。[1]这对包括王枚生在内的本地建筑师与营造商是动力，也是压力。

相关文献显示，20世纪30年代从江苏路西头到苏州路之间的坡地上，刘贵访、李文齐、李基丰、李正、汪育苏、张寿三、李育德、逄复言、沙安国、吕凤台等依次建成的房屋，涉及王屏藩、陈良培、王海澜、马永祥、宋立生、方运承等建筑工程师，营造商则有恒道、福合兴等。

参与苏州路西坡几栋房屋设计营建的王屏藩与陈良培两位技师均为胶县人，亦都在青岛执业多年。1931年10月，汇兴栈致函青岛运销牛业公会称：“兹有友人王屏藩在青岛苏州路二十一号专办绘图事宜。自近拾余年来，所有建筑一切事宜均归伊一人承办，成绩颇佳。此次赴南京注册，须得有市商会及他团体证明确有八年以上之经验方为合格，特此函请贵会转致青岛市商会发给证明书为荷等因准此。”青岛运销牛业公会随后给青岛总商会去函：“查王君屏藩在近十余年来，所有同业建筑绘图等事均系伊一人办理，资准前因，特再具函转，肯为王君屏藩出具证明书，证明王君办理建筑事宜实在八年以上，至纫公谊。”

汇兴栈设在台西镇观城路，与屠宰场同处一条马路，是一家1909年开业的牛肉贩运输出商号，经理郭贵堂是业界资深者。郭贵堂曾在1923年4月2日与王积中、高学阶、孙长庚、张裕和、郭贵堂、刘子儒、王从约、徐崇梓等人一同发起成立畜产同业公会。1925年6月其与刘子儒代表青岛畜生公会参与了各团体的沪案募捐。

与1934年夏天站在观象山上对青岛人的“聪敏”大发感慨的作家林微音一样，青岛市民建筑审美委员会的参与者刘铨法、王枚生、王屏藩、郭贵堂、刘子儒都算是“聪敏”者。在上海担任过银行职员的林微音以新月派出道，看上去不

[1] 市民建筑审美会昨公布修正简章[N].青岛时报,1936-3-2(6).

太合群，却不管不顾地将唯美主义文字操持得有声有色。刘铨法把玩的钢筋、混凝土不论是放到青岛物品证券交易所这样的现代主义风格里，还是融进红十字会的古代宫殿建筑结构中，在青岛都独树一帜。刘子儒笼络的台西镇商人势力，几十年下来顺风顺水，也从不是依靠一成不变的坐享其成。

其实，不论是政府机构、建筑师、房屋营造商，还是礼贤中学、台西镇牛商，在20世纪30年代都面临着跟随时代节拍的问题。凡是把握机遇、与时俱进者，包袱就轻，发展就快；而凡是与现代社会格格不入者，尤其是试图与现代性为敌者，最终则多游离到边缘化的境遇，成为无足轻重的陪衬。

但是，长袍外面的皮坎肩换成了西装革履，并不是进入现代社会的真正入场券。甚至，换了装扮的疑似者以为不需要换脑子，用三纲五常计算人行横道线，危险就难以避免。

○ 物品证券交易所大楼

# 一颗落地的种子

1934年陈秉直《青岛市与工业》中写道："站在人民之立场者，应于实质上援助业界，即于资金之借贷，原料之购买，劳工之招募诸点，应多予业界方便，俾事业进行顺利"。

1930年9月24日下午，设于大港二路2号的山东烟草公司突然发生火灾，未及逃离的13名女工被烧死，厂房焚毁殆尽。次日上海《申报》报道了这场"惨状为历来所未见"的灾祸，并披露："青岛山东烟草公司为本市唯一华商制烟厂，已开设二年有余。资本计十万元，总经理为战警堂，营业极称发达。"

不论对战警堂，还是对周边的其他工厂主，1930年秋天这个浓烟滚滚的下午都是个血的教训。不知道是否与这场惨烈的火灾有关，四年后，战警堂被青岛总商会推选为益成五金行火险案公证人。

作为20世纪30年代"华工制造"屈指可数的工业试验场，青岛无疑被寄予厚望。而诸如掖县人战警堂这样从高密街玉春号商号到工业投资者的转变，则清晰反映了其资本嗅觉的敏锐。

1934年，当山东烟草公司受困于从黄县、平度、岞山等地连续退回霉烟的又一次危机的时候，陈秉直在《青岛工商季刊》撰写了《青岛市与工业》一文，直面华工制造业的困局："吾国既成工业无论何地，均非常不振，其原因虽非常复杂，然可归纳于内外两因之中。技术不精，生产失度，组织不善等，是其内因也；外商摧残，捐税过重，运费过高等，是其外因也。内因之来，由于业界之改善无方，政府之鞭打无策，学界（或专家）之扶助不足；外因之来，由于业界之自卫不足，政府之保护不周，人民之援助不力。故欲改进工业，须业界、政府、人民及学界一致起而为之，方得除其内外各因，而速收改进之实效。”

显然，站在更开阔的视野上看，青岛工业破冰之旅下面的生存之路并非前程似锦。面对复杂的发展局面和来自社会各个方面的诸多问题，陈秉直的坦白显示出一种清醒的焦灼。

在陈秉直开出的改进药方中，业界、政府、人民、学界共同负起责任，统一立场，被视为“重中之重”：“是以凡站在业界之立场者，应以利国福民为主旨，而本相互扶助之精神，共策事业之发达，即对外应一致进行，共同防护，对内应力图改善，多求援助，不可自私自利，相入厄途，而为外商造机会；站在政府之立场者，应以保护产业为职责，而实行减轻税收，减低运价，制止外商跋扈，融通急需资金，奖励改良研究，提倡产业合理化等保护政策；站在人民之立场者，应于实质上援助业界，即于资金之借贷，原料之购买，劳工之招募诸点，应多予业界方便，俾事业进行顺利；站在学界之立场者，应于技术上扶助业界，即于计划设计及改良研究上，应力加指导，使技术时有进步，如此齐力以图改进，则不期工业发达而自发达必矣。青市工业之改进，即非以此群策群力之法为之不为功。”[1]

青岛的本土工业开创是城市化推进的一个必然结果。发生在这其中的种种跌宕起伏，掩映着青岛工业文明版图上曲折的成长细节。1901年，一个叫李在惠的人在台西四路13号设立德盛洗衣局，该局成为青岛第一家洗染企业。1919年9月，经营洋杂货的福顺泰商号东家杨子生投资两万银元，在台西镇创办维新化学工艺社，此为国内第一个化学染料厂，标志着青岛化学工业的诞生。李在惠和杨子生的故事仅仅是本地华人尝试工业化生产和经营活动的零星事例，而他们所代表的是青岛城市化早期稚嫩的本土工业萌芽。

一颗种子落地，却不一定能够开花结果。即便风调雨顺，也会遭遇各种不测。

福顺泰的颜料工厂故事在1922年发生过一次转折。核心情节涉及一个叫儿岛熊吉的日本人，内容包括撤资和股份转让。四年后福顺泰给青岛总商会的一份呈报，显示出似不便言明的个中隐情：“窃商号于民国八年与日人儿岛熊吉氏合

---

[1] 陈秉直．青岛市与工业[J].青岛工商季刊,1934,2(1):150.

资试办颜料工厂，双方言明先为试办，以观后效。其后敝号因种种困难，无意进取，爰于民国十一年一月敝号实行撤出，股东归并于儿岛熊吉一人承办。当时以彼方无力买收，故由敝号已垫之资本计大洋六万元，言明俟后陆续分期还清。自归并之后，则儿岛熊吉完全为该厂之主人，敝号对于该厂前之合资关系变为债权关系。特备此函，恭请贵会备案存查，以资证明，不胜感戴之至。”[1]这份情况说明出现在1926年10月，报送给的是青岛总商会会长。

但在这之前，福顺泰投资与儿岛熊吉氏合资试办的颜料工厂却一直存在着，杨子生和福顺泰为了证明维新化学工艺社出品的颜料实为国货一事，屡次上书青岛总商会澄清。

第一次在1919年11月，刘子山、成兰圃、朱润身代表青岛总商会向天津、济南、烟台、高密等内地商会发出公函，说明福顺泰已在青岛经营16年，第一次世界大战后该号由于颜料缺乏，遂详加研究投入生产，所产丹凤商标煮青颜料确系华工华货，特送上货样请各商会考验。这实质上是一封推广意味强烈的广告信函，考虑到当年因为巴黎和会谈判失败，日资制造的工业产品在中国内地多遭排斥，青岛总商会郑重其事地娓娓道来就显得意味深长。

第二次在1923年11月，杨子生和福顺泰面对的是来自上海总商会商品陈列所的质疑：“敝所于前年举行第一次展览会时，由贵处维新化学工艺社送到煮青染料一种，查其所填说明，工厂设在青岛四方，成立于民国八年七月，出品人为杨子生，所用原料来自英、美、德、法各国，制品行销山东各县，发行者为福顺泰号。其品经付审查，给予一等奖证。本年双十节，敝所举行第三次展览会，专征各处化学工艺物品，供众观摩。复由该社申庄福顺泰送来新品，调换旧品陈列。兹据参观人面称，该项出品似非国产，只类之。侖无任惶骇，为恃函请贵会，调查该社是否为完全华商经办，敬乞见复，以便再付品评。事关提倡实业，务烦查照施行，至为切盼。”[2]几天后，青岛总商会张鸣銮、朱式文、顾少山、胡镇东四个人联名复函上海总商会商品陈列所，证实青岛维新化学工艺社出品确系国货：“兹准贵陈列所来函，委以调查青岛维新化学工艺社是否华商经办等因。

[1] 青岛档案馆馆藏档案[A].399(1).

[2] 青岛档案馆馆藏档案[A].334(1).

兹据该社经理人杨子生并福顺泰来函报告，出品既系国货，资本纯粹华商等情前来。相应将原函抄请贵陈列所公阅，即希查照。”[1]

第三次在1925年7月，面对由维县商会发起的疑问，福顺泰商号再度陈述事实原委，以证清白：“敝号为提倡国货、挽回利权起见，函于民国八年出资在本埠创立维新工厂，制造丹凤、如意、刀牌各色颜料。曾蒙贵会提倡，销售中外各埠。现已七年之久，完全国货，众所共知，诚恐各界不明真相发生误会，特此恳请贵会函达潍县商会，证明敝厂颜料出品纯粹国货，并乞转知潍县调查团，勿生误会，不胜祈祷之至。”[2]这一次，青岛总商会由隋石卿与孙梁臣出面，回应了维县商会的疑虑，给维新化学工艺社的各种颜料“验明正身”。

检验一个染料工厂的资本与产品的民族性纯粹度如此波折不断，折射出的实质上是一种急剧变化的现实政治镜像。

但直到1933年，维新化学工艺社的身份依然扑朔迷离。国立山东大学的一份调查记录仍然将其视为日资工厂：“青岛之颜料工业，以日人之维新化学工艺社最先开办，继起者有中国颜料厂，此二厂均仅制煮青、莲青二种。查中国颜料厂之技师及原料均仰给于日人，故历年营业，仅能维持现状，不能有何进展。其产量尚不足供山东一省之用，维新之产量五倍于中国，资本亦倍之。”[3]

国货运动风起云涌的时代，工业产品的身份纯粹性就像一块试金石，测试着忠诚与情感温度，不能悖逆，不能逃避，也不能视而不见。说到底，民族主义的旗帜下面，杨子生和他的福顺泰一而再，再而三地与儿岛熊吉撇清关系，为的还是产品销售。与商业利益息息相关的政治正确里面，杨子生、儿岛熊吉、福顺泰和维新化学工艺社的真相并不容易揭开。即便是剥去皮，也看不到内里。淹没在时间隧道里的杨子生和他同时代的许多人，实质上都是谜一样的存在。

不论立场如何，也不论背景复杂与否，作为跨界商人的杨子生，都不能脱离特定的社会环境生存。而就部分事实而言，杨子生社会融入的主动性，并不比任何一个同行迟钝。1923年4月青岛商业公所成立，杨子生当选董事。从名单上

---

[1] 青岛档案馆馆藏档案[A].334(1).

[2] 青岛档案馆馆藏档案[A].370(1).

[3] 国立山东大学化学社.科学的青岛[M].青岛：胶东书社,1933.

看，本土商业领袖丁敬臣、苏勔臣、朱文彬、傅炳昭、陈次冶这些显赫者，都在商业公所的核心圈里。1926年8月29日，青岛总商会汇列会员举派代表清单，杨子生的名字亦出现在华洋棉布同业公会代表人中。两个月后，福顺泰与源裕兴、润泰号、义升祥、同昶永、裕东泰等商号以洋货公会的名义，就准许由商人自由分销洋杂货以免重收货税一事，呼吁青岛总商会转请货税局“勿论中外商货，归一体征收，以保华商利权而昭划一”。如此来看，至少到20世纪20年代中后期，杨子生和福顺泰的社会活跃度都不低。而保持符合时代标准的行走姿势与行为选项，应属不可或缺的基本功。

看上去，杨子生对此已驾轻就熟。

一场社会风潮降临，目标看似清晰，尺度却千差万别。刀子是不是真正割到肉，还得看执行人的刀法，一正一偏，一深一浅，结果就截然不同。

很多时候，是是非非，真真假假，界限并不清晰。

# 荦荦大者

1925年《青岛工业经济概况》中写道："近年以来，青岛吾国之工业稍具规模，虽在世界经济恐慌，均感不景气状态之下，犹在努力挣扎之中。"

1918年夏天，当一个中年男人率领着另外30个赤露上身的男人在青岛新城西北一块坡地上开始瑞祥和铸造厂事业的时候，他们并不知道，一干人在太阳底下着手铸造的不仅仅是一些简单的机器零件或铸管，而是会成为整个城市华商工业的动脉管壁。这些随着天气的变化稍后穿起了粗布短衫的劳动者，成为一条泥土路上最早的产业工人，也成为被记录下来的青岛第一批创业者。瑞祥和铸造厂起家的地方，后来陆续出现了兴成油坊、谦益当、新文化印刷社、景春楼、四时春等大小商号，共同组成平滑肌发达的弹力纤维组织，搏动起一个起起伏伏的工商时代。几乎等到四方铁路工厂、华新纱厂、振业火柴股份有限公司、双蚨面粉股份公司、冀鲁制针厂、利生铁工厂、中国石公司等民族资本企业日见壮大，青岛制造的成长局面才得以显现。

但在青岛接收之初，华人企业的生存前景并不乐观。1924年4月出版的一份杂志叙述："暴德之占领青岛，其目的固不仅专为其在东方侵略弱小民族的海军港根据地，但在这十几年占领期间，看他的一切设施，不能不说偏于军事方面。因为他偏重军事无暇顾及其他事业，故青岛除四方机厂规模较大、工人较多外，没有很大的工厂，因此给你个人的当然不多，不过大鲍岛内数十人或数人的小铺面数十家罢了。台东镇工场地之丝厂、油厂、火柴公司，四方沧口之纱厂，在当时一家也没有。"作者继而认为："日本占领青岛，他的军事侵略远不如他经济的侵略之甚，故他占领青岛虽仅八年，但纱厂成立了九个，油厂八个以上，火柴

○ 台西镇协丰园酱油酿造场

公司五个以上，丝厂三个，其他小工厂若干。因工厂如此之多，劳动者在青岛的人口就占了可惊的数目了。”作者估计：“工人积聚得最多的要算纱厂工人，计纱厂九个，每个平均三千多人，合计约得三万。成年工人占三分之二，青年工人占三分之一，而女工又占成年工人十分之一。其次是四方机厂约二千人，码头搬运夫约六千，油厂、丝厂、火柴公司工人约五千人，大小车夫和洋车夫约六千，水道、电气、电话约一千，理发约一千，其他车站运夫、洗衣局、成衣铺、小工木匠、石匠等零星工人合计总不下五千。总计约有四万多，将近五万人。这是真正工人。这些工人除了纱厂工人和搬运夫、小工、洋车夫、大车夫等多半没家口外，其余的工人均系有父母或妻子的，他们的父母或妻子都是靠他们微少的工资度日，所以他们也算在工人数中。因此青岛三十万人口中，工人占半数以上实为不多。”[1]

不到20年时间，五万产业工人集聚青岛，从农民转变为制造业的行家里手，逐渐沉淀下大量熟练的劳动力资源。这些不可多得的经验积累，对后来各类华资

[1] 青岛劳动概况[J].十日,1924(24/25).

工厂遍地开花一般的生长发挥了巨大的作用。这有些类似华人资本20世纪00年代在大鲍岛创造的商业繁荣，只是这一次的资本规模、产业门类和技术含量都不同以往。期间，随着民族主义风潮的一波波高涨，工业化的水涨船高似有“忽如一夜春风来”的快意。

1925年，本地政府提供的一份《青岛工业经济概况》，叙述了青岛除手工业外不下五六百家华资工业企业中“荦荦大者”的状况。

纺织业。青岛吾国人所办之纺织业，仅有华新纺织（有限）公司一家。厂设市外沧口，固定资本二百七十万元。自民国十二年开办，专纺各种细纱，由二十支至八十支，出品均极精良，行销域除本市本省而外，河南、河北、江南、广州、南洋等处，销路亦颇广。该厂之发电机为一千一百启罗瓦特，有细纱机四万五千锭，纺线机九千锭，男、女工人三千余名，均用最新或科学方法管理，生产多而消费少。虽在日厂包围之下，尚在努力挣扎。近复添设织布机三百部，附带漂染，逐渐扩充。若经济稳定，颇有日趋发展之望。

制蛋业。此种工业青市仅有三家，纯粹华资办理，完善者则推茂昌

○ 华新纺织有限公司的摇纱车间

股份公司。厂设本市商河路，资本雄厚，设备完全，专用最新机械、最新方法烤制冰鲜鸡蛋。出品清洁，适合卫生，行销外洋，素著信誉。各大都市均有分庄，并制造机冰，附设冷藏，营业颇佳。此种新颖工业，本市尚不多见。

制针业。青岛制针业仅有两家，均系华资创办。一系冀鲁针厂，厂址设于利津路，资本雄厚，设备完善，出品精良，销路亦颇广。自该厂开办后，外资已形绝迹。一系兴华针厂，厂址设于昌邑路，最近才开办，一切办法与冀鲁大致相同，此亦本市新颖事业之一。

火柴业。青岛火柴业共有七家，除青岛火柴厂、山东火柴厂两家系日人创办者外，其余五家均系华资。规模最大、出品精良者，则推华北火柴公司，厂设利津路，资本雄厚，设备完善，此项工业裨益社会发展经济亦非浅鲜。

烤烟叶业。此项工业青岛仅有两家。中国烟叶公司，厂址设于大港一路。厂址宏阔，规模伟大，资本数百万元，每年烤制烟叶约在五十万吨以上。此项烟叶由高密路东鲁烟叶公司总代理。此外尚有日人办理之烤烟厂一家，规模甚小，营业亦不发达云。

面粉厂。青岛面粉厂共有三家。一恒兴面粉公司，厂设辽宁路，每日出品约在五千袋。一双蚨面粉公司，厂设大港一路，每日出品约在四千袋以上，营业近颇发达。此外尚有一家系中日合办，厂设郯县路，规模亦不小。

制油厂。青岛小规模之制油厂有数十家之多，但多行销国内，唯有义利油厂资本雄厚，纯用最新机器、最新方法制造精油，所有出品，多半行销外洋，此亦本市之新颖工业营业，亦甚发达。

制石业。青岛仅有中国石公司一家。此项工业即其他都市亦所仅见。该厂设于蒙古路，资本数百万。又专用机器解割琢磨各种石头，出品坚美，专供社会大规模建筑工程之用。家庭所用桌几陈列物、碑碣等物，制造尤精，上海、广州均有分厂。上海四行储蓄库二十余层之大楼外部石料，均系该厂出品，先彩夺目，中外赞美。此亦本市最新工业之一。

○ 城市开发初期的德商砖瓦厂

颜料业。中国颜料公司，厂址设于市外四方湖岛村，资本五十万元，专用矿质原料制造各色颜料。管理完善，出口优良，年末获利甚丰，前途大可发展。此外尚有数家，规模较小，不及备述。

胶皮业。福字胶皮厂，专由新加坡采购树胶为主要原料，制造胶皮精，行销于华北各省市。厂址设于团岛二路，资本雄厚，设备完善，管理亦甚得法。生产日渐增多，现在每月可出胶皮鞋十万双左右，营业亦颇不恶。

制盐业。永裕盐业公司，厂址设于青岛小港，资本约本千万以上。用最新方法制造精盐，因条约关系，多半销于东洋。此项工业本市仅此一家。

染织业。青岛染织业有数十家之多，专造各种布匹、汗衫、襟衣、抢绒、棉毯等类，出品均甚坚美、耐用。自染自织，各厂情形大致相同。

铁工厂业。此种工业本市最多，约有数百家，惟多系修理厂，能自行制造机器者，则仅有利生铁工厂及东益铁工厂两家。

该报告描述："青岛位居华北中心，气候温和，交通便利，市容整洁，设施完善，风景美丽，港湾优良，内地工业原料之丰富，附近居民性情之朴实，尤为他埠所不及，确为最适当之工业区域。径前国人对于青岛尚未具有深切之认识，一切优良特点均多未加注意。近年以来，青岛吾国之工业稍具规模，虽在世界经济恐慌，均感不景气状态之下，犹在努力挣扎之中，此亦市政当局整饬之得法，救济努力，始有这种比较好的现象。"[1]

诸多华资工业先行者中，周学熙家族的青岛华新纺织有限公司独树一帜。1924年4月7日，《中国青岛报》刊登了华新纺织有限公司的商品广告，行文通俗易懂，令人读之捧腹："十支纱条色商标，十六支纱蓝色商标，二十支纱红色商标。唉！诸位同胞可晓得有个华新纺织有限公司么？这个公司是官商合办的，完全是中国人的股本。前几年在天津开了一个纱厂，今年又在青岛沧口地方开了一个纱厂，用的是五子登科商标。这个纱厂的颜色比人家漂亮些，分量比人家重些，条分比人家匀些，尺寸比人家长些，真正是头一等的国货。现在已经分销各埠，用户都很欢迎的。总批发处设在青岛泰安路十四号，济南商埠也有个分销处，就在纬五路惠通银号内。大家何不去调查调查，买点回去试试呢？"

1928年，薛相臣、马子厚、王焕文、张玉田、高湘南、赵证因、王珍卿、成贻之、杨志甫、孙梁臣、高子平、袁述庭、逄子开、纪有云、陈祝三、王子珍、徐尧臣、张新起、张俊卿、周芹堂等发起创办青岛双蚨面粉股份有限公司，以机器磨制各等面粉供给各省需用为宗旨，呈请实业部核准后开业。与同时代的众多企业不同，其章程特别规定："本公司入股之股东以中国人为限。如有蒙混情事

[1] 青岛档案馆馆藏档案[A].1888(1).

查实，将股金没入公积金。”[1]在青岛一地，如此旗帜鲜明地举起民族主义工业旗帜者并不多。双蚨面粉股份有限公司的面目，一时熠熠生辉。

不过，旗帜不能当饭吃。双蚨面粉股份有限公司总经理薛相臣很快就感受到了冬天的寒冷。1928年3月9日，开办不到一年的双蚨面粉股份有限公司就房捐估价比较过重，恳请青岛总商会转知胶澳商埠局网开一面：“呈为房捐估价比较过重，恳予恤商艰，据情转请胶澳商埠局、胶东防守司令部、征收房捐办公处俯察情形，量为核减事。窃双蚨面粉公司前奉征收房捐办公处房捐通告，指为甲等，每月按七百四十四元缴纳，三个月计二千二百三十二元。伏以估价比较过重，当经据实胪陈，吁恳减轻在案。兹奉复函内开：来呈具悉。查房捐等级，系奉司令部、商埠局会同估定，本处未便擅自核减，望速遵照缴纳可也，各等因。奉此。查敝公司属台东区辖治，适设于地势荒僻之工厂地。兼以房舍统计不过九十五间，按估价计算，则每间几合八元之多。复查左右比邻，均在二三元之价格，相形之下，未免过巨。矧以敝公司正在组织发轫，所有建设，尚未完备。今捐税负担，反较其他为重。揆诸情势，尤属非宜。为此，理合迫切陈词，伏冀贵会鉴核，主持公道，并乞分别转陈商埠局、司令部、房捐办公处会同复核地址及间数，详实比较，量为递减，以恤商艰而重实业，是为公便。”[2]

进入20世纪30年代，青岛华商工厂的增长速度持续加快，仅1932年6月到7月约四周时间内，经社会局审核登记并报实业部核办的新开工厂就有中华制针厂、新生制杆厂等五家。同一时间，山东烟草公司亦新增股款，而鲁生制杆厂、合兴利制杆厂则获得了实业部开具的国货证明书。[3]

之前在1932年4月，胡秀章以胡俊臣名义投资的华成合记肥皂制造作坊也已在台东镇姜沟路14号投产。胡氏的这家工厂，雇有店员三人，工友四人，规模不大。这是胡俊臣继在台东镇新民路开设华盛火柴工厂之后一项新的拓展。从皮鞋制作到火柴、肥皂生产，胶州人胡秀章从大鲍岛外延的工业版图扩张势头迅疾。

尽管华商工厂在以台东镇为中心的生长性痕迹随处可见，但华商工业资本、

[1] 青岛档案馆馆藏档案[A].1(6).

[2] 青岛档案馆馆藏档案[A].462(1).

[3] 社会局最近工作概况[N].青岛时报,1932-7-26(6).

规模、技术、产品整体弱小的格局，并未发生根本性改变。

华商工业拓展的艰难非一二例，而是普遍现象。1935年5月26日的一场火灾，让华阳路44号华章制纸厂的创业史映入公众眼帘。该厂是本地唯一一家机器造纸厂，1934年成立，原名青华造纸厂，意图改变青岛几乎被进口纸垄断的市场格局，不料开工半年后因内市意见不合，只好由原有股东刘玉亭接手，另行召股五万元，扩大范围，并改称华章制纸厂。华章制纸厂开工以来惨淡经营，出品包货纸逐渐被市场接纳，尤其近期生产的一种包苹纸，因质佳价廉，胜过一些进口产品，深受各食品店和南货店欢迎，发货车辆络绎不绝。可惜5月26日凌晨一场意外大火让一切化为乌有。所幸工厂事前在两家保险公司保有火险，损失略可减小。刘玉亭随后表示并不气馁，要修理厂房设备，从头开始。[1]

1936年元旦，《青岛时报》出版新年扩大号，在不同版面做品牌和贺年广告的青岛本地工厂已多达几十家，比如潍县路恒义升袜厂、辽宁路竞成石棉制造工厂、广西路利生铁工厂、中山路滋养轩制果工厂、冠县路聚丰印刷局、中山路新盛泰靴鞋厂、崂山汽水公司、舜成木厂、华北酒精厂、华北火柴公司、东益铁工厂、双蚨面粉股份有限公司、太阳牌胶皮鞋厂、屠宰公司、光华制版社、福字工厂、胶澳电气股份有限公司、恒兴面粉公司、茂昌公司、华新纺织有限公司、鲁大矿业公司、老亚美工厂、长顺铁工厂、裕丰铁工厂、合顺成铁工厂、裕东煤厂、同怡和板厂、胜利烟厂、明华眼镜工厂、瑞记钟厂。

从《青岛时报》1936年第一天的广告看，青岛的制造业工厂不论是涉及的工业门类，还是工厂的地域分布，都与工业化早期迥然不同。展开一张激烈变更的城市工业地图，本地人俗称的大庙山以北，新兴工厂已经连成一片。依照都市计划实施方案的布局，中部新商业区正形成规模聚集。小鲍岛到台东镇之间，新的企业星罗棋布，蔚为大观，并且还在不间断地增加。

但衡量工业是否增长的指标并不只有数量和规模。工厂可持续运转依靠的是雄厚的资本、先进的技术、高效的管理、优质的产品、通畅的销售，良好的盈利，唯有如此才是长久之道。从1936年春开始，在赵琪、殷桐声、王仰先、宋雨亭的参与下，恒兴面粉公司的股东议决，将所有厂房设备全盘出兑给中兴面粉公

[1] 华章纸厂火警志详[N].青岛民报,1935-5-25(6).

司。秋天，大肆张扬的中兴面粉公司开工，加入制粉市场的竞争中，并且很快就取得了行业领先优势。[1]

中兴面粉公司一时的“中兴”，一个重要原因是获得了银行的直接投入，资金充裕。中兴面粉公司投产前后，正值市面萎靡，诸如林耕余的新洋钉工厂让盘傅敬之启新洋钉工厂、瑞祥胶皮工厂推盘山东胶皮工厂、新生活洗染厂出盘董玉树的变故时有发生。商人纷纷请求当局施以援手。为应对萧条，市政府拟订了一个可实施的资本扶持计划，以帮助众多工商业主渡过经营难关。这个雪中送炭的举措获得了商人的颇多好评。

让商人有利可图，让文人畅所欲言，让市民安居乐业，城市才能够焕发活力。这个饮水思源的道理，从社会局到商会以及各同业公会都心知肚明。风雨同舟，荦荦大者可成；钩心斗角，大厦崩溃可见。可环顾左右，心机处处，和衷共济往往就只是嘴巴上的说辞。

○ 台东镇的德国啤酒工厂在20世纪10年代被日资兼并

[1] 中兴面粉公司定期开幕[N].青岛民报,1936-9-3(6).

# 居然鱼鹿跃灵台

1928年1月30日丛良弼以振业火柴公司的名义呈文胶澳商埠局："窃商于民国十六年一月间，承领昌邑路四号、潍口路二号官地两段，建筑振业火柴工厂。"

青岛回归之后，政府方面对城市工业化的认识日渐清晰，也想出来一些推进办法。1923年12月31日熊炳琦的《整理青岛商埠商榷书》，给"以期商埠发达无穷"的青岛前景开出了四张药方，其中就包括"提倡工厂"："我国现时所缺乏者，工业必需用之物品，如机器铁厂、五金厂、翻沙厂、造船厂、轮船公司等类，宜提倡大资本家投资在青埠建筑设备，亦为奖励输入办法之一端也。本埠市外地皮多未开放，应选择相当区域开为工业地段，廉其租价，广为招徕。此亦提倡工厂之办法也。"[1]

瑞祥和铸造厂1918年夏天的开拓之举，到1931年结出的果实喜忧参半。就本地铁业工厂的发展来说，一方面是华资胶济铁路四方机厂、海军铁工厂、源盛炉铁工厂、德盛栄铁工厂、合顺成铁工厂、增利炉铁工厂、源成铁工厂、正祥和铁工厂、复盛铁工厂、万顺铁工厂的叮当之声不绝于耳，另一方面是日资胶东铁工厂、津野铁工厂、梅泽商会、铃木铁工所、昭和铁工所、日进铁工所、松山铁工所、原田铁工所的突飞猛进。尽管华资铁工厂在数量上勉强占据了优势，但除了胶济铁路四方机厂和海军铁工厂外，多规模不大，无法真正与日资铁工厂抗衡。

根据1931年6月《检验月刊》的数据，栾宝德领导的胶济铁路四方机厂，资

[1] 青岛档案馆馆藏档案[A].1449(1).

○ 早期的修造业培育了一代新型产业工人

本金为227.19万元，职工1494人，远远超过了其他华资、日资铁工厂的职工总数，是名副其实的行业龙头。1932年8月2日，胶济铁路委员崔士杰在陪同上海工商考察团参观时曾介绍，胶济铁路四方机厂德管时代工厂工人仅二百人，日管时代扩充至六七百人，中国接收后逐渐发展，现已达一千五百余人，均系专门工匠，而非普通工人，每月可造车八辆，设备虽未臻完善，但在国内尚属第一。现管委会已拟定办法，除为本路工作外，并可代其他各路工作，若本地方有委托代办之事，亦可照章办理。崔士杰并称，胶济铁路四方机厂会与全路工会均一致合作，堪称全国之模范。[1]

之前有礼贤中学教师刘少文，曾在《青岛百吟》中描述："四方机厂公园近日大事布置，亦可玩赏，中有四望亭，联作'龙蛇兴大陆，鱼鹿跃灵台'云。"并称赞这里"叠山引水巧安排，四望亭空眼界开。十亩莫嫌园圃小，居然鱼鹿跃灵台"。一本《青岛百吟》除了对自然风光的讴歌，不乏对商业社会贫富不均的抨击，向工业文明致敬的文字寥寥无几。胶济铁路四方机厂的一方田园风光，差

[1] 沪工商考察团昨日参观胶路四方机厂[N].青岛时报,1932-8-3(6).

不多凑成了一个知识分子的全部骄傲。而在这一点上，国立山东大学教授黄际遇与刘少文的感受可谓异曲同工。

因为胶济铁路四方机厂等制造业工厂的聚集，四方一带形成产业工人的交汇中心，传统年节热闹一时。1935年2月20日出版的《青岛民报》详细报道了四方海云庵庙会的盛况："四方是一个工业区域，具有大纱厂三四家和其他各种工厂多家。虽然工厂并不休假，但是工人们却是因为这会期一个年度仅有一次，宁肯把工薪牺牲上一天，也乐意去逛逛庙会。在这种情形之下，这偏僻的四方竟成了一个重镇似的，万人空巷了。整个四方村中的各个小胡同里、小巷子里满是游人，他们是从辽宁路经过了华阳路，而到了武林路和奉化路，以及由台东镇沈阳路前来的和那些由沧口大马路上赶来游会的，没有一条马路上不是骈肩累迹的。照那种情势看来，恐怕连上海极热闹的南京路也没有那种盛况。"海云庵又称大士庵，坐落在胶济铁路四方机厂北面的海云街，始建于明代，为崂山神清宫下院。古老的海云庵与工业化的胶济铁路四方机厂构成的差异性景观，在20世纪30年代的青岛并行不悖。

乙亥新年，来自四面八方的工薪者在海云庵庙会获得的快慰，显然是在工厂流水线上得不到的。

1932年中华工业总联合会青岛分会组建，1936年举行第三届改选，冀鲁针厂、山东烟草公司、华北火柴厂、华新纱厂、茂昌股份公司、双蚨面粉股份有限公司、祥瑞行印务馆、福字橡胶厂、恒兴面粉公司、中国颜料股份有限公司、华北酒精厂、合兴利制杆厂、中国石公司、阳本染印公司、新生制杆厂、同泰自行车工厂、德顺炉工厂、利生铁工厂、五福铁工厂、崂山烟厂生记的代表，分别当选主任委员、常务委员、执行委员和候补执行委员。

第三届中华工业总联合会青岛分会的核心成员，过往在业务上多有合作，如中国颜料股份有限公司曾在1924年与合兴利制杆厂签订过一份买卖火碱的契约，数量是45000磅，铁桶包装，每桶净重760磅。价格为每磅美金二角，货到目的地青岛交款，并规定"本契约须领到许可证及外汇方能有效，如有转船使费，概归买主负担"[1]。

[1] 青岛档案馆馆藏档案[A].356(1).

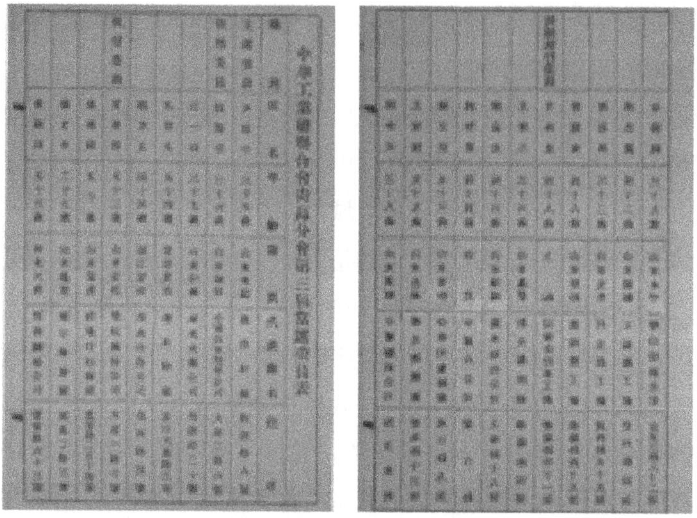

○ 1936年中华工业总联合会青岛分会第三届当选委员表

从历时性的角度观察可以发现，伴随着大规模城市化开发陆续出现的青岛“华工制造”，是一个不断适应市场开放环境的连续过程，也是一个观念、技术、资本、人才循序渐进的过程，从无到有，从小到大，从单一到多元，植入、效仿、消化、再生都是环环相扣的关键词，缺一不可。实质上，可见的成长轨迹能够清晰显示，一蹴而就的“华工制造”根本不存在。

作为制造业的业界象征，李在惠、杨子生、丛良弼、尹致中、栾宝德、战警堂、周志俊、薛相臣、周子西、胡俊臣、刘玉亭这些人，无疑都可被视为本土工业化的坐标，也是“华工制造”青岛试验场的早期尝试者。在一个风云突变的时代，时局、外交、资本与城市工业化实践的关联虚虚实实，丝丝缕缕，剪不断，理还乱。原因一如陈秉直在《青岛工商季刊》中的分析，也在于日本先进制造业的示范与压力。20世纪30年代，对青岛或者整个中国的工业化进程来说，日本就如同魔鬼的影子，绕不开，躲不了，赶不上，只有一步一步学着走，以求概率不高的后来居上。

以丛良弼为例，这个山东蓬莱人年青时远行日本，出任天津东顺德驻大阪公号经理，后在烟台开设东顺泰商号，经营火柴生意，并设分号于天津、青岛和大阪。1913年丛良弼在大阪集资20万元，选址济南开办振业火柴公司，成为鲁地火柴工业的创始者。之后丛氏有多项乐善好施的记录，如1922年7月在新泰路创办世界红十字会青岛分会，从事放赈施医等慈善事业。该会1935年迁至大学路与鱼山路口后，连续开设慈幼院、慈济医院、职业学校、女子小学和救济队，清晰标注出一个城市相濡以沫的温情。

青岛的火柴生产起步于1916年。此前市民所用火柴部分来自外省，部分来自国外。1916年日本大阪磷寸株式会社首先在青岛创办山东火柴公司，1917年日商又建起明石磷寸工场，1924年宇田川贤治郎在诸城路创办的华祥磷寸株式会社也投入生产。1916到1924年，日商在青岛开办的这些火柴企业基本上垄断了当地市场。1922年3月出版的一期《银行周报》中的《日人经营青岛工业之概况》显示，已成立的日资青岛火柴制造工厂，有青岛磷寸株式会社、山东火柴公司、东鲁磷寸株式会社、福隆磷寸株式会社，同时济鲁磷寸株式会社也在筹备中。已有日资四厂总出品每日达130吨，并且所有原料都由日本输入。[1]

1925年丛良弼投资30万元，在曹县路29号筹建振业火柴股份有限公司青岛分厂。而青岛一地，一直到1927年9月之前并没有华人资本的火柴厂。这从当月5日青岛总商会给三益胡粉制造厂的一封复函中可以清晰看出："接准贵厂公函，以制造胡粉火柴原料，为扩充营业、推广销路起见，嘱敝会调查青埠火柴工厂厂名

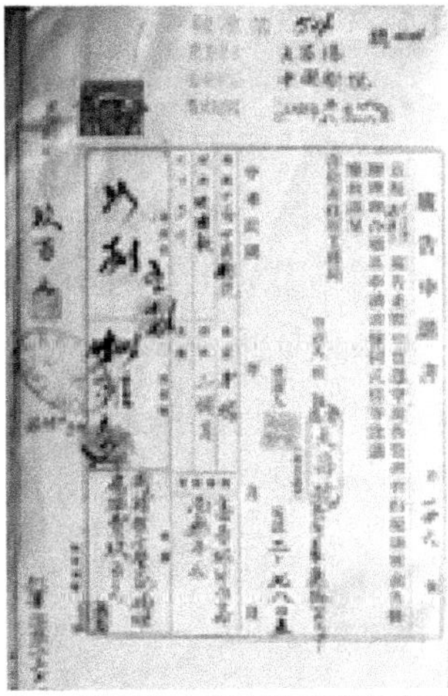

○ 大昌号在中国剧院的广告申请书

○ 青岛市工务局1931年制定的营造业登记规则

[1] 日人经营青岛工业之概况[J].银行周报,1922-3-28,6(11):26.

及制造能力若何，以便接洽等因。当即委派专员详细调查去后，兹据复称，查得本埠并无中商设立火柴工厂，惟查诸城路有华祥磷寸株式会社，华阳路有山东火柴工厂，曹县路有青岛磷寸会社，以上三家均系日商。至其制造能力若何，未便查悉等情前来。”[1]

自丛良弼1928年1月30日以振业火柴股份有限公司的名义给胶澳商埠局的呈文中可以看出，工厂在这之前已经建成："窃商于民国十六年一月间，承领昌邑路四号、潍口路二号官地两段，建筑振业火柴工厂。当曾遵缴保证金大洋六千元整，查此工程前均呈报竣工，并蒙钧署发给使用凭照各在案。惟当时所缴之保证金，理合遵章呈请钧署如数发还，洵感德便无涯矣。”这一年，丛良弼60岁，住济阳路8号。建筑振业火柴工厂（振业火柴股份有限公司）的铺保为河南路德聚东。[2]

丛良弼火柴工厂的建设并非一帆风顺。之前三个月，振业火柴股份有限公司青岛分厂就曾因为催促日商内外棉纱厂挪移电杆这件事专门报告胶澳商埠局，以求政府调解："呈为呈请俯鉴下情困难，准予再向日领事交涉，速移租地电杆，以免久停建筑工程事。窃商前以内外棉纱厂高压电杆在商租地之内，有碍建筑，曾于上年呈准建筑火柴工厂，于本年六月间呈奉钧局批示：呈悉。业已函请日领事转饬内外棉会社，迅速设法迁移矣。惟电杆即迫近工程，仰加意慎重，免生危险，是为至要等因。奉批之下，遵即一面先行停止工程，以免危险，一面敬候交涉解决。嗣以日商提出解决挪移电杆办法，共计需费洋一千三百二十元，要求各认一半。商以久停工程，损失更大，且为顾全大体，计当即到钧局切实声明，只盼问题早日解决，挪杆费用自当勉认一半。讵意自六月停工候至现在，已逾四个月之久，诚以鸠工危材进行建筑，已属不易，中间忽将工程停止，无形损失，益属不资。倘蒙钧局及此解决，乘秋高冬初赶继续开工，犹为亡羊补牢之计。万一内外棉会社再故意迁延一二月，及其电杆挪出，天时已渐寒冷，虽欲开工无及矣，则商之损失更不堪设想。思维至再，只有仍恳钧局鉴此困难下情，格外体恤，速催日领转饬内外棉提前将电杆移出，以便得早日继续开工，实维恩德两

[1] 青岛档案馆馆藏档案[A].430(1).

[2] 青岛档案馆馆藏档案[A].364(2).

便。”[1]

手续办了，关系疏通了，钱花了，障碍去除了，工厂这才落地。

振业火柴股份有限公司青岛分厂1928年投产，有职工千余人，生产蜘蛛牌和三光牌硫化磷火柴。振业火柴股份有限公司青岛分厂还设置了仓库、宿舍、医务室和澡堂。1930年，济南、济宁、青岛三厂组成振业火柴股份有限公司，董事会设在青岛，从良弼任董事长，从贯一任总经理。1931年后青岛开展抵制日货运动，日商在青岛开办的火柴制造业受到冲击，不仅华商振业和华北两个厂的产量、销售有增加，且又有信昌、明华、振东、鲁东等厂相继投产。

1933年伊始，振业火柴股份有限公司青岛分厂修改厂规，将过去的按日给工资，改成按其工作多寡和成绩优劣给工资，工人前由厂方管饭，拟改由各工人工资扣摊。振业火柴股份有限公司青岛分厂经理吴心斋1月17日晚召集全厂工人谈话，有120余工人表示不愿意服从新规则，吴氏允许辞退，并当场议定每人多给两个月工资和一月红利，双方皆大欢喜。[2]

也就是在振业火柴股份有限公司青岛分厂修改厂规的当口，青岛市市长沈鸿烈发表了一次关于提倡国货的讲话，强调要表里如一，内外一致，“避免成为一种官样文章”。[3]政治和民意的合力推动，对包括振业火柴股份有限公司青岛分厂在内的华商工业的成长多有利好。

振业火柴股份有限公司青岛分厂之外，在利津路与其一路之隔的华北火柴厂也是一家华资工厂，有记录称其1928年投产，此后与振业火柴股份有限公司青岛分厂比翼齐飞。但前述标注日期为1925年的《青岛工业经济概况》却描述，华北火柴厂的出现时间似在1925年之前，并确认其在五家华资火柴厂中，资本雄厚，设备完善，规模最大，出品精良。华北火柴厂的股东多为本地各业商人，包括福兴祥经理邹道臣、万利源创办人姜蔚东、玉春号创办人战警堂、祥瑞行经理张柏祥等。

20世纪30年代早期华北火柴厂的经理周子西，曾是日资华祥磷寸株式会社的董事，其1924年登记的居住地为大鲍岛即墨路2号。在1926年的《青岛市商会会员

[1] 青岛档案馆馆藏档案[A].85(2).

[2] 振业火柴公司有工人百余名辞工[N].青岛时报,1933-1-19(6).

[3] 沈市长积极提倡服用国货[N].青岛时报,1933-1-29(6).

商店会员举派代表姓名清单》中，周子西与王渭川、曲建堂、李元之、胡俊臣、郭健秋、臧恒甫、李卓然、王崇五诸人并列。1932年9月王渭川辞去青岛火柴业同业公会主席委员一职，并由振业火柴股份有限公司青岛分厂经理吴心斋继任；同年周子西发起成立中华工业总联合会青岛分会并出任会长。在其任内，该会就设在华北火柴公司内。1934年周子西39岁，并在一年前成为邹道臣投资的福隆绸缎庄的股东。

从青岛火柴业同业公会统计的华资火柴工厂的雇工人数看，1934年排名第一的是振业火柴股份有限公司青岛分厂，雇工人数为30人，其次是华盛，雇工人数为14人。雇工人数为12人的火柴工厂分别有兴业、鲁东、信昌、胶东、振东、东益、华北。包括振业火柴股份有限公司青岛分厂的济南与济宁工厂在内，总计16家华资火柴厂，用工总人数为233人。

另一方渠道不同的调查显示，到1934年，青岛已有火柴厂13个，成为全国最重要的生产基地。一份完成于1934年下半年的统计记载，1932年全国销售火柴总计555402箱，青岛为212104箱；1933年全国销售火柴总计690062箱，青岛为223066箱；1934年上半年全国火柴销售较上一年同期略有减少，青岛所占数目仍为全国之冠。[1]

[1] 玄贞.青岛的火柴工业[J].海王,1935(36):648.

## 开放的扇面

1935年7月16日青岛冀鲁制针厂经理尹致中告知中华职业教育社的参观者："我国在五年前所需之缝纫针皆赖德、日供给，自本厂开办以来，已能将舶来品杜绝云。"

与华商火柴制造业照亮的"华工制造"青岛版图遥相呼应的，是尹致中在青岛创办的冀鲁制针厂。这家中国最早的大型现代制针厂不仅使尹致中成为华商制造业的一代榜样，也让青岛成为抵制洋针的策源地和大本营。一份关于尹致中的登记文件显示，其早年毕业于日本广岛高工学校。从1924年进入广岛制针厂起，这个来自莱阳的年轻人似乎从未丢失对"华工制造"所抱有的希望。

1929年尹致中创办忠记针厂，后在筹得天津、济南等商号的四万元股本后，选址青岛利津路8号筹建冀鲁制针厂，1931年底正式投产。尹致中在高价购得日本最新发明的"连三制针速度机"图纸后，马上组织人员加以改进，研发出新型CCY式制针机。该制针机能独立完成过去需要三台机器分别进行的砸鼻、穿孔、切断三道工序，同时节省原料，降低成本。此项获得了国民政府注册专利的发明，被实业部授予一等奖，还被铁道部授予全国铁路工业展览会超等奖。[1]这让尹致中开始被舆论的聚光灯照耀，并绽放出灿烂的表情。

在将由日本进口的各种原材料逐一进行国产替代后，尹致中开始琢磨制针模型工艺的技术掌控。其故伎重演，以优厚条件从日本聘来制针模型技师真田，挑选徒工胡慎五到真田家中服侍，暗中记录真田的操作流程。胡慎五每天晚上从真

[1] 徐畅．鲁商撷英[M].济南：山东人民出版社,2010.

田家出来，就到尹致中家中依葫芦画瓢，逐一复盘，然后把模仿的针模拿到厂里实验。经过半年多时间，尹致中最终成功掌握了制针模型工艺。

通过技术引进和革新，冀鲁制针厂走出了一条华资工业的自立之路。冀鲁制针厂生产的警钟、黑龙、兽王等品牌民用和工业钢针行销全国，并出口南洋、印度一带，是当时中国少有的能赚取外汇的产品。从青岛出发，尹致中"华工制造"的版图相继在上海、重庆、香港等地开花结果。

九一八事变爆发，东北危亡迫在眉睫。本地舆论对国货的情感色彩日益强烈。1932年7月27日，《青岛时报》以上海大规模日货入关为警戒，发表了激昂慷慨的时评："呜呼，东北已亡，热河又急，国家至此，宁不惊心。政府依赖国联，国联一筹莫展；人民信仰政府，政府徒发空言。当此千钧一发、危急呼吸之间，政府无能为，国联莫能助，所恃以收复失地、捍御外侮者，惟在我四万万人民同心合力，共救危亡，有枪者争前杀敌，无枪者决心抵货，经济上制以死命，战争上予以力抗，方始能转祸为福，奠此苞桑。倘人民不知自救，政府又醉生梦死，中华前途，宁复有望。"

《青岛时报》的时评转而面对青岛工商界，"事急矣，记者愿以最后一语告于本市各位商家曰：制日死命，惟有抵货，抵货胜利，要有决心。中华人民大救国之组织是整个的，不是散漫的，绝不能因二三不肖奸商之破坏，而停止其救国进行之决心。政府不能制此奸宄，人民亦必有严厉的制裁，愿以国为念，勿作天地间之罪人"[1]。

报人的泣血陈词不可谓不掏心掏肺。而这对包括冀鲁制针厂在内的华资工厂是鞭策，也是机遇。

20世纪30年代中期，青岛冀鲁制针厂成为政府宣传"实业救国"的样板。而尹致中似乎很乐意配合，并将每一次现场推广冀鲁制针厂的机会利用得淋漓尽致。他像一个善于临场发挥的演员，能够将观众的热情与注意力一同调动起来，让"华工制造"的青岛戏剧渐入佳境。1935年7月16日，中华职业教育社的彭望芬等前往冀鲁制针厂参观，尹致中告诉来访者，工厂"创于民国二十年，资本初祇五万元，客冬因原定资本不敷扩充，复增加资本十万元，全厂面积占五十六公

[1] 为买日货商家进一言[N].青岛时报,1932-7-27(7).

亩。我国在五年前所需之缝纫针皆赖德、日供给，自本厂开办以来，已能将舶来品杜绝云”。彭望芬记述：“当余等参观时，引导者以人数过多，虑有未便，因属同人列队徐行，按部参观。统计其工作由锯断而截断，而磨光，而打眼，而装盒，而包扎，层次井然。其间除包扎装盒外，全用机器，而包扎装盒两部工人则悉系女工，手法敏捷。工作时，每一工人于口部承以口套，人人如此，余初不之解。既而思之，或系防止呼吸直接及于铁针，日久生锈之故。”[1]

一年之后，赴青岛出席第二届全国慈幼代表大会的姚明甫，对尹致中的冀鲁制针厂概括说：“缝衣钢针为民间必需之品，在北方能设厂制造者只此一家，内部设备完整，一切工作皆用电力，惟包装一部系用女工，每日可造千万只，运销甚易。此种物品用途极广，多加提倡，即足抵制外货输入，不可不注意也。”[2]

从良弼、尹致中两个人，一个生在蓬莱，一个家乡莱阳，他们的早年经历有一个共同点，就是都有在日本直接积累工业化经验的过程。“远行日本”和“东渡扶桑”让两个人比其他国人更容易近距离地观察、判断中、日两国悬殊的制造业技术与工艺水平，更清醒彼此之间在制度、文化、观念与国民性上的差距，并就此奋发图强。从中国来，到日本去，再回到华工制造的本土试验场励精图治，正是从良弼、尹致中这一代实业家摆脱落后困局的本能选择。就个人抱负与责任实现而言，他们应算是无愧于时代的奉献者，为青岛民族工业的励精图治增添了具有榜样力量的“精气神”。

与火柴制造业、制针业比较，青岛烟草业的“华工制造”道路更加艰辛。抗日战争爆发前，青岛共有七家烟草公司，其中英、日、朝商各一家，华商四家。在英商公司资源垄断、技术水平、员工素质、生产能力、市场推广占绝对优势的极端不利条件下，鹤丰烟草公司、山东烟草公司、崂山烟厂、泰东烟草工厂等华商卷烟厂艰苦奋斗，同样积累了不凡的履历，为青岛工业史写下了步履清晰的篇章。

从1928年10月胶澳商埠局一纸减半山东烟草公司烟税的命令看，政府这只看得见的手在扶持地方华资工业成长上也并非无所作为，尽管“仰即转饬遵照”的

---

[1] 彭望芬．青岛漫游[M].上海：生活书店，1936.

[2] 姚明甫．青岛一瞥[M].郑州：郑州明新中学校，1936.

○ 哈德门香烟广告

○ 三塔牌化妆品广告

受益者是山东烟草公司一家企业，鼓励的却是一种具有示范性的公益担当：“该公司以畅销国货为主旨，用意堪嘉。且烟叶既有优劣之分，税率宜有轻重之差。既据查明所运烟叶均系下等，所制烟草价甚低廉，应准予按原定税额减半缴纳，以资提倡而示体恤。”[1]

以青岛的地理形势来说，如果从良弼、尹致中、栾宝德、周志俊这些工业领袖是一个个性格各异的点，行业是一条条环形交叉的线，那么本土工业光荣最后聚成的一定是一个开放的扇面：以具有灵魂意味的青岛新城为起点，沿着铁路线，沿着丘陵和谷地，沿着河流和道路，沿着前人探索出的经验路径，向陆地的开阔纵深探索、生长、扎根。

值得注意的是，经过了工业化的规模扩展之后，作为生产主体，劳动者开始由生产工业化流水线上的操作工，向具有自主性选择的产业工人过渡。

从青岛工业繁衍的全局看，1929年南京国民政府接收青岛后，市区规划向北扩展至沧口、李村，青岛早期工业化的布局日趋清晰。这期间，一些新的工业企业和传统手工作坊陆续出现，大量新移民进入工业化生产之中，使青岛的工业系统呈现出更为丰富的生长态势，工业文明与移民文化相互融合的气息也愈加浓郁。伴随着商会和各个产业公会的建立，具有自治色彩的公共管理和公共服务体

[1] 青岛档案馆馆藏档案[A].3341(1).

系逐渐进入常态化运转。

1935年1月完成编制的青岛市实行都市计划方案初稿，明确城市工业区从四方东部沿胶济铁路线向北至沧口，青岛连绵生长的工业地带最终得以确定。

与此同时，在第一次日占时期开始布局的日资纺织业继续呈现扩大趋势，陆续出现新建的工厂。1935年，上海纺织株式会社和丰田纺织株式会社分别在四方、沧口建设工厂。次年，同兴纺织株式会社在沧口建厂。胶州湾东岸，四方、沧口海岸线上烟雾缭绕的工业风景沿胶济铁路从南向北延伸，蔚为壮观。

统计显示，厂址位于四流南路的上海纱厂1935年5月开工生产，装备有日本丰田式纺机、纱锭4.05万枚、织机720台，自备4800千瓦发电设备。至1937年，纱锭增至5.5万枚，织机增至1440台。上海纱厂开工之前一个月，也就是1935年4月，厂址在大水清沟村西北侧的丰田纱厂投产，工厂占地35万平方米。有日本职员73人，中国工人2000人。机器设备有纱锭37908枚、织布机540台，年产丰鸟牌棉纱2万件，燕喜牌棉布47.5万匹。上海纱厂开工两个月后，营子村和板桥坊村西南海边的同兴纺织株式会社青岛工场开始建设。占地35万平方米的同兴纱厂于1936年10月开工投产，初期有日本职员50名，雇用中国工人2000人，有纱锭37020枚、织布机1152台，年产棉纱1.5万件、棉布56万匹，持有喜鹤牌商标。

在这一时期，先期投建的日商六大纱厂的生产规模也在迅速攀升。1937年，大康纱厂已拥有纱锭137573枚、织布机3000台，成为青岛规模最大的纱厂，持有童鱼、金货、宫女牌棉纱商标和花鸟牌棉布商标。棉纱主要在中国境内销售，棉布除内销外，还销往日本、朝鲜和香港。钟渊纱厂1931年改名为钟纺公大第五厂，1937年底，纱锭增至133496枚，织布机增至4412台，持有花蝶牌棉纱商标和双飞龙牌棉布商标。1932年富士纱厂扩充织布工场，安装织布机480台，工人增至1600人。1937年，纱锭增至90980枚，并有织布机1472台，持有桃牌棉布商标。宝来纱厂继1932年将纱锭增至32768枚之后，截至1937年7月再增至46832枚。

1936年年末的统计显示，青岛纺织业时有纱锭56.84万枚，占全国总量的10%以上，其生产规模仅次于上海，居全国第二位。

倪锡英在1936年10月出版的《青岛》中描述：“青岛的工业区是位在四方、沧口和台东镇西北部一带，适当大港沿海的东北岸。那里工厂林立，烟囱里终天冒着浓烟，每天早晚当汽笛叫着的时候，无数的工人从工厂里进出着。青岛全市的工业机关共有染织厂三十余家，化学工业厂五十余家，机械器具建筑工厂六十余家，饮食品工业三十余家。染织工业以日本大康纱厂的资本为最雄厚，共有五千二百万元。化学工厂以中日合办的电气公司最大，资本二百万元。机械器具建筑业以胶济铁路的四方机厂规模最巨。而中国精盐公司有资本二百二十万元，可以说是饮食品工业的领袖。”[1]

尹致中晚年在回忆青岛20世纪30年代的工业布局时，以文字勾勒过一幅纵横交错的工厂地图：“工厂区并无严格之划分，但亦非散漫无定，大致市区工厂及各业制造场地多建立于登州路、台西一路、朝城路、四川路、巨野路、贵州路、团岛一路、团岛二路、昌邑路、昌乐路、青海路、曹县路、劳山路、泰山路、宁海路、顺兴路、华阳路、洛口路、寿光路、广饶路、辽宁路、诸城路、滨县路、孟庄路、佛涛路、理口路、蒙古路、沾化路、归化路、营口路、大名路、台东八路、利津路、和兴路、西山路、长春路、桑梓路、浦口路、云门路、威海路等或一部或数部。”[2]几十条道路铺设出来的本土工业地图不可不谓之波澜壮阔。

[1] 倪锡英．青岛[M]. 北京：中华书局有限公司，1936.

[2] 尹致中．青岛浮雕[J]. 山东文献，1979,4(4).

# 第九章
# 和气

# 定焦

1926年4月青岛总商会办事员黄质生进行了市场调查："自开埠以来，迄无发行药商，故凡营此业者无不越此而他，以致本埠各种人参向无大宗销路。其原因之不畅旺，启以此也。"

1923年青岛总商会迁址馆陶路，1924年迁址中山路72号。这栋1907年由德国建筑商希姆森公司建造完成的g街区5号楼在经历了德国战败和日本交还之后，就此成为隋石卿和宋雨亭这些商业领袖们的办公之所，并随之成为青岛城市经济运转的晴雨表。一个"焦点"地标由此登场亮相。

到20世纪20年代中期，商会组织已包罗万象，触角延伸到社会各个经济角落。1926年8月29日，青岛总商会整理员办事处汇列的商会会员举派代表清单列举了23个同业公会，数百个代表人，涉及土产行栈、银行、绸缎布匹、钱业、棉纱、草编帽、运输、轮船、华洋棉布、运销牛业、杂货行栈、建筑、煤炭、饭馆、客栈、猪肉、烧酒、点心、五金、黄酒、卷烟、蛋业、火柴等行业门类。

第六届青岛总商会本应在1926年改选，因时局关系延期到下一年。1927年第六届青岛总商会改选完成，宋雨亭当选会长，吕月塘为副会长。至此，自1916年青岛华商总会改称青岛总商会之后，由丁敬臣、成兰圃、隋石卿、宋雨亭依次主持的青岛总商会跨越了从日本管制到主权回归的关键性节点，经过了十多年的摸爬滚打，一路摸索着走出一条以自立、自治、自为、自强为目标的道路。除了成兰圃在1923年逝世之外，其他人接下来将见证更缤纷且繁芜的时光。

但是，搬到了财富大街上的青岛总商会，却面临缺钱的窘境。

1925年12月15日和17日，鉴于"办公经费日见浩繁，专恃月捐不敷挹注"，

〇 青岛总商会1924年搬入中山路72号

青岛总商会就筹集办公经费办法召开了两次会议，“拟另行设法筹划，源源接济，以资维持而重会务事”。筹款会议通过了两项议案，第一项议案照例是搭班子，成立了一个筹款委员会，公推马子厚、孙梁臣、梁和璞、朱文彬、张俊卿、宋寿亭、马华堂、王桐轩、杜梦九、黄祝三、陈品三、李树棠、冯竹垒、郑汇川、万一庵、任灼堂、李涟溪、张立堂、柳文廷、刘子儒出面解决难题，并由梁和璞担任主席。第二项议案是想办法，各帮筹划是一条路，并特别强调畜产公会应筹划一定数目的办公经费，这件事交给了刘子儒主办。另外的办法是加捐，有两个方向：一是“拟于本埠风船进、出口时酌征船捐，并于风船进口货酌征货捐，以资补助”；二是“拟由内地运青煤炭，按照每吨酌征费用，以资补助”。煤炭行筹款的事由孙梁臣主办。从12月17日的会议记录看，参加会议的王桐轩、冯竹垒、任灼堂、柳文廷、马华堂、张俊卿、李树棠、陈品三、宋寿亭、马子厚、梁和璞的意见并不一致。关于风船认捐，多数赞成，焦点在认数多少上；关于火车转运煤炭，大家的意见是困难太多，无法实现。[1]

青岛总商会加捐的动作算不上横征暴敛，不过出发点却并无二致。船行被逮着当冤大头，只好自认倒霉。

这边船行当了冤大头，另一边，烟商们也在抱怨重征烟酒税。1925年4月，瑞祥烟庄、台东镇瑞春号、双合栈、顺兴堂、得昌泰、聚隆栈、正顺栈、蚨来栈等商号联合发声，就严苛的烟酒税征收向青岛总商会请愿："烟酒纳税国有定律，漏税偷捐固有碍于国课，重征苛敛亦甚背乎商情。查本埠烟叶一项，向购自潍县等处，由潍县烟酒公卖分局科取诸种税则并发给联单凭证，得行销全国。自德日管领时代迄今，历年以来运销本埠，曾无重征课税等情。诚以小本经营，辛苦终岁，冀博蝇头微利，以为糊口之计。在产地输纳重税，已属竭力，苟销场再行征取，未有不竭蹶难堪者也。本埠近设立烟酒筹备处，重征烟叶税，其税则且较产地所纳为尤重。夫完纳课税，虽商民应尽之义务，似此征而又征，重复加重，即在巨商，犹将不堪，而况小本负贩，能当此乎？且本埠素无制烟工厂，区区者亦只苦工之消遣品耳。设烟叶加税，势不得不增高烟价，而消费者乃直接受莫大之损失。为体恤劳动起见，自非急起力争，不能销此苛税。于是持烟酒公卖局发给之凭照，与之申理，讵该处坚谓此项凭照不能发生效力于特别区域。交涉再三，终未蒙允。呼吁既穷，告诉无门，不得已情愿贵会俯念小商贩卖营业非易，悯其无辜，鼎力维持。恳祈转呈督办公署，及函咨烟酒筹备处代诉一切。无论其为特别区域与否，务将重征烟叶税一节准予免除，则不特烟贩等感戴无极，即本埠之劳动界，亦无形中被泽不浅矣。区区苦衷，恳邀洞鉴。为此呈恳贵会迅予施行，不胜盼荷之至。"[2]

作为城市商业的推进器，青岛总商会自然会被牵扯进一些大事。但实质上，青岛总商会日常处理的主要是一些具体经济门类的琐碎事务。档案显示，青岛总商会办事员黄质生1926年4月对青岛人参的经营销售情况进行了一次调查，并形成了如下简要报告："一、查本埠经营人参商号向无发行专家，所有销售均系施医配剂。此等零销商号全埠不下二百余户之多，散居市乡，逐月迁移，住址无

[1] 青岛档案馆馆藏档案[A].388(1).

[2] 青岛档案馆馆藏档案[A].372(1).

定，实难备查。二、查本埠进口人参种数及由来地多系由营口或关外旅客带来，间或由济南、烟台、胶州等处零星购买，以供医药之用。三、查花旗参（即西洋参）在本埠所销极微，年计不过一二十斤。因其价值高昂，非殷实之家不能服用。日本参在中商方面均无此货，间在日商方面虽有贩卖，亦甚寥寥。总之，全埠零星销售以高丽参及关东参为普通，年计不过七八百斤至一千余斤之谱。四、查本埠各种人参之销量系随药料之转移。自开埠以来，迄无发行药商，故凡营此业者无不越此而他，以致本埠各种人参向无大宗销路。其原因之不畅旺，启以此也。”[1]

在冠冕堂皇的迎来送往之中，黄质生的这些具针对性的务实调查增加了会务的基础性与建设性元素，给青岛总商会涂抹了一层温情色彩。同期，作为青岛商会办事员的黄质生，还参与了沪案各界联合会组织纠察团、赴济南领取32旅购办粮草款等临时性事宜。

20世纪20年代中后期，经过第一代移民近30年的创业积累，老商号的分化重组也开始进入频发期，像复诚号、源生泰等向青岛总商会申请歇业的商号日益增多。

陈次治担任经理人的复诚号歇业，似是迫不得已。1928年3月，在复诚号以丁敬记作为介绍人请求青岛总商会发给门牌证书一年后，陈次治向青岛总商会提出复诚号歇业。歇业前，复诚号有铺伙16人，除2人外，其余都是即墨籍。之后新组的复诚号瑞记、复诚号友记的资产关系与铺伙已迥异于复诚号。61岁的陈次治对复诚号的歇业有些无奈。自此，作为即墨商帮活跃人物的陈次治逐渐淡出文献记录。

[1] 青岛档案馆馆藏档案[A].402(1).

# 东风一夜换新符

**1929年4月国民政府内政部长戴文提议："呈请国民政府以明令定青岛为特别市，依法组织特别市政府。"**

自青岛回归，北洋政府的军政首脑走马灯一般的你来我往，造成胶澳商埠总办频频调换，屁股还没坐热板凳，人就下台了，青岛的城市管理每况愈下，商业发达更是无从谈起。尤其令商人叫苦连天的是，来一个人，收一次钱，打一次劫，循环往复，没完没了。这导致刘子山的东莱银行等商家痛苦不堪，只有一走了之。

1929年4月南京国民政府接管青岛，为这个正一步步向下坠落的城市带来一线生机。

"青天白日高照青岛"没几天，南京内政部向国民政府呈文，提议设立青岛特别市。

内政部长戴文提出拟请明定青岛为特别市的理由如下："青岛位于山东半岛，背山面海，气候温和，内联铁道，外通航线，港内水深，隆冬不冻，揆之津、沪两埠，兼有其长，且津、沪分居该岛之南北，各据数百海里，呼应极灵，实为中国海岸线上最优良之贸易港而兼有军事上之重要地位者也。自德人租用该地十余年间，积极建设是有'小柏林'之称。厥后欧战发生，又为日本管理。殆华府会议后，始行交还中国，是在历史上及国防上已不能不认为重要之区。况该埠华洋杂处，日人约占十分之二，其他外国人约占百分之五，此人口之复杂者一；他如街道、房产、饮水、园林等建筑无不完美整洁，此设备之繁荣者二；至于贸易额据大量观察则年有增加，而盐场出产犹非他埠所及，此经济之充裕者三；故察其现状，已有特殊之情形，期诸将来更有无穷之发展。前北京政府曾特派胶澳商埠督办，综理该埠市港各政。现时督办制度既不适用，自有改组之必要，而根据种种事实及特殊情形，则特别市之设立实不可缓。”

国民政府特别市组织法规定设立特别市有三个条件：一为首都，二是人口百万以上之都市，三是其他有特殊情形之都市。内政部的呈文认为：“青岛居民虽不满百万，但基于上述事实，在历史上、国防上以及将来贸易发展计划上，确具有特殊情形而合于特别市组织法所定之第三种之条件，拟呈请国民政府以明令定青岛为特别市，依法组织特别市政府。”

对青岛来说，这自然是天上掉馅饼的事，无不欢迎之理。两个月后，青岛特别市落地，一城商民皆大欢喜。

特别市来了，国立青岛大学也在等待临门一脚。

1929年6月4日，国民政府行政院第26次会议讨论教育部部长蒋梦麟提议的筹建国立青岛大学案，其认为：“国立山东大学筹备经费，因事实上困难，一切尚待规划，查该省青岛地方有私立青岛大学一所，为张宗昌逆党前省议会议长宋传典所办，自胶济经中央接收，该校长早离校他往，现校中状况纷乱，自不待言。且该校向无确定基金，全赖鲁省款及青岛市款补助。拟将该校取消，其校产归山东大学收用，国立山东大学名称拟改为国立青岛大学。查青岛交通便利，环境优胜，设立大学自较济南为宜，可否敬候公决案。”

蒋梦麟的筹建国立青岛大学提案顺利通过。

6月13日，国立山东大学筹备委员会改为国立青岛大学委员会。教育部另行函聘何思源、王近信、赵太侔、彭百川、杜光埙、傅斯年、杨振声、袁家普、蔡元培九人为筹备委员会委员，推定何思源为筹备委员会主任，决定接收省立山东大学和私立青岛大学校舍校产，在青岛筹办国立青岛大学。

7月8日，国立青岛大学筹委会在青岛汇泉大饭店召开第二次会议。教育部部长蒋梦麟主持会议，蔡元培等九位委员全部出席，刘次箫记录。会议内容涉及国立青岛大学院系设置、院系人选、扩充校舍、学校经费、原有两校学生处理、开学日期等问题，基本商定国立青岛大学雏形。

8月3日，就国立青岛大学经费问题，中央研究院院长蔡元培致函南京中央政府监察院院长吴敬恒，敦请协商解决，并发出青岛“将来必为文化中心点”的期

○ 国立青岛大学校舍

许："山东旧有山东大学，又有私立青岛大学，现教育部取消两大学，而设一青岛大学，似乎又多设一大学，而实则并两为一也。青岛之地势及气候，将来必为文化中心点，此大学之关系甚大……"

同年12月25日之前，黄际遇作为国立青岛大学第一批受聘教授之一到达青岛，出任理学院院长兼数学系主任，月薪四百元。梁实秋在其《酒中八仙》中记述：黄际遇"长我十七八岁，是我们当中年龄最大的一位。他做过韩复榘主豫时的教育厅厅长，有宦场经验，但仍不脱名士风范。他永远是一件布衣长袍，左胸前缝有细长的两个布袋，正好插进两根铅笔"。

迎接特别市的，还有中山路上的几声枪响。

1929年8月16日下午，在中山路110号新盛泰鞋店营业厅内，一个叫王复元的衣冠楚楚者被三枪毙命。在胡秀章新盛泰里发生的命案，旋即引发社会和舆论的广泛关注。胡秀章和其在现场的长子胡铭新也深陷其中。

作为目击者，19岁的胡铭新提供了一些现场亲历的细节：当时这个叫王复元的顾客是去新盛泰取事先定制的皮鞋。这是新盛泰一项面对部分客户的日常业务，不突兀，也不特殊。王复元在营业厅试穿后，径直走向右侧女式剔庄鞋（式样过时的皮鞋）的货架，选了一双浅色皮鞋，随即回到原处。正当王复元准备付款时，胡铭新看见店内一个人猛然向王复元的头部开枪，子弹瞬间滑过，并未击中要害。这时王复元伸手向腰部拔枪，枪手又向其头部开了第二枪，刹那间只见王复元双手抱头倒地，血流满面。枪手随之打出了第三枪，见王氏当场殒命，枪手迅速隐身离去。

现场目击细节显示，枪手不仅有备而来，而且射击技术娴熟，潜入、开枪、撤离都表现得极为冷静，明显是专业人员所为。枪手击毙王复元的动作在短时间内完成，不超过一分钟。枪响后，新盛泰停止营业，商店大门关闭。警方很快到达现场，不许人员进出，还买了些冰块放在死者身上。现场全是进进出出的警探，之后还来了一个外国人，警方称来者是德国侦探。在勘查现场时，警探发现王复元的手枪内子弹已上膛，似乎表明其已知自己身处险境。警方随后将死者拉走，新盛泰的店员则慢慢从惊慌中恢复，开始清理被折腾得乌七八糟的店面。[1]

后来有消息传出，这其实是共产党上海中央机关策划的一次除奸行动，由周

○ 新盛泰所在的中山路繁华街区

[1] 此部分参考胡兆彬撰写的新盛泰创建史，未刊稿。

恩来的警卫员张英与交通员王科仁等人具体执行。王复元于1922年加入中国共产党，一路晋升为中共山东省委组织部部长。1928年11月王复元叛变，使山东中共组织损失惨重，导致原中共山东省委书记邓恩铭被捕遇害。因此，变节分子王复元之死就是早晚的事了。只是1929年8月16日下午，其在众目睽睽之下死在新盛泰算得上是意料之外，情理之中。

很快，中山路的新盛泰恢复正常营业，仿佛没有发生过刺杀案一样。而年轻的胡铭新也回到了上海的学校继续读书，以完成父亲的重托。

期待长子能成为事业助手的胡秀章，很早就决定让其外出读书。而从烟台益文商业专科学校提前毕业的胡铭新，也不负众望，随即考入上海大厦大学商学院的银行系，并于1931年毕业。当时银行系的教师多为外籍，用英语讲课，很多同学因为听课困难，只能中途退学。胡铭新之前在烟台益文商业专科学校读书期间，便是英语优等生，所以就读上海大厦大学时得心应手，成绩名列前茅。胡铭新从上海大厦大学毕业后，在青岛中国银行做过一段时间的实习生，随后听从父亲子承父业的安排，开始了拓展胡氏家族商业地图的行旅。

进入1930年的青岛，当人们开始适应山东街改名中山路，第一公园改称中山公园的时候，一派东风一夜换新符的气象通过汇泉湾岸边若愚公园牌坊等新城市景观的营造缓慢传递出来。而诸如前国务总理龚心湛进出旁边的金口路3号府邸之类的信息，则已像冬日里裹脚老太太晒太阳一般，很难让人产生探究的兴趣。[1]

更大的利好随之而来。

1932年1月，以个人声望平息了东北海军“崂山事变”的沈鸿烈，在张学良的支持下顺利替代胡若愚出任青岛市市长。沈鸿烈上任后开始整理各端，引入专门人才，实施其雄心勃勃的城市复兴计划。

但作为东北海军司令，沈鸿烈上任伊始首先需要面对的是制约民族主义的激进行为与麻木不仁的利己主义者的各行其是。平衡这两个尖锐对立的群体，对其施展政治抱负与推行革新行政至关重要。

核心的问题还是日本。

[1] 龚心湛昨早离青去平[N].青岛时报,1932-11-1(7).

沈鸿烈主政青岛之前，九一八事变爆发，东北陷于水深火热之中。青岛作为受日本控制多年的城市，本地青年学生第一时间做出对抗反应，学潮爆发。1931年10月1日，国立青岛大学学生成立反日救国会，教育学院学生李仲翔任主席，组成15人执行委员会，校长杨振声和部分教职员被选为执委。

学生并不理会政府的韬光养晦说教，也不顾及校方的劝告，以民族救亡为执念，一意孤行。11月16日，国立青岛大学学生提出南下请愿，校方反对，学生则矢志不渝。杨振声的儿子杨起晚年对这个过程的口述，不无替父亲辩解的意味："一天夜里，当局要抓捕爱国青年，同学们在半夜里跳进了我们住的院子（院墙是矮矮的木栅栏）。当时父亲已经睡下，他听见了响动后赶快起来，把同学们让到屋里，保护起来。"[1]

11月30日，国立青岛大学校方召开校务会议，限定学生去南京请愿人数在30人以内，并须由教务处核准，同时议决举办抗日救国周，以表明立场，力图控制局面。同日，国立青岛大学反日救国大会在学校礼堂召开，决定组织179人赴南京请愿。

在现场的外文系学生郭根记录："会场上形成两个阶级，一方是教职员，一方是学生。教职员不主张请愿，学生是非去不可，于是决裂了。教职员全体退席，学生却坚持下去，第二天一早要整队出发，不料参加者过少未能成行，这样教职员的冷讥热嘲便自然地加在学生身上了。同时学生方面因维持面子起见，决定第二天再行出发。"[2]杨起对杨振声在学生行前的作为，则是这样记述的："南京教育部责令各校劝阻学生南下，父亲作为校长，表面上不得不执行命令，可是暗地里拿出五百大洋给学生当盘缠。"

12月2日早晨，179名国立青岛大学请愿学生步行至火车站，登车赴济南。3日到达浦口，下车换轮船去南京。

12月2日上午，杨振声主持国立青岛大学校务会议，对请愿"期期以为不可"的梁实秋和16名同事出席，通过对179名离校请愿学生处理案，决议对"用不正当手段煽动最力者"应予退学处分。此决议案随后被撤销，15天后校务会议

[1] 杨起．回忆我的父亲杨振声[J]．各界，2018.

[2] 散木．郭根日记[M]．太原：三晋出版社，2013.

通过对赴南京请愿事件人员记过处分案。这给更大的学潮埋下了伏笔，直至国立青岛大学改换门庭。

沈鸿烈多年的从军履历使其能够清晰辨别局势，从现实层面洞悉走向。其1882年出生于湖北天门，中过秀才，执教过府学，参加过湖北新军，留学日本海军学校时加入同盟会，回国后对清朝海军和国民政府参谋部海军局都熟门熟路。1916年沈鸿烈作为海军武官赴欧洲观战，随英国舰队参加对德作战，后出访美国。1922年沈鸿烈出任张作霖公署航警处长，1923年升任江防舰队中将司令。沈鸿烈和青岛的联系始于1926年，是年其奉命率舰队驻防青岛，从崂山到市区一路观察，一路感受，对市情、乡情、民情、商情、危情早已烂熟于心。相比较洞察力优势，沈鸿烈对商业社会的认识则是逐步积累的，而青岛既是样板，也是整理目标。这个边学边干的过程加深了沈鸿烈敏感的问题意识，其对“亡羊补牢”保持着足够的警惕。

作为前东北海军司令，执政青岛的沈鸿烈了解日本，熟悉东北，洞悉局势。沈鸿烈天天在沂水路政府大楼的窗口，面对着在前海游荡的日本军舰，危机意识不能不日见强烈。与时间赛跑的紧迫感，他不比任何人少。为政一方，他知道：有些话能说，有些话不能说；有些事能做，有些事不能做。

1932年8月8日，在接待完上海工商考察团之后的一场市政府纪念周仪式上，沈鸿烈就紧迫的时局，和他的政府同事说了一番掏心掏肺的大实话：“外有热河之告急，内有中枢之变化。一切情形，诸君想均于报端见之。吾人处此情形之下，只有不问外事，脚踏实地地去做自己分内应做之事。虽因本人求效稍急，致如此暑热炎天，仍未能使诸君稍得休假。但一反观现在东北水深火热之人民，不但受烈日吃蒸熏，且有飞机大炮之轰炸。两相比较，还是我们太舒服了。在国家如此受压迫之下，本人觉一部分人仍是进德太慢，如沾染嗜好者近来虽多，自动请假戒除，其志可嘉。但仍有少数意存观望者，未免太无毅力。我辈现已至山穷水尽之时，倘再不思振作，恐将来无所逃于天地之间。所以希望同仁努力前进，将来或尚可立足，否则真是不堪设想了。”[1]

所谓“天下兴亡匹夫有责”，东北激烈变动的时局对青岛街面的影响并非局

[1] 市府纪念周沈市长之重要报告[N].青岛时报,1932-8-10(6).

○　《青岛时报》刊载的洪泰号纠纷

限在知识界、教育界、实业界和政府职员层面，也波及了普通的市民群体。沈鸿烈在市政府纪念周仪式上讲话的第二天，台东镇曹县路日资益丰火柴工厂的三个华人把头因受到时事的刺激，联合商定不再为日本人做事了。当天早晨5点百余工人到厂上工，突然发现把头不见了，无法工作，遂聚集等候。日本经理也一头雾水，只好到派出所报告。警察随后找来三人问明情况，并请社会局到场调解，最终约定三个把头暂带工人返回工作，待厂方找妥接替者后再行辞退，以免厂方损失过大，双方同意了。[1]一场风波始告结束。

与此同时，社会上的激进分子开始向缄默的商人群体发难，要求其明确支持国货立场。1932年8月18日，青岛总商会召集各委员及各公会主席开联合会议，决议提倡国货办法，当即通令各公会一致遵行，以尽商人天职。而这个仓促召开的商界联合会议的触发点是一封信。报载："以国难正殷，各地爱国志士皆群起组织团体提倡国货，以救危亡。该会前曾接到某爱国团体函件，劝令商人从速猛省，以期自救。"[2]

沈鸿烈主政的青岛，行政逐渐趋向强势，政府的社会主导性接近历史最高值。行政推动力与社会自治驱动的契合形成了一种层次分明的模式。

比较青岛回归后几年竭泽而渔的执政者，沈鸿烈更信奉放水养鱼的商业策略。他似乎更有耐心，也更看重社会运转的可持续性。这个方式缓和了政府与商人长时间的紧张关系，诱发了刘子山的东莱银行在被迫出走后的回归。

沈鸿烈务实，在公共事务上愿意说话，不厌其烦地向各个社会阶层说明情况，而且通俗易懂，这是其施政能够获得广泛支持的重要途径。而维系上下各种派系之间的利益关系也是其擅长的，开辟文登路俱乐部，利用夏季避暑的便利接待三教九流，就是突出的一例。这些看似旁敲侧击的做法，恰恰为城市的复兴举措赢得了意想不到的资源空间。

在民族主义的立场上，青岛20世纪30年代的几张本地报纸没有国立青岛大学和几所中学的学生们激进，却比政府的唯命是从多了些独立判断，比中产阶级的维持现状多了些清醒，也比商人群体担负了更多的社会责任。如《青岛时

---

[1] 益丰工厂把头葛敬发等不愿干日本事[N].青岛时报,1932-8-10(7).

[2] 市商会开会议决提倡国货办法[N].青岛时报,1932-8-19(6).

报》1932年11月25日“读者之声”刊登的一篇《对抵货之我见》，就发出过中肯之论：“对于抵货运动，力戒嚣张，免致外人借口。我的商品果能精良，则必能畅销全国。彼泊来者，需有运费及关税等，价格定较国货昂贵，自能断绝其来源矣，此无形中抵制也。”

在一般情况下，学生、市民、商人、政府、媒体形成的关系，看上去似自说自话，各行其道，各司其职，可一旦风暴降临，分化、重组就不可避免。先进者破釜沉舟，沉默者苟且偷生，逆行者见利忘义。

更多时候，彼此相安无事。

# 一日千里之势

1933年9月8日《青岛时报》报道："东省事变后，商业甚萧条，虽商店倒闭者不少，但新开者亦多。本年五月详加调查，计自二十一年十月以来，新开者有三千余家，连同旧有商店，共计六千五百十三家。"

1931年沈鸿烈主政青岛，万象更新。青岛总商会这边，宋雨亭也等来了好机会。伴随着南京政府公布商会改组大纲，青岛总商会施行委员制，宋雨亭等三人担任主席团委员。

1931年南京政府公布商会法，青岛总商会改称青岛市商会，同年3月组建的第一届委员，计有常务委员宋雨亭、张玉田、于维廷、姚仲拔、柳文廷，委员王寿臣、田星五、梁和璞、战警堂、姜蔚东、邢杰甫、王得庭、董希尧、丁敬臣、孙润泉。宋雨亭获任主席委员。宋雨亭统领的青岛市商会，平衡了各商帮、商业门类、地理分区的利益，算得上师出有名，合情入理。就此，青岛市商会进入一个风生水起的宋雨亭时代。

从青岛市商会第一届委员的资历与经营领域，大致可以看出20世纪30年代青岛商业的整体走向与发展趋势。

张玉田，山东掖县人，中鲁银行总经理。早年在潍县路开设永和号经营布匹杂货，1928年参与发起双蚨面粉股份有限公司。

于维廷，辽宁金县人，北平路政记轮船公司经理，青岛市航业同业公会、轮船业同业公会主席。1929年8月青岛总商会出面调解过客栈联合事务所与于维廷的一场侵占纠纷，结果双方握手言和。

姚仲拔，青岛交通银行经理，1935年2月26日，青岛交通银行就姚仲拔调任南京交通银行经理，遗缺由总行储信部吴兴基接充一事，函告青岛市商会。同年7月1日，青岛交通银行再就总行加派毛仁堉为青岛交通银行副理一事，函告青岛市商会。

柳文廷，山东昌邑人，曾经营启华行，其会昶祥在菏泽路，经营土产、杂粮、草帽辫，青岛市土产行栈业同业公会主席。

王寿臣，山东潍县人，博山路义德栈经理。因经营广泛，相继成为青岛市土产行栈同业公会、运输同业公会、粮业同业公会活跃人物。先后任渔业公司常务、交易所理事、山左银行理事、取引所理事。

田星五，山东黄县人，恒丰益经理，河北路复兴昌顺记股东，棉纱同业公会主席。1937年7月曾代表青岛市商会，与梁和璞一同参与监视救济院广饶路17号新院工程开标。

梁和璞，即梁宜亭，山东文登人，河南路德裕当经理。1925年7月与孙梁臣、马子厚、吕卓生同为胶澳商埠沪汉粤案后援各界联合会委员。1931年冬与宋雨亭、柳文廷、张立堂、董希尧、于维廷、姚仲拔等21人担任青岛市物品证券交易所股份有限公司筹备委员。梁和璞所从事的典当业看似不入流，却利益丰厚。1932年沈鸿烈在一次谈话中曾特别提及，称典当“现在本市所有者，仅二家是华商设立的，其余都是日商所创，利息高达七八分，时间短至三个月，一般平民的血汗全被榨取。倘使筹数十万元，开设几个大当，则其发达，不待旋钟”[1]。

战警堂，山东掖县人，1908年在高密路与人创办玉春号，经营杂货、布匹、绸缎。后转向工业投资，主持山东烟草公司。1932年7月战警堂代表卷烟同业公会出任商会劳资仲裁委员。1933年10月其与柳文廷被青岛市商会推荐出任农工银行发行铜元券准备会检查委员。战警堂先后担任青岛黄酒公会、卷烟公会理事长。

姜蔚东，山东黄县人，与其弟姜顺如合股经营山西路万利源，青岛市运输同业公会主席。

邢杰甫，直隶衡水县人，胶州路源庆恒号经理。源庆恒股东为北京人徐伯荣。

[1] 上海工商考察团昨晨会议调查程序[N].青岛时报,1932-7-30(6).

王得庭，青岛市饭馆公会主席。早年从事猪肉贩卖，1936年11月王得庭作为发起人，与宋雨亭、刘宾庭等27个股东设立青岛新新公寓股份有限公司，经营在湖南路72号新竣工的新新公寓。该建筑以摩登的现代主义风格伫立在传统街区，可谓独树一帜。

董希尧，山东昌邑人，1911年移居青岛，1928年在河北路与人合办源隆号，经营棉布，先后出任青岛市华洋棉布同业公会、纱布同业公会主席。

孙润泉，山东即墨人，小港路仁兴号经理，经营仁兴煤厂。1927年12月孙润泉与刘乐亭、徐宝斋、仵绍武代表青岛市煤炭同业公会，向胶澳商埠局总办提出存煤免征矿捐并减捐率请求，曾任煤炭同业公会副董。

从青岛市商会委员所属商业门类上看，金融、土产行栈、运输、航业、粮业、棉纱、草编的占比较高，从业者数量较大。受税收政策和市场的影响，这些行业的盈亏起伏也大。比如1932年5月海关增加糖税后，本地土产商德合祥、同丰恒等数家商号由大连订购大批日糖，用船载运来青，在小港、沙子口卸下，以图厚利。[1]

长时间内，土特产的贸易在青岛举足轻重，这是由市场决定的。截至1933年，青岛港以土特产为主导的进出口贸易依然活跃。一份研究报告显示：“出

○ 商人社会的兴起极大地推动了城市房地产业的增长

[1] 土产商由大连运糖来青[N].青岛时报,1932-5-13(6).

口货物虽有二十余种，但数量较多者仅煤、盐、花生（花生油包括在内）三种，其次即为烟叶、棉花、鸡子、牛肉等类。此项货物之输出地推日本为首位，上海、香港、大连、广东、朝鲜等处次之，欧美各国虽不甚多，然输出于汉堡（Hamburg）、勒特丹（Rotterdam）、马尔塞斯（Marseille）、西特尔（Seattle）、瓦稜萨（Valencia）等处者亦日见增多。输入品亦以日本货物占第一位，其中以棉花、棉布、棉纱、机械、水泥、铁、木料、火柴、绳、席为大宗；其次如上海之烟类、棉花、棉布、棉纱、中国纸、铁、机械、竹料，大连之高粱、豆饼、水泥，香港之砂糖、铁、麻袋，安东之木料，朝鲜之米，以及台湾之砂糖等。其他各国则以桑港（San Francisco）、纽约（New York）、桑比德罗（San Pedro）等地之煤油占为首位。”[1]

青岛港的进出口统计显示：“二十年份进口货物为百一十五万三千九百三十九吨，出口货物为百一十八万五千六百七十五吨，与十九年度相较，前者增加十七万七千零三十五吨，后者增加二十万零八千二百一十二吨；就中关于出口货物，如花生则较十九年份增加四万六千四百四十二吨，花生油增加二万二千四百四十七吨，煤炭增加二十万零六千七百零九吨，余者如棉布、棉纱、煤油、水泥，较十九年份均形低减。由此观之，不但贸易日趋发展，且国货输出甚盛，而外货输入减少，此诚该港贸易兴旺之象征也。”[2]

除了来自港口方面的景气数据，从兴奋的本地资讯看，宋雨亭和青岛市商会面对的市面利好，似乎并非空穴来风。1931年，青岛商铺总计7723家，1932年增加到8597家，一年之内增加了874家。[3]

1933年9月8日出版的《青岛时报》，更以“本市商业有一日千里之势”为标题，人肆渲染商店设置数据的剧增：“本市为华北良港，外当黄海之门户，内通中原之奥区，气候适宜，湾阔水深，胶济铁路横贯山东之股，而平浦北宁铁路均可联络。年来本市商务之发达，实有一日千里之势，故商店之开设亦日渐增多。据民国十八年本市总商会调查，市内商店共计一千一百八十六家，又台东镇区约

[1] 国立山东大学化学社．科学的青岛[M]．青岛：胶东书社，1933.

[2] 国立山东大学化学社．科学的青岛[M]．青岛：胶东书社，1933.

[3] 本市近二年旧有新添商铺之调查[N]．青岛时报，1933-1-20(6).

计二百六十四家，若将市内、外之小店铺加入，合计不下三千家。据二十一年份社会局调查，本市内、外大小商店共有四千三百七十家，东省事变后，商业甚萧条，虽商店倒闭者不少，但新开者亦多。本年五月详加调查，计自二十一年十月以来，新开者有三千余家，连同旧有商店，共计六千五百十三家，各国侨商所设商店虽均列入，但日商所设商店九百二十九家，因资本调查困难，未能编列。”

《青岛时报》9月9日刊登了青岛市商会统计的各商店业别家数及资本。“农产品贩卖业427家，资本5193625元；林产品贩卖业93家，资本903260元；畜产品贩卖业123家，资本3916710元；水产品贩卖业120家，资本832163元；矿产品贩卖业155家，资本4525390元；机械贩卖业103家，资本544200元；金属制品贩卖业268家，资本850480元；化学工业品贩卖业236家，资本1493530元；木草藤竹品贩卖业302家，资本741830元；纺织工业品贩卖业262家，资本10832800元；饮食品贩卖业538家，资本2872345元；土石制品贩卖业57家，资本564430元；服用品贩卖业571家，资本705995元；交通用品贩卖业78家，资本1135815元；教育用品贩卖业93家，资本231280元；美术品贩卖业39家，资本548493元；杂材制品贩卖业330家，资本1634891元；杂货业1093家，资本6944412元；废物业143家，资本386086元；运输业37家，资本1732250元；物品赁贷业2家，资本13150元；交易所业2家，资本4000000元；代售业3家，资本5100元；广告业4家，资本350元；荐头业5家，资本700元；银行业12家，资本83635400元；钱庄业62家，资本1022700元；典当业4家，资本125000元；保险业16家，资本128850000元；饮食店业799家，资本2428720元；旅馆业54家，资本525400元；娱乐场业24家，资本465630元；整装业169家，资本180425元；澡汗业13家，资本248300元；其他289家，资本50408687元。”

《青岛时报》引用的统计显示，青岛全市商店共计为6513家，资本总额为318500493元。[1]

1933年9月统计的商店总数并不比1932年底统计的商店总数多。但一年半后，本地统计的商店总数持续增加，上升到9771家。这个时候，用“千树万树梨花开”来形容青岛商业的蒸蒸日上并不为过。

[1] 本市商业有一日千里之势（续作）[N].青岛时报,1933-9-9(6).

本市商業
有一日千里之勢
二十年僅有商店四千餘家
今歲增添者有二千餘家之多

○ 1933年9月8日《青岛时报》第六版 ○ 青岛市工商学会办公楼

与此同时，伴随着青岛市市长沈鸿烈倡导的青岛市工商学会的组建完成，工商业从一般的操作层面向学术研究、技术进步、信息传播、公共启蒙等方面溢出，工商业协调运转的框架初具，前瞻性、计划性、组织化与可持续性同步增强。[1]

青岛市商会与沈鸿烈的关系，在经过了1933年夏天一场“挽留沈市长”的风波后，得到了极大的巩固。特殊时刻，青岛市商会一干人马支持沈鸿烈的态度十分坚定，四处奔走呼号，最终大功告成。

沈氏对青岛市商会主要成员在事件发生过程中不遗余力的信任与支持颇感欣慰，并在之后几年报以同样的信任，在各个方面大力支持以宋雨亭为主席委员的青岛市商会工作，形成政府管理公务、行政与乡村建设，青岛市商会统筹商业的城市运作格局。

这正是宋雨亭和商人群体求之不得的局面。而青岛一地商人社会的有序发展也因此步入快车道。

1933年秋鲁西水灾，青岛市商会竭力参与救助。9月9日在青岛市商会礼堂开会讨论急赈办法，推选宋雨亭、傅炳昭、苏励臣、王仰先、鄷洗元担任鲁西水灾急赈会常务委员，同时由张玉田、于维廷、柳文廷、王寿臣、战警堂、韩强士、王荩臣七人出任组长。9月14日，各同业公会主席再次在青岛市商会礼堂聚集，议决为鲁西水灾集款办法。10月27日，鲁西水灾急赈会常务委员暨各组组长开会，报告已收到捐款三万余元。

[1] 本市各界共同组织工商学会[N].青岛时报,1933-2-6(3).

# 商人社会

1934年8月16日《青岛时报》报道："悦来公司创自清光绪末年，开华北运输界之新纪元，为国内有数之大商业。当民初营业兴盛时代，徐世昌、张勋等皆曾投资该公司。不料近年来因各分公司亏蚀过巨，以致营业不能周转，遂宣告破产，殊属可惜。"

1933年4月3日，四方路西头的福隆绸缎庄开业。三层楼所处的位置恰在商号林立的中山路凸出的一角，辨识度极高。之前数天，这家新的绸缎庄不计成本地在本地报纸刊登大幅广告，提醒消费者"注意良机"："商业竞争虽言唯利是图，然亦不外乎取之有道耳。尝见夫摆窗颜门陈货充新，虚伪减价购者不察，辄受其欺，此不道之尤者也。本主人有鉴于斯，为谋真诚廉价起见，特设绸缎庄专卖廉价。现已各货到齐，无美不备，无一不新，又值落价，廉中尤廉。"这个夸夸其谈的福隆绸缎庄主人，是蓬莱移民邹道臣，一个野心勃勃的商界闯入者。在进入青岛20年之后，他瞅准了本地商人遮遮掩掩的道德软肋，集合了来自蓬莱、福山、招远、莱阳、黄县的资本，打算一鸣惊人。邹道臣需要跨越的大山，近在咫尺的就有瑞蚨祥、谦祥益、玉春号、德丰绸缎庄、良友绸缎庄、天合钱庄绸缎布匹部、新丰绸缎百货店、久新绸缎百货公司等。但看上去，他并不畏惧。他给自己开辟了一条更崎岖的道路，上下颠簸之中，他似乎很享受身为颠覆者的快意。

邹道臣逢山开路的能力很快就会被证明。

福隆绸缎庄开业前后，肥城路14号和兴工厂破产的消息公开。青岛地方法院依法选任青岛市商会常务委员柳文廷、律师宋士斌为破产人孙玉均的破产财团管

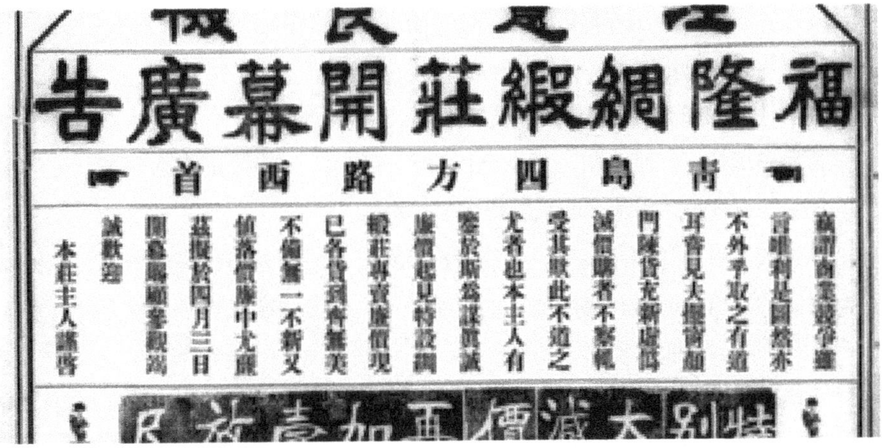


〇 福隆绸缎庄的报纸广告喧闹一时

财人。柳文廷与宋士斌随之在报纸发布启事，披露孙玉均开设的和兴工厂在1932年秋天倒闭，其铺底及所有财产值银4642元，欠外债值银5600元。恐将来偿还不均发生纠葛，理合将铺垫货款全数开具清单，并开具各债权人姓名单恳请鉴核，另外通知各债权人速即到案。[1]

在1933年夏天到来之前，面临困局的商人不止孙玉均一个。就在柳文廷、宋士斌通过《青岛时报》刊登启事的同一天，义聚诚、义聚栈、恒裕公号都相继发布通告，披露进入破产清算程序。这让邹道臣和福隆绸缎庄的一意孤行一下子显得有些恍如隔世。

大千世界，无奇不有，日出与日落，上升与坠落，无须大惊小怪。海泊路义聚诚的消亡其实早有预兆，其倒闭前一年，就曾致函青岛市商会会长宋雨亭，称因生意萧条，申请核减营业税。尽管青岛市商会主管委员随即就酌情将税额从150元减少至105元，但终究没有挽救这家奄奄一息的钱业商号。而对恒裕公的欠款登记同样是青岛市商会接下来必须面对的事项。4月中旬青岛市商会陆续给各商号发函，要求“将存有恒裕公之款如数照付债权团”。一通忙活下来，大街上的最后一丝凉意已然消失殆尽。

对渐行渐近的商人社会来说，有人剑走偏锋，有人抱残守缺，有人因循守

[1] 商会常务委员柳文廷律师宋士斌启事[N].青岛时报,1933-4-10(3).

旧，有人顺势而为，不论稳健还是冒险，都是家常便饭。履历自己一字一句写出来，便清楚所有痕迹的意味。

商人社会的要义是自由选择权。然而，现实的荒谬在于，大部分商人并没有机会将自由选择权平铺直叙。至少在1933年的春天，对青岛的商人而言，这个矛盾的现实像窗外正吐出新绿的法国梧桐一样真实。

从1933年春到1934年初夏，围绕着河北路、莘县路东海楼商业租户的种种境遇折射出的恰恰是商人社会形成期的艰难现实：你方唱罢我登台，台上台下忙忙碌碌，却等不到一曲终了。

小港附近的东海楼地皮原属于港务局出租地，早年由东泰号朱凤翔自山西路口起北至东海楼边道开发房屋，经年累月形成规模。由于年代久远，未加规划，部分物产、道路权益模糊，连锁反应的起因盖源于此。先是1933年2月东海楼房主东泰号朱凤翔与租户裕盛东发生租权纠纷，闹到了青岛市商会，各有一肚子委屈，调停了事。矛盾看似缓和了，祸根却未解除，祥和气象一去不返，接下来便导致一蹶不振。同年3月，东海楼82号杂货摊商泰昌祥因“生意萧条，无力进展”宣告停止营业，一年内同样“无法维持”的裕顺泰、顺兴泰等相继歇业销案。到了1934年6月，德合兴也向青岛市商会代征营业税处呈文，恳请减轻营业课税：“敝号于比年来在东海楼院内小集货营业，因受各大商场林立影响，几无支持之余地。敝号出于万不得已将营业房两间辞退壹间，暂留一小间作容身之处，对于营业课税现已定额，每年廿壹元六角已按期缴纳，曷敢再渎，实缘敝号营业所入不敷所出，恐有不能支持现状之虞，为此恳请钧会体恤商艰，暂为减轻营业课税而维营业，则感恩戴德无涯矣。”

一条莘县路，连通台西镇与大港、小港、海关后，看似边缘，实则举足轻重。小港周边，商号、货栈林立，库房遍布，商人无数。一个东海楼牵扯出的前前后后、里里外外，时代的痕迹无处不在。商人社会生长的艰难步履可见一斑。

向远处看，山西路、河北路连接的“街里”，河渠纵横的大鲍岛，情形也大差不差。

1934年8月16日出版的《青岛时报》刊登消息说：“悦来公司创自清光绪末年，开华北运输界之新纪元，为国内有数之大商业。当民初营业兴盛时代，徐世昌、张勋等皆曾投资该公司。不料近年来因各分公司亏蚀过巨，以致营业不能周转，遂宣告破产，殊属可惜。兹闻该公司经理华若愚召集之债权会议，于十四日午后在公司举行，到津、沪、济各地债权者八人，华若愚主席报告，大略谓，鄙人召集诸位到此会议，原有一特别办法，或可立时解决，现已由董事会出面负责清理，所有债权自当向董事会讨索，鄙人既系雇员，尤不便多说云云。当时有数债权者曾要求华君一同到董事会照对，嗣经陆子坚君调说，谓各位董事皆商界闻人，不必同去，俟董事会明日（十五日）接收全部资产簿据后，我辈债权者再来索欠云云，遂即散会。”[1]

悦来公司破产了，债权人和股东都不悦。而就是在这几天，上海商业储蓄银行和中国旅行社在中山路的新大楼落成了。新楼竣工后的第一时间，沈鸿烈、颜惠庆、葛光庭等政要一一前往视察，对上海马腾工程司苏夏轩的摩登设计无不交口称赞。先睹为快者尤其对青岛农林事务所葛敬应所长代为设计的屋顶花园印象深刻。游客凭栏远眺，前海一片碧波荡漾，无限风光尽收眼底。[2]

稍后的事实证明，尽管邹道臣的福隆绸缎庄搅动了同业的内耗，却不能靠单打独斗获得更大的生存空间。1935年6月，鉴于“近日百业萧条，金融枯滞，为繁荣市面起见”，绸缎布匹公会组织同业举办联合抽签大降价，福隆绸缎庄打头阵，加入的商家依次有洪兴德、国货公司、协蚨祥、谦祥益、义生厚、锦章商店、宝兴公、华东号、永和号、玉春号、祥云寿、芸芳泰、德源号、谦增福。[3]这边一蜂窝的减价声嘶力竭，那边中山路山东大剧院隔壁的华东绸缎棉布局就宣布歇业了，随即开始拍卖库存，一律照原价对折，一番牺牲，可谓不顾血本。

[1] 悦来公司宣告破产[N].青岛时报,1934-8-16(6).

[2] 上海银行及中国旅行社新建大楼昨日已落成[N].青岛时报,1934-8-20(6).

[3] 青岛市绸缎布匹同业联合举办抽签大减价广告[N].青岛时报,1935-6-3(1).

# 面子与里子

1932年7月29日沈鸿烈在迎宾馆宴请上海工商考察团时的讲话："工商业中最重要的要素便是人、财二字，简而言之，就是经济问题和人才问题两项。目前本市工商的现状，其所以瞠乎人后，不能振兴的原因是人才与经济的缺乏。"

商人社会，形形色色的规则，各式各样的礼数，上上下下的关系，都需要考虑周全，该遵守的不能不遵守，该表示的不能不表示。而就商人社会的头部生态而言，官商之间千丝万缕的联系可以用互为弓箭比喻。有时候官为弓，商为箭；有时候则官为箭，商为弓。

以青岛官商诸方面三次接待上海商会主席王晓籁为例，和颜悦色的礼尚往来看似漫无目的，却又绝非空穴来风。言谈举止之间传递出的信息都意味深长。

第一次是1932年7月28日，王晓籁率上海工商考察团20人抵青，青岛市市长沈鸿烈率政府各参事、局长、科长，青岛市商会会长宋雨亭与丁敬臣、姚仲拔、张玉田、王仰先、于维廷、张絅伯、周志俊、李祖模，一干人浩浩荡荡赴码头迎接，沈鸿烈登小轮引导。当天中午青岛市商会要员在汇泉青岛咖啡馆设宴迎接，晚上沈鸿烈再在迎宾馆宴请全体。[1]接待规格之高，场面之热烈，甚为罕见。

有意思的是，在宴请上海工商考察团时，沈鸿烈在讲话中提及了生计、文化、交通三个方面的内容，剩下一点时间谈工商本身，说："工商业中最重要的要素便是人、财二字，简而言之，就是经济问题和人才问题两项。目前本市工商

[1] 沪工商考察团抵青[N].青岛时报,1932-7-29(6).

的现状，其所以瞠乎人后，不能振兴的原因是人才与经济的缺乏。”在青言青，青岛海关较上海次之，商港设备也仅次于上海。如果有充分的资本和充分的人才，工商业之兴盛可以操券而待。[1]绕了一个圈子，沈氏的心思逐渐托出。

接下来几天，王晓籁带领上海工商考察团依次前往屠宰场、华北火柴厂、永裕盐厂、民生国货工厂、恒兴面粉公司、华新纱厂、胶济铁路四方机厂、崂山华严寺、李村水源地等处参观，分别由事前分组的王荩臣、姚仲拔、张絅伯等青岛市商会要员陪同引导。8月2日和3日晚，上海工商考察团结束参观前，依次由王晓籁、沈鸿烈出面宴请、答谢、送行，其乐融融。

第二次是1933年7月26日，王晓籁抵青观摩第四届青岛国货展览会。这次展览会7月10日开幕，展品包括食用原料、制造原料、毛皮与皮革、油蜡及工业媒介、饮食工业、纺织、建筑、人身日用品、家庭日用品、艺术与欣赏、教育与印刷、医药用品、机电等14个门类。上海厂商组成了规模庞大的旅行团，所提供的产品在河南路展览现场颇受欢迎。王晓籁的青岛之行属锦上添花，足可为展览会画一个圆满句号。

王晓籁抵达的前一天，轮船招商局青岛分公司专函青岛市商会：“王晓籁与浙江实业银行行长李馥荪等由招商局孙经理陪同，乘坐该局普安轮船于明日下午三时到达大港码头，预备到码头迎接，请烦詧照。”王晓籁当天抵达时，市政府社会局局长储镇代表国货展览会的主办方，与上海国货旅行团代表等悉数到场欢迎。王晓籁略加寒暄，随后下榻在栖霞路1号。

7月28日晚上，上海国货旅行团在即墨路聚福楼大规模宴请青岛各界，以表酬谢之意。王晓籁主持并致辞，青岛市市长沈鸿烈、胶济铁路委员长葛光庭、市政府秘书长胡家凤、本地商界要人及记者100多人出席。8月1日下午，青岛工商学会在热河路会内招待上海国货旅行团，青岛交通银行经理姚仲拔担任主席，王晓籁、沈鸿烈分别致辞。8月10日王晓籁乘普安轮离青返沪，胡家凤代表沈鸿烈到码头送行。王晓籁在青岛的十多天时间，市政府社会局、轮船招商局、胶济铁路、青岛市商会、青岛工商学会依次出场，可谓风光一时。

1934年8月初，王晓籁再次抵青避暑，同样受到各方殷勤款待。8月9日中

[1] 上海工商考察团昨晨会议调查程序[N].青岛时报,1932-7-30(6).

○ 1934年8月9日青岛市商会与银行公会宴请王晓籁的汇泉东海饭店

午，青岛市商会与银行公会在新开业的汇泉东海饭店宴请王氏，市长沈鸿烈与商会会长宋雨亭、青岛中国银行行长王仰先、青岛市商会委员战警堂、财政局局长郭秉龢、公安局局长王时泽、市政府各科长等55人浩浩荡荡出席，一时间汇泉东海饭店门前停放的轿车多达40多辆，蔚为大观。午后饭毕，尽欢而散。海上闻人王晓籁的面子和陪同者的面子都找足了。[1]

这三年与王晓籁的几顿饭，沈鸿烈与宋雨亭不能不吃，原因在于这个上海市商会领袖绝非等闲人物，不能怠慢。王晓籁1887年出生浙江嵊县，比沈鸿烈小五岁，却是与共和革命休戚与共者。1907年王晓籁在乡里参加光复会，秋瑾案发避沪经商，担任其岳父楼映斋所设通惠公纱厂、合义和丝厂驻沪账房经理。1910年王晓籁与友人王琳彦等创办闸北商团，开办闸北商场和闸北工程局，后又相继开设大来、天来、泰来和春来等缫丝厂数家，并先后担任上海商业银行、中央信托公司董事。辛亥革命光复上海时，闸北商团参与攻占上海北火车站，遂与陈其美、蒋介石等往来。1924年王晓籁当选上海总商会会董，1926年当选闸北商会会长和上海租界纳税华人会主席，同年7月代表上海商界赴粤参观新政，与蒋介石、张群等人会晤，并参加北伐军誓师大会。1927年春王晓籁策动闸北保卫团响应上海工人起义，胜利后被推为商界代表，任上海临时市政府委员会主席委员，

[1] 市商会欢宴王晓籁[N].青岛时报,1934-8-10(6).

继而出任上海市商会理事长、江苏兼上海财政委员会常务委员、财政部特税处副处长和全国卷烟特税局局长。1930年起王晓籁相继当选上海市商会第一、二、四届主席委员，同时出任全国商会联合会理事长、国营招商局理事。期间王氏广收门生，成为“呼风唤雨”的上海名人。

所以，宋雨亭陪同沈鸿烈与王晓籁在汇泉湾畔吃这顿饭，吃食固然重要，排场也不能不讲究。而这背后的驱动力，彼此都心知肚明。十里洋场，卧虎藏龙，牵一发而动全身。商人王晓籁举手投足的分量不言而喻。

官商之间的吃吃喝喝，在沈鸿烈主政青岛的几年并不刻意避讳，报纸上时不时出现关于此类应酬的消息。商人请，官府也请，和华商吃，也和外商吃。8月9日中午沈鸿烈在东海饭店与上海市商会会长吃了一顿，8月11日、12日两天，沈鸿烈的饭又约上了。8月11日中午，青岛市商会宋雨亭、姚仲拔、王祖训、张玉田、柳文廷、战警堂、于维廷等委员，在汇泉路4号可乐地咖啡馆宴请山东省主席韩复榘，并请沈鸿烈、胡家凤等本地政要陪同。报纸次日发布消息称，宾主席间杯觥交错，极尽融洽。8月12日晚上，沈鸿烈是与日本商人约的饭。当天，青岛电灯公司日本经理高桥“为联络中日官商感情起见”，在胶州路久米乃家咖啡店宴请沈氏，陪同者有盐务稽核所所长吴祖耀和副所长北村大亨、日商领袖赤星等，一番盛情，几多酒意，其乐融融。[1]作为前东北海军军官，沈鸿烈在日本上过军校，对日本礼仪并不陌生。

在青岛避暑中的王晓籁不着急走，杯觥交错的酒事就日复一日持续，商人、学人、政客轮番上阵。这时候，本地报纸爆出一条新闻，老牌子的悦来公司破产了。

8月29日中午，预备结束在青岛避暑的王晓籁，在汇泉路可乐地咖啡馆酬答沈鸿烈与宋雨亭的盛情款待，并致谢意。和王晓籁吃过中饭，晚上沈鸿烈又赴可乐地咖啡馆旁边的东海饭店，参加了青岛纺织公会的宴请。8月30日上午，王晓籁搭乘普安轮离青，沈鸿烈、胡家凤、赵琪、宋雨亭、姚仲拔等到码头送行。

一场你来我往的夏日交际季渐入尾声。

伴随着城市复兴的展开，商人对新经济的接受热情空前高涨。1934年夏天，

[1] 电灯公司日经理宴沈市长[N].青岛时报,1934-8-12(6).

社会局计划在大学路两湖同乡会馆举办青岛市暑期经济讲习会，请马寅初主讲，商会组织棉纱同业公会主席田星五、煤炭同业公会主席孙润泉、裕泰轮船行经理叶玉阶及儿子叶璧桐、政记轮船公司经理李云阶、五金公会主席刘馨山、鲁大公司职员宋少农、泰康经理张佑之等近400名工商界人士积极参与。

经济讲习会分研究与普通两组，白天、晚上分别进行。马寅初涉及的主题包括关税问题、银行问题、工商业问题、内外债问题、中国财政问题、世界经济问题、不平等条约与经济关系、其他各项经济实际问题。题目深浅不一，学术性与实用性兼顾。马寅初讲了许多全局性问题，本地商人之前鲜有涉及。

海风习习之中，台上马寅初侃侃而谈，台下叶玉阶与叶璧桐父子同在会上聆听的一幕令人浮想联翩。是年24岁的叶璧桐，毕业于日本东京电汽专门学校，任职裕泰轮船行技师。作为新一代商人社会的路径开启者，叶璧桐等人的未来似乎阳光明媚。

在一个商人社会，经济和操持经济的人多被认为是发展的推动力，这自有道理，却并非无可争议。社会成员的多元，性格、职业、趣味、经历、人生目标的不同，导致总有些人不喜欢天天谈金说银，这本无可厚非。但问题是，人不是抽象的概念，谁也不能在空气中活着，所以钱和非钱、商人和非商人、商品和非商品构成的矛盾就一直纠缠不休。

炎炎夏日，在马寅初就工商业和内外债问题一吐为快的时候，诸如叶玉阶与叶璧桐这些商人之外，文人眼睛里的“商品”观念不免就裹了一层酸溜溜的表皮。拿不起、放不下的尴尬恰如一幅“犹抱琵琶半遮面”的现实画像。

1935年7月29日，供职于邮电局的年轻作家李同愈以笔名“拜金”，在《青岛民报》发表了一篇《文章与生活》，就着稿费使劲调侃了一番：“尽管有人正要为文章争面子，说文章不是商品，和一双袜子或一只火腿不同，无奈事实已经摆得明明白白，什么价钱可以买到什么样的货色。若是‘客串’，能客串点什么出来？这一层大家明白，因为米铺子不给你‘客串’，而专喝水又不大得劲。”[1]

李同愈说：“第一公园有两只猴子，你用空手逗它，它老不理会。”

[1] 拜金．文章与生活[N].青岛民报，1935-7-29.

# 第十章
# 意气

# 所有结果都有迹可循

○ 宋雨亭

1929年5月2日《大公报》报道："青岛总商会前任会长宋雨亭，见政局之变迁与前途之困难，屡次对人宣言，愿随赵琪以俱去，嗣见接收后市内尚称安稳，因复连举连任，以资熟手。"

1934年和风细雨的青岛之夏，与上海市商会主席王晓籁的几次交际，青岛市商会会长宋雨亭都不是主角。控制局面与节奏的都是沈鸿烈。这不奇怪，却意味深长。

这个场景不仅影射出宋雨亭的处境，对应的恰恰是青岛商人与政治的从属关系。尽管表面上彼此的位置差异看上去并不悬殊，而对宋雨亭个人的行进轨迹而言，所有的结果都有迹可循。不同的人在不同境遇下所选择的路径、方向不同，而一旦选择，就不能反悔。

作为宋雨亭的掖县同乡，不堪政治骚扰的刘子山已离开青岛多年，辗转在天津、上海两地。1933年初曾有传言说，其"恐久住祖国有不利之处"，已入英国籍，欲前往英国居住。[1]

从公开的文献看，刘子山与宋雨亭的早年从商经历皆与麦秆草帽辫贸易紧密相连。1917年的一份《山东麦秆草帽辫之调查》显示，截至第一次世界大战爆发前，刘子山在青岛投资的福和永从事相关经营活动已16年，而宋雨亭任经理人的

[1] 刘子山有入英籍说[N].青岛时报,1933-1-24(6).

通聚福也持续经营了七年。[1]刘子山在青岛创业始于1898年，宋雨亭则始于1907年。

对掖县同乡会和在青的掖县商人来说，刘子山像是个供人敬仰的牌位，而宋雨亭才是长袖善舞的灵魂人物。与刘子山比较，宋雨亭个人事业的拓展并不突出，但其不乏公共领域的出众才能，并能够在复杂的社会结构与政治漩涡中从容应对，保持定力与平衡。这让他的影响力很快就溢出掖县同乡会和草辫业的利益藩篱，进而在更开阔的城市舞台上实现抱负。

出任胶澳电气股份有限公司董事兼协理，是宋雨亭获得的一个新的事业平台。1923年11月22日，就在掖县同乡会会馆营建大功告成前夕，中日合资的胶澳电气股份有限公司董事长隋石卿、副董事长村地卓尔、董事兼总理王子雍、董事兼协理宋雨亭、董事兼经理高桥光隆，以及董事若干人，就请在交通部立案注册一事呈文胶澳商埠督办公署督办熊炳琦："本公司自本年五月二十七日正式成立后，业将承办情形及应缴发电所价款均经先后呈缴鉴核，并按照公司条例之规定备具注册文件册费银元，呈送钧署鉴核备案，并乞转咨农商部注册给照各在案。兹谨按照电气事业取缔条例、缮具图册等件备文呈送，仍请钧署转咨交通部立案注册，以符定章，实为公便。"[2]就主权收回伊始的青岛来说，除了航运、码头、铁路、盐业之外，屠宰场、取引所和电气公司亦属各方利益角逐焦点，花落谁家，自是为人瞩目。

在这个新旧交替的年份，以职业经理人身份崭露头角的宋雨亭刚过40岁，还算不上本地商界的叱咤风云者，但角色无疑已不可小觑。在之前成立的青岛总商会会员名单排序中，宋雨亭的名字已十分靠前，仅在会长隋石卿与副会长张鸣銮之后，为会董第一名。

随后，宋雨亭参与到更多的社会事务中，不露声色地把握着自己上升的机会。1924年7月青岛平民教育委员会成立，胶澳督办高恩洪指派袁荣叟为委员长，酆洗元为副委员长，委员包括隋石卿、刘子山、宋雨亭、张鸣銮、吕月塘等70余人，差不多囊括了本地士绅、教育与工商界的头面人物。在青岛主权回归之

[1] 山东麦秆草帽辫之调查[N].大公报,1917-11-15(9).

[2] 青岛档案馆馆藏档案[A].540(1).

○ 商人舒适的住宅院落

后，这些试图革故鼎新的活跃者从一个侧面体现出未来青岛的走向。毫无疑问，这些牵一发而动全身的本地人脉资源对宋雨亭的上升不可或缺。

那时，青埠商人分两大派系，隋派首领为文登籍青岛总商会会长隋石卿，黄县帮、掖县帮副之；丁派首领为丁敬臣，丁敬记经理，即墨帮、三江帮副之。宋雨亭有掖县帮加持，周旋在各个地域与行业利益圈之间，伺机而动。1924年12月，青岛总商会召开董事会，选举会长及特别董事。28个董事到场，以无名投票法互选。事前各派已疏通妥洽，结果隋石卿得18票，为正会长，李助如得11票。选举毕，隋石卿、李助如谦辞一番，无非谓此后各应化除党派，携手共济，同谋商界幸福。随后在黄祝三的提议下，依据商会法推选宋雨亭、刘子山、朱子兴、傅炳昭、梁勉齐、王淀臣、陈次冶、梁裕元、葛升如、于秀三等十人为特别董事。知情人透露，这十个人中有隋派三人，丁派三人，中立派二人，广东帮一人，三江帮一人。[1]与隋石卿的合作，使得宋雨亭在青岛总商会中的影响力与日俱增，为接下来的更大作为积蓄了经验与资历。

接下来，通过参与主持青岛商事公断处，宋雨亭在本地商界的实际地位再获提升。1925年9月26日，依照司法与农商部令组建的青岛商事公断处举行第一届选

[1] 青岛商会已覆选[N].大公报,1924-12-25(4).

举，选出评议员28人，调查员6人。两天后的9月28日，由28名评议员互选，宋雨亭以18票当选处长，于即日就职。[1]尽管商事公断处设在青岛总商会，看似是青岛总商会的一部分，实质上独立性较强，操持着商事生杀权。隋石卿与宋雨亭的合作关系也由此变得微妙。

同年逢《中国青岛报》开办五周年，青岛总商会会长隋石卿和青岛商事公断处处长宋雨亭联合出面捧场，发表贺词云："溯胶澳之接收兮，迄今四易寒暑。惟贵报之复活倏逾五载兮，同欢欣而鼓舞。五色国旗飞扬于本埠兮，若先后之交辉。一纸风行无远弗届兮，俨殊途同归。歌卿云与复旦兮，仿佛身游虞唐。黄河如带泰山如砺兮，民值国土重光。祝贵报之进步兮，永建业而无疆。"[2]两个人虚头巴脑的一段话，除了姿态，什么实质的内容也没有。不过，两个人其实都明白，说什么话不重要，重要的是什么人在说，什么时候说。

长时间里，设在华商云集的河南路上的通聚福，是与宋雨亭本地事业拓展休戚与共的根据地。作为经理人，宋雨亭扮演的角色似乎循规蹈矩。1927年5月，青岛总商会调查各商铺情况，经营进出口业务的通聚福行的信息如下：股东张镜芙，掖县人，58岁；经理宋雨亭，掖县人，44岁；铺伙27人，雇用4人。档案记录中，通聚福的业务涉及船运、烟叶、生米、钱庄等项。通聚福在青岛设有福记钱庄，并在掖县沙河设置通聚福分号通聚蚨号。1933年2月，通聚福与福记钱庄一并宣告暂停歇业。

高恩洪去职之后，宋雨亭因与胶澳商埠局总办赵琪同乡，彼此照应自可理解。不承想，伴随着国民政府控制力的增强，宋雨亭的上升道路意外变得开阔。1929年5月青岛总商会改组，设置主席团委员，由宋雨亭、丁敬臣、吕月塘出任，形成了一个三足鼎立的局面。

天津《大公报》对这次改组进行了大篇幅的报道，交代了其中错综复杂的利害关系："青岛总商会业于日前改选执行委员五十二人，昨日复由执行委员举出常务委员七人，为宋雨亭、吕月塘、丁敬臣、姚仲拔、张玉田、邹升三、于维庭，更互选宋、丁、吕三人为主席。闻系仿照上海总商会之新章办理，然上海

[1] 青岛档案馆馆藏档案[A].246(2).

[2] 青岛档案馆馆藏档案[A].387(1).

总商会执行委员六十一人系分配于各业，由各业分别单选，使各业均有其选出之执行委员，以代表各业之利害，而发表其主张。而青岛则又不然，商会本届改选原应在上年二月举行，嗣因当时时局不定，会中人亦拟看看风色，故而延期三个月。而前任会长宋雨亭，见政局之变迁与前途之困难，屡次对人宣言，愿随赵琪以俱去，嗣见接收后市内尚称安稳，因复连举连任，以资熟手。丁则十年前与傅炳昭迭任会长，颇为商界人望所归，此次本埠交替，丁以一身斡旋于陈、赵之间，颇为尽力，故宋等亦推崇之，冀有缓急好作调人也。青岛商会自经隋石卿把持数载，其威风颇不亚于一个大衙门。历年以来，张宗昌、毕庶澄等借钱派饷，青岛商会亦列为粮台之一，又好像是一个征收机关，而且增减予夺，其权操之会长。毕死隋逃，宋雨亭继任，已不如当年之气派，然积威之势已成，亦正不易改善。又闻隋石卿任内亏商会十余万元，迄今尚无弥补方法，而以前商会经募之公债、摊派之给养，以及隋石卿自告奋勇添派借款，经收胶济路加快费，等等，大约均以不了了之。”[1]

完成改组的青岛总商会，之前积累的问题成堆，宋雨亭面对的是个烫手山芋。天津的这家报纸特别指出：“商会内部原分四科，各设科长、科员等职，会内并附办商品陈列所、妇女济良所、习艺所等项。陈列所开办最早，亦最腐败，终日闭户关门，无人过问，仅向商埠局岁支二千元而已；济良所前经杜某总办，颇遭物议，嗣由会董朱文彬经办，始事改良；习艺所初办，为日颇浅，成绩如何，尚难言也。以上三事均系本埠公款支持，然常苦经费不足，闻此次改选委员后，拟将内部组织以及附属机关加以改善，并拟将商会留存之本埠商家垫借商埠局两次借款利息约计三万元，不复发给各商家，即以此充习艺所之经费云。”

1931年5月，宋雨亭当选青岛市商会主席，开启了本地工商业的宋雨亭时代。1935年9月，青岛市商会完成整理，宋雨亭连选主席。之后一直到1937年青岛沦陷，宋雨亭的个人事业与青岛市商会的演变发展可谓风雨同舟。期间宋雨亭与赵琪一直保持联系，公开过往包括1932年5月3日赵琪、宋雨亭、张继襄与王子雍在《青岛时报》联合发布启事，推荐预言家亚康节。[2]

[1] 青岛总商会改委员制选定常委[N].大公报,1929-5-2(4).

[2] 预言家亚康节返青[N].青岛时报,1932-5-3(10).

作为一个长袖善舞者，宋雨亭尽管弱势，却竭力通过对青岛工商业的持续服务沟通政府与工商界的联系，稳定城市经济环境，促进社会进步与民生改善，在证券交易、国货运动、营商环境与慈善公益的推动上都着力良多。期间，宋雨亭参与了大量的公共事务运作并扮演了枢纽角色，除青岛市商会和掖县同乡会之外，其进入记录的经济机构与社会团体兼职包括中国红十字会青岛分行会长、齐燕会馆会长、青岛编业公会主席、青岛市农工银行董事长、青岛市救济院院长、青岛市物品证券交易所理事长等。[1]

宋雨亭的个人商业与投资事务在通聚福之后，以胶州路的雨记实现，范围依然在传统的草帽辫商业。整体而言，其经营业绩与转入金融业的同乡刘子山比较，相差甚大。1935年12月宋雨亭曾与刘宾庭、张乐古、王芗斋、周伯英、王仰光等人各出资一千元，成为青岛新新公寓股份有限公司股东。接下来的圣诞节，大肆装扮的中山路流光溢彩，包括宋雨亭在内的青岛新新公寓股份有限公司的股东们依旧穿着长袍，在伊萨克·沃茨《普世欢腾》的圣诞颂歌中畅想未来。

如果基于以上的活动记录对作为地方商人领袖的宋雨亭做一个评价，结论可能并不清晰。或者说，在宋雨亭是否合格地扮演了职位角色这一点上，模糊的区域依然无法填补。宋雨亭不是一个极端主义者，但同时也不是甘愿过着谨小慎微生活的人。这两者之间依然有着开阔的区域，并不容易界定方位。宋雨亭身上混合了许多相互矛盾的元素，掺杂着一个乃至几个不同的个人面目，单一看都真实，合起来却似是而非。而这个似是而非的宋雨亭，或许才是真正完整的宋雨亭。

实质上，作为商人领袖的宋雨亭和他的前任，最重要的工作目标或许应该是让在青岛的商人群体获得一种温暖的归属感、 种踏实的身份认同。这在不同的历史时期、不同的商业环境下，对应的内容并不相同。同样，不同时期不同的商人群体对其要求也不尽相同。但遗憾的是，不论是宋雨亭之前还是之后，这份看上去模棱两可的归属感最终依然是雾里看花。

或许，建立起这份归属感的最终权力始终不在商会手上。

[1] 青岛市档案馆公布馆藏档案．青岛市商会整理委员姓名册[A].1946.

# 树干的对应图像

1935年1月1日《青岛时报》刊登的《元旦献辞》中写道："从今天起，民国二十四年又告开始。试看东北四省，依然沦于外域；贫困民众，正在啼饥号寒。我们对于今年的元旦，还是没有讴歌太平的祝辞。"

进入20世纪30年代，青岛新城的丰富性与多元化已随处可见，利益争执与利益分化也日见增长。一城之中，庭院里的玉兰花、客厅中的牡丹花与犄角旮旯里的野草相互映照，相得益彰。1932年7月26日，本地一张报纸在本市新闻版面上刊登了几条消息，将城市繁芜的日常生态烘托得惟妙惟肖：在北平路洪泰商场租金纠纷获得解决的同时，培林蛋厂成立了工人储蓄会，而中华客栈、胶东大药房和一家旅馆则获得了商业注册核准。与此同时，云南路广盛祥杂货铺被骗走了两袋面粉，警方在青海路大来木厂抓捕了14名聚众赌博的工人。[1]报纸上披露的每一件事看上去都是孤立的，但连起来看，城市多样化的真实面貌就显露无遗。

1934年9月16日，本地名人王得庭、酆洗元、董荣卿、姚仲拔等在三江会馆为丁寿三夫妇举办了一场寿诞庆典，这让曾风光一时的三江会馆再度回到了公共视线之中。[2]与此同时，一度停滞的莱阳同乡会也重新完成改组，114名莱阳同乡在无棣路19号召开秋季大会，选出夏子固、王立之、吴景清、姜德先、张寿山、向馨亭、孟辑五、隋醒黄、周祥卿等13名董事。[3]但这次重组并没有解决莱阳同

[1] 大来木厂赌徒被警察捕获[N].青岛时报,1932-7-26(6).

[2] 各界今日庆祝丁寿三夫妇寿诞[N].青岛时报,1934-9-16(6).

[3] 莱阳同乡会整理完竣[N].青岛时报,1934-9-18(6).

乡会之前出现的矛盾，随之又再生枝节。

同乡会馆旌旗招展的时代已经过去，商帮的捆绑式作为也多功亏一篑。如即墨商帮耆宿陈次治联合袁钟山、王春亭等发起创办即墨银行，试图“东山再起”的举动最终昙花一现。[1]随着时间一点点地流逝，青岛的商人社会逐渐成形，过去许多习以为常的绅商风尚已然改变了许多。不知不觉之中，旅青商帮和同乡会的式微渐成常态。

1935年1月1日，本地出版《青岛时报》和《青岛民报》，对视野内外的景象，对城市、社会、生活境遇，都各有表达。

《青岛时报》刊登的《元旦献辞》，开头就说了一些不太鼓劲的话：“从今天起，民国二十四年又告开始。试看东北四省，依然沦于外域；贫困民众，正在啼饥号寒。我们对于今年的元旦，还是没有讴歌太平的祝辞。”

《青岛民报》在元旦增刊上刊登了11幅历届本市最高行政长官造像。照片分两排，上面两张大照片为接收专员王正廷和市长沈鸿烈，显示出编者对两人的尊重。下面一排大小一致，依次为熊炳琦、高恩洪、温树德、赵琪、陈中孚、吴思豫、马福祥、葛敬恩、胡若愚。除了未实际行使行政权的王正廷，从1922年12月到1934年12月，这十个人主政青岛的时间长短不一，打下的烙印也大相径庭。看上去，时间与机遇更青睐沈鸿烈，让这个不乏抱负的前东北海军司令有机会成为近乎完美的“青岛复兴”的开启者。

1935年1月，青岛市市长沈鸿烈主持制订了一份《青岛市施行都市计划方案》初稿，对青岛商业区域和工业区域的拓展进行了统一规划。

《青岛市施行都市计划方案》认为，青岛的商业区域应以交通便利、地势平坦、位置适中为首要条件。鉴于青岛地势多山，起伏不平，欲求完全平坦之地实属难得，只有选择适当地带加以改造方可。方案肯定了城市核心区的既有商业中心地位，认定大港以南至中山路、天津路一带，大港以北至辽宁路、台东镇一带已形成商业地带，即可定为商业区。蒙古路、昌乐路一带将来或可成为繁华地带，应予支持。

除中心部分的商业区外，为便于各较远住宅区及工业区内人民购买用品起

[1] 本市又将添一银行[N].青岛时报，1935-1-17(6).

见，许容选择地段开设日用百货副食市场及商场，范围不必大，数目无妨多。在较大区域特别划定一些小商业区，如浮山所、亢家庄一带大住宅区内的小商业区，并规定小商业区街道可采用棋盘式，中央开辟广场，建筑宏大公共房屋。该房屋可远眺全住宅区风景，近处四向均有园林点缀，益增情趣。四方大工业区的东侧大半为与工厂有关的住宅，宜在该二区之间辟一小商业区，工厂放工散归住所途中，可去小商业区购买应用物品。

沧口为一大工业区，已形成小规模都市，唯因过于紊乱而繁密，所有工厂、住宅、商店、学校、车站均聚集于极小面积内，应予彻底整理。首先以规划分区为急务，按将来趋势，工厂沿铁路发展，住宅向李村方面发展，小商业区位置自当位于住宅区与工业区之间，此地点以晓翁村东一带平原为宜。

关于工业区域，《青岛市施行都市计划方案》分为大工业与小工业两类，小工业污染程度较弱，不妨杂入商业区域与住宅区域内，大工业污染程度非常可怕，断然不能容许杂入其他区域。《青岛市施行都市计划方案》认为，四方以东一带及沿铁路直至沧口一带作为大工业区最为相宜，铁路可直达工厂，运输非常便利。而四方与沧口之间隔有孤山，可利用调剂过分繁密的工厂，以稍有缓冲余地，计划在孤山四周布置大公园、大森林、大运动场各一处，以应附近工厂职工闲暇时锻炼身体、休养精神之用。台东镇以西一片工厂地带位于全市中心，为交通枢纽，划作工业区实不妥善。故应及早迁址，以免影响将来的发展与繁荣。

自新城开发以来，青岛已有的建设成就亦被重新认识，并被纳入国际评价体系中鉴别。

1935年4月，实业部为宣扬中国城市建设状况，向上海、北平、青岛等城市征集建设图片及图表，以送交比利时参加展览。青岛市政府即在各机关搜集材料，随后制成164张照片和25张图表，在5月份之前寄往实业部。其中图表各项计有工业概况统计、近二年商店新开倒闭概况统计、公益概况统计、卫生概况统计、合作社一览表、财政概况统计、警务统计及最近三年份戒除麻醉毒品人数比较、乡区警报电话通信网配制图、历年户口统计、全市人口生死统计、工务概况统计、教育概况统计、港务概况统计、农林概况统计图表、观象台科学建设一览表、观象配置重要仪器一览表、气象总览图、周年雨量统计图、气象要素图、胶州湾海上成分比较图、胶州湾海深图、胶州湾海面水温分配图、太阳一周期胶州湾潮汐及时距变差图、山东半岛磁力图表、近十年来太阳面上之大黑子。[1]

一份都市计划方案，一份比利时展览文献，一新一旧，历史与未来都摆在了现实的桌面上，任人评说。

比利时送展材料准备完毕，青岛市商会随之进入整理阶段。青岛市党务整理委员会第90次会议决议，指派宋雨亭、张玉田、柳文廷、王祖训、于维廷五人为整理员，并以命令的方式通知青岛市商会。本地报纸认为，被指定的五人均系青岛市商会旧日委员，轻车熟路，工作自易进行。[2]但接到指令后，宋雨亭却以“整理责任极为繁重”为由，于5月20日呈请青岛市党务整理委员会辞去整理员职务，后者随即以宋氏“在市商会第一届执行委员任内工作努力，成绩卓著”为由，予以挽留。[3]

1935年9月，青岛市商会完成整理，宋雨亭连任主席。计算下来，这是宋雨亭自1929年5月青岛总商会改组后的第三次连任。

这一年，宋雨亭52岁。

在城市“复兴”的关键年份，宋雨亭和青岛市商会核心成员被期待担负起连通全市工商业脉搏的使命。当年9月一份《青岛市商会整理后当选委员表》显示，新的商会由主席委员、常务委员、执行委员、监察委员和候补执行委员、候补监察委员构成。

该表罗列了各委员姓名、年龄、籍贯、所代表的公会及商号、地址。

主席委员宋雨亭：

宋雨亭，52岁，山东掖县，草帽辫业同业公会代表，天津路21号。住观海一路35号。

常务委员4人，相关信息如下：

柳文廷，45岁，山东昌邑，土产行栈业同业公会代表，胶州路16号。住馆陶路14号。

于维廷，45岁，辽宁金县，青岛渔业公司代表，北平路20号。

[1] 本市市政建设成绩将送比利时展览[N].青岛民报,1935-5-1(6).

[2] 商会整理员经市整委会指定[N].青岛民报,1935-5-18(6).

[3] 市商会整理员宋雨亭呈请辞职[N].青岛民报,1935-5-22(6).

战警堂，34岁，山东掖县，卷烟业同业公会代表，高密路55号。玉春号经理。

黄恂伯，38岁，江西修水，银行业同业公会代表，中山路167号。上海商业储蓄银行经理。

执行委员10人，相关信息如下：

王得庭，43岁，山东即墨，饭馆业同业公会代表，河南路57号。

董希尧，47岁，山东昌邑，华洋棉布业同业公会代表，河北路84号。

田星五，58岁，山东黄县，棉纱业同业公会代表，北平路22号。

王寿臣，52岁，山东潍县，运输业同业公会代表，博山路32号。

王艿斋，34岁，山东掖县，钱业同业工会代表，中山路82号。

姜顺如，29岁，山东黄县，杂货行栈业同业公会代表，山西路6号。

邹子綍，39岁，山东福山，绸缎布匹业同业公会代表，潍县路55号。

毛子梁，32岁，山东即墨，蛋业同业公会代表，惠民路17号。义利号经理。

钟瑞卿，53岁，山东高密，客栈业同业公会代表，吴淞路14号。

孙梁臣，60岁，山东胶县，煤炭业同业公会代表，陵县路40号。

监察委员7人，相关信息如下：

乐子瑜，36岁，山东即墨，建筑业同业公会代表，观象一路15号。

梁和璞，55岁，山东文登，德裕当代表，河南路58号。

王益堂，36岁，山东莱阳，钱业同业公会代表，天津路10号。

张子渊，56岁，山东福山，五金业同业公会代表，河北路44号。

郭有庆，52岁，山东安丘，运销牛业同业公会代表，云南路177号。

曲建堂，43岁，山东牟平，火柴业同业公会代表，埕口路8号。

张根睦，37岁，浙江宁波，点心食物业同业公会代表，中山路51号。

候补执行委员7人，相关信息如下：

陈品三，46岁，山东掖县，土产行栈业同业公会代表，北平路22号。

王新三，33岁，山东安丘，绸缎布匹业同业公会代表，天津路35号。

丁敬臣，50岁，江苏江都，轮船业同业公会代表，中山路81号。

王子厚，57岁，山东胶县，猪肉业同业公会代表，四方路48号。

尚景六，46岁，山东平度，土产行栈业同业公会代表，河南路7号。

王云飞，40岁，山东长清，建筑业同业公会代表，莱芜路18号。

刘日升，44岁，山东即墨，猪肉业同业公会代表，易州路2号。

候补监察委员3人，相关信息如下：

王候东，60岁，山东莱阳，建筑业同业公会代表，苏州路27号。

隋子丰，45岁，山东莱阳，建筑业同业公会代表，平度路20号。

王耀廷，39岁，山东即墨，建筑业同业公会代表，信号山路5号。

早在1933年2月，东亚建筑工程行在本地报纸刊登的广告曾以王云飞设计的太平角石头楼为象征，宣称“优妥的投资，百年的大计”。两年后，太平角石头楼的巍峨，恰好可以与包括王云飞在内的新一届青岛市商会各行业委员的姿态对应。

这些人背后牵扯的行会都是一棵棵枝繁叶茂的大树，一棵树和另一棵树的枝叶犬牙交错，一棵树和另一棵树的根系互相缠绕，一棵树和另一棵树的主干遥相对应，星罗棋布地栖息在城市的各个角落。夏天的阳光照射着胶州湾陆地上的这些不同的树，在明亮的树冠下面涂出深刻的阴影，构成了20世纪30年代中期青岛商人、商帮、商会的一幅郁郁葱葱的生长图像。

比照树大根深的田星五、王寿臣、钟瑞卿、孙梁臣、梁和璞、张子渊、王子厚、王候东这些老一辈，30岁上下的战警堂、姜顺如、毛子梁、乐子瑜、王益堂、张根睦、王新三等人，似乎更容易融入都市夜以继日的喧哗之中。他们已不再拘泥于大鲍岛的狭小天地，而是将锋芒毕露的目光投射到更开阔的经济领域。

○ 都市青岛的宜人风景

○ 观象台下的人力车夫

## 裱糊匠的钟表

1935年4月1日《青岛民报》报道："兹有开设潍县路34号泰和祥瓷器杂货号内股东无意经营，举该号股东刘汝楠君为全权代表，情愿将泰和祥号店基生财货物凭中出盘与余昶祥永远为业。"

1935年1月1日出版的《青岛民报》在元旦增刊，刊登过一篇《青岛商店的招牌》，作者萧觉先颇费心思地考察了本地9771家商号，统计了商人用字的嗜好与趣味。9771家商号总共使用了377个不同的汉字，其中使用次数超过300的字有：兴字，813家；德字，775家；盛字，755家；成字，720家；祥字，680家；泰字，630家；顺字，611家；聚字，578家；和字，576家；永字，521家；合字，438家；福字，429家；义字，378家，同字，378家。萧觉先从独特的角度剖析了华商对兴旺、吉祥的无限期待。

这个显而易见的文化趋同，是华商身上最显著的符号。

这些印证文化身份的符号，掖县人宋雨亭烂熟于心。

作为一个承上启下的角色，宋雨亭像一个心思缜密的裱糊匠一般，收割着记忆，收拾着棋子，收获着满足，并在春暖花开的日子里播种下未来。他前前后后主持商会事务达12年之久，在忙碌、忙乱中打磨出个人的公共价值。

作为青岛城市化开发后的第一代移民，宋雨亭以草辫贸易起家，闻风而动，顺势而为，深层浸润青岛商界，建立起了广泛的政商人脉关系，成为左右逢源的台前人物。其常住视野开阔的观海一路35号，海天一色的心旷神怡与暴风骤雨的惊心动魄交错出现。宋雨亭的邻居，除了青岛市市长沈鸿烈，既有长发祥经理范长起等商人，也有王统照、黄公渚、王献唐这些文人。有一段时间，频繁进出青岛的蔡元培，也经常住在观海一路。宋雨亭从家门口到商会办公地约一刻钟步行时间。

实质上，将20世纪30年代大部分时间的青岛商界叙事概括为宋雨亭时代，仅仅是出于整理叙述线索的便利，这无疑过于简单化了。在特定的场域与境遇之下，青岛华商与青岛商会始终是一个庞大且复杂的群体，各种政商关系、利益瓜葛、地域渊源、派系牵制、团体碰撞纵横交错，相互缠绕，盘根错节，单从一个层面无法洞悉全局。一盘棋，大声喧哗者有之，沉默不语者有之，静观其变者有之，伺机而动者有之。宋雨亭不过是个舞台上的角色，操控戏剧起起落落的关键人物往往并不在前面。

如一度由青岛市商会管理的救济院，出出进进好几次，在背后操控的都是社会局。如1931年5月18日该局曾就救济院组织细则的拟定训令青岛市商会，语气不容置疑："查本市救济院业经选任该会委员宋雨亭、柳文廷为正、副院长，并将组织细则呈奉市府核准公布在案。所有旧设之育婴堂、济良所、贫民习艺所等各慈善机关，自应遵照该细则第三条之规定分别改组归并以资整理，除令饬该院正、副院长妥拟改组归并办法，并俟呈经本局核定再行施行外，合行抄发细则四份，仰该会转行各该慈善机关知照。"

在20世纪30年代的大部分时间，青岛市商会始终在聚光灯的照耀下翩翩起舞，城市大小经济事务，商事往来、国货促进、银行风潮、慈善救济，几乎缺其不可。期间，有关青岛市商会的信息与各种不同的城市公共事务盘根错节，其中包括欢宴中国科学社、中华农学会的青岛年会成员，亚东饭店宴请张伯苓，赴国立青岛大学大礼堂听梁实秋演讲这样一些广泛的社会活动。

在宋雨亭冉冉上升的1935年，中国旅行社编辑的一本《青岛导游》介绍了青岛同乡会的一些情况，认为："青岛以开辟未久，故各省同乡团体尚属寥寥，其中历史较远者，惟广东会馆及赣皖苏浙会馆两团体，均在前清光绪年间成立。其余各团体大半在民国年间成立，历史均不过十余年。"这本导游手册罗列了主要的同乡会组织资料。

两湖同乡会，地址大学路，主办人沈成章；广东会馆，地芝罘路，主办人杨瑞芝；赣皖苏浙会馆，地址芝罘路，主办人丁敬臣；宁波会馆，地址定陶路，主办人李祖谟；旅青莱阳同乡会，地址无棣路，主办人梁勉斋；河南旅青同乡会，地址禹城路，主办人陈裕才；兖济旅青同乡会，地址沧口，主办人吴宗岷；河北旅青同乡会，地址平原路，主办人张益吾；江西旅青同乡会，地址四方路，主办人张宗华；齐燕会馆，地址馆陶路，主办人宋雨亭；平度同乡会，地址人和路。

尽管整体上青岛本地同乡会馆的影响力已大不如从前，但从大学路两湖同乡会馆排名的陡然上升，依然可见地方政治生态趋利避害的自我适应能力。在城市自主性、秩序化程度越来越高的情形下，商帮和同乡会馆都已不能“包打天下”，而唯有进行顺势而为的调整，以跟上变化的节拍。不过，诸如三帮会馆这些“瘦死的骆驼”，依然能够给那些需要帮助的乡人遮风挡雨，给失败者以可能的庇护，这已足够令当事者欣慰。突出的事例是三江平民施医所主任王纫衷每年夏季义务施送药品的行为。[1]

从广东会馆和赣皖苏浙会馆的高处看下去，大鲍岛商人的生意一如既往地起

○ 1937年河南旅青同乡会在河南会馆合影

[1] 三江平民施医所施送夏令药品[N].青岛民报,1935-6-2(6).

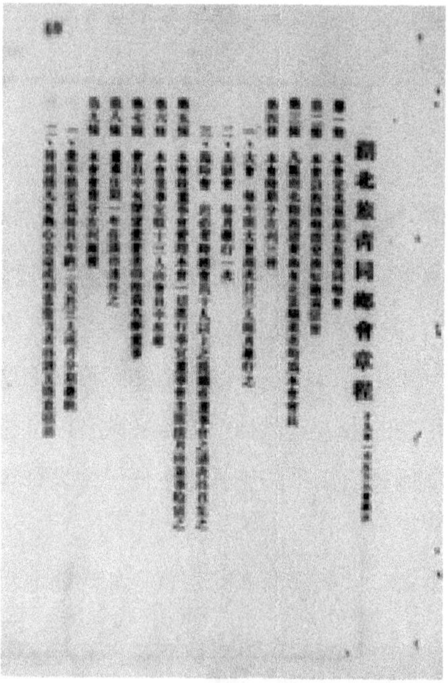
湖北旅青同鄉會章程

○ 湖北旅青同乡会章程

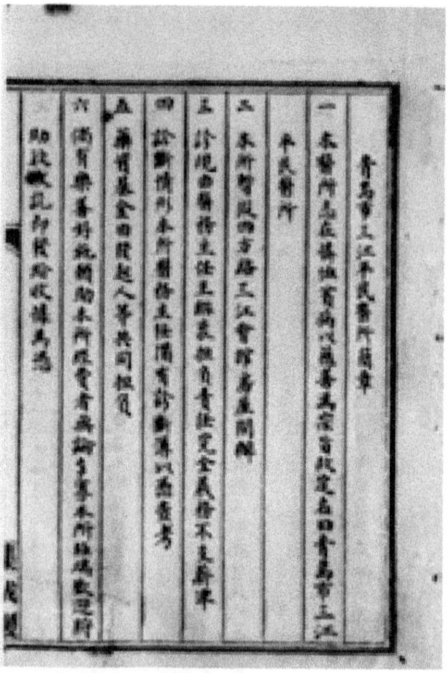
青島市三江平民醫所簡章

○ 三江平民施医所简介

起伏伏，而隐藏在中山路东边的潍县路，恰恰像横穿老华人城的晴雨表，些许的风吹草动都会招惹一番关注。1935年4月1日，余昶祥号在《青岛民报》刊登了一条《受盘声明》：“兹有开设青岛潍县路中市34号泰和祥瓷器杂货号内股东无意经营，举该号股东刘汝楠君为全权代表，情愿将泰和祥瓷器杂货号店基生财货物凭中出盘与余昶祥永远为业。所有以泰和祥名义欠人以及一切纠葛等情，均归泰和祥理楚，不涉余昶祥之事。以后余昶祥营业盈亏亦与泰和祥无涉，所有一切手续、立契日交割清楚，恐未周知特登民、时两报声明。”同样设在潍县路的余昶祥，由四个浙江、江苏籍股东投资，经理计菊秋来自江苏。1927年的一份青岛总商会各商铺调查显示，经营南货、瓷器的泰和祥资本金16000元，股东是宁波人刘炳祥，当年65岁，经理叶春岩53岁，也是宁波人，铺伙27人，雇用2人。1935年7月23日，青岛市商会收到了泰和祥的歇业申请。随后青岛市商会调查股主任邱子肃、调查员田干臣与张汉祥联合出具鉴核意见，同意将该号名义销案，以清手续。

潍县路聚集了大鲍岛的一些老字号，如1903年浙江鄞县人开设的华德泰钟表眼镜唱片商店、1918年平度人赵廷善经营的同聚顺米面杂货店、广东人黄锦芳开设的经营粤式食品点心的广安隆、杨玉廷等投资的谦益当合记典当行、诸城人张裕鲁开设的新文化书局、胶县人李瑞符经营的诚祥仁米面杂粮行。那段时间，诸如泰和祥瓷器号出盘此类的变化，几乎每年都在发生。在泰和祥歇业之前，潍县路上停止营业并出兑铺垫的商号已有掖县人王荣臣开设的药铺松竹堂，其后不久则有国光袜厂、福昌号印刷厂等。至于前前后后诸如安徽歙县人投资的祥云寿布匹绸缎号迁移，以及德合泰、信丰号歇业的传言，时有耳闻。不过，在这条写满了华商拓业史的老街上，往往是这边商号的牌子刚刚取下来，那边新的牌匾就挂上了。

1935年5月刚刚从潍县路搬迁到中山路的祥云寿绸缎店，大胆逆市而行，在萧条的市面一时显得雄心勃勃。其一边加入绸缎布匹同业公会举办的同业大减价合唱，一边独辟蹊径，提出“要做潮流指导者，莫做潮流追逐者”的经营理念，独自举办国产绸纱竞赛会，声称：“替顾客减负担！为同业作先锋！”势头直追两年前开业的福隆绸缎庄。1935年夏天到来之前，绸缎布匹业制造出的喧哗消费风景，多多少少驱赶了一些倒春寒的凉意。这甚至带动了莱芜一路的一家礼服租赁商也加入进来，在报纸上吆喝着蹭一份热度。乱哄哄的声响，让诸如王子厚连任第二届猪肉业同业公会主席这样的消息变得无足轻重起来。

来自《青岛民报》的消息说，猪肉业同业公会1931年3月成立，到1935年已届四年。1935年6月6日上午召开的第二届选举职员大会，到会60人，王子厚曾对众坚辞，不料反为同业一致推戴，仍得以连任。是年57岁的王子厚胶县籍，为四方路48号增茂栈经理。

说起来，在那些不愁吃穿的摩登居民看来，关于消费潮流的“先锋”说辞，的确是比谁来当猪肉贩子的头目更有吸引力。但在普罗大众看来，一块新鲜猪肉的价格高低可能是一天中最有意义的话题。这块想象中的猪肉，足以让很多人从早晨一直讨论到晚上。

就零售业而言，不论刮西北风还是东北风，潍县路的坐标意味一直保持。1936年元旦，潍县路49号的恒义升袜厂在《青岛时报》第一版刊登“冬季大减价”广告，自谓“青岛市最完美之百货商店”及“袜子大王”，拉开了新一年的竞争帷幕。

半个月后，《青岛时报》记者记录了年前的市面景象："万康、万利源等大点心铺里，那玻璃窗里已经摆满了用花篮盛着的酒、点心等礼物，以备人们购用，花花绿绿，煞是好看。现在的买卖人总算会投机，什么节气卖什么货，真可以说是交易有方。"[1]

1936年是鼠年，鼠是一个不怎么讨人喜欢的生肖。寒风凛冽的日子，一个叫胡亥的人在《青岛画报》刊登了一篇开年评论，拿老鼠说事，嬉笑怒骂，大大咧咧："鼠子的本领是东偷西摸，只图一饱，朝入夜出，永无天日，牠决不想自谋食物，只想凑现成，得一些残羹冷炙便快然自足，而且胆子之小，无以复加。遇到野猫，最大的本领是躲、逃，见形闻声，便吓得瑟瑟抖，绝对没有抵抗的想头；见到同类被噬，牠只有自幸得脱猫口，决不想设法救援。呆笨一些的鼠子更糟了，遇到野猫，牠连逃的胆也没有，抖作一团，等野猫来张口一咬，便丢了脑袋。"

两年后，指桑骂槐的日子戛然而止。

[1] 市面之新景象[N].青岛时报,1936-1-15(6).

# 咀嚼出岁月醇香

1936年6月3日《青岛时报》报道：“每逢换了一个季节，街头上的零食摊总要变一变花样，秋冬的馄饨挑、炒栗铺不但是一种应时的点心，尤其是夜生活人们的零食。”

不断修修补补的青岛新城到了20世纪30年代依然装不下不断进入的人和财富，于是继20世纪20年代日本新街区之后的城市拓展，势在必行。政府采取的拓展方式有两个：向外，是开辟荣成路以东特别建筑地；向内，则是胶东路“波螺油子”的开发。荣成路以东特别建筑地后来被称为“八大关”，达官贵人遍地，不愁吃穿。“波螺油子”就不同了，入住的多是小康人家，衣食住行都会算计。随即，服务于居民的各种小商业就在这条山谷中应运而生。

在观象山的高处看下去，跌宕起伏的胶东路在谷底与无棣二路交叉，后者自北向南越过堂皇的掖县同乡会馆，通向苏州路的街道两边，不乏生机，也不乏商机。夹杂在民居中间的商号涉及若干投资人和多个经营门类，门口的招牌个个精神抖擞。

新2号，双德兴成衣店；

3号，双合盛杂货店；

3号内6户，东兴泰建筑行；

4号，鸿发号白铁铺和路广诚开办的广新理发店；

5号，鸿昌楼饼铺；

6号，公聚成杂货店；

7号，莱芜籍亓紫石等人开办的化学工业社、德盛永杂货店；

11号，庐德聚经营的新聚祥营造社；

14号，复盛永油漆店；

15号，昌记茶炉；

18号，宁波人赵德三开设的得全洋服店；

19号，石子明经营的复盛兴营造厂；

21号，河北沧县李培栻设立的式如鞋庄；

23号甲，诸城人徐叔平投资的同生大药房；

24号，郭存仁的仁记理发店；

25号，瑞祥东、东盛福豆油庄；

28号，同和堂理发馆；

31号，姜先铠经营的光大电业、胶州籍鹿凤轩开办的双蛙大药房；

35号，平度人徐维昌的昌记猪业；

39号，即墨籍费建三的天发祥土产杂货店、即墨籍江绍虞投资的丰成慎记麻袋店；

43号，诸城人王鲁岐等合资的永新药房；

48号，寿光人王镜秋开设的恒兴药房；

58号，掖县籍宋廷玉的崐山书店；

63号，于成隆火烧铺；

64号，广新理发馆；

68号，潍县人刘少九的怡和营造社、两个潍县人委托同乡徐法孔经营的寿春堂中药房；

70号，即墨籍邢子琴与余庆堂合资的久康酱园、潍县籍张仁甫的仁兴号火烧铺；

78号附11号，即墨籍王究典开办的美生工艺实业社。

快30岁才到青岛的宁波人赵德三，是众多旅青同乡中的迟到者。其投资1500元的得全洋服店开业也晚，是“波螺油子”山谷中鲜见的洋服定制作坊。青岛1898年进入城市化规模开发期后，宁波人是最早进入的移民群体之一，代表人物

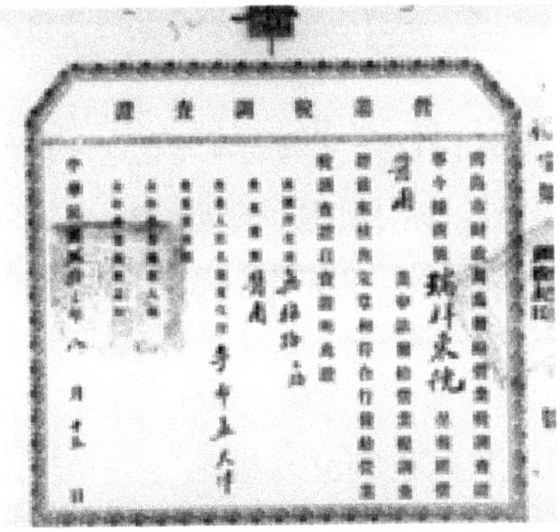
營業稅調查證

○ 1934年瑞祥东号营业税调查证

○ 20世纪30年代青岛的街市

包括鄞县籍的郑章华等。作为宁波浙江省立第四师范学校的毕业生，郑章华于1924年3月与同乡郑祥兴分别出资25000元，在山东街创办亨得利并担任经理，亨得利随后成为本地具有影响力的钟表眼镜店。郑章华之后曾参与主持过三江会馆的许多公益事项，并出任钟表眼镜业公会常务理事。郑章华1893年出生，与赵德三相差12岁，差不多可以算两代人。郑章华与赵德三同样是宁波人，同样凭手艺吃饭，体现了宁波移民持续的繁衍轨迹。

伴随着时间年复一年的覆盖，无棣二路进入记录的沿街建筑不断增添着，如加藤会社、新宫三郎医院、铁路局日本职员宿舍、德顺工厂、辉记土木工程社和理发馆、杂货店、面食店、肉铺、药房、茶炉。不长的一条街，七七八八的买卖委实不少，基本覆盖了衣食住行的各个方面。一天到晚，操着南腔北调的伙计开门纳客，皮鞋、咸菜、火烧、电灯、电线应有尽有，来去彬彬有礼，宾主相得益彰。太阳底下的日子于是就欣欣然，醺醺然，不亦乐乎。

青岛治安素好，太平日子便有滋有味，鲜有闪失。平日里，山谷坊间偶尔出现一两件意外，也多有惊无险。如1937年1月8日清晨，公安二分局12派出所巡逻警士王兴德巡至无棣二路德祥公肉铺门前，发现一个小偷正在盗取门上的肉钩，遂大声喝停，追赶至无棣三路南头将其捕获，送往分局讯办。过一会儿太阳出来，凉飕飕的街上小偷踪迹全无，唯街坊间多了一项谈资，掌柜、伙计围拢在墙角的炉子边品头论足，一笑了之。过两天，警士抓小偷的新闻上了报纸，这不大不小的谈资被更多的人知道。再遇到王警士巡逻，街边店家的人会夸奖他几句，招呼过去喝茶。

青岛五方杂处，所谓“百里不同风，千里不同俗”的争奇斗艳在这里遍地开花。不同的生长环境造就了不同的风俗习惯，“南米北面”的饮食差异尤其突出。对来自宁波的赵德三来说，主食一般都是米饭，而像李培栻、徐维昌、费建三、宋廷玉这些北方人，则主要吃馒头、窝头、烙饼、煎饼、火烧、面条、饺子、疙瘩汤、面片等。而即便是山东一地，泰安、历城、周村、潍县、诸城、平度、即墨、掖县、黄县、蓬莱、福山的饮食习惯也不尽相同，三三两两，七七八八，各有偏好，相得益彰。甜沫、包子与煮花生的搭配说不上讲究，却手到擒来。

青岛一地，与西菜、日料、粤菜、湘菜以及江浙杭帮菜比较，以鲁菜为代表的北方菜色、香、味俱全，既上得去台面，也下得了炕头，各项指标并不逊色。不过，南方饮食精细，北方饭食粗犷，西菜讲究营养，日料口味辛辣，倒是公允评价。原材料方面，大鲍岛一带到处都是南货店，货物琳琅满目，虽然达不到南方人不时不食的高标准，但满足一般的食材需求不成问题。市面上，不乏顺兴楼、宏成发、公记楼、厚德福、亚东饭店、可可斋、春和楼、上海饭店之类的名馆，南北口味各不相同。

不时不食，对大多数北方人家来说有些像痴人说梦，普通人的心思便花在小吃上。1936年夏天《青岛时报》载文描绘说：“在夏季食摊买卖最利市的要算卖凉粉的了。凉粉是用绿豆做成的，卖凉粉的人是用一担小挑挑着，一头里面盛着凉粉，用凉水浸着，一头盛着刀、筷子、匙子、碗等类的东西和酱油、醋、香油、芥末、大蒜、香椿芽、胡萝卜条等类的佐料。”除了初夏的粽子、凉粉，青岛“每逢换了一个季节，街头上的零食摊总要变一变花样，秋冬的馄饨挑、炒栗铺不但是一种应时的点心，尤其是夜生活人们的零食。春季里除了早晨的豆汁摊和四季不断的包子、馒头、火烧、茶鸡子以外，倒没有别的可说了”[1]。

山东夏季还好，冬季寒冷异常，气温年差颇大，蔬菜难以过冬。人们不舍得一时“挥霍”掉所有新鲜菜果，便腌制起来慢慢“享用”，如此一来，就养成

[1] 街头零食摊之素描[N].青岛时报,1936-6-3(6).

普遍吃咸的习惯。大葱蘸酱口味重，粗茶淡饭就觉不出糙。南方气候温和多雨，光热好，菜蔬一年几茬，甜淡饮食自然更适应。比如，无锡鳝糊放糖，包子的肉馅里也放糖，对北方人来讲便味同嚼蜡。但南方人腌咸菜也不鲜见，比如到了秋天，一些住着江浙人的院子里会晾晒绿莹莹的雪里蕻，预备入缸腌制。秋风中，一排排的雪里蕻略微摇动，仿佛屏障。入冬后的一年间，腌好的雪里蕻加入糖与肉丝炒，拌着米饭或者面条吃都堪称一绝。

20世纪30年代中期，青岛街头出现了一种新兴负贩，在路边供应热菜热饭，堪称便利。有报载："他们用活动的锅灶炒着菜，如猪肉、豆腐干等类的东西，味道既属不恶，同时又热又可口，价码又不很贵，所以一些劳苦大众们都乐与就食。除了小菜以外，饭食是大米干饭，这些多半是在家里做熟，放在木盆里，盖着盖子，可以支持很久的时候不冷。"[1]

在青岛出生的雕塑家徐立忠，奶奶来自即墨，嫁到徐家里里外外是一把好手。晚年徐立忠曾以赞叹的口吻回味奶奶手到擒来的家常厨艺："她能像变魔术似的，用盐揉一揉从院中的香椿树上摘下的叶子，做成一碟清香可口的小菜。我最爱吃奶奶将炒熟的芝麻、花生米、盐用擀杖擀成细末的芝麻盐。又香又咸，真是难得的美味。"实际上，北方人不是不爱吃甜，只是糖难得，唯有以"咸"代"甜"调剂口味。这导致1932年5月本地土产商德合祥的一艘从大连贩运日糖的风船进港，会成为《青岛时报》关注的一条社会新闻。糖不易得，盐也不是随便就可以买卖的。1933年1月6日晚上，金和福和石显祥两个人因用洋车私贩食盐30包，被警方查获，即送局讯办。[2]可见不仅吃甜难，贪咸亦有风险。

清朝没了，新生活来了，年依旧要过。过年，南有年糕，北有饺子，都是象征意味浓郁的吃食。除夕夜，稀疏的路灯下爆竹声声，北方人等饺子下锅的时候，江浙人家会在八仙桌上摆一盘年糕，作为供品。年糕的名字多图吉祥，喻示"年年高升"，听起来顺耳，吃起来味道也不赖，唇齿之间咀嚼出岁月的醇香。而这一刻，"每逢佳节倍思亲"的怅然也会晃晃悠悠地涌上心头。

平日里，在青岛的南方人是把汤作为菜上桌的，而北方人喝汤多一般在饭

---

[1] 街头之饭摊[N].青岛时报,1936-7-1(6).

[2] 金和福等私贩食盐三十包[N].青岛时报,1933-1-8(6).

后。吃饭前，山东人的习惯是喝稀饭，加一碟腌制的咸菜，呼噜呼噜下去，风卷残云。在青岛居住的鲁地之人煮稀饭通常都用小米，间或也会根据节气放一些红枣、绿豆或红豆，最日常的则是玉米、地瓜，一年四季，家家如是。但富裕的南方人家，煮粥的花样就多了，会做出咸甜味，并加入各种时令食材，比如蔬菜、鱼肉、蟹肉、排骨、皮蛋，还可以添加梨、苹果、菠萝等水果。一般人家盘算着过日子，平常则多因陋就简。出身掖县的刘子山，以多年银行家的履历，到天南地北见识过不少大场面。可日常在家的饭食也就是稀饭就咸菜、豆腐、虾酱，很少大鱼大肉。

论喝茶，在青岛的南方商人讲究仪式，有专门的茶具，讲究水温、力道、步骤、次序、茶色，并娓娓道来。而北方人家则简单很多，茶叶放在杯子里，倒入开水就可以了，闻起来也香飘四溢。不过，就茶叶来说，西湖龙井倒是南北的共同喜好。这个有趣的共识给充满差异性的山谷风俗增添了一抹温情。

无棣二路一条街上下贯通，左右相连，时间久了，街坊邻居都是熟脸。吃吃喝喝之外，各家各户的生意和日子多半遮半掩。邻里之间的趣话不外是“半晌楼板骚然，躬移卧具厅事避之，老鼠搬疆亦复更相笑也”之类。[1]遇到不雅的，也粗口连连，咒骂不止，不忍尽述。房东也好，租户也罢，楼上楼下的对面邻居多无深仇大恨，过两三天，心绪安定，雨过天晴，彼此便和好如初。明面上，继续过着你好我好大家好的日子。

隐秘处，见不得人的龌龊与逍遥亦时有发生。

1932年12月23日，在无棣二路开杂货铺兼卖猪肉的平度人徐维昌，遇到了到店铺买肉的刘殿奎，遂结识。刘殿奎在大英丸轮船账房做事，声称船上账房要雇用一个小孩，徐维昌信以为真，就推荐了其表兄的儿子。刘殿奎开口说要先交纳检验照相费八元二角，徐维昌当场就给了刘殿奎。不料，刘殿奎得钱后即告消失，直到一个月后被徐维昌发现，随即扭送至刘殿奎公安分局。[2]

与刘殿奎之类的小骗局相比，隐秘的鸦片售贩行径更容易激发公众的愤恨。1932年5月21日，《青岛时报》报道，警察二分局在旅顺路8号日本人吉惟三郎家

[1] 黄际遇．万年山中日记：第二十七册[M]．汕头：汕头大学出版社，2014.

[2] 刘殿奎骗财[N]．青岛时报，1933-1-23(3).

○ 远望被称为“波螺油子”的山谷建筑

中逮捕了售贩鸦片的潘得山、潘张氏、潘信斋、徐武臣四个中国人，并缴获全套烟具。自沈鸿烈厉行禁烟以来，这种借日本侨民做护符以逃避警察抓捕的案例，在青岛并不鲜见。几天后，一个叫徐宝山的胶县籍嗜毒者在招远路6号吞云吐雾时被查获。这一次，警察在其身上搜出的是海洛因。[1]

普通人家日子过得磕磕绊绊，遇到的麻烦有时候却也很棘手。1937年1月8日，《青岛时报》刊登的无棣路孔家太太“携子女出走”新闻即是一例：无棣路19号住户孔明扬，福山人，其妻穆贞娥剪发天足，打扮入时，结婚已十余载，感情颇称不恶，已生有三岁男孩，女孩才满月。1月6日夫妇因细故发生口角，穆贞娥一时气极，抱领小孩背夫出去。孔某亦未疑其有他，至7日仍未见归家，遂赴近警所报告，请求代为查找，并开面貌如下，长脸，剪发，身高四尺，着绿色缎子旗袍，外套黑色大衣，手带金戒指，高跟皮鞋，又带去皮箱一只，内装缎子被四床，钞洋八百六十元，男、女小孩各一人。[2]

实质上，不论是街里喧哗不已的大鲍岛，还是台东镇、台西镇、海关后以及“波螺油子”，城市的里面与外面，寂寞与满足，高朋满座与室无人焉，志得意满与灶冷香消，漫不经心与专心致志，始终像树与影子一般相生相伴。家里的青花碗裂了缝，来个锔匠补起来，日子就继续。自个不嫌弃，外人多不便说三道四。过不去的都是自己和自己。

[1] 嗜毒犯徐宝山被警察查获[N].青岛时报,1932-5-23(3).

[2] 夫妻反目穆贞娥携子女出走[N].青岛时报,1937-1-8(6).

# 第十一章
# 瘴气

# 风从海上来

1939年11月《南国少年》刊登的《青岛之行》中写道：“侍者拿九只戴面饼帽的深蓝色的陶器钵分给客人，揭开一看，倒是原盅番茄鸡汤，鲜而且浓，说是俄罗斯煮法，在上海从来没有尝过这样的美味。”

1937年7月，中华工业总联合会青岛分会在太平路小学举办了一场工厂出品展览会，由青岛市商会主席宋雨亭担任名誉会长。自国货运动开始，经过国货展览会、上海工业产品展览会、铁路展览会的经验积累，此举标志着本地商会与工业企业深度合作的形成。

面临着未知的临界点前夜，时间并不喜欢纠缠细节。

但过去了这个节点，过去的细节已不堪回首。

自1910年各商号公选青岛华商商务总会开始，青岛商会在近乎险峻的不公平的社会和市场环境下，竭力推动本地经济的稳定与发展，实功不可没。商会并非生产力，却是生产力的促进剂与黏合剂，是利益平衡的重要工具。就青岛20世纪前50年的城市经济运转史而言，商会所发挥的纽带作用不可或缺。

在傅炳昭、丁敬臣、成兰圃、隋石卿、宋雨亭等人的主导下，青岛商会经年的主要会务是参与社会事务、开展经济活动、举办公益事业，如监督市政府发行公债、保管自来水与电话基金、整顿消费合作社、征集摊派钱物、实施赈灾与贫民救济等。其中商会参与的组建青岛物品证券交易所和胶澳电气股份有限公司，设置地方银行，成立至善堂、贫民习艺所，开办商业补习学校，提倡国货和声援五卅惨案等事项，最令人印象深刻。

很快，战争来临了。

在太平洋战争爆发之前，日照人叶春墀一本关注太平洋日、美角逐的译著一度被人忽略，而其中透露的信息与预测不久即被验证是可信的。1932年，叶春墀翻译的约翰戴白氏所著《下次之太平洋战争》，由青岛成文堂、中华书局、世界书局寄售，青岛市市长沈鸿烈为其撰写了译本序。[1]该书共计11章，从日、美力量对比的角度全面评述了日本在太平洋的优越地位，认为美国国防准备不足，难与日本抗衡，应迅速加强军备。书后附有日本航空发达史、日本空军之实力、日本防空计划。

五年后，战争来了，青岛沦陷。再四年，太平洋战争爆发。叶春墀和他的裕泰行驶入前途未卜的风暴区。

1938年6月，叶春墀在报纸刊登了一则遗失声明，称其1922年领租的无棣一路官地及两座自建楼房的证明文件失落，特此声明作废。同月，《青岛新民报》以“船运货物激增，各货入港较出港为多”的报道，竭力涂抹沦陷后“日渐繁荣”的经济风景。[2]由青岛出港的货物包括鲜鱼、盐鱼、米、小麦粉、砂糖、磷寸、石油、棉布、盛司林、烟草、茶、新闻纸、石碱、香蕉、豆、麻、酱油、橘子、石炭等。

1938年11月，裕泰行代理的各船业由永利轮船行接手。期间23岁的胶济铁路中学胶县籍学生张培瑨，曾由同学叶瑛桐介绍到裕泰轮船行任会计员。叶瑛桐是叶春墀的儿子，也是裕泰行的四个股东之一。

风风雨雨之中，他乡青岛已成叶春墀映射人生履历的镜子，斯城斯人，一言难尽，欲说还休。

在1922年出版《青岛概要》之前，叶春墀已撰有《济南指南》，并著有《中国税关制度》《日本国库事务纲要》《山东商业地理》《乙种商业学校簿记教科书》。这些出版物奠定了叶春墀在簿记、税收制度、商业地理上的学术地位。

1939年春天，在叶春墀无棣一路宅地门口，两条水道明沟被覆盖上了石板，以保持清洁。春暖花开的季节，透过迎春花一片黄灿灿的簇拥，从叶家发出的一句“顺祝春祺”的寻常祝福沿着街巷扩散，为破碎的山海之城装点了一丝暖意。

---

[1] 日照叶春墀译．下次之太平洋战争[N].青岛时报，1932-11-1(1).

[2] 本市日渐繁荣，船运货物激增[N].青岛时报，1938-6-12(3).

像叶家这样的大户，家里有厨师，宴请宾客能够游刃有余，而一般富裕人家请人到家吃饭会外叫饭馆的菜肴。傍晚的时候，路上时不时出现提着食盒的饭馆伙计，他们急匆匆颠簸着一路小跑，食盒却稳稳当当，不洒汤水。

对一些家境宽裕的移民来说，吃是一天中的重要内容。叶春墀家上面的胶州路、上海路与热河路，各色各样的饭馆零星分布，满足一般需要不成问题，如设置胶州路上的三阳楼、悦宾楼、同昶永、会兴楼、兼营冰激凌的泉盛豆汁店、三山食品店。其中三阳楼是老字号，也算是久负盛名。餐饮业日渐兴旺，竞争也就愈发激烈，就开始出现逾越边界的事情，比如当局三令五申饭馆、商店不得雇用女招待，可偏偏有“贪图盈余”的饭馆置若罔闻，结果就惹出是非，导致竹篮打水一场空。1937年2月18日，崇德中学学生马钦超午间去胶州路大英楼进餐，发现楼上有二八佳人搔首弄姿，遂以涉嫌违令雇用女招待有伤风化，招来巡警检查，24岁的平度籍饭馆掌柜李云海被带往警局备文讯办。18岁的女招待吕秀英的饭碗也被砸了。本地报章随后有消息称，吕女系日照人，住海关后长安路31号，因生活无着，临时去大英楼当招待，不想稀里糊涂就违了禁令。胶州路上下饭馆林立，小字号生存自是不易，大英楼饭馆的年轻掌柜不知轻重，事情不大归不大，但作为惹祸上身的责任人，一番惩罚是免不了的。大正月还没过十五，对喜欢凑热闹的报章来说，大英楼女招待也算是一条绘声绘色的花边谈资了。

除了各种口味的中餐馆，本地的西餐馆也日渐增加，尤其为夏日来青度假的游客所青睐。1936年8月，从上海来的某君与人去过两家西餐馆，对菜品算得上基本满意。第一家在半山坡上，两个人，每人五角，一菜一汤加冰激凌或者咖啡，一个人点了俄国汤、板鱼和红茶，另一个人吃的鲍鱼奶油汤和炸小鸡，除了炸小鸡半生不熟咬不动，其余均好，且面包管够。饭毕，掌柜起立送客出门。第二家是大同菜社，九个人用餐。因为是星期六，候位的人颇多，等了一刻钟才等到大桌。食客记述，“先吃杂盘，生番茄又甜又香，炸明虾鲜嫩有味”，这时因为侍者先上了冰激凌，请客的人大发雷霆，责问侍者糊涂，一时间造成气氛紧张。“一会儿，侍者拿九只戴面饼帽的深蓝色的陶器钵分给客人，揭开一看，倒是原盅番茄鸡汤，鲜而且浓，说是俄罗斯煮法，在上海从来没有尝过这样的美味；那个面饼帽其实也很香脆，不过既吃大菜，就不屑充当大饼同志了。”[1]

吃得舒服了，肚子不忐忑，日子就妥帖。布衣人和长衫者同理。

从投身裕泰轮船行开始，叶春墀差不多经历了青岛“都市复兴”的全过程。他家周围，一栋栋式样各异的房舍在高低不平的沟壑中梯次成型，鳞次栉比，形成浑然一体的山谷轮廓。这里与叶春墀发生的联系在一定程度上印证了20世纪30年代青岛本土华资航运业的走向。而叶春墀在青岛渐行渐远的背影，则浓缩了一个崎岖前行的时代。

○ 市场二路

○ 市场三路

[1] 天行．青岛之行[J]．南国少年，1939(2).

# 凄雨纷飞

1938年6月12日青岛土地整理委员会布告："举办本市土地权利呈报一案，业由治安维持会以第六十八号布告通饬遵行在案。凡有土地权利者，应即依照左列规定尅期迳来本会办理呈报手续，毋得观望自误。"

以搅局者身份开办福隆绸缎庄五年后，邹道臣的机会来了。这一次，他颠覆的不是一个行业，而是一座城市。

1937年7月7日卢沟桥事变发生，抗日战争全面爆发。青岛当局采取焦土抗战策略，在悉数破坏城区内的各类日资工厂后，撤出城市。1938年1月在日本占领军进入城区的同时，赵琪主持的伪青岛治安维持会指派柳文廷、王芗斋主持商会筹备，从良弼、邹升三、顾少山、王寿臣、杨可全、刘子儒、邹道臣、张墨农、时品三、李淑周为筹备委员，以馆陶路取引所二楼会议室为临时办公地点。

1938年2月27日伪商会成立，前商会常务委员柳文廷被推举为会长，邹道臣、王芗斋为副会长，从良弼、邹升三、顾少山、王凤山、韩鹏九、李淑周、王寿山、时品三为常务委员。

三个首脑人物都算得上本地商业脉络清晰的承前启后者，唯面临变故，下水的动机各不相同。昌邑人柳文廷，在馆陶路开设启华行，为土产货栈公会主席，在宋雨亭时代是商会日常事务的主要操办者，多以稳健公允示人，不显山露水，不喜欢抛头露面。一顶光灿灿的荆棘帽子戴在头上，看上去并非其所愿。

蓬莱人邹道臣，在海泊路经营福兴祥，是胶东商帮的后起之秀。自1933年在中山路试图重新洗牌本地绸缎业开始，邹道臣野心勃勃姿态下的踌躇满志溢于言表。1938年春天盛开的迎春花，冥冥之中成为埋葬他的枯枝败叶。但在这个不可预知的结果出现之前，邹道臣的脸上始终阳光灿烂。

掖县人王芗斋，以山东路的义聚合银号为家族生意标签，年龄上属于新一代商人，咄咄逼人的气焰与日俱增。在即将到来的20世纪40年代伊始，王芗斋和其兄长风生水起的商业影像令人不能不感慨命运的诡异与无常。

在馆陶路取引所的二楼，商会设置秘书室、总务科、商工科、调查科等工作部门，并逐一任命了负责人。这个匆忙搭建的华商组织开始扮演起日本占领区的经济傀儡角色，充当战时商业工具。在戊寅年正月稀稀落落的鞭炮声中，新商会的所有参与者都清楚地知道这份选择意味着什么。

1938年3月13日，邹道臣、王芗斋就张子安对商会组建惺惺相惜的“奖饰”反应积极，复函称：“阁下学识经验渊博宏富，又在青市前商会供职多年，从前经过当然洞悉，尚望特赐南针，以匡不逮。”

新的商会刚搭建起框架不久，即在1938年3月忙活着给各土产商号打招呼，言称由于青岛取引所停顿，“为维持秩序上之必要”，要求本地华人土产商号的现货交易搬入取引所现货买卖市场进行，并承诺不收取任何费用。从来往文书可以看出，商会的意思转达遵从了取引所日本理事长安藤荣次郎的意愿。

随后，商会开始行使更大的职权，换发新的营业执照，并声明如不履行这一

○ 馆陶路取引所

程序，商号将失去经营权。《青岛新民报》6月18日就此刊登消息称：“青岛市商会以市面日趋繁荣，各旧商号相继复业，而新开之各商店为数亦不少。该会为整理统计起见，所有入会各商号统拟发给营业执照，以便执行营业。现在入会各商店已有四百五十余家。”华商字号450家，和之前商会的会员数量比较，似减少了三分之二。如此来看，1938年夏天的“市面繁荣”不过是个绣花枕头一般的宣传噱头，有名无实，不堪一击。这导致同日出版的《青岛新民报》也不得不公开承认：“商业未全复，所得税暂缓办”。

然而，商家林立的山东路上，平民欢场“劈柴院”别有洞天的红火却是事实。广聚成包子铺等南北小馆碗勺叮当，食客嘈杂，天天酒宴，夜夜笙歌。至于游乐业的地摊艺人，更是“不知有汉，无论魏晋”，从早到晚一派莺歌燕舞。这些“商女不知亡国恨”的街头素材会被主流媒体时不时拿出来说事，以展示歌舞升平的市井欢愉。[1]

鉴于在馆陶路取引所二楼会议室“常此借居不甚适宜”，1938年8月中旬商会向青岛治安维持会提出，迁移到对面的齐燕会馆办公。理由是该会馆“现尚空闲，又系公产”，可操作性大。副会长王芗斋和值班常务董事从良弼签署了申请报告。同年8月，商会着手在朝城路、城武路两处官产中恢复兴办习艺所，同时颁布贫民借款处实施办法。

1938年8月25日，商会召开第一次董事会议，签到簿显示，出席者有邹道臣、王寿山、杨玉廷、胡允占、刘悦臣、王金生、孙香圃、董品三、王芗斋、韩鹏九、蓝荆山、崔岱东、高湘南、吴心斋、江一山、方百川、王春圃、于西垣、马自安、吴新民、王华亭、时品三。出现在签到簿上的刘子儒、赵震东、顾少山、从良弼、李淑周、邹升三并未实际到会，由他人代签。一个月后召开的第二次常务董事会，出席名单缩小为杨玉廷、邹道臣、王春圃、方百川、董品三、王芗斋、李淑周。

这些会议始终不见会长柳文廷的身影。

日本完成对青岛的占领后，本地金融业重新洗牌。1938年3月，商会最重要的事务之一是配合中国联合准备银行在青岛建立分支机构，并专门召开常务董事

[1] 依然热闹“劈柴院”[N].青岛新民报，1938-6-18(7).

会议筹备。4月1日，扮演中央银行角色的中国联合准备银行青岛支行开业，谢祖元出任经理。紧随其后，当局通令各项纸币限期兑换中国联合准备银行纸币，到4月14日兑换纸币约300万元。4月16日，胶海关监督公署发出公函，要求所有机构、银行、商民凡输送中国联合准备银行纸币超过500元者，须持华北临时政府护照，否则一律没收。

与此同时，商人陆续回归，城乡工商业逐渐恢复运转，各个经济主体相继在复苏的市场竞争中唤醒元气。1938年6月，占领军控制的报纸宣称，复归的本土商人已达80%，携带资本预计在800万左右。[1]与此同时，日资各纺织厂、华北烟草公司、青岛啤酒公司、青岛丝厂、大谷橡皮工场、东和油房、和田木厂、光阳硫化、青岛磷寸等制造业工厂亦一一开工。截至1938年6月中旬，复归青岛的日本侨民已有1.5万人，占领当局进而决定自7月起开放自由渡航，以期实现交易繁荣。[2]

北京方面也在给青岛画饼充饥，以获得更大的利益交换。1938年6月15日，伪北京临时政府行政建设总署署长殷同，在莱阳路3号私邸向记者透露，青岛为工商港都市，其组织系分区制，此后拟使青岛成为华北最大港口，扩大其管辖区域。[3]

试图率先恢复营业的本地华商，包括合和栈经理战先五。1938年3月下旬其向治安维持会提出申请，准备将道口路26号的酸素工厂启封开业。此地前为鄷洗元投资的中国瓦斯工厂，一个月前被日本陆军特务机关突然查封。战先五辩称，之前鄷氏因为欠款，1937年2月经青岛地方法院调解，将中国瓦斯工厂全部财产作价抵偿战氏。邹道臣、王芗斋以商会副会长的身份，就此情况向治安维持会做了说明。但因为中间插进日商小泽太兵卫图谋霸占，又有日本陆军特务机关加持，遂不了了之。小泽太兵卫在华阳路开设有新隆酸素工厂，与战氏道口路的酸素工厂存在竞争关系。战先五的复业之路由是徒增变数。而类似遭遇者并非战先五一人。

---

[1] 商人归来者极形踊跃[N].青岛新民报,1938-6-10(7).

[2] 日内地人民自由来青[N].青岛新民报,1938-6-17(7).

[3] 青岛将为华北最大港[N].青岛新民报,1938-6-16(7).

战先五与合和栈算得上青岛新城出现后的第一代华商标签，在本地风生水起经营几十年，从贸易到工业投资不断拓展，本应具有一定的示范性，不料“出师未捷身先死”，这不能不让跟随者的脚步一时迟疑。

1938年下半年，频繁在《青岛新民报》刊登广告的工商业机构已涉及各个门类，包括经营五金、工具、机器、油漆的横山洋行，代理肥田粉和樟脑丸的南昌洋行，经营香皂、瓷器、玻璃、洋灰的太田洋行，以及电友公司、三菱公司、宫原商会、和田制材所、高谷洋行、滨恒洋行、滋养轩、味之美工厂、怡和洋行、华北烟草公司、大青洋行棉布部、谦祥益、亨得利、近江洋行、小林洋行、木下商店、联成茶行、集成纸店、义和祥、大美汽车行等，以日资居多。

用以证明本土商人复归“踊跃”的另一个证据，是叶春墀1938年6月11日在《青岛新民报》刊登的一份遗失房产文件声明。该声明称：“鄙人于民国十一年领租青岛无棣一路十一号官有地，计面积五七七方步七六，先后自建楼房二座，所有证明文件向在友人处存储，乃以事变失落。除已呈请官厅备案外，兹特登报声明，无论何人拾得作为废纸。”叶春墀的“此布”显露出其在风暴面前摇曳不定的“软肋”。而这根无法剔除的“骨头”，所有人都有。

叶春墀在报纸刊登房产文件遗失声明应事出有因。1938年6月青岛土地整理委员会曾有布告称：“举办本市土地权利呈报一案，业由治安维持会以第六十八号布告通饬遵行在案。凡有土地权利者，应即依照左列规定尅期迳来本会办理呈报手续，毋得观望自误。”[1]叶春墀的举动不过是依章“遵行”而已。

从航运商叶春墀到街头摊贩，从大鲍岛的商号到台西镇的作坊，从表面的“遵行”到背后的指桑骂槐，不合作的气氛无处不在。1938年6月19日晚，日本人控制的青岛广播电台播放了本地坤伶吴慧琴的清唱《法门寺》及《临江驿》，以图“安慰中国民众”。[2]诸如此类的“亲善”举动在青岛沦陷后已多次出现。街头匆匆而过的华人居民以沉默不语对应，将哀伤掩饰到不留一丁点痕迹。

凄雨纷飞的日子，泪雨交织。输诚者很快出现。1938年6月毕荫堂等出资20000元，发起组织复兴公司，专门回收在国民政府撤退前破坏的日资纱厂失落

[1] 青岛土地整理委员会布告[N].青岛新民报,1938-6-12(1).

[2] 本市广播电台增加娱乐节目[N].青岛新民报,1938-6-19(5).

遗物，并恐吓存物市民尽快交出。[1]毕荫堂者，籍贯关东州内金州，为大沽路协顺兴老板，从事清负业及石料贩卖。从有限的信息看，作为建筑商的毕荫堂和复兴公司的使命，是为遭到严重破坏的四方与沧口日资纱厂的重建充当开路先锋。

1939年1月，赵琪出任伪青岛特别市市长。青岛金融合作社完成组建，股本100000元，治安维持会认股50000元，其余50000元，青岛商会承担30%，台西镇商会承担20%。1939年1月，青岛商会受托推荐了一个信用审查委员会委员名单，成员包括东盛昌李树堂、德裕当梁宜亭、文东泰张乐山、义昌永焦耕亭、福顺德李砚农、洪兴德丁明德、丰盛义纪子成、沣源成宋呈三以及商会乔智金与苗润屋。

沦陷区并不是空中楼阁，商会的门敞开了，就有人进。1939年9月20日之后的两周，商会就陆续接纳八个会员，会员总数达1565家。这个数据比1938年6月统计的450家入会商号翻了两番。新会员统计如下。

泰生东洽记，资本金30000元，经理周立三，营业种类颜料，铺东烟台泰生东，地址山东路190号，拟定纳税等级福字；

汇丰煤厂，资本金300元，经理刘建基，营业种类煤炭，铺东刘建基、孙星三，地址莘县路9号，拟定纳税等级吉字；

政民大药房，资本金1500元，经理石政民，营业种类西药，铺东石春泽，地址山东路148号，拟定纳税等级吉字；

宏新号，资本金4000元，经理朱廷方，营业种类绸缎批发，铺东新盛泰等，地址高密路61号，拟定纳税等级大字；

建成五金行，资本金20000元，经理高志云，营业种类五金杂货，铺东何绍武，地址博山路60号，拟定纳税等级喜字；

天和兴，资本金由烟台总号拨需，经理李益滋，营业种类汇兑，铺东史福堂等，地址河南路53号，拟定纳税等级喜字；

成记煤号，资本金3000元，经理刘乐忱，营业种类煤炭，铺东刘世和，地址热河路31号，拟定纳税等级吉字；

元成厚，资本金30000元，经理刘永信，营业种类土产杂货，铺东刘永信，地址山东路194号，拟定纳税等级寿字。

---

[1] 复兴公司将正式开办[N].青岛新民报,1938-6-19(7).

1939年10月4日，商会调查员纪书斋、复核员黄仙洲在泰生东洽记周立三等入会报告表上签字生效。

凄雨纷飞之中，住在济南路20号的谦祥益经理时品三开始吸食鸦片。[1]没有人知道他做出这个选择的动机，但不论因为苦闷、焦虑，还是因为恐惧，这个不可示人的场景将一些不得已而为之的华商真面目暴露无遗。

鸦片飘飘然的麻醉，笼罩了这个章丘商人的头脑和躯体。

○ 大鲍岛街头的卖簪女

[1] 时品三吸食鸦片案，地院处以徒刑两个月[N].青岛时报，1946-11-5(3).

# 阳关道与独木桥

1938年6月17日《青岛新民报》报道："本市兰山路有制造化学染料工场之凤凰化学社，此次决定举经营之一切，让渡日商三菱公司经营之日本化成工业会社。"

1938年以后的青岛，柳文廷成了一个"失踪者"。在鲜见的几次露面后，柳文廷消失了，消失在公共视野之外，消失在几乎所有的商会档案记录中。

文献显示，柳文廷似乎并不情愿附逆，也未实际参与商会事务，其职位很快就被邹道臣替代。而后者在自甘堕落这一点上毫无愧疚。1939年9月，青岛商会邹道臣以会长身份就改用新印鉴一事函告青岛中国银行与交通银行。但实质上，邹道臣商会会长身份的确认直到1942年1月才完成。一份由姚作宾签署的伪青岛特别市社会局文件显示，是月商会会长职位交替完成："查该会会长柳文廷久不在青，不但于会务推进上诸多妨害，且于法理事实均有未合。值此严重时局之下，商会尤应奋发以策青岛商业之发展。该会长一席未便长此虚悬，致碍会务。柳文廷着即解去会长名义，以副会长邹道臣升任。"

邹道臣升任会长的同时，同福昌轮船行经理李淑周被推举为副会长。自1938年2月在日本占领军主导下商会改组，李淑周就一直担任常务委员。期间其代表商会参加过东亚恳谈会、华北临时经济恳谈会、中日经济恳谈会，并兼任青岛市救济院院长。

李淑周出生在福山富户，家族李抱一堂声名远播，父亲李呈久育有五男一女，李淑周为三子。长兄早逝，李淑周在青岛发达后对李家后人多有关照，令侄辈感怀多年，没齿不忘。青岛沦陷前，李淑周与叶春墀同为航运同业公会的常务委员，辅佐主席委员于维廷开展工作。李淑周在冠县路的同福昌轮船行常年经营小港至海州沿海一带的内河航运，与胶海关往来密切。同福昌的规模在同行中并不突出，业绩也属中等水准。统计显示，同福昌1927年12月份帆船外口入港36只，认捐附捐1720大洋，与德昌祥、永源盛、成兴和附捐数额相差不大。作为本地民营轮船公司，战前长记行、同福昌、裕泰行的轮船吨位多在50至500吨之间，与国营轮船招商局竞争激烈，摩擦不断，曾多次敦促商会出面干预。

青岛沦陷后，部分华商船公司转移，李淑周在商会的上升通道由是变得宽敞。李淑周先担任了轮船公会会长，位居政记轮船公司经理李玉祥之前。以副会长身份履职商会，使李淑周频频获得在各种公开场合抛头露面的机会，常常出现在聚光灯下，李淑周自得其乐。

青岛沦陷之初，日本资本就开始大规模吞并本地华商工商业的优质资产。如1938年6月17日的《青岛新民报》曾报道，本市兰山路有制造化学染料工场之凤凰化学社，此次决定举经营之一切，让渡日商三菱公司经营之日本化成工业会社。化成工业会社随即派出六名工程师抵达青岛，扩充凤凰化学社的技术力量。日商之所以对凤凰化学社情有独钟，原因在于其德国创办人西保德拥有的独特造蓝化学操作工艺，日本国内并未掌握。[1]《青岛新民报》的“让渡”一词轻松消解了交易背后的种种隐秘，抹去了凤凰化学社资方的无可奈何。而在雾气弥漫的1938年初夏，大量日资对诸如凤凰化学社实施的这般移花接木才刚刚开始。果然，随后出现的三井洋行接办华商中兴面粉公司之类的兼并案例接踵而至。

中兴面粉公司原为设在辽宁路的恒兴面粉公司，为青岛三家大型面粉厂之一，每日出品5000袋面粉，在山东区域的市场占有率颇高。1936年9月在赵琪、殷桐声、王仰先、宋雨亭的组织下，由中国银行和金城银行联合出资60万元取得控制权，而这次出售给三井洋行的价格则为59万元。[2]有意味的是，中兴面粉公司总经理殷同时已出任伪北京临时政府行政建设总署署长，并刚刚在青岛发布了“扩大其管辖区域”的言论。联系起来看，每一桩交易的背后都有机关算尽的利益交换，政治、族群、地域、商业、人脉的盘算，一个不少。

[1] 本市凤凰化学社让渡日商经营[N].青岛新民报,1938-6-17(3).

[2] 中兴面粉公司让与三井接办[N].青岛新民报,1938-6-19(3).

1939年以后，日本兴亚院借助满铁调查机构，组织大批青岛都市计划派遣员进行经济调查，其中调查工商业的责任人为调查部第一调查室职员堀内清雄，调查民船贸易的责任人为调查局职员西山一男，调查汽车运输的责任人为调查局嘱托住吉平治。1939年11月，兴亚院都市计划事务所以青岛港为中心整理撰写了《青岛都市计划经济调查书》，内容包括青岛都市主要商品流通情况、青岛工业构成及现状。1940年8月，日本支那问题研究所青岛支所就青岛商会沿革、现势、将来计划、事业资料等事项进行一次详细调查。该支所在市场趋势、物价调查、经济景气评价等方面与青岛日本商工会议所、新民会、胶海关等机构来往密切。

1940年元旦，《青岛新民报》出版了32版的新年特别号，丁敬臣、大阜银行常务董事殷路和上百个华商字号、各个同业公会、沧口等区域商会在不同版面刊登了“恭贺新禧”广告。同一天，商会邹道臣、王芗斋两会长在商会礼堂主持了团拜会，各委员、职员出席，其后由邹道臣、王芗斋代表商会拜访了各机关。

当天的《青岛新民报》以夸张的口吻描述了本地工商业的运转情形：“事变后之复兴迅速，人口日增，因之工商各业较之事变前有增无减，尤其小杂货商、土产商更天形增加。试观小港一带，终日商贾云集，熙来攘往，货物进出极形忙碌。”[1]

1940年6月，中国联合准备银行青岛分行经理谢某出任伪青岛特别市公署总务局局长，遗缺由该行副经理殷路代理。一个月后，中国联合准备银行青岛分行搬迁到山东路93号办公。

1940年，青岛商会的会务活动频繁。9月23日，冠县路一家歇业的金记咖啡店提出申请退会后，商会召开了第12次常务董事会，签到本上显示的参加者有杨玉廷、董品三、方百川、王春圃、傅鑫、邹道臣、李淑周、王芗斋。从名单看，商会活跃分子中的旧人依旧多过新人。

1940年9月，与金记咖啡饭店一同向商会提出退会申请的商号还包括市濑冰店、晓记电业元记、新丰号、聚盛栈房、瑞丰颜料庄、达盛鱼行、谦祥炉、新兴泰、瑞迎祥、振兴针织厂、同义顺、天顺兴、德泰祥、玉峰成、美味冰棍厂、即

[1] 大青岛诸般繁荣，随新年大进步[N].青岛新民报，1940-1-1(7).

祥号、永仁堂、同达堂，涉及多个行业，分布在四方路、易州路、高密路、黄岛路、济宁路、济南路、莘县路、聊城路、临清路、胶州路、热河路、南海路等街区。

由刘义枫投资60元在四方路开始的市濑冰店，从开业到倒闭不到半年，成了彻头彻尾的季节性营业项目。不过，与市濑冰店一同在当年6月申请成为青岛商会会员的另外25家商号，如庆云商行、亚东胶皮号、得全洋服店、通运行、聚源酒店、瑞发号、广安隆、九成电业，多数还存活着，给20世纪40年代第一个萧瑟的秋天增添了一丝活力。

对青岛商会的头脑来说，本地商户的多寡增减不过是个数目，与其个人升迁和利益增长关联不大。商会的头面人物热衷的是交际场上的欢声笑语，他们日复一日地浸泡在酒桌上的欢愉与沉醉中，以此抵御内心深处无时不在的孤独与恐惧。1942年底，杨玉廷与邹道臣、方百川、王芗斋、乔智金、王正平、李淑周、沈幼臣、时品三等人代表青岛商会出席了“更新纪念日”周年纪念大会。这个纪念会实质上聚合了青岛工商界各业几乎所有的头面人物。

伪青岛特别市商会呈报给社会局的文件显示，这次活动除商会代表外，还涉及猪业、菜果业、靴鞋皮件业、冰棍业、马车、运输业、黄酒业、丝织业、脚踏车业、织染业、铁工业、西药、杂货业、中医、妓馆、木材、土产行栈、卷烟批发、食物、旅栈、磨坊、烧酒、酱园、中药、洗衣、理发、当铺、赁铺、船行、麻袋、医师、胶鞋批发、载重汽车、成衣、鱼菜摊挑、绸缎布匹、鱼行、银行、餐馆、纱布、茶叶、夜市摊床、澡堂、百货业、建筑业等同业公会和菜果输出入、华商输出入、华北配给等联合会，计296人。

从一份长达20页的《青岛市餐馆公会造送会员名册》看，餐馆公会的会员在1941年已超过了235家，其中如顺兴楼、东华旅社、福聚楼、春和楼、三阳楼、协顺楼等在1923年酝酿成立青岛餐业会的老字号都还在营业。

来自福山县的顺兴楼经理李殿臣，成为这一行业的贯穿始终者。而作为顺兴楼招牌股东的王埆，这时早已不在人世。旧人依稀走过，门头上的匾额令人触景生情。蓦然回首，顺兴楼之前与杨振声、赵太侔、黄际遇、闻一多、梁实秋、洪深、老舍等大学教授的一番邂逅也告一段落。所谓别时容易见时难，十年不到，果然是“流水落花春去也，天上人间”。

春和楼的代表人这时也由吴寿山换成了平度人马殿阁，两个主要股东，一个是山东高密籍的陆元吉，一个是天津人吴福成。在一份同期填报的商人调查表上，春和楼贩卖的货物种类被简单填写为鸡鸭鱼肉、青菜等，营业时间早七点至晚九点，往来商家包括鱼菜市场和万祥号。万祥号在隔壁的北京路18号，经营点心、糖果、罐头、海味，经理是招远人牟启东，包括牟启东在内的四个股东都是招远人。牟启东同时也是莘县路市场鸿昌隆的经理。看上去，春和楼与供应商牟启东的合作十分密切。

历经风风雨雨，大部分的老饭馆都没挪地方，在原址开门纳客。只是门面和匾额的颜色经过时间的侵蚀，已不如当年亮丽。

蓝荆山挑头的澡堂公会，洗清污垢的生意却似风生水起。1941年8月该会造送的一份会员清册显示，当时本地入会的澡堂有12家，分布市区各处。

义顺塘，独资，经理蓝荆山，店员57人，地址东镇菜市一路1号；

浴德塘，独资，经理蓝荆山，店员40人，地址台东一路23号；

天德塘，独资，经理高宗正，店员180人，地址博山路56号；

中盛池，独资，经理刘鸣九，店员55人，地址朝阳路9号；

新新池，独资，经理高吉良，店员40人，地址德县路22号乙；

玉生池，独资，经理王德聚，店员90人，地址平度路32号；

东华池，独资，经理梁玉山，店员54人，地址益都路119号；

中华池，合资，经理王振声，店员62人，地址高密路37号；

三新楼，合资，经理丁惠亭，店员130人，地址保定路18号；

清华池，独资，经理王荩臣，店员57人，地址滋阳路77号；

恒德堂，独资，经理杨子常，店员35人，地址河北路50号；

润德楼，合资，经理王致中，店员71人，地址济南路40号。

蓝荆山，青岛出生，1941年58岁，上过三年私塾，先后担任台东镇商会副会长及会长。从雇用店员人数上看，大鲍岛博山路天德塘和保定路三新楼规模最大。这些澡堂既是洗浴之地，也是公共交往的场所。

1943年2月6日，青岛金融合作社专务理事吕月塘故世，杨玉廷继任。自1939年1月青岛金融合作社成立以来，就与商会有着错综复杂的关系，鹬蚌相争，一地鸡毛。作为第六届青岛总商会的副会长，一个本土金融界的资深人物，吕月塘

○ 20世纪40年代山东路商业街，1935年5月从潍县路搬迁过来的祥云寿门面清晰可见

以其之死免除了几年后的审判，却无法洗脱悖逆之责。同一时期的很多人同样如此。尽管他们在幽暗年代的选择各有原因。

一份《青岛客栈房东姓名住址及房租数目表》显示，吕月塘战前住在观海一路，其拥有的李村路31号房产曾租给裕长栈使用，租金270元。裕长栈由于通轩投资经营，其为客栈同业公会会员，一度在李村路很有声望。1940年6月，于通轩将裕长栈转让给孙叔民经营，后改组为裕长栈和记。吕月塘死后四个月，时担任夜市摊商公会会长的于通轩亦病故。

吕月塘死后一年半，他的青岛金融合作社职位继任者杨玉廷，以“年老气衰”为理由，提出辞去青岛中庸银号股份有限公司董事长职务，遗缺由陈显亭继任。

即墨人杨玉廷属于第一批本土创业者，很快完成了原始资本积累。杨玉廷早年投资组建全盛工程局，广泛参与了青岛新城的开发建设，是青岛回归后中日合办胶澳电气股份有限公司的华商发起人之一。杨玉廷深度介入过台东镇商会事务，并以台东镇为资源依托，不断拓展商业势力范围。青岛沦陷后，杨玉廷出任商会常务董事，并在早期事务中频频亮相，异常活跃。在《华北物价协力委员会青岛市分会委员名簿》中，邹道臣、杨玉廷两个人的名字排列在最前面。20世纪40年代早期，作为全盛工程局总理，杨玉廷的登记住址为滨县路48号。

○ 1938年3月的四方路街头

商会除了处理正常的会务外，1943年夏还曾协助新民会发动了全市每日默祷一分钟活动。1944年，商会短暂发行了《青岛市商会会报》。

# 鬼迷心窍者

1942年8月《东亚经济月刊》刊登的《邹道臣略传》中写道：“在青市经商三十余年，除致力经济事业之外，凡遇公益慈善事宜，无不踊跃以赴，倾囊相助，受其恩施者不可以数计。以是夙有生佛之号。”

1941年早春，在警方开始集中整顿四方路与易州路鱼菜贩卖市场的时候，《青岛大新民报》事业部正发起编印一本《青岛绅商录》，忙不迭地希望各界赞助。3月4日，财团法人东文书院召开了一次中、日官绅筹备委员会议，华商头面人物王芗斋、韩鹏九、杨玉廷、邹道臣、丁敬臣依次现身会场。[1]与1938年2月商会成立时的常务委员名单比照，前会长柳文廷和从良弼、邹升三、顾少山、王凤山、李淑周、王寿山、时品三这些活跃商人的面孔均没有出现。这些细微变化隐约显露出华商分化的某种趋势。

作为本地商界前辈，进入耳顺之年的丁敬臣此时已少见早年间盐田博弈的气焰，大部分时间待在大学路16号的家里晒太阳，愈加深藏不露。其老牌商号丁敬记已从山东路79号搬迁到小港二路10号，依旧由平度人于墨林负责打理，业务范围近乎包罗万象，涉及贸易输出入、土产、杂粮、纱布、杂货、五金、化学药品、肥皂及代理事业。长年担任丁敬记经理的于墨林比丁敬臣小四岁，在青岛已生活30多年，住胶东路20号甲。他统领的丁敬记20名号友来自江苏、平度、天津、安徽、掖县、即墨、昌邑、黄县，多是跟随丁氏多年的亲信。

癸巳年春日，上海路礼贤中学教员刘少文写了一首七律《赠谭希群同学》：

[1] 财团法人东文书院筹备会开会[N].青岛新民报,1941-3-7(7).

“梗断萍漂怅各天，重成嘉会亦前缘。师门屈指三千士，风雨惊心四十年。感极交游多隔世，情同兄弟况华颠。烟花三月青邱路，佳句从教取次传。”谭希群，即潍县人谭玉峰，早年与刘少文一同毕业于礼贤书院，曾出任礼贤中学教务主任，并教授工程科的力学与影射几何学。刘少文在诗后小注中说：“先师希圣先生创立礼贤书院已四十有一年，与君同班毕业者皆已物故。”

一句“风雨惊心”把无法言说的沧桑感和盘托出。

但即便是在同一个城市，文人刘少文的“风雨惊心”依然无法丈量邹道臣等人的鬼迷心窍。

青岛沦陷期间，作为商会日常事务的主要决策者，邹道臣自始至终都扮演着该傀儡机构的核心角色。他像传说中的八仙沉醉美酒一般沉醉权力。

这给他增加了兴奋感，也带来实际的利益，比如荣华富贵。邹道臣的私宅在20世纪30年代获得规模开发的荣成路北端，是一栋有着宽敞园林的三层别墅，并设有半地下室的酒窖。邹宅的对面是盛宣怀外孙邵式军的度假别墅。与邹道臣成为街对面邻居的20世纪40年代，邵式军担任苏浙皖税务总局的局长，权倾一时。两个落水者隔着一条马路，却未必见过面，因为角色持重的邵式军并不经常到青岛避暑。在1940年伊始，荣成路2号和周边的许多住宅成为权力与财富新贵们的伊甸园。

邹道臣主持商会后，其海泊路83号福兴祥的生意并不惹眼，但业务范围却扩大了，从土产期货买卖逐渐转向金融投资。新开设的福兴祥银号注册资本金50万元，加上邹道臣共有六个股东，四个蓬莱人，另外两个分别来自福山、栖霞。大股东邹福堂与邹道臣同龄，持有40%的股权；邹道臣是第二大股东；第三大股东王天锡担任经理，39岁，也是蓬莱人，住大学路44号。福兴祥银号雇用28人，已加入银号公会。从海泊路上的福兴祥看过去，大鲍岛的衰落一目了然。从1899年一路走过来，发生在这里的上升、博弈、交错、重逢，悲欢离合，兴亡起落，没有人能够全部洞悉。

邹道臣的注意力已经远离大鲍岛，甚至与商事也隔膜了许多。他一直不清闲，日常活动五花八门。比如1941年2月18日，邹道臣代表商会前往警察局出席村镇长会议；同年3月31日，在市礼堂参加行祀典礼；同年10月27日，在市公署会议厅出席选举民众代表大会。而诸如此类的事务性记录，商会档案中比比皆是。

1942年8月，在由青岛商会提供给《东亚经济月刊》的一份《邹道臣略传》中，对其大肆吹捧，语言近乎肉麻："邹道臣以字行，年六十岁，山东蓬莱县人。诚笃勤朴，古道照人。在青市经商三十余年，除致力经济事业之外，笃行乐善，急公好义，凡遇公益慈善事宜，无不踊跃以赴，倾囊相助，受其恩施者不可以数计。以是夙有生佛之号。现任青岛特别市市政委员、青岛商会会长、救济院理事长、青岛惠民社理事长、青岛圣功女子中学校董事长、福兴祥经理。于今年六月东亚经济恳谈会华北本部成立青岛地方委员会，被聘为委员长。"

在邹道臣做足"笃行乐善"戏份的1942年中秋前，由于原材料涨价，青岛本地月饼的价格提高了三分之一，与上一年相比较，上市月饼的销售大减。点心商不仅产量减半，还纷纷在街头摆摊贩卖，以方便向中、下层市民兜售。[1]邹道臣这些华商头面人物，大概不会在乎一斤八宝月饼是一块八还是两块六，但这对月收入不及十斤月饼价格的普通民众来说，却是不小的负担。

对邹道臣而言，也许诸如1942年9月24岁的陈亚真当选"青岛小姐"之类的娱乐消息更合胃口，也更容易成为茶余饭后的谈资。可惜，这位宁波陈小姐并不打算长住青岛，美人的花冠戴在头上，她就要远走高飞了。[2]

邹道臣的高光时刻出现在1942年9月22日，当天青岛市区的三个商会完成合并，邹道臣出任伪青岛特别市商会会长，杨玉廷、方百川、王芗斋、乔智金为常务董事，李淑周、沈幼臣、时品三、姜彦纲、王寿臣、张献廷、殷路、王枚生、孙惠之、王信肇为董事，崔岱东、马华堂为监事。[3]

在成立大会上，王芗斋似照葫芦画瓢，把商会改组的原因、意义、作用以及仓促的筹备过程老老实实地报告了一番。

今天是青岛特别市商会成立的日子，在今日以前本市有几个商会，从今天起本市的商会就一元化了，青岛特别市商会的区域现在一致了，不但旧市区在新商会的范围之内，就是胶州、即墨也在同一的伞下了。当局为什么要这样办呢，因为现在是战时，是大东亚战争的战时，华北

[1] 中秋节近月饼上市销路较往年大减[N].青岛新民报,1942-9-15(3).

[2] 陈亚真女士当选青岛美人[N].青岛新民报,1942-9-21(2).

[3] 市商会昨日成立[N].青岛新民报,1942-9-23(3).

又是兵站的基地，要负担起这种重大的使命，商会的机构就非强化不可，这是第一点。现在华北实施低抑物价、安定民生的政策，换句话说就是统制物价，这件事情如果完全由官厅去办一定事半功倍，必须有民间团体协力，方能彻底。商会是民间团体，就是协力推行政府政策的团体，可是向来商会的宗旨范围非常狭隘，所以华北政务委员会制定商会统制暂行办法以资补充，因此商会的任务较前大为繁重，商会的机构就非改革不可，这是第二点。

青岛自事变之后应事实上的需要，先后成立多数的商会对于地方治安有伟大的贡献，为大众所深知的，照现在的情形办理局部的事情效率极高，若办理全市的事情则感到不能敏捷。这次因商会机构的强化，本市各商会都集中在新商会内，旧有各商会则已达到发展的解消的阶段，可说是很庆幸的。

市公署社会局为要强化商会机构，于本月三日派邹道臣等十二人为强化商会筹备委员，并督促赶速成立，以便立即担负起这种重大使命。委员等奉命后，就遵照当局的意旨着手草拟章程，经过两次开会讨论及多次的联络才决定了。此次因准备时间短促，一切手续均从简办理，不周之处，在所难免，还请原谅为幸。

1942年的秋天，在山东路宽敞的商会礼堂主席台上，陪着赵琪和社会局局长姚作宾享受着聚光灯照射的邹道臣，似心满意足。一统华商的局面是他乐观其成的，也是他梦寐以求的。这一刻，对他这个已将大半生年华交付给青岛的蓬莱人来说，可谓荣耀的顶点。

可惜，一场目的明确的会开完，商会门口萧瑟的秋风和萧条的街市却没有给邹道臣和他的商会同事王芗斋、乔智金们一个好脸色。伴随着黄恂伯充任中国联合准备银行青岛分行经理等杂乱无章的信息，几天后开始正式施行的物品明码制像一道紧箍咒，将最后的市场缝隙封堵得滴水不漏。[1]

紧接着，一些同业公会的会员活动开始娱乐化。王信肇担任会长的鱼行公会不经意间就成了领头羊。1942年11月1日，鱼行公会在兰山路礼堂开了一天会，上

[1] 各种物品明码制昨日开始实行[N].青岛新民报,1942-9-26(3).

午一个多小时浮皮潦草地走了过场，下午就打着“献金义剧”的名义过戏瘾，一口气演了《乌龙院》《六月雪》《铡美案》《李陵碑》《法门寺》五场戏，从下午一点演到晚上七点，鱼行老板们个个疲惫至极，至于“献金”之类说辞早就丢到九霄云外去了。[1]

鱼行公会的商号包括志成商行、荣泰行、恒盛昌、永丰号、庆记号、恒源盛、裕成东、玉丰祥、义丰和、同义和、源聚涌、信丰鱼行、永康鱼行、恒顺和、万记鱼行、同兴号、隆昌信记、永春鱼行、义顺行等，集中在小港周围的莘县路、小港沿、冠县路、朝阳路、菏泽一路、嘉祥路一带，是一股不可小觑的势力。但因为同时存在的水产统制组合的压迫性竞争，华商鱼行的鱼并不快乐。

这个把票友请来演戏的王信肇，来自胶东文登，在莘县路开办恒丰号，经营土产、海产杂货，16个股东分别来自文登、石岛、威海卫、大鱼岛、响水口、荣成、即墨和江苏海州。一个多月前，王氏刚刚出任了新改组的商会的理事。

作为一个1936年才进入青岛的移民，1942年42岁的王信肇很快就适应了都市规则，新一代商人的视野、做派与趣味与前辈不尽相同。一出《乌龙院》里的慷

○ 市区的日本建筑愈来愈多

[1] 鱼行公会协力治运昨召开会员大会[N].青岛新民报,1942-11-2(2).

慨、情缘、背叛、仇杀，与王信肇等人感同身受的矛盾处境便不谋而合。

这一切，邹道臣心知肚明，却无可奈何。

进入统制时期，当局口口声声说要强化商会机构，实质上邹道臣们仅仅是块笼络华商的招牌，以实现战时资源最大化。不可撼动的兴亚院虎视眈眈，实际控制权则在社会局手上，商会大事小事都说了不算。新的商会设置五科，除总务、业务、调查三科之外，新设置统制、配给二科。11月5日新商会职员开会，邹道臣除了提出学习日语，给出的箴言只是“和、温、谦、正”四个字。[1]一次“治运”工作会看上去像一堂竭力“革除内心之恶思想”的人生哲学课。

邹道臣不舍，当局不弃，同业公会爱答不理，真正是一个愿打，一个愿挨。唯一不清楚的是，邹道臣是否能预知，他的摇摇欲坠就在一夜之间。

邹道臣之后的跟随者五花八门，影响力却愈来愈弱。资料显示，沦陷后期伪青岛特别市商会进行了第二届改选，时品三出任会长，常务董事有董品三、殷路、马维周、马华堂、王正平等人。这些人中，新面孔与老面孔都有，以旧人居多，从各自的身份资历看，角色位置与战时经济的末路走向大致匹配。

董品三，46岁，出生于青岛，毕业于礼贤中学，1932年曾出任台东区区长。作为地方势力的代表，1938年青岛沦陷后董氏担任台东镇商会副会长，随后再任台东区区长，同时为双蚨面粉股份有限公司常务董事、大华制针公司协理。

殷路，即殷露声，58岁，江苏江阴人，北京大学毕业，1923年曾作为青岛宰牲公司发起人代表，参与接管观城路屠兽场。青岛沦陷后，殷路出任大阜银行常务董事、中国联合准备银行青岛分行经理、银行同业公会理事长。青岛大阜银行1939年8月以300万资本金创立，创始董事有丁敬臣、殷露声、邹道臣、仉光斋、贾韫华。在整个沦陷期间，大阜银行是仅次于中国联合准备银行青岛分行的金融机构。

马维周，51岁，山东长山县人，私塾十年，住山西路11号，元顺号副理、杂货同业公会会长。

马华堂，57岁，山东文登县人，私塾九年，依次任鸿源利、永源盛、华成行经理，土产同业公会副会长，船行信用合作社理事长。青岛商会粮商调查表显

[1] 市商会机构强化协力统制经济策[N].青岛新民报,1942-11-6(2).

示，永源盛在冠县路35号，1940年增加资本8万元，股东为王积玉堂、马式古堂、马三合堂。

王正平，43岁，江苏吴县人，日本京都帝国大学经济学部毕业，在日本九州帝国大学法文学部附属大学院研究国际法两年，曾任中华民国驻长崎领事馆馆员。青岛沦陷后其出任社会局厚生科科长、总务局人事科科长。20世纪40年代早期，王正平住在沂水路10号。

老一辈的青岛商人有相当大的部分留在了沦陷区，继续做着以往的生意。这些人中，徐勋臣是典型一例。这个青岛新城开发前后第一批移入的掖县人，1914年在沧口街开办源兴顺，早年是青岛取引所物产组合、胶澳电气股份有限公司、掖县同乡会的积极参与者，盐潮期间与张鸣銮、刘子山、宋雨亭一起联名对丁敬臣讨伐。1942年底，源兴顺已改名为元兴顺，在青岛居住了40多年的徐勋臣已经79岁。这个年纪的徐勋臣，可谓阅人无数，饱经沧桑。沧口路30号的元兴顺像一棵槐花盛开的老槐树，经营范围涉及纱布、麻袋、土产、粮食。股东增加了许多年轻人，他们的年龄还没有徐勋臣在青岛居住的时间长。

放眼望去，元兴顺前后的沧口路上，依次排列着信生行、德盛当、鸿记、永信行、德昌永、协聚泰复记、聚茂永、洪生复、源茂号、顺成永、复顺栈、庆记行、复盛号、德源永、义昶永、涌茂祥、顺成永、新盛号、同立成、振兴永、万顺号、永昌号、德昶号、德聚成、聚兴号、双盛昶等新老字号。从中山路向上看过去，招牌密密匝匝，影影绰绰。

日子，表面看上去淡然无味，疼痛却又深入骨髓。

# 漂浮

1943年4月1日邹道臣在姚作宾就任青岛特别市市长的典礼上发表祝词："姚市长服官本市二十余年，丰功伟绩，有口皆碑。尤其是在社会局局长任内，平抑物价，调剂民食，抚绥闾阎，安定民生，二百万市民同蒙其利。"

太平洋战争爆发后的青岛，受当局严格监控的本地报纸已失去正常的报道功能，沦为完全的宣传品。报纸不仅在政治上成为附庸，在经济上鼓吹服务战局，对一般市民的日常行为多有干涉，对商人经营活动的各种匪夷所思的限制就更是家常便饭。有的报纸还刻意制造一些荒唐的字符，如英国的"英"字和美国的"美"字左边一律加上了一个"犭"偏旁，看似无聊可笑，实则是虚妄至极。

对大部分读者来说，一份《青岛大新民报》上能看的东西只有作家王度庐每天提供的两个香烟盒大小的武侠小说连载，一部《卧虎藏龙》也就此成为冷幽暗年度的一丝微弱的文字光亮。王度庐小说的热衷者，不乏商人。生意冷淡的时候，泡一壶茶，翻开报纸，王度庐的荡气回肠给苦涩的日子平添一些生机。

青岛沦陷之后到1942年秋天，台东镇商会、台西镇商会、沧口商会一直并存运行，分别由董品三、赵志桂、刘子儒、董云卿等主持常务。除此三会以外，胶县、即墨、城阳、金口、王台、王哥庄、辛安七个商会亦受市商会的领导。1942年4月17日市商会曾召开各区商会联络会，十个商会的会长均被通知出席。

各区商会中，尤以台西镇商会操持得有声有色，屡受瞩目。早在沦陷之初，台西镇商会就曾由刘子儒、王春圃、方百川、郭善堂和民船运输公司经理赵震东

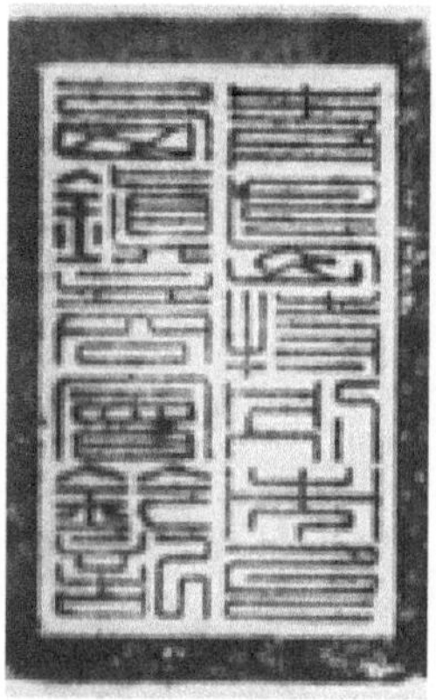

○ 青岛特别市台西镇商会印章

○ 台西镇里院

捐款154元，帮助台西镇小学117余贫困学生购办制服。[1]这一善举一时颇受各界赞赏。

1940年前后编制的一份《青岛台西镇区商务会同仁录》显示，该会会长为刘子儒，61岁，籍贯胶县，住台西纬四路28号。副会长两个：60岁的王荩臣，籍贯招远，住东平路50号；47岁的方百川，籍贯昌邑，住龙华路3号。顾问为日本人上砂平次，住掖县路8号。上砂平次同时也是市商会顾问。

台西镇区商务会的三个领头人中，刘子儒和王荩臣都算得上是前辈，在第一次日占时期就扎根青岛，经历过大风大浪，1922年青岛回归后更水涨船高，各为一方势力。比较前面两位，方百川年龄上小十多岁，属后起之秀，精力旺盛，上升势头强劲。

作为台西三路青岛肥田骨粉工厂经理，方百川之前曾充任胶济铁路丈岭站公和昶经理。与公和昶同时期的青岛商号使用“昶”字十分普遍，进入记录的就有恒源昶、德源昶、福兴昶、复昶栈、同盛昶、宏昶行盛记、义聚昶、福聚昶、德昶和、源兴昶、永昶和记、同福昶、会昶祥、日昶福、新昶号、德兴昶、仲鸿昶、德昶祥、同昶永、仁和昶、源昶隆、会昶祥、积兴昶等，令人眼花缭乱。方百川1903年前后从昌邑县前往青岛新城谋生，从最低的社会阶层摸爬滚打，逐渐

[1] 西镇小学贫苦学无力购办制服[N].青岛新民报,1938-6-12(7).

成为一个受尊敬的职业经理人和投资人，并养成了乐善好施的习性。其居住的龙华路，在20世纪40年代已形成完善的居住街区，居住着诸如苏志梁、王文涛、张宗援、吕振文这样的功成名就者，房屋错落有致，街道曲径通幽。夏天的时候，茂盛的树枝从一个个庭院花墙里窜出来，风动树摇，花影掩映。

从昌邑、丈岭、台西镇到龙华路，方百川个人命运的上升道路，不可谓不含辛茹苦，夹杂着“坎坷”“忍耐”“野心”“机遇”“抱负”“回馈”这些相互矛盾的关键词。而这些关键词的背后，则是一长串难以言说的过往。每一个细节都会令经历者刻骨铭心。

方百川打理的台西三路肥田骨粉工厂1926年3月开办，有三个自然人股东，方百川自己出资10万余元，高密人高鹤亭出资6.4万元，昌邑人韩振邦出资3.2万元。除了台西三路60号的工厂，还在惠民路设有仓库。期间，方百川控制的肥田公司为青岛粮食贩卖联合会第一大会员。这个粮食贩卖组合包括大青洋行、高桥商会、大陆洋行、丰盛义、德盛厚、长盛源、三义合等商号。

实质上，指向方百川财富聚集史的零星信息并不只公和昶和肥田骨粉工厂。在1935年的一条电话登记中，一家叫精良面粉公司的工厂主记录牵扯到方百川，该公司的地址是海关后邱县路78号。无独有偶，1916年9月日本人秋田寅之助曾在同一个地址开办青岛制粉株式会社，1918年1月实现投产，日产鹿头牌面粉3500袋。而1925年的《青岛工业经济概况》也记录了青岛有三家面粉厂，华商投资两家，一家是辽宁路的恒兴面粉公司，一家是大港一路的双蚨面粉股份有限公司，“此外尚有一家系中日合办，厂设郯县路，规模亦不小”[1]。查青岛并无郯县路，疑为邱县路的误记。秋田寅之助与方百川之间的联系颇耐人寻味。

1942年9月10日下午，一场绵绵秋雨之中，台西镇商会副会长方百川去山东路6号访问了青岛大新民报社，与新任寒暄，这似乎是其以台西镇商会副会长身份进行的最后活动。十几天后，为“为适应紧急物价对策”，当局决定合并市内三商会，组建新的青岛特别市商会。[2]旋即，青岛商会以会长邹道臣的名义命令青岛、台东镇、台西镇三商会职员一律停职，另侯任用。不在兼并之列的沧口商

[1] 青岛档案馆馆藏档案[A].1888(1).

[2] 市商会二十二日成立[N].青岛新民报,1942-9-21(2).

会，则趁机以“房舍狭小，不敷应用”为由，搬到了沧口大马路北头更宽敞的房屋里办公。

一场猝不及防的兼并过去，方百川似乎没什么损失。在9月22日成立的青岛特别市商会中，其成为四个常务董事之一，在商界的曝光率不亚于从前。

1942年秋天方百川访问大新民报社的时候，山东路对面的福禄寿电影院刚刚换上了一个叫杨硕仪的新经理，并以一部新影片《她的秘密》作为见面礼，一时引来大批观众，导致人满为患。[1]

伴随着全国抗战进入僵持阶段，日本对控制区的物资生产与调配需要明显增多，因此不断强化控制。1942年8月组建的青岛特别组合员总会，汇集了华商输出入组合以及中日混编的菜果组合、水产组合、邮政储蓄组合、烟卷配给组合、水产统制组合、洋纸小卖商组合、砂糖批发商组合、木材业组合、胶皮制品及电器制品组合、烧酒业配给组合等诸多成员，以便对不同行业进行整体性调度。

文献显示，青岛特别市商会深度参与了商业组合的组织。如砂糖批发商组合组建时，商会就推荐过一个华商发起人名单，包括山西路万顺昌姜顺如、北京路源顺德赵云五、河南路福聚隆张献廷、大沽路福昌信史希尧、河南路德钜东姜吉甫、博山路义德栈王寿臣。其中潍县籍的王寿臣，1911年进入青岛，1916年参与义德栈经营，从事土产杂货、棉纱运输业务，是1931年3月青岛总商会改称青岛市商会后的第一届委员之一。1934年10月王寿臣与其他商会成员一起参与了鄂、浙、湘、赣、皖等省赈灾会的赈灾事务。1942年的一份纱布业公会会员登记表显示，其是年61岁。在战争时期，砂糖是紧缺物资，砂糖批发商组合的重要性不言而喻。

关心糖的并不止砂糖批发商组合。

建立商业组合这些临时性措施存在机构重叠的弊端，很快就引发了矛盾。1942年10月，食物业同业公会因果子业组合与其相抵触，申请商会制止果子业组合并转请社会局取消。而食物业公会与果子业组合发生争端的核心是对配给糖数量的分配权的争夺。说到底，这些争端的根源还是似曾相识的利益之争。骡子换成了马面，终究还是骡子。

[1] 福禄寿影院昨日开幕[N].青岛大新民报,1942-9-16(3).

作为组合的衍生，青岛金融组合在1943年初春孵化出来一个青岛实业银行，设在奉天路224号原金融组合的办公地址，并由前金融组合董事长盐田正长担任行长。[1]盐田氏作为20世纪10年代移居青岛的老一代日本侨民，曾在1922年青岛回归后出任过中日合资的胶澳电气股份有限公司的股东，浸染青岛金融业甚久，是一个地道的青岛通。不过，在1943年战时经济形势日趋恶化的青岛，不论是新生的青岛实业银行，还是老迈的盐田正长，都不可能有所作为。一块阳光下暴露着的新牌子，在日侨聚居区未见喧哗就偃旗息鼓了。

与华商商会合并、重组同时，日本青岛商工会议所、商业组合、工业组合及输入配给组合等组成治安强化经济协力委员会。安藤荣次郎为委员长，武藤武工、宇田川贤二郎为副委员长。倾全市之力拼凑的战时经济框架勉强搭就。

树欲静而风不止，伴随着伪华北政务委员会内部的明争暗斗，赵琪逐渐失势，最终不得不交出青岛市市长的权力，前社会局局长姚作宾得以上位。1943年4月1日，李德顺、方百川、邹道臣、杨玉廷出席了姚作宾就任伪青岛特别市市长的庆典。邹道臣现场发表了祝词，对姚氏极尽吹捧：称其“服官本市二十余年，丰功伟绩，有口皆碑。尤其是在社会局局长任内，平抑物价，调剂民食，抚绥闾阎，安定民生，二百万市民同蒙其利；今又继赵市长之任，总绾市政，将来造福全市，为颂无量”[2]。

姚作宾接任市长之后，青岛春雨绵绵，姚作宾遂以“甘霖透地”为由，驰电伪华北政务委员会委员长朱深感恩。这一场配合默契的表演很快成为过眼云烟。邹道臣期待姚氏“造福全市”，注定是一项不可能完成的任务。这一点，捧臭脚的邹道臣知道，装糊涂的姚作宾也知道。

揣着明白装糊涂的不止姚作宾一个。

人心惶惶之时，卑躬屈膝的献媚者却登堂入室了。寒气逼人的1944年1月8日，当姚作宾的伪青岛特别市政府正组织人力穿梭在大街小巷粘贴宣传标语的时候，一个本地营造行当的资深商人，做了一个出人意料的举动。当天，在自己80岁寿辰之际，建筑同业公会会长赵百川主动向当局提出献金二万二千元，在一一

[1] 青岛实业银行开始营业[N].青岛大新民报,1943-4-4(2).

[2] 姚市长昨日就职[N].青岛大新民报,1943-4-2(2).

登门拜访军政警宪等要害机关之后，其得到了姚作宾的接见。从中穿针引线的《青岛大新民报》如获至宝，立刻大肆宣传，称其封翁杖朝之年“义举热诚，良堪敬佩”。[1]北风凛凛之中，赵百川颤颤巍巍的身影与街头各种“参战周年纪念”口号相互衬托，将一幅荒谬的输诚图像涂抹得寒冷至极。

孤零零的赵百川像一片落叶，竭力想与另外的败叶缠绕在一起，以燃烧成一团火。其试图让自己炭火中的残年，以倒行逆施的方式不被遗忘。这一点，他做到了。

○ 1941年1月大鲍岛街头的年画摊

[1] 赵百川献金[N].青岛大新民报,1944-1-9(3).

# 荆棘丛生的海岸线

1944年5月5日《青岛大新民报》刊登的《居民证指纹捺印务求清晰》中写道："青岛各警察分局要求在办理居民证时，捺印清晰指纹，以保护善良之本旨。"

1935年1月5日，上海《新生周刊》曾刊登了一篇旅行记录，作者眼看着恍若天上人间的城市风景，忍不住发出一番感慨："到了青岛什么也两样，这里真是天下太平另一世界。一座座的洋楼像雨后春笋建造起来，几天不出校门，山坡间改了模样，多精美的一座呵，青岛真不愧为中国有钱的地方，炎热有海水浴场，烦闷有海滨散步，人间的享乐确是应有尽有。我从哀鸿遍野的江南虽然到了这人间胜地，但是心中始终是不定的起伏，大自然给人们只是些些的留恋，深一步地推考，青岛永远是没有灵魂！"[1]

这是一句狠话，却无的放矢。有没有灵魂，停留在青岛的大多数人真不怎么想。但日子过得舒服不舒服，街道干净不干净，饭食可口不可口，房子宽敞不宽敞，生意景气不景气，倒是天天有人念叨。

住在无棣一路一栋独立楼房的梁佐周，其在20世纪40年代早期面临的一系列拓展选择，从一开始就荆棘丛生。

梁佐周籍贯莒县，与早年移住青岛的济南电灯房始创者庄式如是同乡。但大部分在青岛谋生的莒县移民，却没有庄式如一般的好运，多贫困交加，生活境遇苦不堪言。如50岁上下的莒县城东店子集苦力楚庆伦逃难到青，患羊毛疹不治，

[1] 陆新球．从江南到青岛[J]．新生周刊，1935，1(48)．

1928年5月18日在邹县路太平里病故，无钱埋葬，次日其弟楚廉伦和乡亲只好乞求青岛总商会发放棺木，以了后事。类似的情形在下层移民中并不罕见。每逢危难时刻，商会的善举就如同雪中送炭。

梁佐周的命运显然好过同乡楚庆伦兄弟许多。其1920年前后进入青岛，时值青岛主权交替，机会与风险并存，孕育野心的土壤丰厚。20岁上下的梁佐周几经努力，事业渐成，1941年投资两万元，独资成立陆丰号，雇用了六名伙计，经营杂粮及粗细杂货。1938年初青岛沦陷，陆丰号的生长期与沦陷后日本主导的战时经济演变大部分吻合，期间各种逆城市化的禁锢措施频生，华资工商业举步维艰。

截至1941年底的统计显示，青岛辖区人口586421人，其中主要职业构成为，工业108417人，商业90525人，交通13994人，公务员11058人，自由职业16577人，人事服务35537人，无业者95689人。[1]不到一年后的1942年8月，当局新统计的人口已达663326人，其中中国人622214人，外侨41112人。[2]而这时，当局最卖力的动作放在了取缔短波收音机、监督民众团体等限制行为上。

各种商业经济组织之中，自愿成为活跃者的华商不乏其人。1943年7月，一份《东亚经济恳谈会华北青岛本部地方委员会分会职员名簿》显示，委员长邹道臣之下，华商骨干包括王芗斋、李淑周、乔智金、杨玉廷、时品三、王寿山、邹升三、董品三、顾少山、方百川、王荩臣、王佐臣。对梁佐周来说，这些依次被委任为常务委员和委员的华商，通过身份交换而获得的商业利益诱惑性极大。

放眼望去，光怪陆离商界并不乏野心勃勃的茁壮者，诸如1943年11月印刷同业公会会长李少溪因“宿疾复发”辞职这样的消息，并不能吸引多少注意力。不过，李少溪留下的空缺却给了同德印刷局经理孙德山机会，其随即以印刷同业公会常务董事的身份继任会长，并在其后几年崭露头角。

是年43岁的孙德山来自高密，与青岛客栈业的前辈钟瑞卿同乡。台西镇范县路上的同德印刷局似刚刚由德民印刷局改组，股东包括业界翘楚班鹏志，后者在1922年青岛回归期间策划了摄影图片集《接收青岛纪念写真》，并在次年编辑出

[1] 本市人口职业[N].青岛大新民报,1942-1-15(3).

[2] 本市八月份户口统计[N].青岛大新民报,1942-9-20(3).

版，成为一个里程碑式的经典历史记录。班鹏志1900年出生于掖县，自幼生长在青岛，青年时代在一家日本报馆学习过摄影和制版，这使他成为熟悉制版工艺的本土第一人。青岛回归后，班鹏志在李村路开办了光华制版社，专事铜锌照相版制作，其后参资印刷局，就打通了行业上、下游，彼此互通有无。20世纪40年代中期，这个比孙德山大三岁的掖县人，居住在热河路下边的无棣路10号，与梁佐周一路之隔。

在1943年的凄风苦雨之中，诸如梁佐周、孙德山、班鹏志这些不甘寂寞的商人，不论性格、籍贯、行业、技能与财富背景多么不同，可能的选择路径却几乎一致。

梁佐周陆丰号的上升途经只有与占领者合作这一条路可走。1943年7月陆丰号由赵殖民出面，经商会会长邹道臣推荐，加入青岛地区洋纸小卖商组合，显现出营业扩张的轨迹。该组合的时任理事长是日本人丸谷正雄，副理事长为福聚隆号张献廷，理事则包括万顺昌号马维周、信泰仁号张子真、义德栈号王寿臣。陆丰号的这份申请得到了日本驻青岛总领事喜多长雄的批准。这为梁佐周与陆丰号的末路埋下危险的种子。

与陆丰号一同申请加入洋纸小卖商组合的还有河南路66号的同聚号。该号37岁的经理隋敬舆是出生在青岛的文登人，代表敬记、清记、良记三个文登籍大股东，另外三个股东分别是即墨璋记代表李奉璋、文登裕记代表孙子宽、蓬莱臣记代表王少臣，合计资本金20万。同聚号的生意土洋兼顾，包括杂货、海产、土产、杂粮、工业药品、自行车零件、麻袋、砂糖、洋纸、丝布等，营业范围和种类不可谓不广，16个雇工忙前忙后。

1943年7月陆丰号与同聚号加入洋纸小卖商组合四个月后，一场逆城市化的收回电话运动在全市展开。青岛中央电话局给出的奉行理由是“增强战事需要”。主导方希望供出的电话有三类：不常用之电话；有两个以上，一个亦足使用之电话；为体面装饰上所设之电话、需要处置的情形则包括电话加入者与使用人不相符之电话，数个月以上未缴纳电话费者、未经许可自行装设者。同时，如有以电话作利敌行为或违反国策行为者，发现时决予以严重处罚。为保证收回电话运动顺利执行，电话局对收回的电话付给450元补偿金，并返还保证金，免收撤出工事费。

聊城路在20世纪40年代繁荣一时，中日商店鳞次栉比

大声喧哗的收回运动效果如何，不得而知，其透露出的颓废信息却足以令敏感的工商界惶恐不安。而同一时期，为服从“战事需要”而出台的各种逆城市化政策并非一二。至少到1944年夏天，华北沦陷区对居民电话使用的控制不仅没有放松，反而愈演愈烈。采取的措施包括，除了公益性质，绝不允许电话随意转移。[1]与此同时，青岛各警察分局开始要求居民在办理居民证时，捺印清晰指纹，“以保护善良之本旨”。[2]

梁佐周与他的陆丰号经历了青岛沦陷末期的各种光怪陆离，这其中包括沸沸扬扬的信隆行经理乔智金之死。1944年3月27日，邹道臣转函商会常务董事乔智金，约定3月29日在河南路蓬莱阁设宴送丰田副经理。蓬莱阁宴后数日，乔智金被青岛保安队辛成清等劫持到山东头村枪杀，蓬莱阁的一顿饭成了蓬莱人邹道臣送给乔智金的最后晚餐。

4月7日，商会公告为乔智金的“急逝”举行会葬。当天出版的《青岛大新民报》刊登消息称：“青岛市商会常务董事兼专务董事乔智金氏，于四月四日午刻急逝，各界好友闻讯，莫不同声哀悼，市商会特组织治丧委员会举行会葬，定于本月十日午前九时在太平官殡仪馆开吊，正午十二时发引。”[3]

37岁的乔智金是旅顺人，1936年移居青岛，住龙口路23号，中国崂山烟草公

[1] 不急需电话者决不许其随意转移[N].青岛大新民报,1944-5-2(2).

[2] 居民证指纹捺印务求清晰[N].青岛大新民报,1944-5-5(2).

[3] 市商会董事乔智金逝世[N].青岛大新民报,1944-4-7(2).

司常务董事。其参与经营的信隆行荣记1940年开业，地址山东路46号，合伙股东崔岱东、刘明东、崔希桓三个人都来自胶东牟平。信隆行主要经营纱布、土产杂货的进出口业务，兼营运输代理，相继加入输出入组合、棉布公会、纤维组合、杂货公会，雇用十人。1942年10月，乔智金与王正平获准出任青岛商会专任董事。

1944年4月4日乔智金之死是盘踞崂山的国民政府青岛保安队的一次警告行动，以形成震慑。

乔智金死去前后，在台西镇汶上路裕后里，一老一小两个潍县人在借古喻今。老的是田泮生，56岁；小的是高小岩，25岁。先是田泮生撰联，曰“李少卿德尚报汉，鲁仲连义不帝秦”，高小岩随后篆书“泮生表祖大人雅命，甲申孟春愚再侄高熤”。田氏上、下联各用一典。李陵，字少卿，西汉名将李广之孙，率军与匈奴大战，兵败陷敌，忍辱苟活终不忘汉，事见《汉书·李陵传》。下联取齐国高士鲁仲连义不帝秦典，事见《史记·鲁仲连邹阳列传》。

田泮生算得上一个亦文亦商的人物。其名芹睿，字泮生，以字行世，别署伍禅居士、向风阁主人、明代屯民，晚号晚云居。1888年田氏生于潍县南门里，与山东路新盛泰的创始人胡秀章同庚，但经历、趣味和事业方向却大不相同。田氏幼入私塾，为清季增生，在济南相继入读省立高等学堂和省立法政专门学堂。其毕业后曾执长潍县继志高等学堂，后再赴省垣，先后出任《大民主报》主笔、山东总商会坐办、新泰协记煤矿总经理，并兼业律师近30年。七七事变后田氏因避敌归里不靖，遂迁居青岛，寓汶上路3号裕后里，任教市立女中以为生计，课余则以诗文翰墨自娱。年轻的高小岩和田泮生的门生赫保真，以及一家报纸的主笔王效古，都曾寄足裕后里凹寓多年。

两个舞文弄墨者，一联一篆，看似漫不经心，实则用心良苦。经过了多年忍辱负重的煎熬，包括田泮生在内的许多人对山海重光的苦望已无法用语言形容。而在这一点上，靠做皮鞋起家的商人胡秀章也大差不差。两个饱经风雨的同龄人，被困顿在同一个城市中，依次看山海沦丧，悲情、寂寞与焦虑无以复加。

1944年春末，青岛铁匠炉业公会会长刘文章因远走他乡，遂提出辞职，但接下来继任者的问题却十分棘手，令其措手不及。刘氏几次召集开会，可会员和职员都不来，会开不成，刘文章人就走不了。无奈，他只好求助商会，请求指令一位常务董事暂时主持会务，以便脱身。如此这般的咄咄怪事，在1944年的青岛已屡见不鲜，不足为奇，也算是商界一大风景了。

各公会本由众会员组成，代表会员利益，会员不配合、不买账，公会就成了摆设，没人把你当回事。个中原因说不说出来，各方其实都心知肚明。

1944年6月14日，在青岛各商家困扰于营业税增加的当口，伪南京政府的头号人物汪精卫颁布命令，表彰青岛学院日籍院长吉利平次郎。当天下午，表彰典礼在台西镇单县路66号青岛学院举行。汪精卫表彰日本人吉利平次郎的理由是，其自1916年侨居青岛，服务教育文化历时30年。不料，汪氏颁奖令的一息墨香尚存，其本人却在11月10日一命呜呼。在日本名古屋医院死去的汪精卫，立刻引发各种传言。青岛本地的商民住户随后被要求下半旗哀悼，并停止娱乐及宴会三天。青岛的皇宫剧院、福禄寿电影院、东洋剧场、中和剧场、天成剧场等娱乐场所11月14日至15日停演两日。而青岛影画剧场、国际剧场、大洋剧场则照常开放。与此同时，恭亲王溥伟的遗著《青岛战事闻见录》，11月15日以锡晋斋主人的名义在南京《同声》杂志第4卷第3期发表，详细记录了其在1914年日德青岛之战期间的亲身经历。《同声》编者在刊登这一稀缺文献的同时，特别说明该笔记为1943年编者北行时在万寿山溥心畬处获得，以示可信。

加入青岛地区洋纸小卖商组合一年后，陆丰号改头换面。1944年7月，青岛商会批准陆丰号变更为陆丰商行，并改迁平原路12号新址，电话25092。7月13日，商会会长邹道臣就此向青岛地区洋纸小卖商组合理事长丸谷正雄进行了通报。在有限的资料拼接中，这成为关于梁佐周与陆丰号的最后信息。可以肯定的是，完成了从陆丰号到陆丰商行的转换后，莒县移民梁佐周已没有足够的时间再上高楼。他运气已经用尽，上升势头濒临尾声。

1944年的秋后，注定是一个令人难忘的寒冷季节。从1944年10月开始，当局严令一切运入青岛的水产品均由水产组合统制买卖，不得私行交易。[1]这无疑让许多未加入组合的鱼行雪上加霜，而两年前曾以一出《六月雪》取悦会员的鱼行公会则形同虚设。一声令下，大半个莘县路心惊肉跳，多少鱼行老板站在空落落的柜台前欲哭无泪。强劲的西北风刮到小港码头上，滴水成冰。

---

[1] 运入青市水产物由水产组合统制买卖[N].青岛大新民报,1944-10-19(2).

鱼行老板的欲哭无泪，仅仅是华商卑微境遇的一个侧面。更大面积的冰窟窿正不断扩大，直到让一个城市深陷其中。青岛似一条奄奄一息的鲸鱼，已没有气力乘风破浪。看着远去的风帆，唯徒然慨叹。从1899年、1914年到1922年、1944年，几十年过去，经历过德国租借地、日德青岛之战、日本占领、青岛回归的老一代商人，如胡存约、傅炳昭、朱子兴、周宝山、丁敬臣、古成章、刘子山、李涟溪，或已灰飞烟灭，或则行将就木。而头号叛国者汪精卫之死，在冥冥之中预示着一个幽暗、挣扎的年代即将终结。

但是，在终结到来之前，饭不能不吃，生意也不能不做。在1944年冬天的北京路和海泊路上，日照人侯善亭开设的两家亨大布鞋店依旧开门纳客，买卖不温不火。这一年，侯善亭48岁，已经在青岛生活了35年。他居住的台西纬五路周围，聚集了成千上万的日照同乡。

这些住在台西镇的日照人，贫富差距显著。

# 奄奄一息

1945年5月23日青岛商会奉政府第1419号训令公告会员："本市区因水源不畅，发生水荒多日，市民用水倍感困难。夏季瞬将届临，用水益多，势必匮乏，此实本市当前急务。"

作为一个需要不断吐故纳新的容器，尤其是一个以商品流通为原动力的贸易口岸，城市功能的单向性收缩、参与者亲和性的疏离，以及人员流动的无目的停滞，意味着上升性的丧失。这些不可调和的矛盾，在连唾手可得的水产品都不能自由交易的青岛已经暴露无遗。麻木、流言和无所事事的惶恐慢慢在社会的各个阶层形成创伤，并渗透到无数家庭与个人身上。

进入1945年，几个本地文人各不相同的行踪痕迹，在夕阳西下死水微澜一般的城市中隐约透露出一丝微妙的变化。

2月1日，年轻的中学美术教员陈大羽离开青岛赴北平，前辈文人孟方陆到火车站送行。孟氏当天在《放庐日记》中写道："一日辛丑晨阴，午后晴。摄氏表在零度。到车站送陈大羽去北平，访蔡小萁、郑爰居。今日为旧历十二月十九日，大北风。"年关将近，天寒地冻，青岛火车站钟楼下的这一次分别，像一次断舍离。对祖籍广东潮阳的陈大羽来说，这次远行意味着与已经断断续续生活了10年的城市完成切割。1935年陈大羽从上海美术专科学校毕业后，他就随家人在青岛生活，先后任教崇德、圣功、文德三个教会中学。自20世纪30年代末到20世纪40年代初，在寂寞的日子里，孟方陆与这个小自己近30岁的年轻人成为忘年交，惺惺相惜，来往密切。

站立在凛凛寒风中的孟方陆正在老去。他孤独的身影在不断摇晃的树枝下异常孱弱。孟方陆1883年出生在山东诸城，清朝邑庠生，喜汉隶，藏拓甚富。其习张迁碑参以礼器、史晨，谨严古茂，并精制印，胎息秦汉，略师南阜、昌硕。1921年孟方陆联同邑中同好竭力搜访琅玡秦碑，由片段而成完璧，另石跋尾纪其事。孟氏著有《放庐印存》《汉印字类纂》《汉印分韵》《放庐诗稿》，在学术与创作上均有独到建树。与陈大羽同为中学教员的刘少文，曾有律诗《喜遇孟方陆》云："不尽乱离苦，相逢疑隔生。况当衰老日，尤见故人情。山海犹前度，莺花空旧盟。诗肠应突兀，逆旅且同庚。"同一境遇下的感同身受，不言而喻。就此一别，孟方陆、刘少文与陈大羽已永无重逢的机会。

也有人把细嫩的手伸进了一副厚厚的棉手套里。被认为"口才颇建"的林纾之女林瑚，2月份出任青岛第一女子中学校长。[1]其父林纾出生在福建闽县，曾任京师大学堂讲师，是近代中国最重要的文学翻译家之一，也是小仲马《巴黎茶花女遗事》、笛福《鲁滨孙漂流记》的最早中文译者。早在1914年日德青岛之战爆发之前，林纾就把三子林璐送到青岛特别高等学堂读书。自1913年2月开始，父子两地书信来往超过一年，林纾的叮嘱、教诲、询问就多达35封。30年后，林家与青岛的新一次瓜葛在农历乙酉新年结成连理。而这究竟是福是祸，并没有人确切知道。

3月11日，乙酉正月二十七日，饱读诗书的王杏东晚雨不寐，读半塘稿，填词。在隔壁邻居滴滴答答的窗台上，或许还放着王度庐《青岛大新民报》连载小说《紫电青霜录》的剪报。不论是对学人王杏东来说，还是对武侠作家王度庐来说，如此百无聊赖的况遇都不鲜见。不过，正月下雨，却不多见。

差不多同一时间，新文学的早期参与者王统照，也化名自上海返回青岛。归前好友唐弢等为其饯行，席间赋诗："蹉跎十年负江南，双鬓徒赢雪色添！梦寐海隅思钓咏，园林故里竞戈铤。飘凌空有逍遥羡，艰悴深知来复缘。敢向人天存怨想，尚拟努力补华年。"与青岛久别重逢，王统照却无法像战前一般呼朋唤友，他默不作声地隐居在齐东路，静观局势变化。

些许的变化其实已经显现出征兆。

1945年伊始，邹道臣的公开信息突然开始难以寻觅。

---

[1] 青岛女一中通讯[J].中华周刊,1945,2(11).

1945年1月23日，中日水产统制组合在青岛俱乐部召开理事会，之前该组合理事长姚作宾与副理事长中山一清联合邀请邹道臣参加，但在最后一刻，出席者换成了商会的孙姓总务科科长。这中间发生了什么，文献线索并不清晰。不过，邹道臣的缺席让其输诚表演的最后一幕失去了戏剧性的结尾。

证实邹道臣"失踪"的另一条信息出现在一个月后。1945年2月22日，青岛特别市商会电复北京华北商会联合协议会，鉴于会长"因公外出"，不能出席华北商会于2月28日召开的会议。之前在1944年3月17日，邹道臣与华北13城市商会会长一起被"推举"为华北商会联合协议会董事。不论是顶头上司姚作宾，还是华北商会，邹道臣都得罪不起，如不是"不可抗拒"的原因，其断然不敢无故缺席。如此一看，青岛商会又一次群龙无首的变局基本可以确认。

之后几个月，作为主持商会机构运转的替代者，已近花甲之年的谦祥益经理时品三，频频亮相在城市最幽暗的时刻。1945年3月22日，时品三正式出任商会会长。4月中旬，包括中外兴信所青岛本部部长吕锡智在内的各界头面人物，开始以极其浮夸的口吻祝贺"商界宿老"时品三就职市商会会长。

○ 青岛市区东南湛山一带海岸线风景

时品三的“临危不惧”似乎事出有因，这在一年后让其经历了一场“有惊无险”的牢狱之灾，并引发了商人群体的联合声援。但受到流亡崂山的青岛市政府秘书长李先良暗中指派主持商会这件事，在局势未明朗之前，双方的当事人自然都不会公开。

接下来几个月，时品三的角色扮相有板有眼。

1945年6月12日，商会以会长时品三的名义，为新入职的交际员李秀生、科员殷文汀、办事员赵宇培核定了薪金。李秀生每月支给津贴2400元，殷文汀每月支给科员第11级薪270元加津贴等若干，赵宇培每月支给办事员第9级薪200元加津贴等若干。

伪商会在消亡前最后几个月的活动记录，包括其号召会员“大量凿井解决水荒”一项。1945年5月23日，商会奉市政府第1419号训令公告会员：“本市区因水源不畅，发生水荒多日，市民用水倍感困难。夏季瞬将届临，用水益多，势必匮乏，此实本市当前急务。若不从速设法补救，影响民生基础。本府关心民瘼饥溺为怀，兹拟大量凿井解决水荒。经召集市商会干部人员与各区长商讨决定六项办法，令仰抄发该会遵照，通知各公共团体体念民艰，协力推行，尽量凿井。关于既有公共水井可供公用者，由公共团体设法修理提供公用，如实行有困难时，由公家补助。关于私有水井，由公共团体设法征用；如需补助费时，亦由公共团体设法筹划；如团体办理困难时，再由公家补助。用资补救而维民生，仰克遵办具报。”凿井解决水荒的六项办法分为三类。

一、关于增加水井眼数，俾资供给大量饮水办法。由政府令各区公所转饬各坊由人民自动筹资凿井，每坊至少以眼为标准。如选完造井地点后在官公地内，应由公家无偿拨给，由政府令饬警察局或市商会通知各公共团体尽量凿井解决水荒。

二、关于既有官公水井及私有水井解决公用办法。既有官井由政府调查明确修理完毕，全数提供公用。既有公共水井应由公共团体设法修理提供公用，如实行有障碍时，由公家补助。私有水井可供公用者，由公共团体先行设法征用；如需补助费时，亦由公共团体设法筹划；如团体办理困难时，再由公家补助。

三、关于凿井运动宣传唤起市民之注。由政府令饬宣传处作凿井运动宣传或由本府布告市民，提倡凿井以解水荒。[1]

1945年5月15日，商会就各公会合组俱乐部事宜召开了一次专门会议，并组成了筹备委员会。5月15日，商会举行区会联席会议，签到簿上的名字依次为王信肇、闫毓贤、吴新民（徐立任代）、徐树年、董品三、孙香圃、宋和贵、刘瑞麟、邹子綍、时品三、王正平、马维周、马华堂、张画艇。6月1日，由时品三担任首席干事的青岛市公益捐款联合办事处聘任了五个分处主任，市南区为李静波，市北区为刘瑞麟，海西区为关毓贤，台东区为宋和贵，台西区为徐树年。

5月15日会议的部分出席者与6月1日时品三聘任的五个分处主任高度重合，以此大致可以判断当时主持各区域公共事务的人员状况。有趣的是，三个月后的9月14日，时品三同样以商会会长的身份，延聘了李静波、刘玉书、徐树年、宋和贵、关毓贤为襄助商会办理慰劳国军捐款事宜的负责人。这时，日本业已投降近一个月，国民政府新任命的青岛市市长李先良，刚刚率领着青岛保安总队从崂山进入市区。时品三等人要“慰劳”的是这个城市新的主宰者。

一黑一白的角色转换瞬间完成，唯内心的张皇失措被隐藏在一道不可挑破的屏障后面，无法示人。夜深人静的时候，激烈的惶恐会像潮水一般淹没过来，压迫着心脏，令人窒息。但即便是这个时候，手持尚方宝剑的时品三还没意识到一场危险的逼近。

1945年6月20日，商会代表参加了水产统制组合为职员华方起在天后宫举行的追悼会，这似是这个傀儡机构最后的公开亮相。但涉及旧商会的档案显示，一直到1945年10月其仍在运转。10月11日，以会长时品三名义下达的委任令委任了商会交际员刘紫东、秘书蒋恩波。而十天之后，关于核定蒋恩波秘书薪金的另外一份文件，代表商会的签署人已变成代理会长马维周。

1945年夏天，商会最后收发的一批事务性文件中有胶海关监督公署的一份迁址通知。该公函显示，胶海关监督公署将在7月29日迁往莒县路2号办公。沿观海山坡地斜向下来的莒县路在姚作宾所在办公大楼的西南一侧，连通湖南路与广西路，像一柄极具象征意味的达摩克利斯之剑。冥冥之中，这仿佛是对“勿忘在莒”的一次唤醒。

[1] 青岛档案馆馆藏档案[A].1109(3).

莒县路2号之所以被惦记，是因为1922年青岛回归后这里曾经是胶澳商埠公立图书馆及市立图书馆的所在地，设有图书、报纸和期刊公共阅览室，每天对市民免费开放。青岛沦陷后，这里的用途被多次改变，1938年伪治安维持会在这临时成立一个思想驯化机构，伪复兴委员会也曾在这办公。从1939年4月开始，这里成为日本占领军今村部队宣抚班事务所，同期海务局也在此办公。之后市立图书馆原地恢复，并于1944年4月起与新成立的中医研究会共同使用莒县路2号大楼，直到1945年7月胶海关监督公署的搬迁令下达。

但这一决定很快就被一记降临在日本本土的重拳变成一张废纸。

看上去猝不及防，其实早有预兆。1945年夏天，在青岛一如既往的清爽海风的吹拂下，不论商会的头脑，还是街头巷尾的各业商人，也不论战前的老居民，还是新近移入者，透过看似平常的外表，都能够隐约感受到死亡气息的弥漫。放眼望去，一个寂寥的城市对新生的渴望已不可抑制。许多人开始相信，时间已经向重庆方面倾斜，而不是相反。

几十公里外的城市东部，一些人也在准备应对变化。1945年7月，在崂山坚持抗战的国民政府青岛保安总队队长李先良，命人在太清宫殿后石壁上题刻“山海重光”四个字。李先良稍后自述：“当时看到世界大战趋势，知道敌人必然失败，却是不能预计何时来临，事情凑巧的就在那四个宽长都有一丈的字，叮叮咚咚地刊凿竟月，到八月十五日那天上午，负责监工的葛秘书焕斗对我说道，今天刊石完工，如果今天能够得到胜利，那就妙了。谁知道当天晚上收听中央社广播的消息，日本果然投降，此种离奇巧合的事情当时使我们格外的兴奋。”[1]三天后的8月18日，人在重庆的沈鸿烈辞去了青岛市市长兼职，旋由秘书长李先良继任。这为国民政府在第一时间接收青岛做好了准备。

从陪都重庆到青岛海滨，一个新的时间轴在众声喧哗之中拉开缭乱的帷幕。聚光灯下面，各色人等粉墨登场。

---

[1] 李先良．抗战回忆录[M]．青岛：乾坤出版社，1948.

○ 层峦叠嶂的崂山腹地

○ 1939年，聊城路、夏津路光喜洋行广告

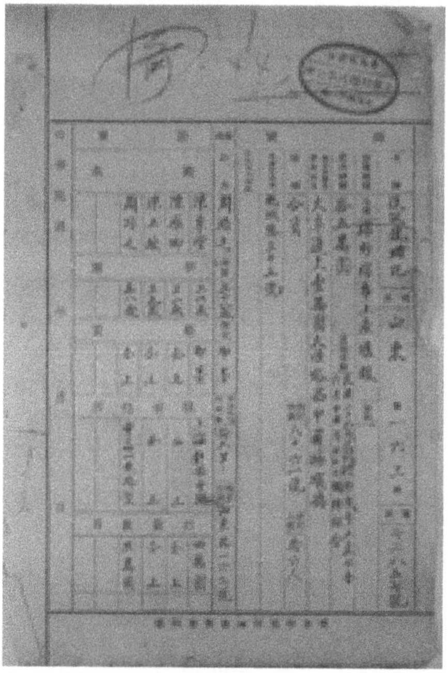

○ 土产行栈同业公会图章

# 第十二章
# 时气

# 魔幻现实

1946年7月29日久华织染厂致染织工业同业公会函："近来工友任意怠工，减低工作，自由行动，违反厂规，最近则更变本加厉，随便外出，无故停止工作。各厂方稍加质问，即以奉到产业工会命令为对，虽百方劝解终归无效。"

1945年9月13日，李先良率保安总队进入青岛市区。这个场面令其感慨万千："当我见到沿途满列着男女老幼同胞和一队队的学生鼓掌、欢呼、跳跃、摇舞着国旗，年老的父老在楼上招手，充满着热烈的情绪，实在难以形容，我为这样的真诚激动，感动得流泪，想跳出车子，和每一个人握手！同时也看见爱国的同胞有不少含着泪热忱表示欢迎胜利的来临，而当时我是最初接触的胜利代表。当我从杏村驶经台东镇、江苏路、莱阳路而到山海关路时，分别八年后的旧地重临，分别八年后的父老兄弟姊妹重见，真是悲喜交集、感慨万千，这空前盛大的欢迎永远不会忘掉。我与锦绣美丽的青岛是时已发生了十三年共安危的历史，我与崂山里诚朴的市民已经过了八年共生死的患难，今后如何为青岛全市人民努力服务，这是以进市内起永远要惕励自己！"[1]

李先良和保安总队入城之前，鱼行公会理事长唐星北以举家迁居济南为由提出辞职。鱼行公会再三挽留未获成功，遂在9月5日开会，推选张伟卿代理。当鱼行公会专门就此事向商会呈报备案的时候，李先良已入城三日。唐星北是邹县人，1941年在小港沿路11号开办同兴盐公店并担任经理。唐星北的登记住址为莱阳路45号。以保安总队入城为预备式，接下来的日子，莱阳路沿海一线将被不同

[1] 李先良.抗战回忆录[M].青岛：乾坤出版社,1948.

番号、不同国家的军人充斥。

美军随后蜂拥而至。10月10日中午，美国海军航空队三个大队的110架飞机着陆沧口机场。次日，美国海军陆战队第六师司令谢勃尔少将率2.7万名美军由关岛抵青登陆。一时间，青岛的各个角落到处都是美国兵的身影，酒吧舞台顷刻人满为患。

历史很快就走到了一个新的转折点。

10月25日，青岛日军投降仪式在汇泉跑马场举行。按照国民政府受降公告，青岛地区为第十受降区，受降长官为第十一战区副司令李延年中将。然而当10月20日李延年飞赴青岛准备主持受降仪式时，已率部登陆青岛的谢勃尔突然宣布，由其代表中国战区最高统帅蒋介石主持受降仪式，遂命令日本驻军司令官向其投降，李延年只好改派军政部特派员陈宝仓中将代其参加仪式。当日出版的《青岛公报》载："青岛地区受降典礼，已由盟、我双方布置就绪，定今（二十五日）上午十一时（陪都时间十时）假汇泉跑马场隆重举行。奉中国战区最高统帅蒋委员长命令，由美海军陆战队第六师谢勃尔少将司令及我方代表军政部特派员陈宝仓中将主持，并有陆军总司令部李少将振汉、岳少将制量、第十一战区副司令官前进指挥所驻青办事处唐处长君尧、海军余少将振兴、粮制特派员张少将进菁及黄少将仁霖等参加。盟国代表人员为劳克少将、麦克昆上校、劳德上校、威廉中校以及阿当中校，盟国海军陆战队第六师将兵全体参加担任警备，至于日方则由青岛日军司令长长野荣二为投降代表。此外，我国方面被邀参加之各党政治领袖均于上午八时在市府集合……"受降仪式当天，青岛市市长李先良、国民党市党部主任葛覃及政府各局长亦出席。中方记者团十余人及美联社、芝加哥论坛报记者参与报道。

德国侨民赫尔穆特·克里科回忆："美军排成一行的军事装备展示令人印象深刻，其中包括坦克、战车、榴弹炮和其他武器。观众前面的台子上放着一张桌子，上面是要签署的投降文件。一些美军高级军官和包括陈宝仓将军等的中国军官出席，我在观众之中。日本军官乘坐几辆破旧的汽车抵达，其中一辆还在中途抛锚而且没法再次发动。这是一个简短的仪式，文件签署后，日本人宣布投降，并摘下他们的佩剑，现场的观众高兴得欣喜若狂。"

所有人都知道，新的时间开始了。清算与分赃，控诉与掠夺，疲惫与愤怒，混乱与秩序，麻木不仁与壮怀激烈，如同一个独角兽的不同面孔，随即呼啸而来。在青岛前海，一排排的浪涛奔涌着冲向栈桥，飞溅起一层层的浪花，四散奔逃。

1945年秋抗战结束后，沦陷期间参与商会活动的核心人员多数被追究责任，受到了审判。政府随之制定《青岛市工商业同业公会整理暂行简则》，同时筹备商会恢复自主运作。部分前商会职员得到了留用机会，如1945年9月决定改派办事员殷文汀兼办监事会事务。

但这时候，中山路72号和74号前商会的办公房屋却正被许多机构惦记着。捷足先登者是1945年7月在重庆组建的青岛复员协进会。1945年11月，该会申请财政局搬迁到中山路72号前商会房屋办公。之后一个月，由商会主管的青岛市难民临时救济委员会也宣告从临清路迁入中山路72号，并在《平民报》等六家报纸上刊登了迁址启事。同年12月，商会同样以办公空间狭窄为由，提出搬入中山路72号房屋，获青岛市市长李先良同意暂时借用，并公告复员协进会与难民临时救济委员会。鉴于"青岛市工商业团体及民众团体均为复员协进会当然会员"，复员协进会与商会同处一室也就无可厚非。1946年1月，青岛市社会救济事业协进会亦宣布在中山路72号成立，并开始办公。

本来是山海重光，很快就成了你争我夺。从一栋房屋的早期接收史，可以清晰窥见战后青岛社会管理的混乱。

混乱不止一处，而商人最头疼的是没完没了的捐款摊派。打着"胜利"旗号伸手要钱的主儿都来头不小，商家哪一个也得罪不起。1945年11月23日，裕诚商行致函五金业公会，抱怨提高捐款等级："顷奉贵会通知，敬悉敝号担任12万元捐款，本应遵令如数缴纳，以襄盛举。谁意敝号自加入公会以来向属丙等，一切公益捐款或摊派各款均按丙等缴纳，从无异议。旋自倭寇降服，国军莅青，商民输奖理所当然，稍有热血者谁不乐从。惟查贵会此次摊派之款竟将敝号列为乙等，殊欠公允，倘蒙体念商艰，仍将敝号改为原级，则不胜感戴之至。"[1]裕诚商行说了一大堆冠冕堂皇的话，句句政治正确，背后其实就一个意思，一分钱也不想多出。

---

[1] 青岛档案馆馆藏档案[A].500(3).

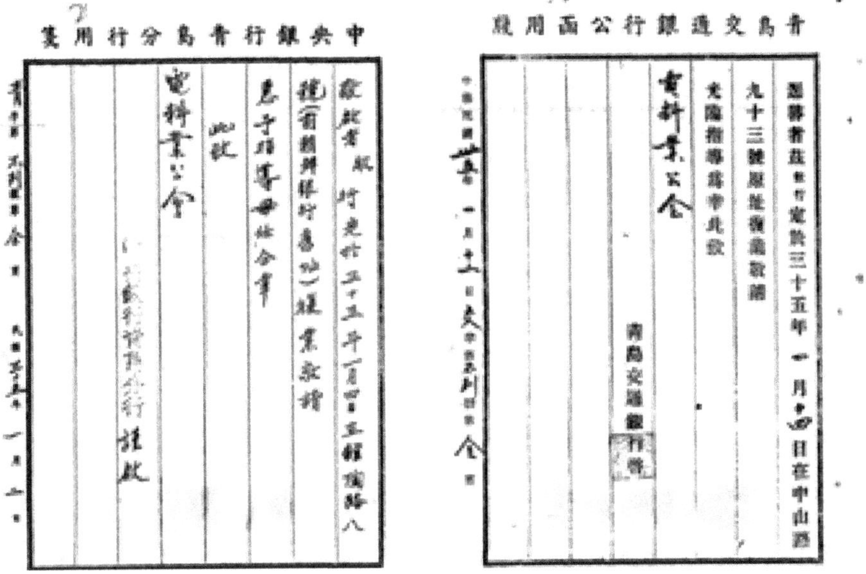
中央银行青岛分行用笺

青岛交通银行公函用笺

迳启者敝行定于三十五年一月十四日在中山路九十三号原址复业敬请

光临指导为荷此致

贵行业公会

青岛交通银行启

○ 1946年中央银行和交通银行在青岛复业通知

热血与冷血甚至无须转换。

1945年10月23日，在一份誊写在“青岛特别市商会稿”的函件中，有八位商人被邀请出席次日下午召开的难民临时救济委员会筹备会。文件顶端的“青岛特别市商会稿”中的“特别”两个字被涂抹掉了。函件24日封发，收件人依次为时品三、战警堂、李砚农、姜顺如、焦星桥、李彦和、刘子向以及红十字会。11月2日青岛难民临时救济委员会正式成立，选举张乐古、时品三、李芸轩、姜顺如、战警堂五人为常务委员，刘子向、李砚农、李彦和三人为监察委员。除了从重庆飞回来参与接收的张乐古，时品三、姜顺如、战警堂等都是商会旧人。

1946年1月下旬，李先良派定宋雨亭、李代芳、柳文廷、尹致中、于墨章、王绍季、赵镜海、田星五、姜顺如、周培之、李德卿、沈铭盘、王信民为青岛市商会整理委员，并指定前五人为常务委员。宋雨亭未到任前，由李代芳代理主席。[1]

李代芳代理主席的青岛市商会整理委员会，除了缺席的宋雨亭，尹致中是

[1] 宋雨亭等担任商会整理委员[N].青岛时报,1946-1-24(1).

青岛冀鲁针厂总经理，于墨章是中国工矿银行总行副经理，王绍季为青岛交通银行经理，柳文廷是启华行经理，赵镜海是大德昌经理，田星五为复兴昌顺记经理，姜顺如是元顺号经理，周培之是复诚号瑞记经理，李德卿为复昌绸缎公司董事长，沈铭盘是中央信托局青岛分局经理，王信民是德聚隆经理。这个名单中，60岁以上的有田星五、宋雨亭、周培之三人，40岁的也有三人，即姜顺如、李德卿、王信民。20世纪20年代早期，姜顺如还在刘子山的私立青岛中学上学时，田星五已在本地棉纱业呼风唤雨。两代人经历不同，面对着同一个劫后余生的城市，感受自然不尽相同。

1946年4月，新商会举行成立大会，毕业于纽约大学的李代芳出任主席，张乐古、赵镜海、战警堂、贺仁庵、尹致中等17人担任执行委员。依照成例，商会内部同样设置秘书室、总务科、商工科、调查科等部门。

奇妙的是，商会成立一个月后的5月28日，就依据青岛市警察局政字第459号密函给各会员发了一封匪夷所思的函件，意思是，近有匪人径向商店索款情事，既与治安有碍，抑且影响商业，亟应严密防止，以遏乱源。警方请商会转嘱各商店，如遇有此项情事，一方予以拒绝，一方密报警局，以便派队缉捕。嗣后如查商店出款供给匪款者，定予严办不贷。除饬令所属遵照查禁外，相应函达，即希查照办理至纫公谊等由。商会就此"合即函达各会员一体知照。如有上项情事发生时，即希予以拒绝并报告警察局缉捕为要"[1]。商会想方设法保障会员商店安全，自是责无旁贷，警方要求会员商店配合密报也理所当然，可对遭遇匪人劫款的商店"严办不贷"就本末倒置了。匪人来势汹汹，赤手空拳的店方出款本来就是迫不得已，事后还要入罪，可谓双重灾祸。

新商会恢复之后，参与了甄别经济汉奸、开设所得税讲习班、组建职工福利社、劳资纠纷调解等不同事项，同时鉴于工商业分布区域不断延伸，决定由王正平、王义和等组织筹备四沧事务所。

与此同时，各个商业同业公会亦逐渐恢复。例如1946年3月18日，染织公会在中山路商会礼堂举行选举大会；4月22日，拥有125个会员的载重汽车业公会在天津路46号丝绸公会礼堂召开成立大会；4月23日，运销牛业公会在河南路亚东

---

[1] 青岛档案馆馆藏档案[A].528(3).

饭店召开成立大会；6月2日，人数众多的茶炉杂货公会在四方路三江会馆礼堂召开成立大会；6月18日，民船公会在亚东饭店成立；7月10日，银楼业公会在河南路86号成立。

胡秀章长子胡铭新，以新盛泰经理的身份出任了1946年4月22日成立的靴鞋公会理事长。靴鞋公会的地址在四方路10号，这里是青岛新城早期大鲍岛的腹地，离胡秀章新盛泰靴鞋号发家的胶州路、中山路都近在咫尺。胡秀章自民国元年早春开拓出的商业路线图，35年后在胡铭新手中依然茁壮成长，这足以令老一代拓荒者感到欣慰。除了新盛泰，胡铭新在战后掌控的胡氏财富地图还包括华丰号的诸多资产，涉及米、面、杂粮销售，面粉、皮革与肥皂制造等产业。这一年，胡秀章58岁，胡铭新36岁。

此时胡秀章主持的靴鞋公会登记会员为190家。

商会与各个商业同业公会的关系如同大河与小溪，小溪无水，则大河干枯。但俯瞰密密麻麻的青岛街市商业地图，不论小溪还是大河，都沟渠纵横。一场不可抗拒的洪水过去，幸存者收拾好残垣断壁，剔除掉算盘珠子上的泥土，擦干净眼泪，重新出发。

1946年的春天，从三江会馆到河南路，一条饱经沧桑的弧线，新老交替的商家星罗棋布，串联起一盘蓄势待发的棋局。

很快，各同业公会就忙碌起来。焦点问题是层出不穷的劳资纠纷，最挠头的是染织工业同业公会。

第一件麻烦事发生在1946年7月17日。两天后瑞生福记染织厂就工人张阴

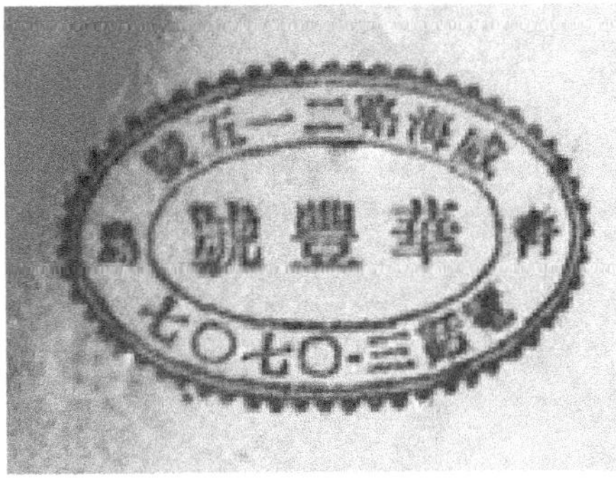

○ 20世纪40年代华丰号使用的印章

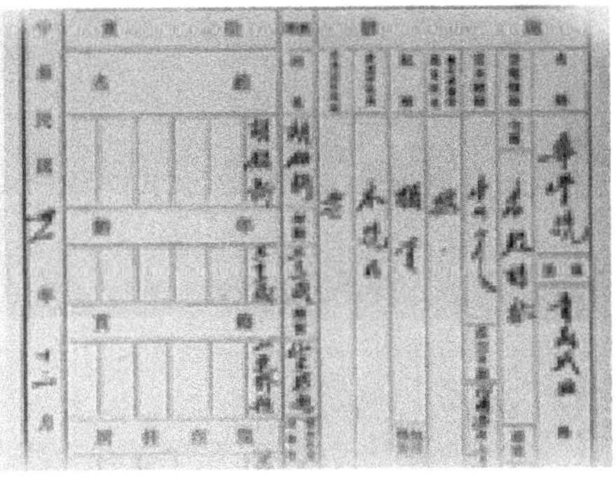
○ 威海路华丰号土产业公会会员登记表

荣、鲁殿龙殴人成伤一事，请染织工业同业公会转呈社会局裁决。瑞生福记染织厂报告称："本厂有捣乱工人张阴荣、鲁殿龙二人，屡生枝节，破坏厂规，妨碍工业之发展。本厂抱守贵会指定方针，互求谅解，力谋协调生产，极力维持工人，以求双方福利，一忍再忍。讵料自此后，该二人自以为是，蛮横并行，毫无忌惮，竟于本月17日晚八时，无故将残腿工人杨世忠强行殴打，当被击昏，本厂极力挽救，始无危险，但额部已红肿高起。似此野蛮横行，非徒不合人道，即于法律亦所难容。诚恐长此以往，不但于业务有亏，即意外事件亦难免接踵发生。为此，敬恳钧会转呈社会局指示办法，以杜后患，至切公谊。"[1]

接下来的麻烦出现在四方永茂织染厂。7月26日该厂就工人董安孝不安分工作一事报告织染业同业公会，称："敝厂工人董安孝因不安分工作，并挑拨工人王培德、杜荣傅、李殿鸿等三人发动是非，前经贵公会同产业工会数度调解，迄今未见生效。按董安孝每日所织之布，平均仅在22、23码之数，实不足额，曾经贵会及产业工会调查在案。该工人等业于本月19日停工，每日坐吃外游，一旦发生意外，敝厂难负责任。又兼敝厂资薄利微，常此实难支持。故特再函，即恳转呈社会局速设法调处，以解商艰，不胜感极之至。"[2]

久华织染厂的劳资纠纷也在这几天酿成事端。7月29日，久华织染厂就工人姜玉美等三人殴打工头情形致函染织工业同业公会，请求政府干预："本厂开设于四方嘉禾路52号，虽创设期间甚短，但对于生产之项未曾落后，乃近自产业工会成立以来，各厂工友即纷纷加入该工会。自加入工会后，厂方即开始受到不良之影响，各厂工作时间及工友之工作代价向以公会之通知及以往之习惯为依据。乃近来工友任意怠工，减低工作，自由行动，违反厂规，最近则更变本加厉，随便外出，无故停止工作。各厂方稍加质问，即以奉到产业工会命令为对，虽百方劝解终归无效。厂方既以无公会通知，又不合同业家之习惯。如长此以往，则生产减少，工友之收入亦减低，即各厂入不敷出，亦难继续维持。此事迨至本月28日，仍然停工一天，厂方与之理论，彼等亦置之不理。讵料于本日晚间（8时许），竟将工头萧乐清殴打一顿，致腿部受伤很重。当经报告四方分驻所报告有

[1] 青岛档案馆馆藏档案[A].706(3).

[2] 青岛档案馆馆藏档案[A].706(3).

案，此事系工人姜玉美率三名工人所为。似此行为，蛮横已极。本厂因机件无人修理，只有暂告停工。尚希贵会转呈政府当局，设法维持，至纫公便。”[1]

战后一年，说是太平盛世降临，实则到处草木皆兵。青岛工厂的劳资纠纷仅仅是看得见的危机，看不见的危险破坏性更大。1946年6月17日，商会致函青岛警备司令部，称商会处理要公常不分昼夜，际兹戒严期间，若无夜间汽车通行证，实感不便，请发给本会主席李代芳及常务委员张乐古夜间汽车通行证各一枚，以利公务。李代芳的汽车牌为国临17250号，张乐古的汽车牌为国临17318号。

[1] 青岛档案馆馆藏档案[A].706(3).

# 打乱了的顺序

1946年10月4日《青岛时报》报道："本市自收复以来，则敌伪所有之动产不动产一律归中央政府接管使用、收益、处分。市区的民生问题以及市政的建设不能得其利润。"

1946年1月1日，《青岛时报》新年专刊刊登了一篇随笔《年的赐予》，作者面对光怪陆离的"胜利新年"发出感慨："胜利的呼声刚消逝了不久，接着有史来第一个欢欣的新年就来了。新年给人们带来了快乐与欣欢，也给人们带来了莫名的悲哀。人是最易受感动的动物，触景生情是常有的事。的确，饱食暖衣的人们是应该热烈地庆贺这个不平凡的日子，但是敝衣枵腹的一群却无论如何也打不起那种精神。"

1946年的第一天，青岛看得见的变化是车马开始改靠右行，行人靠边走。

经历过艰难的抗日战争，对沦陷期间华商企业的资本与商业行为进行甄别，是一件区分政治正确与否的必要选项。这类似1923年青岛回归后的整体社会意愿，严肃性与惩罚性却提高了。期间商会对诸如华商输出入组合、民生实业社、三昌玻璃贩卖组合等机构与企业法人的忠诚度调查，直接决定了这些经济体的生与死。

期间，仉光斋、王寿臣、马华堂、汤启声、蓝荆山、刘子儒、董云卿、王信肇、赵百川等人亦逐一被要求接受商会甄别。值得注意的是，在一般情况下，商会对法院等机构提出的商人调查请求多采取诸如"无案可稽"等模糊化的处理方式，并非一味追究。在商会内部，没有形成一场声势浩大的清查运动是耐人寻味的。除了商人的利益算计，共同经历过幽暗岁月的惺惺相惜也许是重要的经验折射。

在公共场域，清查运动却如火如荼。1946年1月14日深夜，台东镇商会会长杨玉廷被捕。[1]4月20日《青岛公报》刊登消息称，姚作宾、林耕宇、石俊毅、程家骆、郑锡恒、赵贤亮、夏志娴、任毅、仇光齐、马华堂、董品三、戚友堂、曲风鸣、戚仁亭、李明玉、杨玉廷、迟达三17名汉奸，当日已被送到山东高等法院第二分院检查处，准备公开审判。[2]这份名单中，夏志娴之后的多为商人。

荷枪实弹的军宪对商人进行围猎，商人群体很快对此做出了强烈反应。突出的一例是宪兵11团对前伪商会会长时品三的逮捕遭到了商人们的一致反对。

1946年6月10日下午，在张乐古的主持下，商会召集各公会理监事300余人举行紧急联席会议，就谦祥益经理时品三被捕的严重事态讨论应对办法。会场上出席人员争相发言，慷慨激昂，都说宪兵团此举实属非法。

出席会议的商人一致认为：

一、汉奸不应由宪兵率尔主持逮捕，宪兵此举实为越权；

二、谦祥益并非时品三私人经营，宪兵任意勒令休业，实属非法；

三、商会文卷由宪兵强迫取去，事前既未通知，当时亦无证明函件，实侵害人民团体之基本自由；

四、时品三担任伪商会会长是奉李市长命，其协助抗战事实俱在，宪兵团未经调查清楚，即根据无谓告予以逮捕，实侵害人民身体自由；

五、现时品三已被移送法院，今后当听法院办理。

商会紧急联席会议认为，宪兵团任意抓捕时品三的行径不可容忍。“当此保障人民自由、政治趋向民主之时，实为人民之公敌。”随即，商人们通过了七项提议：电请中央，宪兵11团团长蹂躏人权，应予撤惩；发表宣言，说明事实真相，唤起各界之注意；如中央不准所请，当另采取有效示威方式；电李市长报告事实经过；由商会领导各公会全体俱名向法院依法保释时品三；事件发生后有数家报纸报道失实，应根据出版法规定去函更正；对诬告者，请法院处以反坐之

[1] 睡梦中突然被捕[N].青岛时报,1946-1-16(1).

[2] 早日审判著名汉奸[N].青岛公报,1946-4-20.

罪。[1]

6月11日上午，商会和各公会300余人再度聚集，并选出13名代表前往军政机关请愿，而宪兵团和各同业公会则分别召开记者会报告情况。一时间，时品三和人权保障成为热词。

关于竭力反对宪兵逮捕61岁的时品三，商人群体固然有明面上的说辞，背后普遍的不安全感才是真正的原因。作为一场一致行动，商人们罕见地以异常清晰的立场与态度表达了不可抑制的愤怒。

1946年10月，杨玉廷被以“通敌叛国”罪提起公诉。[2]以此为标志，对沦陷期间商人叛逆行为的“清算”逐渐进入尾声。而沸沸扬扬的时品三案，最终也在11月以吸食鸦片的名义了结，判处其徒刑六个月。[3]这个看似荒唐的结局抹去了幕后交换的隐情，却换来当事各方的皆大欢喜。

与此同时，关于在青岛被捕并轰动一时的丁敬臣案，各方莫衷一是，丁氏一度得以嫌疑不足为由取保候审。后经上海、济南、青岛等多地检方互通信息，最终将丁敬臣在上海扣押，案件告一段落。[4]

在惩处汉奸的过程中，除了责任认定和惩罚标准的问题，财产处置也一直颇有争议。战后，敌产和汉奸财产处置问题最为敏感，也极受关注。1946年10月2日，《青岛时报》刊登《汉奸财产处理原则》，引述相关负责人的谈话称，汉奸财产除酌留家属生活费外，应全部没收，而没收财产之执行则为检察官之职权，法有明文规定。但这个“原则”在实施中却往往大打折扣。参与接收的一些中央军政宪特机构法眼通天，根本无视规定，肆意抢占优质资产，导致怨声载道。由此，本地报纸以读者来信的方式刊登《对于复兴青岛之一点建议》，发出呼吁：“本市自收复以来，则敌伪所有之动产不动产一律归中央政府接管使用、收益、处分。市区的民生问题以及市政的建设不能得其利润。为复兴青岛计，则希望市参议会提议并请中央将接收之敌伪产业拨出一部分为复兴青岛之资金。俾工商业可能迅速发展，市政建设得早日完成。在中央可谓不费之惠，在地方则繁荣可立

[1] 宪兵团逮捕时品三，商界人士群起反对[N].青岛时报，1946-6-11(3).

[2] 杨玉廷通敌叛国，高检处提起公诉[N].青岛时报，1946-10-9(3).

[3] 时品三吸食鸦片案，地院处以徒刑两个月[N].青岛时报，1946-11-5(3).

[4] 丁敬臣在沪被扣押[N].青岛时报，1946-11-29(3).

而待。”[1]

在利益纠葛面前，看似义正词严的呼吁最终多成为泡影。

据本地报纸1946年6月披露的人口数据，截至上月末，青岛市人口合计754653人，比1930年末户籍人口增加了一倍。[2]同一个天空下，一座城，一副牌，一些人，乾坤逆转，命运重置。一时间，颠覆的人生，易手的财富，打乱了的顺序，一切从头再来。

几多悲欢离合，几多背井离乡，几多快意恩仇，说不清，理还乱，喋喋不休。

鉴于周边局势的持续动荡不安，战后青岛同乡会组织的情形出现了新旧、冷热不同的对照。除了各省设置的同乡会，如河北同乡会、安徽同乡会之外，新设立的临时性地域流亡团体愈来愈多，而老的同乡会馆则缺乏活力，一派老气横秋的颓势。1946年6月2日，青岛市茶炉杂货同业公会在三江会馆礼堂召开成立大会，并请商会到场指导。同年10月，青岛市洗衣补染商业同业公会以“地处偏僻，对会中一切事务极感不便”为由，将会址从云南路113号搬迁到了四方路的三江会馆。这成为包括三江会馆在内的同乡会组织在战后获得喘息的凭证。但依靠出租房产维系，无疑显现出同乡会组织日趋没落的窘迫。

转眼到了1947年。新年伊始，尹致中担任发行人的《青岛指南》出版，市长李先良撰序曰：《青岛指南》“采集搜罗，详审尔敷，既撷幽胜之迹，亦补地志之遗。披读一过，恍忆当年兵甲之余，坐渔庄蟹舍，与白头故老闲话桑麻时也”。可在1947的这个春天，李先良和尹致中“闲话桑麻”的悠然很快被一团乱麻缠绕起来，因为染织业上下撕扯的劳资纠纷再度爆发。

5月9日，泰丰染厂向染织业同业公会报告：“敝厂于昨日突然工人群集厂中，声言工厂休工，须如数发给工资、实物，津贴须发给实物。敝厂答以前者除参照社会局和解笔录有定期停工办法办理外，可由劳方派出代表，厂方接受谈判；后者若不照物价指数之差额数发给，则别无照办根据，碍难发给实物等情。但工人一味蛮横，要求立即答复，工人代表亦避不出头。工人将大门阻塞，不许

[1] 对于复兴青岛之一点建议[N].青岛时报,1946-10-4(3).

[2] 市乡各区户口统计[N].青岛时报,1946-6-26(3).

○ 1946年宁波旅青同乡会第三届大会

厂方出入，中午时间并不许厂中职员吃饭，将午饭抢吃一空，其意非在吃饭，旨在对厂方施行压力与威胁。因厂方未做任何拒绝，故幸免其他事故发生。而后经过若干唇齿，始允厂方到产业工会请人前来解说，后经曲秀武理事长派人暂令工人回家，听候工会与厂方交涉。如此，工人始行散去。敝厂静待与该工会交涉，故未报告钧会。讵意本日上午，工人又群集厂中，口出不逊，抢食午餐，并扬言‘晚上还要在厂内睡觉’。似此无法无理之行为，实属骇人听闻，其势凶恶，个中情节实有令人难测之处。为特函请钧会转呈社会局予以适当处理，以振法纪而维工业，至纫公谊。”[1]

泰丰染厂事发第二天，东祥针织厂的劳资矛盾亦激化。5月12日，东祥针织厂对事态的描述如下：“敝厂系一小规模之人工织袜工业，用有技师一人，名刘德尧，织袜工人六名（男一人及女五人）。于本月9日晨8时上班，甫经工作，则女工孙芝兰招呼技师修理机器，同时其他四人亦同齐呼机器坏了，技师答以须按

[1] 青岛档案馆馆藏档案[A].707(3).

次修理，该工人等则云必须同时修理，并口出不逊。技师见无法应付，竟到账房辞职，而该孙芝兰等亦随至账房开口便骂，并挽起衣袖作斗殴状。技师见势凶恶急避他往，后经负责人将该孙芝兰等善言相劝，令其暂且归家，临时停工二日以作调说，此二日之工资当场言明由厂方付给，不料技师归厂竟决意辞职。敝厂曾托威海路春聚德总袜机工厂挽留，亦无成效。敝厂因急切难觅相当技师，无法于本日告知织袜工人无期停工。因尚有未整理完成之袜品，时下仅有作零工女工及徒工数人继续整理。查此种滋闹颇属有计划之行动，敝厂深恐演出意外，遂被迫而停工，为此函恳贵会转呈社会局备查为荷。”[1]

5月26日，另一家染织厂工师与工友发生斗殴：“本日工师王爱臣、工友杨济湖当因工作管理发生互殴，并未持物两相挣扎，工友借洋灰柱将头冲破小部。当时厂方并不知情，现在事尚未息，恐将来连累厂方，故先函致达本会祈转社会局以明真相。”[2]

同一天，瑞丰染织厂亦就江才志等殴打看门人一事致函染织业同业公会：“前因工人捣乱，无法进行，以致全部停工。工人均已完全解雇，当有调解人作证。厂内职工等除留三人看门外，其余完全遣散。继有被遣散之学徒江才志，系前本厂技工江子明之侄，无论如何不走，昼夜出入不定，蓄意乘机暴动。于本月25日借星期例假到厂，故意寻衅，捣毁账房一切器具，用木板将自已头刺破跑出。随后，江子明、胡友三等十余人来厂内，借口把看门者姜作栋用铁锤、木棍、石砚重打一顿。当时伤势过重，气绝昏倒，鼻口流血。又捣毁其他器具，并抢去衣服一包，均有事实可查。当经派出所拘捕江子明、胡友三、姜致和三人送台东分局有案。今将事实经过恳请贵会设法依法转呈主管官署，不胜感祷。”[3]

5月27日，兴华纺织染厂则就解雇六名女工一事请染织业同业公会转呈社会局备案：“青市今春以来，棉花异常缺乏，采买困难。敝厂纺纱部不但不能全部开机，并因原料供给不上，时开时停，产量甚少，仅能供给少数织布机，而亦时开时停。而织厂男、女工友共80余名，殊实容纳不了。长此以往，不但敝厂赔累

[1] 青岛档案馆馆藏档案[A].707(3).

[2] 青岛档案馆馆藏档案[A].707(3).

[3] 青岛档案馆馆藏档案[A].707(3).

不堪，而工友亦受损失。当此纱布禁止出口之际，产品本市不能销售，资金尤感万般困难。故在万不得已之下，将其素日工作成绩不佳者于5月26日解雇女工六名，遵章发给一个月解雇维持费。而该工友竟不接受，额外要求数月之解雇费。敝厂因不合法，故未允诺。深恐因此而生枝节，特此函请贵会转呈社会局备案是荷。”[1]

1946年5月9日曾发生工人群集的泰丰染织厂，一年多后再度出现骚动。1947年7月14日，该厂经理曲咏一就拟开除八名抢食堂饭食工人一事呈文染织工业同业公会：“本厂系半部开工，6月份工资于7月5日业已发付完竣。惟工人当时曾经要求贴补休工日之工资，本厂将工厂之困难情形及同业一般皆不贴补情形与不予贴补系合法情形详为陈述后，告以实难贴补等情。当时工人谅情而去，并无纠纷。讵于7月11日全厂工人齐集账房，仍要求休工日贴补工资。本厂再申前述情形，并将本年1月12日于社会局成立之和解笔录提出质证，但工人怙顽颟顸，力劝不去。及至下午1时午饭时间，有王集琳、薛连山、王蓝玉、周忠信、牟丽芳、崔秀华、刘桂英、崔秀美等八人竟喊号将饭抢食。当经依法报告警察局台东八路派出所转请台东分局派警官来厂维持秩序，幸未酿成大祸。溯该工人等于本年4月间曾经不法抢饭，业蒙当局依法责正有案，讵敢旧恶再作，实属藐视法令。且当7月5日开付工资之时，先虽要求，后已谅情，既经谅情于先，何又威胁于后？显有不良分子从中操纵。俯察抢饭事小而抢意可怕，小处可以威胁工厂，大处必能威胁政府。此风若不严除，社会秩序堪虞，尤其戒严期间，竟敢如此狂枉，政府威严何存？本厂为改正工人之不法观念起见，决将领导抢饭工人王集琳等八人开除，以儆效尤而利将来。为此函请贵会转呈社会局准予开除，并呈报各有关当局备案，以维法纪而保工业，至纫公谊。”[2]

沸沸扬扬的劳资纠纷并没有影响外界对青岛的一往情深。1946年9月7日，中央广播事业管理处《广播周报》复刊第一期特大号刊登专论《青岛的地位》，称青岛“是中国新海军的发挥地！是中国最重要的工业都市！是中国未来计划中的大商港”！

---

[1] 青岛档案馆馆藏档案[A].707(3).

[2] 青岛档案馆馆藏档案[A].708(3).

## 渐行渐远的斯文

1946年8月9日杜宗甫为刘子山刻寿序于象牙板："先生冲和颐养，神明不衰。七月十三日为七十揽揆华诞，谨为刊小像一帧，附录徐代主席原赠寿序于右，用志景慕而申庆祝云尔。"

1946年2月8日，作家王统照在其主编的《民言报》副刊上发表了一篇文章《忆老舍》，文中记述："他在日军初降时高兴之至！九月间写了一封信，托我为他在青岛购置一所小房子，预备仍返故处，安安逸逸地过他的战后创作生活。他想得十分平正，十分合乎情理。以为经过这次以前未有的胜利，日本人在青岛留下多少大小建筑物，除掉公家需用者外，定有许多所小巧楼房，能以廉价出售。他知道我先回此，地方熟悉，所以趁此时机，想买下所小巧住房，以供晚年——就说是晚年罢！反正他比我还大几岁。——读书安居之用。虽然他没有财力，但以想象中的廉价，他在可能范围内拮据集资也还可以。"[1]

但是，老舍终究没有来。

一场旷日持久的抗战让曾披荆斩棘的一代青岛绅商一一老去。1946年，82岁的傅炳昭在上海病逝，未能与他厮守了大半生的青岛告别。尽管，这个正被新一波接收者大肆挥霍的城市对他来说已愈来愈陌生。

战后，已近古稀之年的宋雨亭以过往的公共贡献享受着本地政商各界的尊崇。1946年1月行政院院长宋子文抵达青岛，指令宋雨亭与彭石年、杨公兆、唐君尧、尹棠中、刘承烈、孔士谔、程义法为敌伪产业处理审议委员。同年5月青

[1] 王统照．忆老舍[J].民言报副刊：潮音，1946(21).

岛市商会重组，聘“高风亮节，硕德重望”的宋雨亭为名誉主席。1947年2月21日，由国民政府行政院与农林部主导的黄海水产股份有限公司在青岛组织成立，宋雨亭出任总经理。在担任胶澳电气股份有限公司协理20多年之后，这成为其职业经理人生涯的绝唱。

宋雨亭的乡人刘子山也已进入风烛残年。多事之秋，诸事缠绕。历经沧桑之后，刘子山最后的日子灿然却孤独。

1946年8月9日，市立中学教员杜宗甫将徐青甫所撰寿序刻于宽二寸，长四寸的象牙板上，作为刘子山70岁寿辰的贺礼。该象牙微雕为杜宗甫与苗润生二人合送，并刻有贺词：“子山姻丈事业道德蔚洽合群望，六十岁时浙江省政府委员兼民政厅厅长代理主席徐公鼎年特赠予寿序祝嘏，兹十年矣。先生冲和颐养，神明不衰。七月十三日为七十揽揆华诞，谨为刊小像一帧，附录徐代主席原赠寿序于右，用志景慕而申庆祝云尔。愚侄苗德芳、杜燕驹恭祝。”据刘子山孙子晚年回忆：“此牙雕完成于天津我家中。据家父讲，就在大家团坐吃午饭期间，杜宗甫先生席坐，双

○ 雨中天津路东莱银行

臂支撑于双腿，象牙板和刻刀各握于左、右手，置于餐桌台布之下，凝神屏气，一顿饭工夫即已刻就，在场之人无不之惊叹。尤其所刻家祖父画像惟妙惟肖、栩栩如生，逼真得令人难以置信。”

对从青岛起家的东莱银行来说，息战后的境遇绝非普天同庆的欢愉。1947年7月18日天津《大公报》报道，天津“罗斯福路一百零七号东莱银行副总经理刘少山宅，昨因案被搜查。据悉，宪兵二十团接获密告，刘少山有汉奸、私藏金银及毒品等嫌疑。曾团长当即派该团韩排长率宪兵八名，会同当地保甲人员，于昨日下午五时半至刘宅搜查，至晚九时半完毕，查出金银等多件。刘少山外出未归，初拟将刘少山之弟刘占洵带队，旋奉曾团长令，以被告刘少山既然未在，由刘占洵另为代觅妥实销保，以后随传随到。原搜获金银等物件暂封存刘宅，候传案讯问后再为处置。记者于事后旋至，据刘占洵称，‘宪兵搜查时极为客气’。”[1]《大公报》记者披露从侧面探悉的资讯称，东莱银行总行设上海，青岛、济南、天津等地均有分行，资本甚为雄厚。该行董事长刘子山为刘少山之父，二人同住于天津东莱银行旁一栋四层大楼内，东莱银行占用临马路之一角。闻刘少山等于高一分院有案，亦系汉奸嫌疑，迄未审结。

公开搜查刘子山公子刘少山这一幕，自然不是空穴来风，个中利害关系非外人明辨。刘少山1947年夏天在天津遭遇的清算情节，战后在天津、上海、青岛、汉口、广州等沦陷区屡见不鲜，这类似一个罗生门故事，其中的是非曲直三言两语说不清楚。

1948年10月，早期青岛商业的幕后推手刘子山在上海逝世，而几乎经历了青岛本土工商业兴衰全程的宋雨亭，也垂垂老矣。这两个历经风雨的掖县人与青岛撕心裂肺的瓜葛均告尾声。

“那是最美好的时代，那是最糟糕的时代；那是智慧的年头，那是愚昧的年头；那是信仰的时期，那是怀疑的时期；那是光明的季节，那是黑暗的季节；那是希望的春天，那是失望的冬天；我们全都在直奔天堂，我们全都在直奔相反的方向。”唐突地把狄更斯《双城记》里的开场白作为刘子山和宋雨亭墓志铭的结尾，似乎并不悖谬。

---

[1] 东莱银行副总经理刘少山宅昨被搜查[N].大公报,1947-7-18(5).

一代商绅傅炳昭、刘子山一前一后走了，煎熬与快意都不复存在。而在两个人的发家之城，没完没了的摊派却依然如火如荼。1947年7月21日，青岛市商会给鱼行公会发函，主题还是出钱："本市文德、礼贤、崇德三校同学会，为救济贫苦及流亡同学送来义演剧票，请代分销，以襄义举等由。查此三校在本市历史悠久，成绩颇著，际此危难期间协助救济，义不容辞，特请贵会代销剧票十张，以收众擎易举之效，定必乐从也。"[1]

给满大街的流亡学生一口饭吃，鱼行老板无所谓乐从不乐从。但国立山东大学教员的肚子空落落，肯定不快乐。

1947年5月19日，国立山东大学教员会的一份复教宣言中，感激话与牢骚话混成了一锅粥："本校同人等，前因感受物价压迫已超过不能忍受之程度，迭经请求政府调整待遇，按照物价指数与京、沪、平、津同列一级，函电交驰，迄无具体结果。不得已于五月五日起实行停教，以其引起政府当局之注意，在同人等停教期间，承青岛市各机关代向中央电促调整，复荷民意机关社会团体及教育界同仁多予支援，同声呼吁，具见关怀教育之殷切，曷胜钦感！现行政院已决定自五月份起，调整全国公教人员待遇，并将青岛列入第一区，同人等此次请求之目的已达，即决定于五月十九日起复教，并设法补授停教期内应授之课程，使学生免受课业之损失，惟尤有进者。同人等以为教育文化为建国之基础，必须经费充足，设备完善，始可以言发展；执教人员之生活，亦必须安定无虑，始能潜心工作。现政府所列教育文化之经费，尚不及国家总预算百分之五，教师待遇竟不能与国营事业之最低级职员相比拟。此种不合理现象如不速为改善，则教育文化之效率何由提高，建国基础何以奠定？"

6月2日，看不下去的王统照，辞去了国立山东大学的教职，拂袖而去。而年轻教师徐中玉也被解职。徐中玉晚年回忆："因我公开同情革命学生的'反饥饿反内战'运动，加上所编两个'文学周刊'被认有'奸匪'嫌疑，经丁治磐司令报请教育部朱家骅，密电山大把我中途解聘。赵校长对我很同情，无能为力，只得离开了。"[2]

---

[1] 青岛档案馆馆藏档案[A].202(3).

[2] 徐中玉致胡孝忠信[N].山东大学校报,2008-9-25.

1947年的青岛，纯粹、理性、抱负、理想主义与职业操守都没有立锥之地。一席长衫下的斯文渐行渐远。

所谓斯文，无法建筑在饥肠辘辘的空中楼阁之中，饭吃不饱，衣衫褴褛，斯文扫地的事情就屡见不鲜。这边国立山东大学的文人步履维艰，商人那边却不时传出“钱多作祟”的陆离故事。

报载一，即墨布商刘从一已届中年，在青岛经营布头生意，日臻小康。因有一个十岁女儿在乡下读书，回乡探望时结识其老师陆云兰，见其年轻貌美，鹤立鸡群，遂起非分之心，随即设计勾引，花前月下，关系逐渐密切。战后，刘从一领陆云兰到青岛，两人住入台东镇大名路40号朝夕相处。不久陆云兰怀孕，催促成婚，刘从一拖延不成，便恶语相加，且刘的家人知悉或亦冷嘲热讽。陆云兰一气之下去小港欲投海，所幸被莘县路派出所警长发现劝下，事情始告暴露。[1]

报载二，有一个叫范明山的小商人，年已47岁，长期贩卖火油，赚了不少钱。因手头宽裕，顿起非分之想，由高密路3号一个平度籍的李姓老鸨介绍其干女儿认识，两人遂成双成对。范就此置身温柔乡中，日夜不归，乐不思蜀。范某29岁的儿子范禧良对父亲屡加苦劝，请其自新，不意其父竟不以为然，反加打骂，并将秘密藏娇处迁至仲家洼，对家庭生计置之不理。物价高涨之时，其家生活益困，而范某仍在外酒地花天，毫不瞻顾。一日，范偕其姘妇至潍县路某酒楼饮酒作乐，被其妻闻悉后，即令其女前往，向其父索钱买米。面对急待下锅之需，范某仍置之不理，未置一词，其女无奈，挥泪而返。某日李老鸨忽至范某寓所，与范子相遇，盛怒至下，范子不问情由，将老鸨推翻，经邻人苦劝了事。之后一天，范某又在李姓老鸨家与姘妇同圆美梦，不意范禧良突偕其母叩门相寻。范某一见，怒不可遏，指使老鸨干儿陈某及其表亲刘某等向前驱逐。争执过程中，陈某胆大妄为，竟以小号豆腐缸突将范妇头部击破，一时血流如注。发现事态严重后，陈某及范的姘妇当即逃之夭夭，范子将帮凶刘某扭送警所。[2]

刘从一、范明山这样的商贩本也与斯文不搭界，可礼义廉耻应是知道的。唯欲壑难填，安分守己的古训一阵风就刮跑了。两个相安无事的家庭，因为

[1] 始乱终憎几酿人命[N].青岛时报,1946-12-9(3).

[2] 钱多作祟[N].青岛时报,1948-6-19(3).

“钱多作祟”的一意孤行，就此破裂，不免令人心痛。战后青岛，难民一波波乌泱泱涌进来的当口，物价飞涨，家家户户度日如年。这些违背伦理的行径就像一面镜子，照出犄角旮旯里一些荒唐。

沦陷期间曾风光一时的方百川，1947年秋天再次被舆论关注。这一次成为的焦点，不是因为其之前的悖逆行为，而是因为台西三路的肥田骨粉工厂。事情是由四维中学学生引起的，拖延两个月，政府的态度一直不明朗，当事人只好求助于社会舆论。1947年6月，流亡青岛的四维中学200多名学生，以肥田骨粉工厂为汉奸财产为由，突然占领了工厂，将30余名员工全部逐出。厂内机器和400余箱肥皂，以及30缸咸菜、数十缸生油、20多吨煤块、一万斤海菜等物资，顷刻间被学生使用殆尽。厂长董汉武多次前往交涉，均被拒绝。到8月上旬，学生已严禁厂方人员入内。厂方一再辩解，方百川的资产之前已经被当局处理冻结，现有部分属于其他股东，并经当局允准复业，唯因学生长期占用，无法实施复工，呼吁社会支持，并协助解决。[1]

四维中学的来路并不简单。其出自昌邑，与同为昌邑籍的方百川知根知底，背后的保护伞则是避居青岛的山东保安司令部高级参谋王豫民。王豫民也是昌邑人，抗战期间担任过鲁苏战区游击第四纵队司令，1947年从高密逃亡青岛后，以在台西镇嘉祥路的山东省第十七区专员公署办事处和宝山路13号的一家汽车运输商为活动据点，继续施展影响力。四维中学学生因为有这层关系，所以打着追究“敌产”的旗号抢占肥田骨粉工厂便有恃无恐。

1947年2月，青岛市商会批准了湖北路33号代理店益泰号的入会申请，拟准为乙等会员。益泰号为三人合资，三个月前开业，兼营运输，经理是高密人高子明，36岁。两年多后，高子明的名字出现在新政权的接管干部名单中，但不知彼此的联系。急剧变化的时局下，涉及许多人命运转变的颠覆性信息往往被隐藏在种种掩护之下，不到春暖花开的季节，始终扑朔迷离，一头雾水。

1947年，走在起伏的湖北路上，大小商号林林总总，诸如益泰号、锡麟商行、仁丰行、茂生行、志信行、信昌商行、恒顺隆、和丰昌、同和祥、永泰行、义大号、骏丰源等一大堆字号背后，拉扯出众多来自益都、牟平、黄县、淮阴、

[1] 肥田骨粉厂复工有碍[N].青岛时报,1947-8-9(3).

天津、齐东、潍县、安丘、李村等地移民的人和事，头绪繁芜，真实身份和真实面貌并不容易看清楚。

1947年9月5日，青岛遭遇强降温天气，一天之内，温度天上地下。三天后，广东同乡会召开会员代表大会，改选理监事。朱正之当选理事长，毛秉信、周健乡、廖剑秋、钟佩鸣、蔡子铭、曹检、林粤昌、高日东、张露枝、姚勤夫当选理事。[1]作为青岛最老资格的同乡会组织之一，广东同乡会确已垂垂老矣。新选出的理事中，早年在大鲍岛开拓疆土的老派广东商人已鲜见，年轻力量占大多数。

十多天后的9月17日，掖县同乡会主办的东莱中学在资深绅商邹升三的推动下开学上课，张之敬出任校长，专门收纳滞留青岛的流亡学生。[2]作为1922年掖县同乡会的创办人之一，邹升三可谓掖县旅青同乡中屈指可数的老人，其以年迈之躯为流亡青年争取到的一张课桌，在混乱的1947年初秋弥足珍贵。

○ 20世纪30年代青岛的街市

[1] 广东同乡会改选理监事[N].青岛时报,1947-9-8(3).

[2] 东莱中学崛起岛上[N].青岛时报,1947-9-19(3).

# 失去的光彩

1947年8月27日《益世报》报道："一部分人在饥饿，一部分人在跳舞，这一对照，再没有比在青岛更明显的了。"

战后，青岛陆续恢复的非政府组织包括农会、渔会、工会、商会、教育会、妇女会、全国工业协会和中国市政协会的青岛分会、同学会、同乡会，以及其他协会、学会、联谊会。[1]但随着政局和经济形势不断恶化，这些民间团体的实际生存空间已愈来愈狭窄，可能发挥的作用极其有限。

青岛正在失去昔日的光彩，而一个失去了光彩的城市令人感伤。小说家王度庐战后的日子便是一例。本来这个出生在北京的满族后裔，并没有计划在青岛长时间逗留，尽管他眼中的这个海滨城市是"最好的休养之所"，尽管他被优美的风景线系住了心灵，被清凉的气候抚摸了身体。但因各种阴差阳错，他在青岛一住就是十几年，并在这里成为广受追捧的通俗小说作者。

整个沦陷期都在青岛生活的王度庐，靠着给《青岛新民报》写武侠小说，算是混过了山海破碎的岁月。通过河岳游侠和宝剑金钗初试锋芒，王度庐体味着古城新月中的落絮飘香，再于剑气珠光与舞鹤鸣銮中，一现卧虎藏龙的荡气回肠。于是乎，海上虹霞里的虞美人，擎着铁骑银瓶弹奏寒梅曲，终得紫电青霜，直到电闪雷鸣山海重光，金刀玉佩便也偃旗息鼓。1944年是青岛城中最困难的一年，除了胶州湾出产的食用盐，什么都缺。一般人家蒸馒头的面掺进了一些橡子粉之类的填充物，很难发酵，蒸出来的馒头灰不溜秋，苦唧唧，硬邦邦，难以下咽。

1945年秋天，战败的日本人灰头土脸地走了，青岛山海重生，王度庐的日子没有发生本质变化。夫妻俩和两个孩子的柴米油盐依然是头等大事。为了生计，

[1] 尹致中．青岛指南[M].中国市政协会青岛分会,1947.

他像过去几年在教会女子中学兼课一样，兼任了摊商公会的一份文墨差事，而在《青岛时报》和《大中报》等报纸连载的武侠小说写作仍在继续，不过文字数量似乎没前些年那么多了。所幸想象力并没有衰减，故事也就一如既往地讲下去。新血滴子佩戴风雨双龙剑，绣带银镖宝刀飞，阅尽燕市侠伶与粉墨婵娟，看绮市芳葩与洛阳豪客，龙虎铁连环勾连着风尘四杰、香山侠女，几度寒暑浅夜。初入己丑，金刚王宝剑、春秋戟、紫凤镖封存入库。

王度庐在青岛报纸连载小说配的插图都由镜海美术社的画家刘镜海绘画。刘镜海平常为商店画广告，也给人画像，街面上熟，王度庐家有什么为难的事，就去找他帮忙。像打个“铺保”什么的，王度庐没有办法，他却毫不费力。

刘镜海患有肺病，家里有四个孩子，日常生活全依靠刘的手艺，家境困难不说，稍有阴差阳错，不免捉襟见肘。战后1946年的年初，天寒岁暮，刘镜海和王度庐商量，说快到年关了，能不能两人合伙卖一次春联，赚几个钱过年，王自然允诺。两人商量好分工，王度庐负责写，刘镜海负责到街上卖。于是刘镜海赊来几卷大红纸，由王度庐的太太李丹荃一张张裁好，王度庐一幅幅写。李丹荃在晚年回忆，春联的内容不外是“五谷丰登，财源茂盛”之类，一切以能够迎合消费者为标准。剩下的纸裁成方形，斜着写“福”字。一时，王度庐宁波路家里的地上、床上就晾满了浓墨红纸。不料，几天后到了该卖的时候，刘镜海却突然生病，咳嗽吐血，起不来床了。

春联不能积压，不仅留到下一年会褪色，就是赊来的纸也不能拖着不还账。没法子，王度庐夫妇只好在四方路摆了个地摊，叫卖“新鲜”春联。两人一站就是一天，中间轮换着回家吃饭，李丹荃还抱着个孩子，很是辛苦了几天。好在四方路离宁波路王度庐的家不远，过来、过去的不太费事。冬天街上风很大，层层叠叠的春联就用砖头压着，怕被吹跑了。直到腊月二十九，好不容易才把春联卖完。李丹荃一结账，除去纸、笔钱外，还真赚了几个，总算没白忙，于是赶紧把钱给刘家送去。两家人的情谊由是愈加深厚。

从人数众多的平民阶层的视角看，王度庐和刘镜海一家的日常交往方式算得上是本地司空见惯的市井伦理，温情的相濡以沫，贯穿在街坊邻居零零散散的寻常行为里，耳濡目染，形成风气。左邻右舍战前战后并无本质上的区别。彼此熟悉的人在这个环境中久了，不难体会到温暖。这时，贫困与疲乏带来的困扰也就容易获得释放。

但这仅仅是一个微观现场。就战后青岛与日俱增的社会矛盾而言，无处不在的公平缺失与贫富差距依然是积重难返的城市顽疾，腐蚀着社会肌理的正常生长，影响着人们的情感走向、立场选择、是非判断与公共交往方式。

检索1946年5月17日出版的《扫荡简报》青岛版，广告栏里，中国食堂、英记酒楼、广聚隆酒家、蓬仙馆、中国大饭店推销的各种美味佳肴令人垂涎欲滴。再加上“纯良牛奶冰基凌”这样“世外桃源”般的奢侈叫卖，对城中大清早便到处都是的衣衫褴褛者来说，荡漾着讽刺饥饿的刺激。阳光下的这一份黑色幽默，有些人看得见，有些人则看不见。

对有钱人来说，每日喝牛奶是家常便饭，没有谁会大惊小怪。芝罘路18号的中华牛乳社号称“岛上唯一早点专家”，产品有蛋糕、水糕、酥皮点心、咖啡、红茶、名酒、汽水、冰牛奶、冷牛奶、熟牛奶、生牛奶、奶油、奶粉，可谓琳琅满目。中华牛乳社的牧场有两个，一个在太平镇，一个在大湛村。而恰恰是在这两个地方，众多无处可去的流浪者席地而居，一片狼藉。

1946年5月17日出版的《扫荡简报》青岛版，5月1日刚刚创刊，由海军中央训练团主办，四个月后改名为《民治报》以消匿旧有痕迹，并迁入黄台路35号办公，同时开始连载王度庐的小说《太平天国情侠图》，以尽可能吸引平民读者。1947年《民治报》因向商民强派戏票，被报业公会呈请当局取缔，成为青岛“整肃报业第一声”。1948年3月报馆公告改组，于1949年2月22日宣告终结，算得上与气息奄奄的国民党同生共死了一场。之前《民治报》自1949年1月1日开始连载的王度庐小说《玉佩金刀记》，刊登到当月16日便不了了之。

作为军方战时在各地出版的一种临时性宣传品，《扫荡简报》战后试图进行的市场化转变多不成功。主办方青岛海军中央训练团1945年12月在海阳路成立，由美国海军第七舰队负责训练，是海军军官学校的前身。海军在青岛一直自视高人一等，一班衣食无忧的年轻军人跟着美国大兵摸爬滚打，闲暇时间在俱乐部享用一杯牛奶、咖啡和冰基凌，是屡见不鲜的日常生活。而普通军官时不时地出入中国食堂、英记酒楼、广聚隆酒家、蓬仙馆、中国大饭店享受美味佳肴，人们也早已司空见惯。越过一般军官向高处窥视，本地军政上层的个人消费则一直近乎奢靡，仅见1948年3月28日丁治磐日记所载购物清单，当天买车及冰箱就一次性支出了4450元。

看不到的地方，多迷雾重重。

为维系职员工人的基本生活水平，本地各个工商业机构煞费苦心，这也包括过去一贯不愁吃穿的大企业。范澄川在《我在青岛中国纺织建设公司工作的回忆》中记述："我们接收工厂时，工厂停工已久，在厂工人工资因币制贬值，只及正常待遇的三分之一，我们认为太不合理，遂逐月递增，直至持平为止。此后又由福利委员会按照物价指数每月加以调整，但仍然赶不上物价飞涨的速度，所以从一九四八年秋季起，工资的绝大部分都折发布匹或粮食，仅发少量钞票以供零星使用，这个办法一直执行到青岛解放。"

中国纺织建设公司劳资关系平衡的维系仅仅是范澄川的一面之词，因为在1948年最后半个月职工收入的"折算"标准上，青岛劳资双方的观点就南辕北辙，这直接导致了半个月后一场权益纷争的发生。

肚皮叽叽咕咕叫个不停的时候，钞票、布匹或粮食貌似与道德不搭界。

实质上，尽管大街上各种各样的社会疾病层出不穷，精英阶层的固有生活方式却并未受到大的影响。马照赛，舞照跳，车照坐，酒照喝，人照醉，星照追。歌舞升平，风花雪月，一样不少。1948年9月永裕盐业公司的掌门人任致远逗留青岛半个月，吃饭的地方除了齐东路公司宿舍的餐厅，还包括东海饭店、新新公寓、聚福楼、大学路丁敬臣旧宅的鲭筵。掌控大半个中国盐业产销的任致远，算得上"提倡节约"一辈，但对齐东路宿舍天天有鸡鸭鱼肉和青岛啤酒的餐食并未觉得不妥。出门以车代步，闲暇游览第一公园、水族馆、湛山寺、观象台发今古之思，路遇联合舞厅、咖啡室、酒吧间忆灯红酒绿，连平常购买的食品也是冠县路物资供应局销售的美国产品。对他来说，这一切当然算不上奢华。

对哀号遍地的城市疮疤，任致远也不是视而不见，一篇洋洋洒洒的《小住青岛半月记》，夹杂着"公园门口的杂树表皮剥夺尽净，嫩绿叶子也被抢采一空，难民的食料和燃料都仰给于此"的记录。一声感叹之后，任致远只说一句：饥者易为食。

拎一句两千多年前孟轲老先生的话搁在这里，任致远倒是费了心思。不过，转过身去，他的注意力很快就被太平角青松俯岸、碧海扬波的风景吸引了去，不再挂念"店无存货，路有难民"的现实。他的烦恼依旧集中于青岛这地方究竟还算不算一块“乐土”的叹息。

1947年8月27日，《益世报》在一篇题为《乞丐在青岛》的特写中，戏剧化地显现出城市两极分化的残酷：“一部分人在饥饿，一部分人在跳舞，这一对照，再没有比在青岛更明显的了。每一个酒楼与舞厅门口，不知拥集有多少难民，一辆汽车或一辆马车人力车停下来，前前后后、左左右右立刻给无数只肮脏的手缠绕住了……”

无数只肮脏的手缠绕住的其实是整个城市。这是一个无法掩饰的疮疤，所有人却都对此无能为力。谴责粗鄙很容易，铲除衍生粗鄙的社会机制与布满细菌的土壤却绝非易事，实施上极端困难不说，打破利益纠葛的悬崖峭壁更是让改革者触目惊心。而这恰恰是战后各种社会矛盾日趋尖锐化的根本所在。摆在胶州湾边上的青岛，概莫能外。

而自1948年春天开始，在一波波危机日益逼近的时候，城市各处粮行的大量倒闭即是立竿见影的报应。几个月内，向青岛粮食业公会请求歇业退会的同业会员不断扩大，陆续加入这一长串名单的商户包括祥泰和、大田杂粮行、建昌隆、涌茂祥、永德昌、源茂行、泰东公司，以及永大昌王世珩、利源祥记生俊三、顺成永姜建甫、德源昌于世茂。

一城之中，卖粮的无粮卖，买粮的无粮可买，这饥肠辘辘日子怎么看也快到头了。

# 神经衰弱

1948年10月24日《青岛晚报》报道："目前的青岛，已经被物价和生活的重担，压迫着每个市民窒息不安，今后惟有镇静自持，打发未来的岁月。"

山海重光的青岛，依然常年雾气弥漫，层峦叠嶂之中，从弯弯曲曲的街道上看风景，也旖旎，也奇异，也喧闹，也模糊。恍惚间，交叉路口谁家收音机里传出的《锁麟囊》唱段，让行者被"春秋亭外风雨暴"的大段流水触动得泪眼潸然。

眼泪还挂在脸上，开着收音机的人家却突然停电了。腔调戛然而止，人就愣在街头，口半张着，像个被遗弃的孤魂。

短暂的狂欢之后，人们慢慢发现，缓慢启动起来的城市齿轮即便是前后咬合默契，也并不总是冲着一个方向转动。命运之神眷顾了一些人，却舍弃了更多的人。许多人在街头巷尾似乎听得见轰轰隆隆齿轮转动的声响，但始终不知道这台机器在干什么。

战后第一年的青岛，城市娱乐业复兴的势头野蛮生长，报纸上诸如大青岛饭店舞厅、仙乐舞厅、光复舞厅、玫瑰乡舞厅、皇宫舞厅、第一大舞厅、大兴舞厅、大华舞厅、永安舞厅、纽约舞厅、太平饭店大舞厅、却尔斯登舞厅各种活动的广告铺天盖地。不料，"玻璃旗袍海上舞厅新装"的新闻正热乎着，"二十家舞厅一齐停业，二百名舞女四路分发"的冬天就降临了。《民言报》更是尖锐抨击："本市各舞厅、剧团、咖啡馆所唱歌曲，很多都是敌伪时代遗留下来的靡靡之音，殊令人骇异。"码头边上密密匝匝的霓虹灯转瞬即逝，夜晚就显得愈发漫长。所幸其间陆续有尼可思咖啡店、丽华咖啡店、文登咖啡店、长虹咖啡店、富

○ 战后青岛报纸的商业广告

丰咖啡店、各林兰咖啡厅、万胜咖啡店、大光咖啡店生生灭灭，冲抵掉夜晚的寂寞。

青岛市舞厅商业公会筹备处征集同业委员的消息还在扩散，1946年2月警方取缔娼妓、乐户、舞女、舞场的行动已箭在弦上。9月25日的《青岛剪影》报道："青岛的舞厅从前曾极盛一时，但现在都已关门，只剩四家了。舞客自然多是美国水兵，中国海军官员也常涉足，公务员和陆军是禁止进去的。舞女以土产为多，上海舞女早在两个月以前舞厅奉命关门时大都送回上海去了。她们尽情地在异国战友的面前实弄风骚，也不过为了几个钱。至于是苦是乐，只有她们自己知道了。"尽管舞厅的黄金时代似已落幕，但充斥在青岛《民报》等报纸中诸如"戏剧之都百老汇声色犬马不夜城"的嘈杂，依然是1947年城市流行时尚的向往所在。

很快，《青岛健报》一则"舞场营业兴旺"新闻回应了娱乐分子的不满。联合大舞厅、却尔斯登舞厅、第一大舞厅等复活者由是重新登堂入室。1948年3月4日，朱尔斯·达辛执导的一部悬疑片《不夜城》在美国上映，七天后在瑞典上映。依照之前的新片传递路径，这部由纽约公寓女模特谋杀案引发的黑色故事很快就会进入中国市场，出现在年轻人的流行话题中。不过，这一次情况发生了不可逆转的变化。由一个死亡事件牵扯出的另一个流血事件被阻挡在危机重重的城市外面。与此同时，《大中报》刊登的“黎莉莉舞厅里溜冰”的消息，成了一个消失时代的最后背影。

城市令人迷惑的繁衍性多在于其饱满的灰色张力，即便是在泥菩萨过河的当口，仍然不乏生机。政府行政之手的夹缝中始终存活着一些蠕动的活泼细胞，像老鼠一样出没无常，像狐狸一样嗅觉灵敏，像魔术师一般变换花样。城市的内在肌理因此层峦叠嶂，也因此柳暗花明。

1946年秋天的一篇青岛观察记述，北平路口和天津路口相接的地方有座石桥，桥的北端是国民饭店，门口从早到晚挤满了人和货物，这便是人所共知的美货市场。桥的东南端也有一群人来来往往，那是美钞市场。两个互有联系的自发市场连接在一起，互通有无，微妙地拨动着城市运转的节拍。美货市场上各种货物应有尽有，小到保险刀片，大到衣服、被褥，无所不备。食物罐头多是排地摊，一部分轻小物品排高摊，其余的东西都是拿着叫卖。这些物品大多数是军用品，新的、旧的各式各样，没人知道是从哪里来的。有时美国宪兵开着吉普车过来，人群就一哄而散。人被逮着，东西会被没收。但美国宪兵似永远只是停下车来看看，嬉笑一会儿便扬长而去。

美货市场上的商品有相当一部分来自美国士兵。有报道显示，在青岛的美军待遇优厚，一个士兵除了至少80元美金的薪水，还有配给的各种必需品，例如51型派克钢笔。80元美金在黑市上折合法币1500万元，每支51型派克笔在美国的标价是15元美金，但军队的配给价仅需7.5元美金，其他的诸如手表、奶粉、水果、罐头，以及许多日用品，都是以售价对折配给。士兵得到配给的东西再卖出去，所赚的钱有时还会超过薪给。如此一来，美货市场上的货物自是源源不断。

不知道当局是因为自顾不暇，还是故意网开一面，北平路口和天津路口的这两个灰色的自由市场一直有滋有味地存活着，美国宪兵熟视无睹，国民党宪兵也习以为常。1947年的《军民日报》还曾以“国货公司与美货市场”为题讨论过彼此的联系。1947年5月，海军总司令部警卫第五营迁驻北平路国民饭店87号办公，门口的熙来攘往似也未受影响。不过，面对着市面愈演愈烈的通货膨胀，美钞日常化的私人买卖愈来愈频繁，交易也就不再限于一地。1947年的《青岛公报》曾公开抨击说，中央银行门前俨然已成为美钞市场，投机分子无孔不入。青岛中央银行的营业部在馆陶路，从济南路斜穿过去，走到北平路口、天津路口不过一袋烟的工夫。《青岛公报》所谓投机分子无孔不入的川流不息，在沿途一览无余。

1948年2月14日山东省政府财政厅厅长尹文敬到青，次日接受第十一绥靖区司令官丁治磐宴请，席间提及美元话题："谓青岛美金在市面流通，每月约五十万元，由中央银行发行美金代用券，券面金额一如美钞，交美军总部换取美钞，以代用券在青岛市使用，限期向央行兑取法币，如此可消灭美金黑市，并可于每月为国家赚得外汇五十万美金。"尹文敬的想法不错，不过却并无实施可能。战后政府发行这券那券，花样不断翻新，无非是想方设法把老百姓腰包里的钱装进政府口袋里。老百姓吃一堑长一智，政府的信用日薄西山，说得再天花乱坠，也没几个人相信了。

把美钞这样的硬通货攥在手里，人就踏实许多。

美钞不是人人都有，平价日用品却是大多数家庭必不可少的需要。城里的几家日用品平售店可以依户口凭券配售平价日用品。但奇怪的是，店里挤满了人买东西，门口则挤满了人卖东西。店内有的，店外也有，价钱自然要贵，却也比普通店便宜，挤不进去的人便在门口买一两样，毕竟也算是"平售"。

熙熙攘攘的美货、美钞市场和平售日用品店外面，更多的难民蜂拥而至。

1948年1月26日前后，青岛突降暴风雪，1月27日早晨的气温降到零下13.1摄氏度，出现11年未见的奇寒。由于缺煤，整个城市自1月23日开始已停电多日，到了晚上四处黑漆漆一片，"市民都感受到黑暗威胁的痛苦"。闹市区的电影院、歌舞厅、餐馆都闭门谢客，天刚黑，街上就空无一人。而奇寒之时，难民的处境则更加困苦，被冻得哆哆嗦嗦，面色土灰，双目黯淡。1月31日《华北日报》刊登的一条青岛航讯，清晰捕捉了一些悲惨的现场："在这十余年来仅见的严寒天气里，最感痛苦的是那些难民，室冷有如冰窖，上面还有风穿雪扑，有的一家人冻得战栗号叫，互相偎依在一块儿，有的涕泪纵横，皮肤冻成了青紫色，妇女、小孩的低声哭叫尤其酸楚。两三天的奇寒侵袭，难民所里冻死了不少的人。"

记录显示，所幸慈善机构在危急关头及时出面救助，在一定意义上减少了难民的煎熬："红十字会的职员们于二十五日起全体出动，分为十二组，采取突击方式，分往各难民所、各山洞分送衣票，定于三日之内，将所收的棉衣两千件全数放完。对于冻毙的难民，每人发给二十万元。在风雪中有的难民妇女生产的，特别发给产妇美国毯子一条、棉衣一件、小米十五斤及现款十五万元。”

接下来，因缺煤造成的停电仿佛已成常态。《华北日报》1948年2月29日从青岛发出的报道说，青岛“二月下旬刚刚恢复的电又停止了，公布的原因是煤源中断，自二十五日起暂停白昼供电。唯二十七日电厂又公布，此次燃料管委会系派凌云轮载煤来青，原定本月二十八日运达，顷接燃管会急电，谓凌云轮发生故障，特改派台安轮运煤来青，故迟至三月二日始能到青。该厂以存煤无多，供给自来水厂及全夜用电实难维持，故自今日起，特再缩短夜间供电时间，计自下午五时半起至晚十时止有电，俟煤船到青后，始能恢复。那么夜间的供电时也只能到十点了”。

人挤人，人挤城，城市仿佛要爆炸了，戾气四溢，纷争泛滥。所有人都怨声载道，所有人也都惶恐不安。“像气候般，每个人的神经在衰弱下去，每个阶层都有他独特的谣言，以非乱真。”这是1948年10月24日《青岛晚报》刊登的《深秋话青岛》发出的一声叹息。作者佩兰恻然描述：“目前的青岛，已经被物价和生活的重担，压迫着每个市民窒息不安，今后惟有镇静自持，打发未来的岁月。”

看上去，佩兰一厢情愿的“镇静自持”，更像是自欺欺人的心灵鸡汤，因为并不是所有人都有“未来”，也不是所有人都对那个“未来”抱有希望。居住在北仲家洼的崔志刚出生于青岛，1948年13岁。在他的记忆中，他家住的地方周围挤满了高密难民。“我小时候听说有一个难民，他回老家把一家八口全杀了。后来才知道是还乡团。”崔志刚说：“因为当时……把他们给整了一下，后来又撤退了。撤退以后，他们就借着这个空子回去。跑回去以后，就把共产党、八路军的干部和他们的老婆、孩子杀了不少。杀了以后，又跑回青岛。跑回青岛以后就成难民了。”

城里也不断出现意外事件，对暴力的约束愈来愈濒临崩溃。崔志刚讲述了一个他目睹的警察打死人的事情：“有一次我在家里，当时我十几岁。听他们说，（警察）在台东镇打死人了，快去看。很近，小孩腿也轻快，顶多两三分钟就到了。去到一看，马路上围着好些人。有一个人躺在那个地方，头上流着血。自行车上还带着五六匹布。打得（奄奄一息）那个样，后来警察走了，人都快死了。附近老百姓就拿门板把人架上，送到台东镇医院。我听别人说警察是去看戏的，去马路对面，现在利群步行街那个地方，他看人家带着几匹布，非要借人家两匹使使。那一看就是明抢，人家能借给他？结果就把人打死了。”

崔志刚讲的另一个案件，则发生在军警之间。当时“有一个汽车连在大连路，就在大连路农贸市场那，过去是交通局的一个车队。里面有一个开车的，不当兵，出来开一个小轿车拉客。也不知怎么的把警察得罪了，把他整了一下。这个伙计原来没当兵，后来当了兵，在国民党陆军里面开车，开那种大卡车。他记仇，那天那个警察正好在辽宁路和华阳路拐弯处（值班），马路中间有个台子，警察都站在那个地方指挥交通。他开着个大车，一看是他，朝着他就撞上了。人没撞死，但是撞坏了。衙门就把这个人抓起来，抓到台东镇威海路那个地方，警察局四分局。抓起来以后，陆军就去要人，意思是我们的人你就随便抓？但是警察说，你们的人为啥撞我们，差点出人命，并且人家调查下来，确实是报复。见他们不放人，（陆军）不知从哪弄来的机枪，都拿去了，在墙上、门口架了好几挺机枪对着里面。说放不放？不放，接着就突突（开火）。里面那些警察被逼得没办法，到最后也就把人放了。”

崔志刚讲述的两件事涉及了军、警、民三方，彼此的不信任与仇恨都已逾越了秩序的边界，并且不以秩序化方式收场。在黑云压城的时刻，强力的肆意妄为正变得愈来愈日常化。

## 徒劳

**1948年7月14日青岛油坊公会向工业会喊话："今本市募集委员会竟将特捐着工商团体设法摊筹，实属违反募集本旨，再以摊派数目论之更属有欠公允。"**

1946年5月，东莱银行青岛分行在清理天津路旧址房间时，发现了20余箱石陶器，一时成为一个不大不小的新闻。说事情不大不小，是因为光复后的青岛，各种稀奇古怪的消息满天飞，20箱布满尘土的石陶器如果不是在刘子山的东莱银行现身，根本不会引起人们的关注兴趣。政府接报后确认其"具考古价值"，很快就令教育局前往接收。[1]

这个时候，在昔日华商云集的天津路，踉踉跄跄的东莱银行已近乎和石陶器一般苍老。所有的人都眼盯着前方，想象着"山海重光"的绚丽。

光怪陆离之中，本地制造业领头人尹致中又迎来一轮高光时刻。

1946年7月全国工业协会青岛分会发起创办高级工业职业学校，青岛交通银行王绍季、工业会会长尹致中、华新纱厂总经理周志俊、中纺青岛分公司经理范澄川、造胰公会理事长陈从周、建筑同业公会宫子谦等15人成为董事会成员。同年9月，全国工业协会青岛分会就高级工业职业学校捐款事宜致函中国工矿银行青岛分行："本会为造就工业技术人才，以供国家及各大公私事业之需要起见，爰发起举办青岛市高级工业职业学校。惟事体庞大，独力难支，经呈准政府当局拨给前日本小学校（四方奉化路27号）作为校址，并蒙绅商各界慨然输捐，力予

[1] 青岛档案馆.关于东莱银行存有物品饬第一科派员同教育局点收列册的函[A].1946.

赞助，不惟莘莘学子有所利赖，即本会同人亦深为感激。兹为便于支取起见，拟请台端将所认捐数目送交河南路中国工矿银行青岛分行，存入高级工业职业学校户头，以资应用。既承宠惠于前，后请任劳于后，深觉抱歉，当此乞原谅为荷。”9月19日及10月18日，中国纺织建设公司青岛分公司缴存中国工矿银行青岛分行2000万元捐款。接下来，中国国货公司青岛分公司捐赠300万元，声言“戋戋之数，聊尽绵薄”。一年后，青岛大福染织厂、永裕盐业公司、大信化学工厂等亦相继捐款100万元至300万元。

战后，范澄川领导的中国纺织建设公司青岛分公司接收了被没收的日本八大纱厂的全部资产，以及由水清沟原日资丰田式军火工厂改组的中纺青岛机械厂，一统江湖，成为本地纺织业的庞然大物。1946年11月7日，《青岛时报》刊登了一篇中国纺织建设公司青岛分公司第二厂的采访，描绘了一幅诗情画意一般的厂区景象：“第二厂坐落在四方车站的附近，厂的背后是一片灰色的海，进了大门，秋树、花圃，别是一番风味，清洁的像没有一点灰尘。”这里之前是日本内外棉纺织株式会社。中国纺织建设公司青岛分公司接收后，换了主人的日本内外棉纺织株式会社面貌依旧，气息却已大不相同。范澄川是长沙人，组建中国纺织建设公司青岛分公司之后，其工厂不收北方人的传言不绝如缕。

华商私人资产的盘点归还却步履蹒跚。前山东巡抚周馥和儿子周学熙沧口

1946年辽北路、嫩江路拐角的中国纺织建设公司青岛分公司职员宿舍

华新纱厂的资产最终只能以赎回的方式重续前缘。华新纱厂董事周志俊费了九牛二虎之力，付出17亿的代价，才如愿以偿。1946年11月11日华新纱厂办理移交手续，次日召开复业大会，工厂上上下下可谓皆大欢喜。[1]

办学校是百年大计，一片静好，温情脉脉，故土难离情理之中，拉帮结派也就在所难免，可求生存却是当务之急。百废待兴之时，尹致中和青岛工业协会接下来一年的紧要事务是解决按下葫芦浮起瓢的劳资纠纷。

1947年10月4日，青岛市工业协会向各工业同业公会发出通知："近来本市各工厂时有劳资纠纷，工方恃众要挟、罢工威胁，甚或殴辱厂方重要职员、捣毁厂房等事发生，致影响生产至巨。本会因鉴于此，为共谋厂方安全、劳资调协，拟联合本市各工业同业公会商讨办法。经于本会第七次常务理事会决议，定于本月9日（星期四）下午2时，邀请各工业同业公会理事长、常务理事在本会举行座谈会，以期交换意见，共谋对策。除分函外，相应函请贵会查照。事关我工业界本身利害，务希届时莅临出席为荷。"[2]

1948年1月18日上午，青岛市工业协会理监事及各工业公会理事长召开调解劳资纠纷紧急会议。尹致中主持，程守恭、孙香圃、李绍权、孙子玉、柳居静、刘雨亭、李荫堂、江鹤泉、张义修、张明庭、吴剑峰代范澄川、李峻宸、王宫普、徐振奎、贾致和、曲氏代黑子贞、翟景林代孟广基、于普天、孙德山出席，陈自忠列席，宋云程记录。

会议记录显示，主席尹致中首先报告开会主旨，谓日来各厂发生工潮，情势严重，特邀请大家商讨应付对策。另外，已往劳资纠纷调解时，本会及各工业工会均无出席申诉机会，应请政府予以纠正。会议讨论了四个事项。

> 一、以往劳资纠纷，每由社会局派员调解，谨邀同总工会或产业公会出面，而无工业协会或工业同业公会代表，致使社会局调解既感困难而资方亦无申诉机会。拟请社会局嗣后调解，应邀同劳资双方代表参加。可否，请公决案。决议通过。
>
> 二、以往社会局调解，工人时常不予接受或抗拒命令，致纠葛反

[1] 华新纱厂昨日开会庆祝复业[N].青岛时报,1946-11-13(3).

[2] 青岛档案馆馆藏档案[A].420(3).

而扩大。拟建议政府成立劳资纠纷仲裁委员会，由市政府社会、警察两局，绥靖区部、市党部及工业协会各派代表组织之；如调解不成立，再依法律解决；倘工人聚众威胁、罢工，即由绥靖区、警察局派员取缔。可否，请公决案。决议通过。

三、关于工贷、外汇分配、燃料限制出境及工厂安全等问题，业与本市各有关机关接洽，难有效果，但尚无具体实现，拟派员赴京向中央请愿接洽。如何，请公决案。决议：通知各业公会搜集资料，于星期二下午2时召开会议，推派代表赴京请愿。通过。

四、为解决目前各工厂紧急工潮，计凡力量薄弱之工厂，可申请本会安全组协助交涉解决。决议通过。[1]

鉴于战后青岛地方工业规模不断壮大，工商自治体制的一个显著变化便是工业会的成立。制造业作为一个自成一体的工业系统，从商会剥离出去独立运行，形成更有效的政治结构。实质上，这也是响应中央政府拟定的《工业会法》的一个积极举措，以“谋划工业之改良，增进同业之公共利益”。对已经逐渐成为工业重镇的青岛来说，这次行业门类大分离，同时也是势力范围重新划分的机会。尽管时局纷乱，工业会的整装待发，依然标志着青岛城市功能发生了一次历史性嬗变。

1947年10月15日，王绍文主持召开了青岛市工业会筹备委员会第一次会议，就建会宗旨、机构、工作重点以及会务细节进行了协商。孙香圃、孙子玉、王新元、姜星五、胡铭新、高鸿南、李瑞周、于普天、杨凌云、曲建堂、陈从周、孙德山以及周志俊、孟礼先的代表等出席会议，涉及纺织、染织、靴鞋、木器建筑、烧酒、机制木材、金属品冶制、造纸、磨坊、印刷、制胶等公会。

其中，出任青岛市工业会筹备委员的胡铭新，是新盛泰创办人胡秀章的长子。自20世纪40年代开始，胡氏家族在山东路110号的新盛泰就由其担任经理。而期间胡家控制的工业投资除了新盛泰皮鞋，还包括华盛火柴、华丰面粉、新盛泰济南分厂与徐州分店、华丰皮革制造、华丰肥皂、福华电料行等多项，参股工厂则有阳本印染厂和青岛制镜厂等。而在不动产上，胡家持有的房产则包括威海

[1] 青岛档案馆馆藏档案[A].92(3).

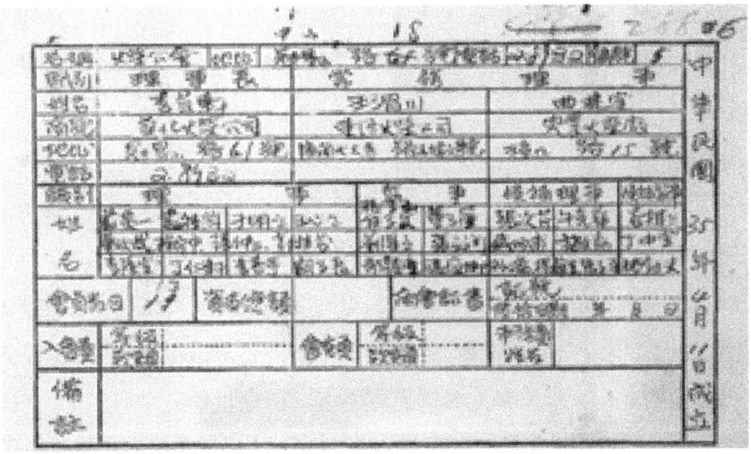
中華民國35年4月11日成立

備註

○ 火柴公会组织情况表

路以南地块占地面积约2500平方米的砖瓦结构建筑，威海路以北地块占地面积约2000平方米的砖瓦结构门头房和木板结构民居，昆明路地块占地面积150余平方米的新盛里砖瓦结构平房，四川路地块靠近后海的砖瓦结构平房，另外还有在济南、台北的地产，以及威海路231号的一幢两层住宅。

在胡铭新长子胡兆彬的记忆中，胡铭新的住处位于威海路231号，是一栋两层自建住宅，上下各200平方米，另有80平方米半地下储藏室。一楼有便门通向归化支路。1939年开工于1940年建成的胡宅，平面呈“L”形，钢筋混凝土结构。住宅使用功能齐全，二楼有会客厅、书房、卧室、餐厅。会客厅内配有沙发、地毯、吊顶风扇、落地式收放两用机，墙壁挂有油画；书房藏有二十四史和中、外文版图书。庭园里，栽着多种树木花草。这栋建筑为台东八路以东唯一的一处现代式样楼房。[1]

参与筹备工业会之前的1946年4月，胡铭新已出任靴鞋公会的理事长。

而在1947年10月筹备工业会之前三个月，作为染织公会理事长的王绍文，则已经以“在工业会担负职责”为由，辞去了青岛市商会监事的职位。尹朴斋、王绍文与张德三在1946年6月被推举为商会常务监察委员。籍贯烟台的王绍文，毕业于烟台益文商业专科学校，1936年移居青岛，1939年10月与人合资在沾化路3号

[1] 此部分参考胡兆彬撰写的新盛泰创建史，未刊稿。

甲开办丽新织染厂，股东有昌乐籍王宣忱、黄县籍曲拯民等五人，拥有40台织布机，生产线呢派力司。王绍文主持的染织公会跨越了沦陷和光复两个时期，相继在台东镇和兴路、泰山路办公。

工业会筹委会当选的筹备委员有尹致中、王绍文、陈从周、毕天德、李代芳、于普天、张明庭、徐一贯、周志俊、范澄川、孙德山、江鹤泉、姜星五、胡铭新、曲建堂。比照1923年胶澳电气股份有限公司的中方发起人名单，工业会筹备委员已是全新一代，多受过高等教育的熏陶与训练，专业性与职业化色彩一目了然，全然没有20多年前那一代商人的暮气。然而，对这个名单中的绝大部分人来说，历史留给他们大展拳脚的时间已经不多。所谓世事有常与无常，城市场域与机遇，都不过是舞台上表演者的戏码。舞台换了，场域与机遇自然改换门庭。

不过，在1947年秋天的时候，包括王绍文在内的大部分工厂主并不觉得一场原汁原味本土工业戏剧的谢幕会近在咫尺。

1947年冬天，在市长李先良的主持下，工商业人士参加了冬令救济筹募委员会成立会，食油公司徐望之、摊贩互助会李鹤峰、鱼市场张玉芝、卷烟公会陈耀西、运输公会王景夏、齐鲁公司戴兴同、油坊公会郝耀先、靴鞋公会胡铭新，以及李荫堂、宿溪南、苗会卿、刘欢曾、曹湘亭、于略章、陈丛周、姜建甫、刘子明、纪华亭、王文坦、贺仁庵、邢品三、王信民、刁洪光、李彦和、王向亭、奚恒如、王志超、张德三等人一一到场。

会议议决的筹募方式为每一商店至少筹募捐款10万元，每一工厂至少募捐50万元，资本小者至少捐10万元。各商店、工厂以领有社会局营业执照者为标准；各区富户由区保长负责募集，随意乐捐。商店组设筹募队长赵镜海及副队长苏会卿，工厂组设筹募队长陈丛周及副队长李彦堂，并确定各筹募委员每人至少捐款100万元，以为示范。[1]

表面看上去，压力之下，各种工业复兴的工作依旧在有条不紊地进行，其中包括范澄川领导的中国纺织建设公司青岛分公司对日本工厂最新机械设备的技术分析。1948年4月7日《青报》报道，相关研究业已完竣："青岛为华北沿海要港，交通便利，气候冬暖夏凉，最宜兴建纺织业。前日人在此曾设有纺织厂

[1] 青岛档案馆馆藏档案[A].193(3).

八家，我政府于此次抗战撤退时，曾将各厂彻底破坏，日人旋即恢复，而所有机器设备多为一九三七至一九三八年日本各制造厂家最新出品，其优良足够世界水准，战后由中纺接收。顷据该分公司负责人称，该分公司为谋得青岛各纺织厂优点，推及全国，特于年前遴选技术人员若干人，组织特点研究室，现该项工作业已完竣，各项特点均经用照相图表出或机械制图法绘出，并作详细说明编印成册，共约数百页。拟分送国内纺织界，作为技术改进蓝本。”

工、商两会尽管分了家，但依然需要合作。1948年3月21日，两会的若干同业公会在中山路国际俱乐部共同宴请了经济部天津工商辅导处专员郝瑞亭。郝氏此行的目的是奉命视察青岛工商业情形，所以商会提前通知就餐者尽量准备充足材料，以准确反映本地工商业的困难处境。饭是两会出面请，但商会事先亦说明，参加者需自带餐费25万元。

姗姗来迟的青岛市工业会，1948年6月16日在兰山路市民礼堂成立。384个工业单位出席，大会主席尹致中和青岛市市长李先良分别发表讲话。尹致中表示：“中央政府自去年颁布工业法后，全国各地相继准备成立工业会，唯本市方面因环境特殊，故自胜利以来，未能发挥出全部力量。今后我们获得法定地位与立场后，应加倍努力，以达成工业建国之任务。”[1]大会讨论了青岛市工业会章程后，选出25名理事，尹致中得票最高，为322票。但当天，工业会的常务理事和理事长的选举并未完成。一周后的6月22日，青岛市工业会在中山路1号国际俱乐部召开第一次理监事联席会议，尹致中当选理事长，于普天、范澄川、杨子南、张明庭、周志俊、王绍文当选常务理事。[2]

与工业会成立相衔接，6月10日，社会局已核准尹致中辞去商会常务理事一职，并确认遗缺由钱业公会理事长王作恭补充。在核心人员上，商会与工业会的切割貌似已陆续完成。至于几十年下来本地工商业打断骨头连着筋的复杂股权瓜葛，一言难尽的人情世故，则一如既往，一概照旧。

1948年6月29日，工业会第二次常务理事会议在中山路46号召开，会员等级审查显示，青岛工业企业有铁工业155家，铸造业10家，火柴业16家，棉纺织业

[1] 青市工业会昨日成立[N].青岛时报,1948-6-17(3).

[2] 工业会昨开理监会议[N].青岛时报,1948-6-23(3).

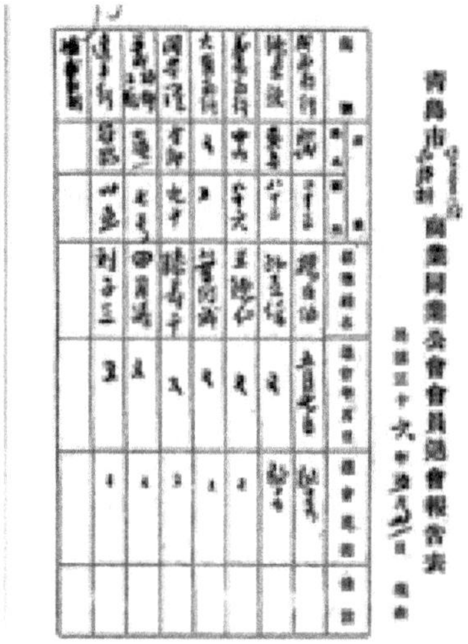

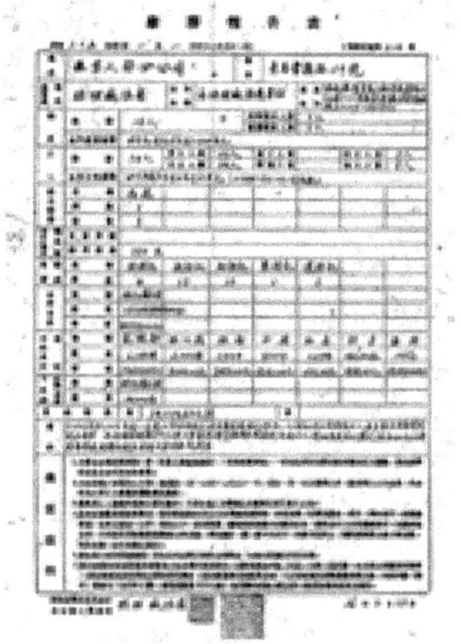

○ 1947年5月化学工业药品颜料公会退会表　○ 振业火柴分公司1946年度报告表

17家，造纸业14家，肥皂业24家，面粉业27家，非公会会员66家，共计339家。营造、印刷两业因要求自行拟定等级，数据未报会审查，故没有计算在内。[1]

这次会议报告、讨论的重要事项多涉及捐费，包括救济特捐的征收和会费缴纳。会议的焦点集中在此次青岛征收特捐标准与规定的冲突，与会者对如何办理争论不休。同时，制革公会理事长提出，该会会员均属家庭小工业，无力负担最低级会费，要求变更纳费办法。另外，青岛工业界物资出境通行证过去由商会代办，工业会成员认为多有不便，拟请绥靖司令部将涉及工业方面者拨归工业会代办。

1948年7月14日，青岛油坊工业同业公会鉴于救济特捐配额不公且缴纳周期紧迫，明确提出拒缴，并向青岛市工业会喊话："查救济特捐系以富豪为课征对象，今本市募集委员会竟将是项特捐着工商团体设法摊筹，实属违反募集本旨，再以摊派数目论之更属有欠公允。商业公会会员在400余家者仅摊到十四五亿，在200余家者不过十亿左右；而工业方面则格外加重，以本会会员30家之数，竟能摊到五亿之巨。若与商业两相比较，不啻一与十之比。即以营业现状观之，商

---

[1] 青岛档案馆馆藏档案[A].68(2).

○ 战后中山路街景

业会员每日尚有营业可作，而工厂业务则全部停顿，此种不合理之摊派实难认领。为此函请贵会查照，希以领导资格提出交涉，关于是项特捐拒绝接收，即万不得已时，亦须工、商双方合理负担，以免苦乐不均，至为感荷。”[1]

重压之下，青岛市工业会举步维艰，迫不得已在7月20日致函青岛市参议会，呼吁减免救济特捐：“查救济特捐之拟议原在抑制巨富豪门，其性质纯为财富捐之一种。德良意美，凡属国民无不佩增。惟其募集之对象，不问贫富一律包括在内，而其课纳之范围，复限于工商各同业公会，似与募集救济特捐之原意大相径庭。按特捐之募集乃在节制资本，挽救社会经济之困窘，达成有钱出钱，有力出力之目的。今则原意变质，殃及工商，初非始料所及。按工商各界原非尽属巨富豪门，而巨富豪门亦未必尽为工商，乃特捐之募集尽以工商为对象，何啻南辕北辙。况我国工业无非零星资财集腋而成，或千或百，何能目为巨富豪门。且本市同业公会不下百余家，今则募集之对象仅寥寥25家，何者应予募集，何者应予摒除，有无法律依据？况公会不过为人民团体之一种，其本身原无任何财产，

[1] 青岛档案馆馆藏档案[A].73(2).

何能厘定贫富。若以会员之贫富而定公会之标准，则此公会之会员未必尽为巨富，彼公会之会员亦难谓全为赤贫。是此种摊派虽属失平，无待赘言。”

炎炎夏日，工业会向青岛市参议会大声哭诉：“本会在工言工，现工业之生产不为囤积已成铁之事实，兼之通货膨胀，原料缺乏。我国工业已濒崩溃之境，各工厂停工、歇业者日有所闻，残喘挣扎不堪寓目，且税收五花八门，摊牌繁多，早已不胜荷负。倘再绳予课征，何啻扼其死命。贵会为人民喉舌，谅有同感，为此函请鼎力协助，代为呼吁设法减免，国家幸甚！工业幸甚！”[1]

青岛市工业会可谓生不逢时，一开门，特捐就成了众矢之的，招致天怨人怒。里里外外，孰是孰非，活脱脱像一出罗生门。而尹致中领导的青岛市工业会俨然一曲挽歌，期期艾艾地唱给了众多“残喘挣扎”的工厂。

1948年很快过去，尹致中工业幸甚与否的判断也将很快失去意义。一个新的时代已经到了青岛的大门口。

1948年的几次青岛市工业会理监事暨各公会理事长联席会议依次由尹致中、于普天、王绍文担任主席。同年10月，王绍文还以工业会理事身份兼任本市物价评议委员会委员。

1949年1月，王绍文主持召开了青岛市工业会第十次理监事暨各公会理事长联席会议。而从1949年2月和3月召开的第十一、第十二次联席会议记录看，其已在出席者名单中消失，两次会议的主席都是张明庭。

[1] 青岛档案馆馆藏档案[A].68(2).

# 飘摇之舟

1948年10月青岛市商会《二年来工作概要》中写道："本会虽对政府工商法令竭诚推行，本市工商疾苦尽力呼救，终未能达到预期目的，滩无建树，引为遗憾。"

从青岛新城开发一直走到百废待兴的战后，约50年过去，青岛商人的商帮形态始终牢不可破。如台东镇昌平路的东盛福合记酱园，李润生、李汇泉、刘福九这些股东、铺伙都是潍县人。在喧闹嘈杂的城市，彼此熟识的乡里乡亲操持着传统的酱园生意，散发着无处不在的乡土气息，却离着乡土越来越远。

回不去的故乡，聚合成乡愁。

1947年伊始，寒风凛凛之中，青岛市商会忙着给李先良发起创办的抗建学校筹款。1月28日其给绸缎公会摊派了超过100万元的指标："本市抗建学校经李市长创办以来，成绩卓著，惟以集款困难，发展不易。兹为筹募基金，发动赛马捐款，准函送摇彩票5000张，嘱代分销，共收普效。事关提倡教育，自应赞助，除分函外，相应随函送上摇彩票231张，每张5000元，共计总额1155000元。务希贵会代为推销，共襄义举，并请于5日内将票款送缴本会，以便汇转是荷！"[1]

商会日常运转，会费是重要支撑。20世纪30年代以后，青岛市商会的会员会费缴纳标准根据规模大小分为福、禄、寿、吉、祥、财六个等级。福字最高，级数36；财字最低，级数1。1947年末，经济萧条的冲击四处蔓延，青岛工商业经营举步维艰，三聚成、泰丰当、福康号、天信成、福盛德、亚细亚旅社、同业公春

[1] 青岛档案馆馆藏档案[A].255(3).

记、顺记、骏丰商行、永立制革厂、肥田骨粉工厂等会员恳请商会准予降低会费等级的呼声不绝如缕。

1947年5月28日，在王芗斋的汉奸案暂时告一段落的时候，杂货商义聚合的业主王德仁病逝，义聚合的业务随即结束。该号以歇业为由向青岛市杂货商业同业公会提出退出，并辞去该号张星五担任的监事职务。这一场突然的变故，让掖县王德仁、王德聚、王德合三兄弟在青岛20年风生水起的传奇合作终告偃旗息鼓。

1927年的商会调查记录显示，39岁的掖县籍王德仁与43岁的同乡王振六在保定路出资开办有义聚和钱庄，由同为掖县人的王德聚担任经理。贸易商义聚合与义聚和钱庄的紧密资本关系由此显露端倪。

一年后，王德仁与王振六这两个掖县同乡解除投资合作关系，王振六另行开设福聚和，代理买卖物产期货，到1940年发展为福聚和钱庄，股东包括王振六、王盛德、李福田、王鸿业、李树敏，地址仍然在保定路。两年后的1942年，福聚和钱庄改组为银号，制定了聚和银号股份有限公司章程。

王德仁与王振六的商业拓展路径大差不差，也是物产贸易叠加银钱业，但由于三兄弟齐心协力，资本规模与扩张速度就非王振六所能企及了。1942年12月的一份土产业公会会员登记表显示，山东路78号义聚合的股东为王德仁，经理为王升三。王德仁此时的住址为湖南路55号。但两年后青岛市商会的另一份调查表明，登记地址依然为山东路78号的义聚合银号的股东构成复杂了许多，包括平度刘为志，掖县王升三、王芗斋、王仁堂、王少臣等17人，经理王芗斋。但如果把王德仁、王德聚、王德合三兄弟的不同名字和义聚合银号的大股东逐一对应，困惑就迎刃而解。实质上，王德聚和王升三是同一个人，王德合和王芗斋亦为同一人。

56岁的王少臣作为义聚合银号大股东之一，登记住所为湖南路55号，与王德仁同址、同龄，似为同一个人。推算下来，1947年5月王德仁逝世的时候，得年59岁。

另有文献显示，20世纪40年代早期王芗斋的登记住址也是湖南路55号。如此来看，王德仁、王德聚、王德合三兄弟在青岛也许有很长时间是一起生活的。

王氏兄弟应为四个，依次为王德仁、王德义、王德聚、王德合，也就是王少臣、王仁堂、王升三、王芗斋，但排行第二的王德义并不在青岛。1941年8月1日，青岛义聚合曾致函商会，称上海玉兴号经理王德义携带自备比克牌汽车一辆来青避暑，请出具保证书，以向中国联合准备银行外汇局办理进口许可。当天，王芗斋即以青岛市商会副会长的身份向中国联合准备银行外汇局出具了保证书。两兄弟如同左手和右手，这份手续的煞有介事，就令人不禁捧腹。一晃六年，天翻地覆，王氏兄弟曾经风生水起的日子已渐行渐远。

1946年夏末以后的一年半中，青岛各同业公会的执掌者频繁易人，眼花缭乱的人来人往，令人目不暇接。1946年8月，黄酒公会理事长战警堂辞职，执行委员姜星五接任；10月，磨坊公会理事长李德卿辞职，林宏一接任。1947年5月，百货商业公会理事长宁锡嘏辞职，陈立甫接任；6月，制革工业公会理事长侯善亭辞职，刘雨亭继任；12月，银行商业公会理事长戴翘霖辞职，陈图南接任。

几年之间，青岛乾坤颠覆。战后拼了命想办法进来的人，又开始拼了命想办法出去。其中，衣食无忧的有钱人是主动出逃，衣衫褴褛的无家可归者则是被驱离。1948年1月20日，青岛市临时救济委员会以"发给奖励金"的方式，鼓励滞留青岛的难民转地谋生，同时承诺："凡持本会给予向外谋生证明函件之难民，搭船时一律惠予半票搭乘。"[1]

无奈渠道有限，日复一日的混乱便渐成常态。1948年3月13日，青岛市轮船商业同业公会面对码头上人满为患的出离者无计可施，只好要求当局增派警宪协助阻止无票乘客强行登轮："据查本港出口轮船时有无票乘客强行登轮，不受制止，并与船员发生冲突，实属扰乱秩序，有碍航行安全。经电请第十一绥靖区司令增派警宪协助纠正。"交通部天津航政局青岛办事处随即电复提醒："切实注意检查，希转各轮船公司知照，借时与码头检查站密切连络为要。"[2]

接下来，轮船商业同业公会的一众人还要面对救济特捐这块烫手山芋。1948年8月20日，叶春墀作为主席，召开了轮船商业同业公会第二届第九次理监事联席会议，着重讨论筹办政府15亿救济特捐事宜。除了叶春墀、傅纫秋、王兹东是本人到会外，苏大炽、贺仁庵、高懋亭、浦禹峤、胡畏、刘梅村、方重都是派

[1] 青岛档案馆馆藏档案[A].898(3).

[2] 青岛档案馆馆藏档案[A].888(3).

代表出席。会议记录显示，救济特捐15亿元迄未筹办，未便悬搁，决议："照原额15亿元筹缴，各家摊数列设。长记公司认捐5亿元，招商局、中兴公司各认捐3亿元，民生公司1亿元，实业公司8000万元，肇兴公司7000万元，瑞丰公司5000万元，公祥船行2000万元，太华公司、中华公司、利达商行、泰星公司、永昌船行、联合公司、天航公司、北洋公司各1000万元，惟招商局所认之3亿元须呈总局核准能确定。"[1]

在战争的阴影下，青岛一城日趋风雨飘摇，难民聚集，物价飞涨，饥饿难耐，人心不定。

因为一场猝不及防的暴风雪，1948年1月下旬青岛的气温一度降到零下11摄氏度，出现了罕见的奇寒天气，鹅毛大雪随风飘舞。到红十字会粥厂领粥的难民几天就增加到1900多人。因为临近春节，红十字会又再度筹措粮食，将分发给每一个难民的热粥增至双份，并另加五斤小米过年。

天灾人祸之下，死亡每时每刻都在发生。1948年8月17日，《青岛晚报》披露："青岛的一日间，死亡不断发生。"当天早晨武城路棚户区和东乡东路发生多起死亡悲剧。武城路的死者是一个五岁女孩，怀疑死因是雨后伤寒不治。东乡东路的无名男尸在路口厕所被发现，年龄约20岁，貌似乞丐，尸身陷入粪坑，手上还握着一块馒头。

更多活着的人在为"一块馒头"你抢我夺。1948年10月17日，外埠某报在头版刊登《青岛购米图》，以"专电"形式直击市井哀号："青抢购风日甚，各百货缎布店凭身份证每人限购一件，食粮此间亦有钱买不到。粮店仓库冻结，市上无人卖米，黑市价格超过限价甚大，市民虽凭身份证向存粮商购粮，但限十五市斤，不独买不到，而且挨不上号。一般家庭主妇们莫不拥挤于米店门口，人群中哭求哀号，但大部分仍望米兴叹。"

同一时间，一些同乡会馆开始以提高房租的方式抵御涨价带来的恐慌。以江皖苏浙旅青同乡会馆为例，1947年6月17日其给洋服同业公会发函称："近来物价飞涨，捐税亦骤增数倍。本会馆之房租月入不敷支出，故不得不酌予增加。兹经本会整理委员会第五次整理委员会议议决，所有本会之房屋租费自七月一日起照

[1] 青岛档案馆馆藏档案[A].907(3).

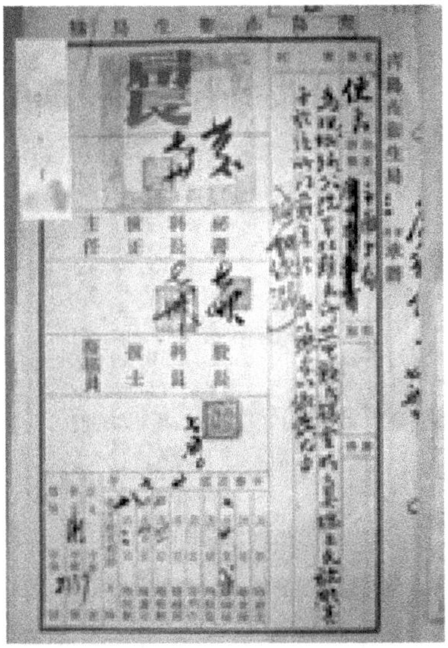

○ 1948年7月的一份台西镇难民档案

原租价加三倍收费等语记录在卷。查专处所租之房屋于七月一日以后每月应缴房租叁万六千元。”大鲍岛坡上的江皖苏浙旅青同乡会馆，就是俗称的三江会馆。1946年10月，洗衣补染同业公会亦将办公地址从云南路搬迁到三江会馆，并由该会理事长高景先呈报商会。

1948年7月28日，河北路15号庆祥恒经理胡鼎臣就分配救济捐款等级有欠公平一事，致函纱布公会理事长赵镜海抗议："镜海仁兄理事长惠鉴。多日不晤，良深臆念，此维与居多福公私绥和为颂无量。为本市今次之救济特捐事，原系以豪门为对象，经市长变通，办理由商会归各同业公会代筹。本会业经理监事决定分为四级，弟被列为二级。为响应国家戡乱，协助地方治安，弟自应策励捐输，毋庸赘言。惟弟连年生意境况诚非昔比，然为国家、为地方仍奋勉捐献，决不后人。惟查今次本会理监事所分配该项捐款等级殊欠公平，市面流有怨言，弟为此心有不平之感，深望吾兄详查事实，秉公处理，以释不平而完任务，则感激于无涯矣。书不尽意，特此奉恳，即请勋绥。"[1]

通货膨胀的困扰，对青岛市商会亦然。1948年2月，财政局致函商会，告知

[1] 青岛档案馆馆藏档案[A].303(3).

其所承租的中山路72号市产楼房暂按实用面积计租。面积合计220平方米，月租110万元。

中山路72号整栋房屋自然不止220平方米，商会之所以挤在如此狭小的空间，是因为其已将其余的房屋用以出租。

1948年8月，商会派朱学劭、蒋恩波、王元琏、徐鹤汀、国宗五、汉国瑞等六人协助筹组新商业同业公会。

千疮百孔之时，无力回天者自非商会一己。1948年10月商会编制的《二年来工作概要》承认：“本会虽对政府工商法令竭诚推行，本市工商疾苦尽力呼救，终未能达到预期目的，淮无建树，引为遗憾。”

遗憾声未落，商会就陷入劳资纠纷的漩涡中，动弹不得。1948年11月28日，青岛市商会就每月汇报劳资纠纷事件处理情形致函各工业同业公会，要求形成制度化机制：“本会第八次理监事会议据王监事毅群提议，为便于各业普遍参政起见，嗣后各工业同业公会会员如遇发生任何劳资纠纷事件，希于每月月终将经过事实及处理情形详细报告本会，以便查考，需经决议通过记录在

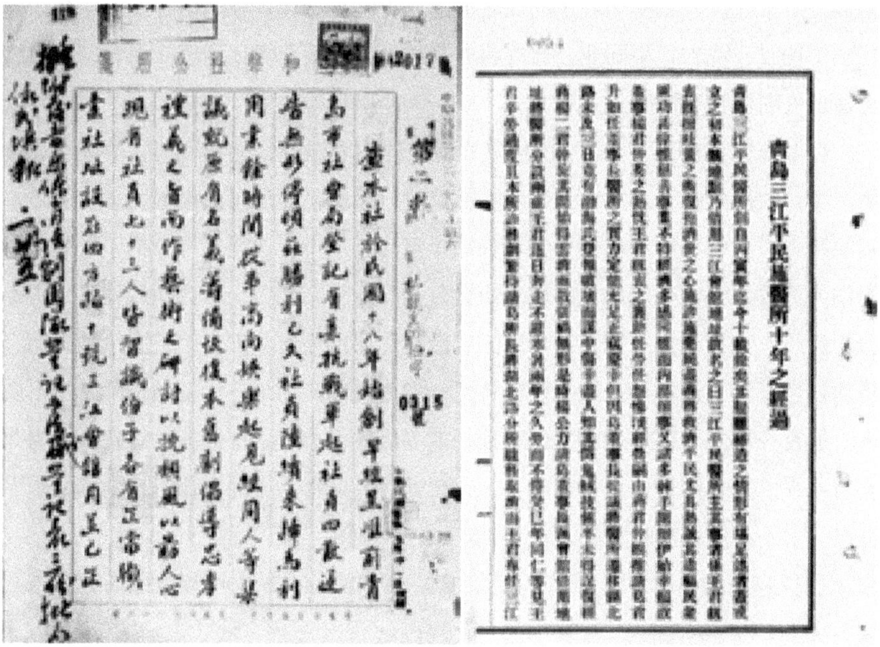
青岛三江平民施医所十年之经过

○ 在三江会馆成立和声社的申请书

卷。除分别通知外，相应通知，仰请惠下照办为荷。”[1]

1948年12月青岛市商会改选，通过修正的《青岛市商会章程》，李代芳连任理事长，同时成立商事纠纷调解委员会，并拟定章程草案。同期编制的商会器具杂品总册显示，会内计有写字台76个、书桌40个、大长桌41个、木橱58个、电话机19部、打字机3台、油印机6台，另有沙发28个、板椅117个、长凳186个、圆凳179个、玻璃壁51具、铁床22架、铺板286个。从统计数据看，其办公器具的种类和数量不亚于本地任一机关。除了中山路72号办公楼外，商会前后拥有的资产还包括天津路17号原山东省民生银行青岛房产、莱芜一路50号原法院院长戚运机的住宅。

1948年12月末，中山路上稀疏的过客行色匆匆，人心惶惶。对商会的一些头面人物来说，这是他们在青岛过的最后一个圣诞节，也是斑驳记忆中最缺少光彩的一个节日。日见衰落的中山路72号房屋的里里外外，寒气、惶悚、混乱、焦虑、不确定性像瘟疫一般蔓延，到处冰冷刺骨。走在飘雪的大街上，呢子大衣包裹的躯体颤颤巍巍，失魂落魄。接下来几个月，街巷中依次绽放的蜡梅、山茶、墨兰、水仙、迎春花依然无力回天，无法将一朵微笑固定在城市的脸上。

飘摇之舟上，工商业和市民面对的横征暴敛愈演愈烈，军政当局以自卫、绥靖、防御等繁多名目开列的捐费无休无止。1948年10月28日，第十一绥靖区司令官兼行政长官刘安祺向市参议会提案，拟扩大筹集自卫特捐及绥靖临时费，并详细罗列了认捐办法。

以法人为征收对象者：一般工商业自卫特捐；银钱业自卫特捐；提高棉纱征捐底价；食盐自卫特捐；汽油自卫特捐；房租收益自卫特捐；飞机、轮船票附加自卫特捐。

以自然人为征收对象者：拟即举办富户特捐。特级375户，每户每月纳100元；甲级750户，每户每月纳50元；乙级1500户，每户每月20元；丙级2000户，每户每月纳10元；丁级2900户，每户每月纳5元。合计每月可征收139000元。

以上两项每月共征收1146260元。

[1] 青岛档案馆馆藏档案[A].611(3).

青島市商會第一屆改選職員名冊

○ 1948年青岛市商会第一届改选职员名册

○ 1948年底青岛街头的福特汽车广告

统计显示，从1948年10月到1949年2月5个月的时间内，第十一绥靖区司令部行政公署经理委员会征收的各种捐费多达亿元。

1948年10月，自卫特捐收入九万一千五百零五元一角六分；11月，自卫特捐收入七十四万七千四百八十三元四角九分，绥靖临时费收入三百三十四万九千零四十元，防御工事费收入四十四万八千二百二十七元。以上共收入四百五十四万四千七百五十元四角九分。12月份共收入五百三十九万七千六百九十五元十五角五分。

1949年1月份共收入二千七百零六万二千四百三十元五角五分，2月份共收入一亿一千九百零五万三千五百三十元七角六分。

综合以上，总收入一亿五千六百一十四万九千九百一十二元五角一分。

此时青岛已成孤岛，围城之中，前途迷茫，商人社会的日常秩序演变成去与留的生死赌局。危机四伏的时局下，商帮瓦解，商人四散奔逃，青岛市商会这个本土经济组织试图平衡航向的最后努力很快就功亏一篑。至此，青岛跌宕起伏的旧商会、商帮、商人运行史实质上已宣告终结。

# 三婆烧酒和霍乱的隐喻

1949年5月10日青岛海港检疫所函告轮船公会：“为防治传染病并保护市民健康起见，特定自本年5月11日起开始霍乱预防注射。凡由青往返旅客均须接种牛痘及注射霍乱防疫针，方准启程或登陆。”

1949年元旦正午，青纺第一针织厂的200员工和400眷属用员工捐助的4350元金圆券，挤在工厂仓库的会堂里举办了一场新年同乐会。同乐会的主题使用了极夸张的八个字：“普天同庆，宇宙同欢。”厂长致辞完毕，女工开唱《人隔万从山》《红灯酒绿夜》等流行歌曲和乡村杂曲《王大娘补缸》，接下来就是成立月余的工人业余剧社演出《坐宫》《骂殿》。第一针织厂在青岛纺织企业组团里是小厂，前身是创建于1928年的和顺染织厂和1941年开工的大信针织厂。因为人少，从合并开工到1949年元旦之前，第一针织厂始终不曾举办过一场正经八百的聚会，如此一乐呵，倒是驱散了不少晦气，皆大欢喜。不过，年轻女工的一曲《人隔万重山》还是让人心头一紧，禁不住热泪盈眶。

“相见难，泪偷弹。长倚画栏终日盼，望穿秋水空等待。人隔万重山，想东风，阵阵吹。一腔愁思吹不散，只因情身恨也深。人隔万重山，忘记当年事。月下起誓愿相爱，因何把约背，难道你以忘怀。音讯断，心欲碎。旧时欢笑成梦幻，一去犹如石沉海。人隔万重山。”

在1949年的第一天，第一针织厂600人的快活注定昙花一现。这场同乐会花费了4350元金圆券，按照当天四方路瑞芬茶庄的茉莉花茶价格，这些金圆券可买54.375斤茉莉花茶，600人平均每人分到半汤匙。如果买面粉，以1948年12月的中间价600金圆券一包计算，600人每个人可分得半斤。

半汤匙茉莉花茶或者半斤面粉换来的“望穿秋水”一刻，价值千金。

所有的都市，都是一个矛盾体。常态之下，各种矛盾彼此缠绕着，维持表面的均衡。但一旦异常状况出现，矛盾的极端对立性就昭然若揭。随着外部局势日趋紧张，青岛自抗战结束到1949年的四年间，凸显出社会矛盾不断升级的严峻现实。一边是重生后繁华街区随处可见的欣欣向荣，一边是城市犄角旮旯此消彼长的贫困交加。两种存在荒谬地寄生在城市的各个角落，真实并残酷地持续着。但匪夷所思的是，作为一个不断膨胀的容器，即便到了1949年春天生死存亡的临界点，青岛的城市秩序依然没有彻底崩溃。

阳光下面，冰火两重天。

城市里面，朱门饿鬼各行其是。

1949年1月第四天，小港口鸿大航业公司的一艘福盛利号船上，三篓烧酒被偷了。鸿大航业公司1月5日致函青岛轮船商业同业公会，请求协同破案：“敝公司代理福盛利船，载有烧酒29篓、土粉150包，于上月31日由天津入口，停泊小港口南码头，连日因巨风不息，海浪汹涌，如靠岸卸货，深恐船受风浪侵击，被码头碰毁，只得候风息再卸，以保安全。不料本月4日夜间1时，突有窃犯4人潜登船面，偷去烧酒4篓，正在抢装舢板之时，该船员等即行发觉，向前追捕该犯等。当将所窃烧酒3篓、抢装舢板一并疾驶而去，其余1篓未及抢去，摔于船面，已渗漏无多。当时该船因无舢板，故无法追拿。惟该船停泊小港，待卸货物，系属船只停泊区域，该犯等竟于深夜登船行窃，殊属目无法纪，胆大妄为。船方受此意外损失，委系亏累不堪。除函呈水上分驻所外，相应函请查照，惠予协同，设法追回原货，以恤商艰，无任感荷之至。”[1]

满城人心惶惶之际，福盛利号船在小港口南码头被偷的三篓烧酒委实算不得大事。天寒地冻时刻，小港外面被冷风荡涤的大街小巷上，黑压压一片饥肠辘辘的人群，以足令当局焦头烂额，无暇应付。在寒风凛凛之中，“法纪”的堂皇招牌甚至都不及一块遮羞布。

这一点，商会职员孙竞明自然看得清清楚楚。1949年1月10日孙竞明以神经衰弱为由，向科长王元链提出辞职。而实际上其与同一个办公楼里的主任秘书牟

[1] 青岛档案馆馆藏档案[A].881(3).

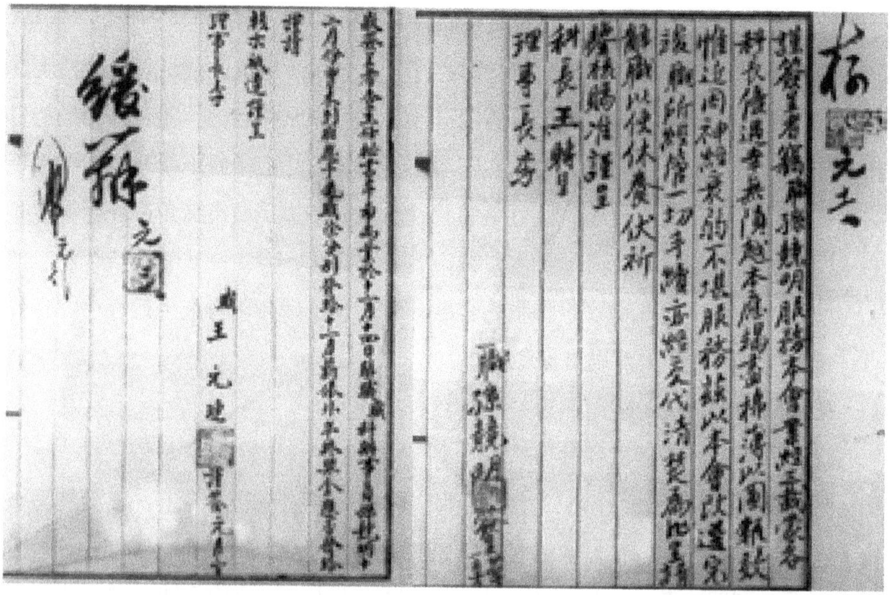

○ 1949年1月青岛市商会职员孙兢明向科长王元链及理事长申请辞职

希禹，自去年12月份就已不见踪影。与此同时，早年毕业于礼贤书院的尹莘农也离开青岛，去了海峡的另一边。

1月29日，农历己丑正月初一，几天后天津出版的《海王》旬刊登载了明涛的一篇《我们在生活中挣扎》，记录下这个惶恐新年的细枝末节："初一这天，蒙蒙的小雨整下了一天。除了汽车阶级出外去拜年的外，街道上静悄悄的。几家报馆也因春节停刊，所以连报贩小童也绝迹了。大概就因为这种寂寞的原因吧，谣言纷起，大家就都掉到这惶恐的旋涡里了。"[1]

1月30日，己丑年正月初二，青岛街头出现粉红色的解放军传单。传单一面写有"恭贺新禧"四字，另面印有告白："对不起，青岛的同胞们！你们处在水深火热中，迟迟地没有得到解放，你们忍耐点，我们马上就要来了！华东军区司令部启。"

1月31日，己丑年正月初三，在溪口过年的蒋介石决定放弃青岛。蒋经国在一份自述中记录："北平既失，父亲认为青岛形势，孤悬北方，补给困难，防守

[1] 明涛．我们在生活中挣扎[J]．海王旬刊，21(18).

不易，主张依原定计划迅速放弃。”

青岛这边，惶恐的旋涡转动的频率已经愈来愈快，愈来愈接近失衡。物资进出愈来愈严重的困境导致了青岛工商业运转的停滞。继1948年大量粮行倒闭之后，新一波关门潮几乎牵连了所有商业与工业门类。

1949年2月15日，上海路2号吉润商行因为“输出入苦难，业务停顿，不堪亏累”，向商会申请准予退会，一周后获准注销。吉润商行1934年1月开设，股东为荣成人孔宪泽、孔宪敏，由孔宪泽担任经理。吉润商行曾在1947年发行的一本《青岛指南》上刊登公告，罗列了一大堆业务内容，包括出口土产、草编、生油、生米、骨粉、发网、花边、猪鬃；进口五金杂货、工业原料、纸张、皮革、化学品、面粉、麻袋、新旧胶皮、新旧报纸；代理美商美亚保险公司、瑞商华铝钢精厂，代客买卖及轮船转运，全球各大口岸均有代理；销售自制精美樟木衣箱。1943年前后，孔宪泽、孔宪敏住在沂水路8号。这年43岁的孔宪泽已在青岛生活了20年。

伴随着吉润商行的终结，孔宪泽、孔宪敏两人的行踪也就此销声匿迹。而如吉润商行一般的商业衰落者，在1949年的早春遍地都是。

1949年3月12日，己丑年二月十三，丁卯月辛丑日，四方兴隆一路青纺三厂的技工刘能银与孙湘云在工厂俱乐部举办了婚礼。仪式简单、隆重，青纺三厂的厂长楼福证婚，工厂若干同仁参加、祝贺。这给黑云压城的日子增添了一抹暖意。可惜的是，这是新婚的纺织工人刘能银与孙湘云留在《青纺旬刊》第二卷第八期上的最后讯息，之后他们两人的人生境遇已无从查询。茫茫人海，如这对新婚夫妇一般的卑微劳动人群，在绽放出一抹灿烂的笑容之后，转瞬即逝。而青岛西边这一竖坚挺的工业脊梁，恰恰是无数个刘能银与孙湘云用生命一年年支撑起来的。

自1949年1月青岛出口商品实施通行证制度以来，物资外流情形依然时有发生。1949年3月5日，第十一绥靖区司令官兼行政长官刘安祺致函包括青岛市商会在内的各机关，以关涉民生甚大为由，要求调查青岛物资进出口产销、储存情形，控制物资外流，严禁走私，保障人民生计。

而青岛市商会在同一时期的作为却像一只无头苍蝇。在中山路商会办公楼来来往往的文件不外是奉命上传下达，深一脚，浅一脚，发出去了事，完全不顾效

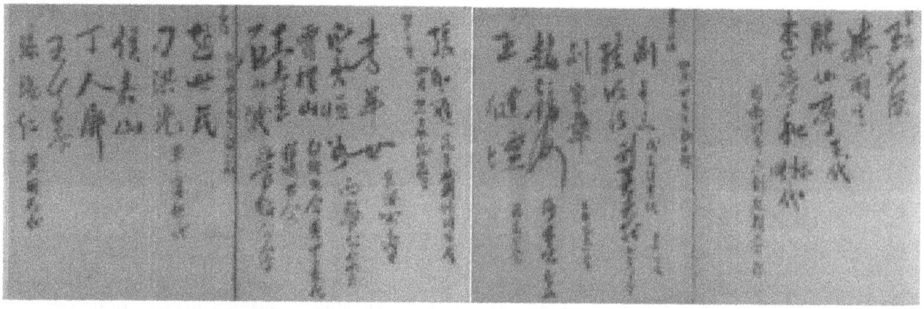

○ 1949年青岛市商会评议委员会签到簿

果如何。1949年3月23日，商会向银楼商业同业公会知照国民政府财政部3月12日电令，谓金融改革后金银已准自由流通买卖。5月23日，商会再向各同业公会抄发第十一绥靖区司令部暨行政公署颁布的安定金融办法。政令相互矛盾，商会根本无权解释，就只好当个一声不吭的传声筒，下面各个同业商业公会也依葫芦画瓢，向会员知会之后就悄无声息，一味装聋作哑。

1949年3月，青岛市商会以房屋不敷使用为由，欲将中山路72号的出租办公房收回，并通知青岛市总工会迁让。一个月后，商会第五次理监事联席会商讨接收馆陶路齐燕会馆事宜。1949年5月，商会第22次常务理事会决定接管齐燕会馆，筹建青岛市现货交易市场，先期设立筹备处，并请警察局派四名警员担任警卫。由商会主持在齐燕会馆设置现货交易市场的计划本就是应急措施，从1946年夏天开始筹议，先后因为中央海军训练团、要塞司令部驻军的迁移迟迟不能进行，拖延近三年无法实现。

1949年4月22日，青岛市政府秘书处就健康检查事宜专门通知理发公会，要求该公会依照从业人员名册，于4月27日星期三上午9时至12时，每人携带一寸半身照片两张，到秘书处卫生科诊察室听候健康检查。[1]

5月10日，青岛海港检疫所以所长艺日方的名义，就注射霍乱预防针一事致函轮船商业同业公会：“近来天气渐热，疫疾容易发生，本所为防治传染病并保护市民健康起见，特定自本年5月11日起开始霍乱预防注射。凡由青往返旅客均须接种牛痘及注射霍乱防疫针，方准启程或登陆。除布告外，相应函达。即希查

[1] 青岛档案馆馆藏档案[A].1113(3).

照。分别转知各船行为荷。”[1]

5月16日，青岛市商会准予了河北路15号纱布贩卖商庆祥恒的退会申请，确认注销会员资格。[2]春暖花开之际，“无力维持”的庆祥恒和其经理胡鼎臣就此销声匿迹。这份批准文件成为青岛市商会消亡前最后办理的日常事项之一。

5月17日，进出口商业同业公会鉴于理监事先后离青或歇业退会无法行使职权，致函商会声明情况，呈请社会局指令继任人选。自3月份以来，进出口商业同业公会召开的几乎所有会议的关注点，都是商讨如何让第十一绥靖区经济处在出口限制上网开一面，“顾念工人生活，提告工作效率”。

三婆被偷窃的烧酒和霍乱防治共同搭建的隐喻所指的方向一致，而愈来愈强大的改变力量已无法抗拒。颠覆，似近在咫尺。这一切，不论是商会理事长李代芳、轮船公会的叶春墀、纱布公会的赵镜海、洋服公会的高景先、海港检疫所的艺日方，还是以孔宪泽、胡鼎臣为代表的众多本地商人，都看得一清二楚。

选择迫在眉睫，但选择又谈何容易。

○ 期待春暖花开的城市

[1] 青岛档案馆馆藏档案[A].884(3).

[2] 青岛档案馆馆藏档案[A].303(3).

# 尾声

## 变革之始

1949年6月24日《胶东日报》刊登了渔业公司李应明在工商界座谈会上的发言："我们应放心大胆地有计划地来发展生产，把机器开动起来，烟囱都冒起烟来，人民政府是欢迎我们工商业发展起来的。"

1949年初春，在整个青岛工商业陷入迷茫之际，几十公里外的中国人民解放军青岛市军事管制委员会（以下简称青岛市军管会）已整装待发。

1949年5月26日，青岛市军管会办公厅一则"待命出发"的紧急通知显示，即墨城、马山、窝洛子等地均已解放，国民党守军现正向市内逃窜。青岛市军管会各部于27日天拂晓吃饭完毕，待命出发。

5月27日，青岛市军管会发出入城事项通知，详细规定了接收青岛的办法。

一、兹经决定除三十二军与军区及其所属各部队外，凡军管会各部门及群众工作团体的党的工作由市委统一领导。

二、为保证有组织地有秩序地进城，各单位到达宿营地后，应即抓紧时间进行整理队伍，立即将第一批进城人员确定出来。但第一批进城人数不得超过各该部门现有人数三分之一，并应根据工作需要及在工作上所起的作用大小加以选择（如军事代表、工作队长、掌握地下工作关系的同志以及公安局人员与主要工作助手等）。但自来水厂、电力厂、电信局或生产部门干部应尽可能地全部或大部进去，以便迅速恢复工作。

三、各单位原带之自卫武装应尽可能随第一批进城人员进城，以便保护革命资产和机关安全，并仍应将现有警卫武装数目即日报告本会，以备查考。

四、各单位现有人数若干，前曾通令报告，以便统一核发通行证，但至今尚未报齐，为此，已报告者应迅速备具领据，其未报告者仍应报告。并附领据，即日前来本会办公厅秘书处以便核发。

青岛市军管会印制了三种入城通行证：第一种为市制通行证，此为市内通行一般符号，凡在街上通行时应一律佩带于左臂，以示正规化；第二种为纸印普通通行证，此为出入青岛市区时的路证；第三种是纸印特别通行证，此为在军事戒严期间，因公在市内通行之用。

5月30日，青岛市军管会发出入城预备命令，划分为两个行军纵队，青岛市军管会为右纵队，军区直属队为左纵队，纵队下分梯队。其中右纵队以铁道部、工矿部、实业部、邮电部、公安部、外侨事务处为第一梯队，生产部、市委、市政府、后勤部、运输部、文教部、财粮部为第二梯队，工商部、金融部、港务部、房产部、卫生部为第三梯队。

1949年6月2日，解放军进入青岛，旧政府解体，新政权建立。包括商会、工业会、各同业公会、同乡会在内的旧自治组织多数停止活动，等待新政府审核。

6月7日，青岛市军管会成立了包括财经委员会在内的五个委员会。其中由军管会主任向明和冯平、刘坦、张宣文、李慕、刘涤生等人组成财经委员会，职责是掌握生产企业系统的接管工作，研究财政经济的具体政策，以及计划恢复与发展生产等问题。

6月9日，青岛市军管会以主任向明及副主任赖可可、谭希林的名义发出通令，称："查国民党反动政府已宣告灭亡，青市亦经解放，凡在青之伪国民党山东各级流亡政府及所属各机关主管人员，限于通令之日起五日内向市政府民政局登记，听候处理。逾期不来登记者，经查明后，决予逮捕。"

6月22日，青岛市军管会召开工商界座谈会，79名代表出席，其中工业界代表占三分之二，商业界代表占三分之一。第二天形成的报告文件分述了各代表的发言要点。其中，私营工商业从业者分为两种。第一种，大多数强调本行本业过去的成绩、供应的重要、推销的便利。在恢复发展生产的口号下，要求政府积极扶持解决原料供应、成品推销（或收购或订购）问题，予以交通、外汇的便利，减低税率等，暴露单纯谋利发财思想。第二种，少数的结合政治提出发展生产、繁荣经济的任务，在民主政权的领导下，改造转变自己，树立新的认识，严守自己的生产岗位，提高生产的积极性，克服单纯谋利思想，树立为人民服务、为社会谋福利的观念。也提出要求政府予以解决他们不能解决的困难。

报告认为，此次座谈会体现出青岛工商界的几个特点。

第一，对“公私兼顾，劳资两利”的方针较前稍为认识。报告举例说，在劳资关系上，数日前一私营火柴厂复工时，因原料缺乏，不能容纳全部工人。少数失业工人前来要求复工，适逢军管会人员路经该厂，问明情况后分别向劳资双方解释劳资两利方针，要求资方尽早吸收这些工人参加工作，说服工人暂时返回。此事逐传遍各私营工厂。

第二，工商界打破了“发展生产，繁荣经济”的顾虑，迫切要求解决供销等困难，以便迅速复工。对军管会迄今尚未全部恢复通车复航、开展海外贸易、公布外汇管理办法、恢复来往电讯等，表示急不可待。

第三，私营工商业者要求能与对国营企业同样重视的精神，照顾他们的恢复与发展。

第四，工商界代表一般发言均较诚恳。公营工厂代表对军管会在工厂工作的少数人员工作作风上、方式上的缺点提出善意的批评，并对机构的充实、手续的简化提出了建议。

关于这次工商界座谈会，6月24日《胶东日报》的报道明显趋向正面肯定，描述道：“在整整一天的座谈会上，自始至终是在紧张、愉快、团结的气氛中进行的。”公开消息提及了青岛自来水厂厂长刘汉耀、中国纺织建设公司青岛分公司经理范澄川、黄海水产公司杨象九、同泰胶皮工厂徐文圆、振业火柴工厂经理曲建堂、青岛渔业公司李应明、原工务局技正管敦化等人立场清晰的发言。其中，青岛渔业公司李应明以兴奋的语调，对人民政府能与大家开会商量办法表示感激与荣幸。他说道：“青岛的解放是我们工商业发展的生机，如有些人还抱着疑虑心理或观望态度，这是不必要的。困难是有的，相信在人民政府的领导下，原料与销路的困难是会逐步克服的。因此，我们应放心大胆地、有计划地发展生产，把机器开动起来，让烟囱都冒起烟来，人民政府是欢迎我们工商业发展起来的。”

在这个清爽初夏召开的座谈会上，青岛市军管会主任向明就国营企业与私营经济的关系问题进行了解释：“二者不是互相排斥，而是在业务上的分工与取得配合。在新民主主义经济建设中，国家公营经济是领导成分，而私营经济占了第二位。在中国现阶段来看，资本主义不是太多，而是太少的问题，对私营经济必须给以发展的机会，凡是有利于国计民生的工商业，一概予以保护。但我们反对投机取巧及囤积居奇的那些有害于国计民生的工商业，如洋钱贩子必须禁止。我们已有布告，自七月一日起禁止洋钱在市面流通，只许保存或到钱行兑换，如发现洋钱贩子，必须严加惩办。因为他捣乱金融，对国计民生是有害的。”[1]

向明的一番话，对很多私营工商业者来说，算得上吃了一颗定心丸。

与此同时，蜕变以看得见与看不见的方式，在不同的地点、不同的领域、不同的人身上急剧发生着。1949年9月起，青岛市商会以无力负担房租为由，向青岛市军管会房产部提出停止租用中山路72号办公楼，同时向电信局申请撤销电话。这个决定是在1949年8月29日召开的青岛市商会第35次常务理事会上作出的。会议记录显示，张乐古、姜建甫、刁洪光出席了会议，王士秀、王元琏、唐和生、吕涵生、徐鹤汀列席，赵镜海、奚恒如、苗会卿缺席。列席者多为商会各科职员。

10月12日下午，青岛市商会第九次理监事联席会议在商会礼堂召开，讨论即将组织成立工商联合会及商会移交事宜。出席会议人员的签名册上，除刁洪光、姜建甫、赵镜海、奚恒如和由他人代表的张乐古之外，多是陌生名字。

1949年12月，青岛市工商业联合会筹备委员会（以下简称青岛市工商联筹委会）简章草案完成拟定，随即青岛市工商联筹委会在中山路72号原青岛市商会办公楼开始运转。青岛市工商联筹委会的任务包括：接管旧青岛市工业会、旧青岛市商会，以及经政府指定接管的其他工商团体；整理及改组旧青岛市各工商业同业公会；筹备以民主方式产生青岛市工商业联合会；在青岛市工商业联合会正式成立前，该会为青岛市工商业统一领导机构；向工商各业阐明并协助推行政府各种政策、政令；反映工商各业之实际情况，向政府提供建议以供施政决策参考。

[1] 青岛市军管会邀集工商界座谈听取恢复与发展生产意见[N].胶东日报,1949-6-24.

就此，青岛工商业“以工业领导商业”的工作方向获得确立，饱经沧桑的城市就此翻开了历史新的一页。

在1949年12月召开的青岛市工商联筹委会上，市政府秘书长史甄进行了一番长篇发言，开宗明义：“青岛市解放五个半月以来，军管会、人民政府曾召开了各种大小型工商界座谈会，与工商界取得了联系，但这种联系尚不能达到有组织、有步骤地从各方面联系工商界，共同建设新青岛。因此，今天工商联筹委会的成立是有着重大意义的，这个组织是今后政府密切联系工商界的桥梁和枢纽。因此说这是青岛市工商界的一件大事。”

接下来，史甄的讲话涉及三个方面。

“第一个问题，青岛市工商联筹委会这个组织是由什么人来组成的。

这首先应认识它的性质，它是新民主主义的工商联合性质。在一个工业国家来说，商业是附属于工业来发展的。商业是周转工业生产的一个过程，如无工业生产的发展，商业的发展是不正常的。今天的联合是为了要把工商业一致起来。今天是以工业为主，商业为副，以工业领导商业。但城市的繁荣工商业是分不开的。过去青岛市商业的畸形发展是帝国主义官僚资本造成的。青岛市工商联筹委会成立了，工商业者已有了自己的一个统一组织，我们这次选举是首先通过广泛地征求工商界意见的民主形式产生的。参加的有国营、公营企业和私营工商业界，这种组织形式是以公营经济来领导帮助私营工商业，根据新民主主义经济方向发展的。

第二个问题，青岛市工商联筹委会的任务。

在恢复与发展的基本要求下，及时向政府反映工商界的意见及生产营业情况，并提出建议，使政府发展生产的计划与决定有所依据。

工商业联合会可组织工商业者研究新民主主义经济政策，使人民政府的政策能贯彻执行。如城乡互助、内外交流要有利于国民生计，但如何进行交流？如何互助？交流什么？以及哪些行业是要发展的？哪些行业需要转业？转什么行业？这需要工商业联合会来了解情况，并研究工商业的恢复与发展。

协助各行业订立集体合同。要加强工商业者劳资两利政策的教育，这是我们的任务。只有大家了解了劳资两利政策，才易于订立集体合同，才能互助推动，刺激、发展生产。

协助政府推动各种经济建设，并具体执行各界人民代表会的决议，共同克服困难，建设新青岛。

组织、推动有关同业工厂、商店，改造同业公会。只有组织起来，才能便利私营各行业与国营贸易机关联系起来，这样才能便利国营经济部门有计划地帮助私人资金的周转，发展生产。

第三，对青岛市工商联筹委会成立的几点希望。

工商业联合会要真正能代表工商界的利益。

对各行业公会应加以整理，民主推选出能代表工商业者利益的人来办事，反对过去专门吃“会”的人再来操纵各行业同业公会。

工商界今天有了联合组织，可以把自己的问题更具体化，有计划、有步骤地求得解决。

进行接收旧工业会、旧商会。工商业界是拥护工商联筹委会，政府是扶持这个组织，推动工商业者发展生产，使这个组织真正成为工商界解决问题的组织。”

史甄的发言，没有大话、空话、套话。

1949年9月，青岛市军管会主任向明在青岛市各界人民代表会议上，发表了一篇开幕词：“经过了德、日、美帝国主义以及北方军阀和蒋介石匪帮交替统治了52年的青岛，是历来依附帝国主义而又为帝国主义服务的殖民地经济形态的青岛。在解放后，要改造建设为人民服务的城市，要改造建设为生产发展、经济繁荣的人民城市，是必然遇到许多困难的，是必须经过长期艰苦斗争的过程的，是必须依靠各界人民团结起来，努力自强，共同奋斗！”

在一个新的百年之始，向明说：“我们欢迎来自任何方面的善意的批评。”

**图书在版编目（CIP）数据**

逐浪时代：1898—1948：青岛新城的商人、商帮与商会 / 李明著. -- 青岛：中国海洋大学出版社, 2024.10. -- ISBN 978-7-5670-3978-0

Ⅰ. F729.5

中国国家版本馆CIP数据核字第2024PY4724号

**逐浪时代：1898—1948:青岛新城的商人、商会与商帮**

ZHULANG SHIDAI 1898—1948：QINGDAO XINCHENG DE SHANGREN、SHANGHUI YU SHANGBANG

出版发行　中国海洋大学出版社
社　　址　青岛市香港东路23号
出 版 人　刘文菁
网　　址　http://pub.ouc.edu.cn
责任编辑　杨亦飞 郝倩倩
电　　话　0532-85902342
电子邮箱　zhanghua@ouc-press.com
策划出品　青岛日报报业集团良友书坊
策划编辑　冷　艳 杨　倩
印　　刷　北京虎彩文化传播有限公司
版　　次　2024年10月第1版
印　　次　2024年10月第1版印刷
印　　数　1~1200
成品尺寸　170mm×240mm
印　　张　28.25
字　　数　459千
定　　价　89.00元

如发现印装质量问题，请致电010-87096234，由印刷厂负责调换